全国计算机技术与软件专业技术资格（水平）考试指定用书

信息处理技术员教程

（第2版）

王亚平 主编
全国计算机专业技术资格考试办公室 丛书主编

清华大学出版社
北京

内 容 简 介

本书作为初级职称的全国计算机技术与软件专业技术资格（水平）考试（简称全国软考）的指定教材，具有比较权威的指导意义。教材依据最新的《信息处理技术员考试大纲》，通过一系列典型案例介绍办公自动化中所需的信息处理技能。

本书是在最新版《信息处理技术员考试大纲》的指导下，对《信息处理技术员教程》进行了认真的修编，重写而成。考生可通过阅读本书掌握信息处理技术员级别考试大纲规定的知识点、考试重点和难点。

本书不仅可作为考生参加全国软考"信息处理技术员"级别考试用书，还可作为高校《计算机应用基础》课程教学改革的参考用书，同时也可作为日常办公和信息处理工作用书。

图书在版编目（CIP）数据

信息处理技术员教程/王亚平主编. —2版. —北京：清华大学出版社，2015（2017.10重印）
全国计算机技术与软件专业技术资格（水平）考试指定用书
ISBN 978-7-302-41082-9

Ⅰ. ①信…　Ⅱ. ①王…　Ⅲ. ①信息处理–工程技术人员–资格考试–教材　Ⅳ. ①G202

中国版本图书馆CIP数据核字（2015）第173339号

责任编辑：杨如林
封面设计：傅瑞学
责任校对：胡伟民
责任印制：沈　露

出版发行：清华大学出版社
　　网　　址：http://www.tup.com.cn，http://www.wqbook.com
　　地　　址：北京清华大学学研大厦A座　　**邮　　编：**100084
　　社 总 机：010-62770175　　**邮　　购：**010-62786544
　　投稿与读者服务：010-62776969，c-service@tup.tsinghua.edu.cn
　　质 量 反 馈：010-62772015，zhiliang@tup.tsinghua.edu.cn
印 装 者：清华大学印刷厂
经　　销：全国新华书店
开　　本：185mm×230mm　**印　张：**22.75　**防伪页：**1　**字　　数：**575千字
（附光盘1张）
版　　次：2013年1月第1版　　2015年9月第2版　　**印　　次：**2017年10月第6次印刷
印　　数：15001～20000
定　　价：65.00元

产品编号：065857-02

序　言

由人力资源和社会保障部、工业和信息化部共同组织的“全国计算机技术与软件专业技术资格（水平）考试”（简称软考），肩负着科学评价选拔软件专业技术人才的光荣使命，肩负着正确引导软件行业专业技术人员潜心钻研、提高能力、加强创新的光荣使命，肩负着加强软件行业专业技术人才队伍建设的光荣使命。自1991年开考以来，软考坚持专业化、国际化、品牌化的发展方向，全国累计报名人数330万人，培养选拔软件行业专业技术人才64万人，部分考试标准与日本、韩国互认，为全国计算机和软件专业技术人员（包括香港、澳门和台湾地区来大陆就业的人员）提供了科学的评价体系和评价机制，为推动“两化”深度融合，提高工业信息化水平，走新型工业化道路提供了有力支撑。

党中央、国务院一直高度重视信息技术产业发展。以2000年的《国务院关于印发鼓励软件产业和集成电路产业发展的若干政策的通知》（国发【2000】18号文件）和2011年的《国务院关于印发进一步鼓励软件产业和集成电路产业发展的若干政策的通知》（国发【2011】4号文件）为重要标志的一系列政策措施，为软件产业和集成电路产业乃至整个信息技术产业发展提供了强劲动力。2011年，我国软件产业实现业务收入超过1.84万亿元，产业规模是2005年的4.7倍，同比增长32.4%，超过“十一五”期间平均增速4.4个百分点，实现了“十二五”的良好开局。软件产业占电子信息产业比重从2000年的5.8%上升到19.9%。软件企业数量超过3万家，从业人数超过300万人。2012年上半年，我国软件产业实现软件业务收入10988亿元,同比增长26.2%。软件和信息服务业的持续快速发展，国民经济和社会信息化建设的深入开展，使软件人才和信息技术人才供给不足的问题依旧突出。按照国发【2011】4号文件提出的“努力培养国际化、复合型、实用性人才”的要求，工业和信息化部教育与考试中心组织一批理论水平高、实践经验丰富的专家学者和业界精英，结合考试大纲和软件产业技术发展趋势，对原有的“全国计算机技术与软件专业技术资格（水平）考试教材和辅导用书”进行了更新，为广大软件行业从业人员提高学习能力、实践能力、创新能力和职业道德水平提供了依据。

当前，我国正处在全面建成小康社会的决定性阶段。坚持走中国特色新型工业化、信息化、城镇化、农业现代化道路，推动信息化和工业化深度融合、工业化和城镇化良性互动、城镇化和农业现代化相互协调，促进工业化、信息化、城镇化、农业现代化同步发展，是党中央的重要战略部署。造就规模宏大、素质优良的人才队伍，推动我国由人才大国迈向人才强国，既是构成这一重要战略部署的紧迫任务，也是实施这一重要战略部署的关键措施。从现在起至全面建成小康社会的这一历史时期，信息技术仍然是走中国特色新型工业化、信息化、城镇化、农业现代化道路的先导性技术；全国计算机技术与软件专业技术资格（水平）考试也应该看做是落实党的十八大关于“推进各类人才队伍建设，实施重大人才工程，加大创新创业人才培养支持力度，重视实用人才培养”指示的重要组成部分。好雨知时节，当春乃发生——我相信，全国计算机技术与软件专业技术资格（水平）考试教材和辅导用书的及时更新必将为我国信息技术人才队伍发展壮大、为软件和信息服务产业做大做强、为服务经济转型升级做出更大的贡献；同时我们也要注意到，近年来，以云计算、物联网、移动互联网和大数据技术等为热点的新一代信息技术，正在对软件和信息服务产业带来一系列深刻变化，也对软件和信息技术在各个领域的应用产生重要影响，我希望，在保持这套教材和辅导用书在一个时期内相对稳定的同时，也要注意及时反映信息技术的新变化、新进展，以跟上软件和信息服务产业蓬勃发展的需要，跟上信息化以及新型工业化、城镇化和农业现代化建设蓬勃发展的需要。

前　言

根据国家教育部文科计算机基础教学指导委员会提出的新形势下“大学计算机基础教育应该由操作技能转向掌握信息技术的基本理论，培养运用信息技术处理实际问题的能力”的指示精神，国内有关高校对非计算机专业类的《计算机应用基础》课程教学进行了改革。改革的重点是将全国计算机技术与软件专业技术资格（水平）考试“信息处理技术员”级别岗位要求的知识点嵌入到《计算机应用基础》课程的教学与实践过程中，培养学生信息技术处理的职业技能，并使学生通过课程学习获得职业资格证书。经过几年来的课程教学实践表明这种嵌入式课程教学改革是卓有成效的。

为此，编者受全国计算机专业技术资格考试办公室委托，结合作者多年教学与辅导的丰富经验，在计算机“信息处理技术员”级别考试进行深入的研究和分析的基础上，对《信息处理技术员教程》一书进行了重新修编，以适应新的“信息处理技术员”级别考试大纲要求。该书集文本、表格、图片、图像等处理技术，数据库应用技术和网格应用技术的综合实践教材，特别是教材通过一系列典型实例介绍办公自动化领域中常用的信息处理技术，对实际办公事务有一定的帮助。

全书共分 7 章，各章节内容安排如下：

第 1 章信息处理技术基础。主要介绍数据、信息技术和信息系统的基本概念、信息处理基础知识、初等数学基础、信息处理与信息处理实务、信息安全基础知识和知识产权与标准法规方面的内容。

第 2 章计算机系统基础知识，主要介绍计算机硬件，计算机软件如操作系统基本概念、文件系统基本概念、文件管理的操作方法和多媒体基础知识方面的内容。

第 3 章计算机网络应用基础知识，主要介绍局域网和互联网基本概念，TCP/IP 协议及其主要应用，常用的网络通信设备类别和特征，上网连接方法，电子邮件的收发和管理，网上信息的浏览、搜索和下载方法。

第 4 章 文字处理基础知识，主要介绍文字排版基本知识，文字处理软件的基本功能，文档的排版，对象的插入及图文混排与文字处理应用等方面的内容。

第 5 章电子表格基础知识，主要介绍电子表格的基本概念，电子表格软件的基本功能与操作方法，常用数据格式和常用函数，数据管理和统计，电子表格中的数据运算，以及电子表格和图表的处理技术方面的内容。

第 6 章演示文稿基础知识，主要介绍演示文稿的基本操作，演示文稿的模板、版式、图片选择与布局设计，演示文稿配色方案选择，交互式演示文稿的制作，演示文稿放映方式，以及动画效果设置等文稿综合处理技术方面的内容。

第 7 章数据库应用基础知识，主要介绍数据库基本概念，数据库操作、创建数据库表和查询，SQL 查询设计与应用，窗体和报表设计与应用，以及数据库的信息处理技术方面的内容。

本书由王亚平主编并统稿，其中：第 1 章由王亚平编写，第 2 章由盖玉莲、谢勇编写，第 3 章由邓小盾编写，第 4 章由林荣智编写，第 5 章由刘智慧编写，第 6 章、第 7 章由王亚平编写，胡敏也参与了本书的编写的相关工作。本书配套光盘由全国计算机专业技术资格考试办公室指定，由北京卓帆科技有限公司开发完成。

在本书的编写过程中，参考了许多相关的书籍和资料，编者在此对这些参考文献的作者表示感谢。同时感谢清华大学出版社在本书出版过程中所给予的支持和帮助。

因水平有限，书中难免存在错漏和不妥之处，望读者指正，以利改进和提高。

作 者

2015 年 5 月

目　　录

第1章　信息处理技术基础

本章主要涉及信息技术基本概念、信息处理基础知识、信息实务、信息安全基础知识和知识产权与标准法规五个部分。

1.1　信息与信息技术基本概念

1.1.1　信息与数据

1．信息的含义及表示形式

信息（Information）可以定义为适合于通信、存储或处理的形式来表示的知识或消息。即信息是反应客观世界中各种事物特征和变化的知识，是数据加工的结果，信息是有用的数据。在信息论中，信息是指消息中有意义的内容。1948 年，美国数学家、信息论的创始人仙农在题为“通讯的数学理论”的论文中指出：“信息是用来消除随机不定性的东西”。1948 年，美国著名数学家、控制论的创始人维纳在《控制论》一书中，指出：“信息就是信息，既非物质，也非能量”。

可以认为，信息是指以声音、语言、文字、图像、动画、气味等方式所表示的实际内容，是事物现象及其属性标识的集合，是人们关心的事情的消息或知识，是由有意义的符号组成的。例如，图片信息是一种消息，通常以文字、声音或图像的形式来表现，是数据按有意义的关联排列的结果。信息一般有 4 种形态：数据、文本、声音、图像。这 4 种形态可以相互转化，例如，照片被传送到计算机，就把图像转化成了数字。

信息资源（Information Resources）是可供利用并产生效益与社会生产和生活有关的各种文字、数字、音像、图表、语言等一切信息的总称。信息资源是无限的、可再生的、可共享的，其开发利用会大大减少材料和能源的消耗，减少污染。特别是随着信息化的快速普及，信息同能源、材料并列为世界三大资源。

2．信息与数据

信息可以脱离信源（信息的发生者）而借助于载体传输。载体以某种特殊形式的变化和运动反映信息的内容，并使信宿（信息的接收者）可以感知。信息载体的这种特殊形式的变化或运动称为信息载体显示的符号（或信号）。在信息处理中，信息载体上所反映的信息内容、接收者（人或机器）可以识别的符号称为数据。

数据的作用就是能够反映信息的内容并且可以被接收者识别。因此，数据是信息的具体表现形式，信息是数据的本质含义。信息与载体的性质无关，而数据的具体形式则取决于载体的性质。

信息处理包括信息收集、加工、存储、检索、传输等环节，每个环节都需要面对各种类型的数据。因此，数据和信息是“形影不离”的，常常把信息处理也称为数据处理。如果在不影响对问题理解的情况下，“信息”和“数据”这两个术语可以被不加区别地使用。

3．信息的运动的基本形式

从信息的观点来看，可以把相互联系、相互作用的事物有目的的发展变化看作信息采集（获取）、传输、存储、加工、变换的过程。任何事物的发展变化，既受到其他事物的影响，又影响其他事物，也就是说，既要接受来自其他事物的信息，又要向其他事物发送信息。

信息运动的三个要素是信源、信宿与载体。信源是信息的发生者，信宿是信息的接收者，载体是传播信息的媒介。信源和信宿是相对的，通常把信宿作为主体，信源作为客体，主体接收来自客体的信息，进行处理（分析、评价、决策），根据处理后的信息付诸行动（实施）。主体的行动反过来又影响客体，这种影响称为信息反馈。信息从信源到信宿的传播，固然要通过物质的运动和能量的转换，如电台广播新闻就有一系列的物质和能量交换过程；但是决定信源和信宿之间相互作用的不是用来传播信息的媒介的物质属性和能量大小，而是媒介的各种不同运动与变化形态所表示的信源与信宿相互联系、相互作用的内容。

信息从客体传输到主体然后经过接收、处理、实施三个环节再反馈到客体，形成一个信息运动的循环过程，简称信息循环，如图 1-1 所示。

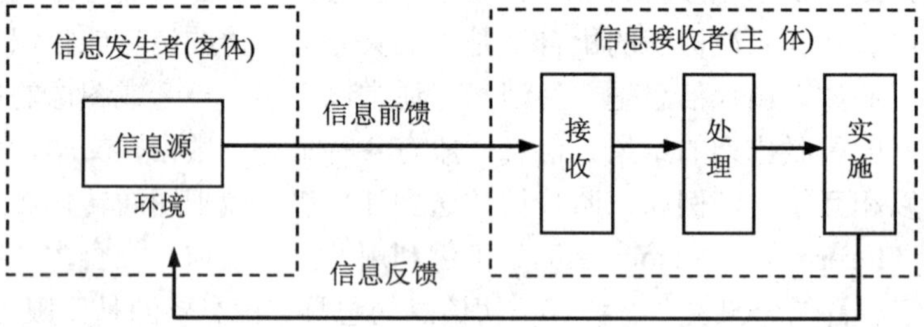

图 1-1　信息运动循环过程

信息循环是信息运动的基本形式，它揭示了客观事物在相互作用中实现有目的的运动的基本规律。正确地设置和利用信息反馈，可以使主体不断地调整自己的行动，更有效地接近和达到预定目标。

1.1.2　信息特征及分类

1．信息特征

信息以物质介质为载体，传递和反映世界各种事物存在方式和运动状态的表征。通常，信息的发生者称为信源；信息的接收者称为信宿；传播信息的媒介称为载体。信源、信宿与载体构成了信息运动的三个要素。信源和信宿是相对的，把信宿作为主体，信源作为客体，主体接收来自客体的信息，进行处理（分析、评价、决策），根据处理后的信息付诸行动（实施）。信息主要有如下所述的 9 个特征。

（1）可识别性：信息是可以识别的，不同的信息源有不同的识别方法。识别分为直接识别和间接识别，直接识别是指通过感官的识别，间接识别是指通过各种测试手段的识别。

（2）可存储性：信息是可以通过各种方法存储的。例如文字、摄影、录音、录像以及计算机存储器等都可以进行信息存储。

（3）可度量性：信息可采用某种度量单位进行度量，并进行信息编码。如现代计算机使用的二进制。

（4）可共享性：指接收者在获得全部信息的同时而不会减少信息的信息量（指记忆信源，如文献等），是信息不同于物质和能量的一个本质特征。例如，数个接收者可以获得同一信源发出的同样的信息。

（5）可压缩性：人们对信息进行加工、整理、概括、归纳就可使之精练，从而浓缩。人们可以用不同信息量来描述同一事物，用尽可能少的信息量描述一件事物的主要特征。

（6）可传递性：信息的可传递性是信息的本质特征。信息的传递是与物质和能量的传递同时进行的。例如，语言、表情、动作、报刊、书籍、广播、电视、电话等是人类常用的信息传递方式。

（7）可转换性：信息可以由一种形态转换成另一种形态，即信息经过处理后，可以以其他形式再生。如自然信息经过处理后可转换为语言、文字和图像等形态，也可转换为电磁波信号和计算机代码。输入计算机中的各种数据、文字等信息可通过显示、打印、绘图等方式再生成信息。

（8）时效性：信息在特定的范围内是有效的，否则是无效的。信息有许多特性，这是信息区别于物质和能量的特性。例如，交通信号“红灯停，绿灯行”在控制行人、车辆通行时是有时效性的。

（9）可扩充性：信息随着时间的变化，将不断扩充。例如，以声、光、色、形、热等构成的自然信息，各种以符号表达的社会信息，都可以随时间产生、扩散、湮灭、放大或缩小，也可以畸变及失真，从而演化出千变万化、绚丽多姿的物质世界，以及神秘莫测、威力无穷的精神世界。

例 1.1 下列关于信息特性的叙述，不正确的是__（1）__；天气预报、市场信息都会随时间的推移而变化，这体现了信息的__（2）__；交通信号能同时被多人接收，说明信息具有__（3）__。

（1）A．信息具有时效性和时滞性

B．信息必须依附于某种载体进行传输

C．信息是不能被识别的

D．信息能够以不同的形式进行传递，并且可以还原再现

（2）A．载体依附性　　B．共享性　　C．时效性　　D．持久性

（3）A．载体依附性　　B．共享性　　C．时效性　　D．持久性

例题分析：

空（1）中选项 C“信息是不能被识别的”说法是错误的。因为，信息主要特征之一是可识别性，不同的信息源有不同的识别方法。

空（2）的正确答案为选项 C。因为，天气预报、市场信息都会随时间的推移而变化，这体现了信息的时效性。例如 2015 年 3 月 5 日至 2015 年 3 月 7 日某城市的天气预报如表 1-1 所示，显然，从表中可以看出天气现象、气温等信息都会随时间的推移而变化。

表 1-1　天气预报

日　期		天气现象		气　温	风　向	风　力
3 月 5 日 星期一	白天		阴	高温 8℃	旋转风	微风
	夜间		多云	低温 0℃	旋转风	微风
3 月 6 日 星期二	白天		多云	高温 7℃	无持续风向	微风
	夜间		阴	低温 2℃	无持续风向	微风
3 月 7 日 星期三	白天		阴	高温 7℃	旋转风	微风
	夜间		雨夹雪	低温 3℃	旋转风	微风

空（3）的正确答案为选项 B。因为，根据题意，交通信号能同时被多人接收，但不会减少信息的信息量，显然交通信号是具有共享性的。

2．信息分类

信息广泛存在于自然界、生物界和人类社会。信息是多种多样，多方面、多层次的，信息的类型亦可根据不同的角度来划分。

（1）按照产生信息的客体的性质分类，可以分为自然信息、生物信息和社会信息。自然信息指瞬时发生的声、光、热、电、形形色色的天气变化、缓慢的地壳运动、天体演化等；生物信息指生物为繁衍生存而表现出来的各种形态和行为，如遗传信息、生物体内信息交流、动物种群内的信息交流；社会信息指人与人之间交流的信息，既包括通过手势、身体、眼神所传达的非语义信息，也包括用语言、文字、图表等语义信息所传达的一切对人类社会运动变化状态的描述。

社会信息按照人类活动领域可进一步细分为科技信息、经济信息、政治信息、军事信息、文化信息、管理信息、体育信息等。由于各应用领域相互关联，因此各类信息在范围与内容上相互交叉与重叠。例如管理信息就涉及到政治、经济、科技、文化等领域。

（2）按照信息所依附的载体特征来分，可分为文献信息、声音信息、电子信息、生物信息等。文献信息就是文献所表达的内载信息，以文字、符号、声像信息为编码的人

类精神信息，也是经人们筛选、归纳和整理后的记录信息（Recorded Information），它与人工符号本身没有必然的联系，但要通过符号系统实现其传递。文献信息是一种相对固化的信息，一旦"定格"在某种载体上就不能随外界的变化而变化。这种性质的优点是易识别、易保存、易传播，使人类精神信息能传于异地，留于异时，缺点是不能随外界的变化而变化，固态化是文献信息老化的原因。

1.1.3 信息化与信息产业

1．信息化

信息化是指在经济和社会活动中采用信息技术和电子信息设备，更有效地开发和利用信息资源，推动经济发展和社会进步。信息化是以信息产业在国民经济中的比重、信息技术在传统产业中的应用程度，以及信息基础设施建设水平为主要标志。信息化可分为三大方面：信息生产、信息应用和信息保障。

（1）信息生产指信息产业化，要求发展一系列信息技术及产业，涉及信息和数据的采集、处理、存储技术，包括通信设备、计算机、软件和消费类电子产品制造等领域。

（2）信息应用指产业和社会领域的信息化，主要表现在利用信息技术改造和提升农业、制造业、服务业等传统产业，大大提高各种物质和能量资源的利用效率，促使产业结构的调整、转换和升级，促进人类生活方式、社会体系和社会文化发生深刻变革。

（3）信息保障指保障信息传输的基础设施和安全机制，使人类能够可持续地提升获取信息的能力，包括基础设施建设、信息安全保障机制、信息科技创新体系、信息传播途径和信息能力教育等。

2．信息产业

信息产业是社会经济生活中专门从事信息技术开发、设备和产品的研制生产以及提供信息服务的产业部门的总称，是一个包括信息采集、生产、检测、转换、存储、传递、处理、分配和应用等众多门类的产业群。

信息产业主要包括信息工业、信息服务业和信息开发业。其中，信息工业主要指计算机设备制造业、通信与网络设备以及其他信息设备制造业；信息服务业主要指系统集成、增值网络服务、数据库服务、咨询服务、维修培训、展览等方面的业务；信息开发业主要指软件产业、数据库开发产业、电子出版业、其他内容服务业。

总之，对信息产业的定义和划分从不同的角度、标准和统计的口径分析有许多不同的观点，故不再赘述。

1.1.4 信息社会与信息技术

1．信息社会

信息社会也称信息化社会，是脱离农业和工业化社会以后，信息起主导作用的社会。在农业和工业社会中，物质和能源是主要资源，所从事的是大规模的物质生产。而在信息社会中，信息成为比物质和能源更为重要的资源，以开发和利用信息资源为目的的信息经济活动迅速扩大，逐渐取代工业生产活动而成为国民经济活动的主要内容。信息经济在国民经济中占据主导地位，并构成社会信息化的物质基础。信息社会的特点：

（1）社会经济的主体由制造业转向以高新科技为核心的第三产业，即信息和知识产业占据主导地位。

（2）劳动力主体不再是机械的操作者，而是信息的生产者和传播者。

（3）交易结算不再主要依靠现金，而是主要依靠信用。

（4）贸易不再主要局限于国内，跨国贸易和全球贸易将成为社会主流。

2．信息技术

信息技术（Information Technology，IT）是利用计算机进行信息处理，利用现代电子通信技术从事信息采集、存储、加工、利用以及相关产品制造、技术开发、信息服务的学科。信息技术是研究信息的获取、传输和处理的技术，由计算机技术、通信技术、微电子技术及传感技术结合而成，有时也叫做“现代信息技术”。

信息技术是当前发展最迅速、影响最广的高新技术，它的发展和应用对国民经济信息化、国防现代化和社会生活的变革产生着深远的影响。例如，信息技术被广泛应用在资料生产、科研教育、医疗保健、企业和政府管理以及家庭中，对经济和社会发展产生了巨大而深远的影响，从根本上改变了人们的生活方式、行为方式和价值观念。

信息技术的应用包括计算机硬件和软件，网络和通讯技术，应用软件开发工具等。特别是 Internet 技术的飞速发展，人们越来越普遍地使用计算机来生产、处理、交换和传播各种形式的信息，如书籍、商业文件、报刊、唱片、电影、电视节目、语音、图形和影像等。

例 1.2 所谓信息化，是指社会经济的发展从以物质与能量为经济结构重心，向以为经济结构重心转变的过程。

A．计算机产业　B．计算机软件　C．网络信息　D．信息与知识

例题分析：在信息社会中，信息成为比物质和能源更为重要的资源，开发和利用信息资源为目的的信息经济活动迅速扩大，逐渐取代工业生产活动而成为国民经济活动的主要内容。而开发和利用信息资源离不开知识，故正确答案是 D“信息与知识”。

1.1.5 信息系统应用与发展

1．信息系统

信息系统是一个由人、计算机及其他外围设备等组成的能进行信息的收集、传递、存储、加工、维护和使用的系统。任何一类信息系统均由信源、信道和信宿构成。在当前计算机应用的众多领域中，数据处理（Data Processing，DP）是最广泛也是最重要的应用领域之一。随着计算机技术的发展和辅助设备技术的完善，计算机数据处理已经从其应用的初级阶段发展到成熟和完善的高级阶段，当前已经能够为多种应用领域提供不

同应用类型和功能的计算机信息系统。

信息系统本来是一个广泛的概念，它一般指收集、存储、处理和传播各种类型的信息的有完整功能的集合体。在各种类型的信息系统中，由于面向企业和部门管理的管理信息系统是开发量大、应用最广泛的一类信息系统，据估计，在整个计算机应用中有 60% 以上的应用与管理相关；因此，其面向管理的广泛性，使得目前计算机信息系统一般指面向企业（泛指各种部门和机构）的支持管理和决策的信息系统，而不再附加说明。

信息系统是一个人造系统，它一般由以计算机为基础的一组设备和一些手工处理单元组成一个整体，用于收集、存储、管理数据和为用户提供有用信息。有时也会把非计算机的、全部人工处理信息的系统也称为信息系统。一个信息系统通常应有数据输入、数据处理、打印输出、查询统计和系统维护等基本功能。

在计算机信息系统的发展过程中，已经逐渐形成了一门管理科学与计算机科学相结合的新的技术学科和工程领域，它研究和解决面向管理的计算机信息系统开发的相关问题，培养专门人才，即计算机管理信息系统开发的系统分析员。通常，将计算机信息系统开发过程称为信息工程（IE）或信息系统工程。

2．信息系统应用

随着 Internet 的形成与迅猛发展，信息系统的应用领域越来越广泛，其内容和形式都在不断地发生着重大的变化。信息系统充分利用网络技术和数据库技术，形成了一种全新的运作模式。从现代企业的经营管理新概念来看，信息系统是电子信息技术在经营管理全过程的一种应用。当前基于网络技术的管理信息系统（MIS）除了其传统功能之外，还将包括诸如零库存（Justin-Time）、电子数据交换（EDI）、电子订货系统（EOS）、电子转账系统（EFT）、信用卡服务（POS）以及商业增值服务网络（VAN）等功能。

3．信息系统发展

1）信息系统发展阶段

纵观计算机在各行各业的应用，信息系统发展主要经历了如下几个阶段。

（1）电子数据处理（EDP）业务阶段，即初级阶段。该阶段主要是利用计算机进行数据处理，从而模拟人们的手工劳动，这一类业务很少涉及管理内容。其目的是减轻人们的劳动强度，如用于计算工资、打印报表、统计账目和管理雇员等。

（2）事务或业务处理系统（TPS）阶段。该阶段计算机已应用于行业的某项业务管理中，如财务管理、物资管理和生产管理，但还没有涉及到企业的全局的、全系统的管理。

（3）支持企业高层领导决策的决策支持系统（DSS）阶段。运用系统的观点，从全局出发来设计企业的计算机管理系统是管理信息系统（MIS）的任务。管理信息系统强调企业各个局部系统之间的信息联系，它以企业管理系统为背景，以基层业务系统为基础，以完成企业总体任务为目标，提供各级领导从事管理的信息需求，但其信息收集的范围还比较多的侧重于企业的内部。

2）信息系统技术的最新发展

信息系统技术的最新发展是云计算、物联网和移动 Internet，是当今各行各业关注的焦点问题之一。因为这些新技术不仅不断地为各行各业的发展提供新的解决方案，而且还彻底改变了人们传统的工作、学习、生活和交流的方式。

（1）云计算（Cloud Computing）是一种基于 Internet 的计算方式，通过这种方式共享的软硬件资源和信息可以按需求提供给计算机和其他设备。狭义的云计算是指将计算集中在大量的高速计算机上，用户只需要使用轻量级的前端机（如 PC）即可通过 Internet 来使用远端（或称云端）的计算能力。

（2）物联网（The Internet of things）是通过射频识别（RFID）、红外感应器、全球定位系统、激光扫描器等信息传感设备，按约定的协议，把任何物品与互联网连接起来，进行信息交换和通讯，以实现智能化识别、定位、跟踪、监控和管理的一种网络。

（3）移动 Internet 是将移动通信和 Internet 二者结合起来的网络，是一个以宽带 IP 为技术核心，可同时提供语音、数据、图像和多媒体等高品质电信服务的新一代开放的电信基础网络，是当今信息化建设的重要组成部分。

1.2 初等数学基础

初等数学基础知识部分主要涉及排列组合、数据的简单统计、常用的统计图表和统计函数。

1.2.1 排列组合

在日常的生产与生活中，常常会遇到一些需要排列组合的问题，例如某企业有 10 个年度先进个人名额，分配到 6 个部门，每个部门至少分配 1 个名额，那么有多少种不同的分配方案？又如，2015 年中国女排超级联赛有 10 支球队参加，每支球队要和其余的 9 支球队进行比赛，那么联赛一共要安排多少场比赛?

1．计数原理

计数原理是人们通过大量的计数实践归纳出来的基本规律，它们是推导排列数与组合数公式的依据。计数原理包括加法原理和乘法原理。

1）加法原理

做一件事，完成它可以有 n 类办法，在第一类办法中有 m_1 种不同的方法，在第二类办法中有 m_2 种不同的方法，在第三类办法中有 m_3 种不同的方法……在第 n 类办法中有 m_n 种不同的方法，那么完成这件事共有 $N=m_1+m_2+m_3+\cdots+m_n$ 种不同方法。

例 1.3 假设从北京到西安可以有 3 种办法直达，乘飞机、火车和汽车。如果每天飞机有 5 个航班，火车有 4 个车次，汽车有 6 个班次，那么一天中乘不同的交通工具从北京到西安的直达方法有多少种？

解：北京到西安的直达方法 N=5+4+6=15 种

2）乘法原理

做一件事，完成它需要分成 n 个步骤，做第一步有 m_1 种不同的方法，做第二步有 m_2 种不同的方法，做第三步有 m_3 种不同的方法……做第 n 步有 m_n 种不同的方法，那么完成这件事共有 N= $m_1 \times m_2 \times m_3 \times \cdots \times m_n$ 种不同的方法。

例 1.4　某班新年联欢会原定的 8 个节目已排成节目单，开演前又增加了 3 个新节目 A、B 和 C，如果将这 3 个节目插入节目单中，那么不同的插法种数有多少种？

解：第一步将节目 A 插入原定的 8 个节目单中生成 9 个节目的新节目单，其插法有 9 种；

第二步将节目 B 插入 9 个节目单中生成 10 个节目的新节目单，其插法有 10 种；

第三步将节目 C 插入 10 个节目单中生成 11 个节目的新节目单，其插法有 11 种。

不同的插法种数 N=9×10×11=990 种

2．排列

排列：从 n 个不同元素中，任取 m(m≤n)个元素按照一定的顺序排成一列，叫做从 n 个不同元素中取出 m 个元素的一个排列。

排列数：从 n 个不同元素中取出 m(m≤n)个元素的所有排列的个数，叫做从 n 个不同元素中取出 m 个元素的排列数，用符号 P_n^m 表示。

排列数的计算公式为：$P_n^m = n(n-1)(n-2)\cdots(n-m+1) = \dfrac{n!}{(n-m)!}$，规定 0!=1。

例 1.5　给定一个集合{0，1，2，3}，求任取 3 个数的排列数，并给出不同的排列。

解：任取 3 个数的排列数 $P_4^3 = 4(4-1)(4-2) = 4 \times 3 \times 2 = 24$；集合{0，1，2，3}不同的排列如表 1-2 所示。

表 1-2　排列举例

任取 3 个数（组合）	排　列
012	012，021，102，120，201，210
013	013，031，103，130，301，310
023	023，032，203，230，302，320
123	123，132，213，231，312，321

3．组合

组合：从 n 个不同元素中，任取 m(m≤n)个元素并成一组，叫做从 n 个不同元素中取出 m 个元素的一个组合。

组合数：从 n 个不同元素中取出 m(m≤n)个元素的所有组合的个数，叫做从 n 个不同元素中取出 m 个元素的组合数。用符号 C_n^m 表示。

组合数的计算公式为：$C_n^m = \frac{P_n^m}{m!} = \frac{n!}{(n-m)!*m!}$

例 1.6 给定一个集合{0，1，2，3}，求任取 3 个数的组合数，并给出不同的组合。

解：任取 3 个数的组合数 $C_4^3 = \frac{P_4^3}{3!} = \frac{4!}{(4-3)!*3!} = 4$，不同的组合为 012、013、023 和 123。

事实上，排列与组合的关键区别在于排列是要考虑 m 个元素的排序问题，而组合是不考虑的。因此，对于求排列问题可以通过先求出组合，再对每个组合求排列。

例如，例题 7 给定一个集合{0，1，2，3}，求任取 3 个数的排列，也可以先求出其组合 012、013、023 和 123，再分别对各组合求排列即可，其结果如表 1-2 所示。

注意本小节的难点：（1）掌握加法原理与乘法原理的特点，对于给定的问题分析是分类还是分步，如果是分类则采用加法，如果是分步则采用乘法。

（2）对于给定的问题是属于排列还是组合，如果要考虑排序则采用排列方法求解，如果不要考虑排序则采用组合方法求解。

例 1.7 假设地点 A 到地点 B 的道路状况如图 1-2 所示，图中灰色的为道路。请问汽车从 A 出发途经加油站加油，最后到 B 共有几种走法？

解：汽车从地点 A 到达加油站有三条路，任选一条有 C_3^1 种选法，加油站到地点 B 有两条路，任选一条有 C_2^1 种选法，汽车从 A 出发途径加油站加油，最后到 B 共有 $C_3^1 * C_2^1$=6 种走法。

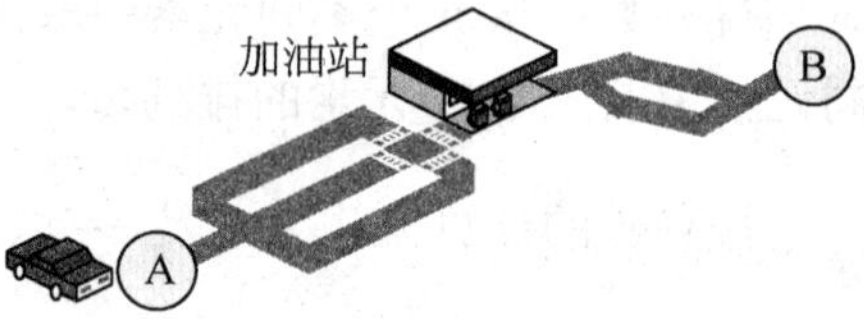

图 1-2 地点 A 到地点 B 的道路状况

1.2.2 数据的简单统计

初等数学基础知识主要涉及数据的简单统计、常用的统计图表和常用的统计函数，是历年考试的必考部分。根据历年考试，该部分的试题分值基本在 4～6 分之间，为了保证科目成绩过关，考生应该重视这部分内容的学习。

1．数据的简单统计

数据统计在现代化国家管理、企业管理和社会生活中的地位越来越重要，在人们的日常生活和社会生活中都离不开统计。例如，网络信息流量分析、公司的营销情况、员工的业绩与薪资情况、学生的成绩情况以及家庭理财等都需要用统计知识来解决。

统计学是应用数学的一个分支，主要通过利用概率论建立数学模型，收集所观察系统的数据，进行量化的分析、总结，并进一步进行推断和预测，为相关决策提供依据和参考。它被广泛的应用在各门学科中，从物理和社会科学到人文科学，甚至被用于工商业以及政府的情报决策之中。

1）总体、个体、样本和样本容量

总体是指考察对象的全体，通常也称为母体。个体是总体中的每一个考察对象，样本是总体中所抽取的一部分个体，样本容量是指样本中个体的数目。样本容量又称为“样本数”，指一个样本的必要抽样单位数目。在组织抽样调查时，抽样误差的大小直接影响样本指标代表性的大小，而必要的样本单位数目是保证抽样误差不超过某一给定范围的重要因素之一。

例 1.8　某市有 8 万名学生参加中考，为了解这 8 万名学生的数学成绩，从中抽取 2000 名学生的数学成绩进行分析，请问本题的总体、个体、样本及样本容量是什么？

解：本题题意是为了解这 8 万名学生的数学成绩，所以总体是 8 万名学生，个体是每名考生的数学成绩，样本是抽取 2000 名考生的数学成绩，样本容量是 2000。

2）平均数

平均数是指在一组数据中所有数据之和再除以数据的个数。平均数是表示一组数据集中趋势的量数，它是反映数据集中趋势的一项指标。解答平均数应用题的关键在于确定“总数量”以及和总数量对应的总份数。常用的平均数指标有位置平均数和数值平均数。

（1）位置平均数

位置平均数是指按数据的大小顺序或出现频数的多少确定的集中趋势的代表值，主要有众数、中位数等。

众数是一组数据中出现次数最多的数值。有时众数在一组数中有好几个，用 M 表示。简单的说，就是一组数据中占比例最多的那个数。用众数代表一组数据，可靠性较差，不过众数不受极端数据的影响，并且求法简便。

中位数是一组数据按从小到大的顺序依次排列，处在中间位置的一个数，或最中间两个数据的平均数。注意：和众数不同，中位数不一定在这组数据中。中位数是样本数据所占频率的等分线，它不受少数几个极端值的影响，因此有时也会成为其优点。在一组数据中，如果个别数据有很大的变动，选择中位数表示这组数据的“集中趋势”是更为适合的。

例 1.9　某班 50 名学生右眼视力的检查结果如下所示，求全班学生右眼视力的众数为多少？

视力	0.1	0.2	0.3	0.4	0.5	0.6	0.7	0.8	1.0	1.2	1.5
人数	1	1	3	4	3	4	4	6	8	10	6

解：众数是一组数据中出现次数最多的数值，从表中可以看出 50 名学生右眼视力为 1.2 的学生数为 10，大于其它视力的学生数，因此全班学生右眼视力的众数是 1.2。

例 1.10　某批数据各个值出现的次数如下表所示，求这批数据的中位数为多少？

数值	30	35	40	45
出现次数	8	3	4	7

解：中位数是一组数据按从小到大的顺序依次排列，处在中间位置的一个数，或最中间两个数据的平均数。本题中数据的总数是 8+3+4+7=22 个，数据排列顺序号如下所示。

顺序号	1	2	3	4	5	6	7	8	9	10	11	12	13	14	15	16	17	18	19	20	21	22
数据	30	30	30	30	30	30	30	30	35	35	35	40	40	40	40	45	45	45	45	45	45	45

从上可以看出，位于中间的两个数据分别是顺序号为 11 的数据 35 和顺序号为 12 的数据 40，因此，本题的中位数=（35+40）/2=37.5。

（2）数值平均数

数值平均数是以统计数列的所有各项数据来计算平均数，用以反映统计数列的所有各项数值的平均水平。这类平均数的特点是，统计数列中任何一项数据的变动，或大或小都会在一定程度上影响到数值平均数的计算结果。数值平均数又由于计算方法不同，有算术平均数、调和平均数和几何平均数。

① **算术平均数**是指把 n 个数的总和除以 n，所得的商叫做这 n 个数的平均数，它是反映数据集中趋势的一项指标。

例 1.11 某班级有学生 60 名，语文平均成绩为 85 分，按成绩将学生划分为优秀和非优秀，优秀学生的平均成绩为 90 分，非优秀学生的平均成绩为 75 分，则优秀学生的人数是多少？

解：假设优秀学生人数为 X，则非优秀学生人数为（60－X），根据题意所有学生的语文平均成绩满足如下公式：

$$(90\times X+(60-X)\times 75)/60=85$$

求解 X=40

例 1.12 某单位对收集的 100 个数据已算出其算术平均值为 E，方差为 D。如果这 100 个数据中每个数据都增加 1 倍，求解算术平均值和方差。

解：假设 100 个数据为 X_1，X_2，…，X_{100}，则算术平均值 $E=(X_1+X_2+\cdots+X_{100})/100$，方差 $D=[(X_1-E)^2+(X_2-E)^2+\cdots+(X_{100}-E)^2]/100$。根据题意，当每个数据都增加 1 倍时，可分别用 $2X_1,2X_2,\cdots,2X_{100}$ 代入运算。

算术平均值$=(2X_1+2X_2+\cdots+2X_{100})/100=2(X_1+X_2+\cdots+X_{100})/100=2E$

方差$=[(2X_1-2E)^2+(2X_2-2E)^2+\cdots+(2X_{100}-2E)^2]/100$

$=2^2[(X_1-E)^2+(X_2-E)^2+\cdots+(X_{100}-E)^2]/100$

$=4D$

② 把 n 个观察值连乘积的 n 次方根就是几何平均数。根据条件不同，几何平均数

分为加权和不**加权**之分。

$$\bar{x}=\sqrt[n]{x_1 \times x_2 \times \cdots\cdots \times x_n}$$

③ **调和平均数**是平均数的一种，对于统计调和平均数与数学调和平均数不同。数学调和平均数定义为：数值倒数的平均数的倒数。统计加权调和平均数是加权算术平均数的变形，主要是用来解决在无法掌握总体单位数（频数）的情况下，只有每组的变量值和相应的标志总量，而需要求得平均数的情况下使用的一种数据方法。

$$\bar{x}=\frac{n}{\frac{1}{x_1}+\frac{1}{x_2}+\cdots\cdots+\frac{1}{x_n}}$$

调和平均数与算术平均数的区别是变量与权数不同。对于算术平均数的变量是 x，调和平均数的变量是 1/x 。算术平均数的权数是 f 或 n，代表次数（单位数），调和平均数是 xf 或 M，代表标志总量。

调和平均数与算术平均数的联系是调和平均数可以作为算术平均数的变形使用。

因为$\sum f=\sum\frac{xf}{x}$，所以$\bar{x}=\frac{\sum xf}{\sum f}=\frac{\sum xf}{\sum\frac{xf}{x}}=\frac{\sum xf}{\sum\frac{1}{x}xf}$

令$M=xf$，则$\bar{x}=\frac{\sum M}{\sum\frac{1}{x}M}=H$

例 1.13　某商店苹果分甲乙丙三级，甲级每元 1 公斤，乙级每元 1.5 公斤，丙级每元 2 公斤。那么：

（1）若甲乙丙级苹果各买 1 公斤，平均每元可买多少公斤？

（2）若甲乙丙级苹果各买 6 公斤，平均每元可买多少公斤？

（3）若甲级买 3 公斤，乙级买 2 公斤，丙级买 1 公斤，平均每元可买几公斤？

（4）若甲乙丙级苹果各买 1 元钱，平均每元可买几公斤？

分析（1）：

$$H=\frac{n}{\sum\frac{1}{n}}=\frac{3}{\frac{1}{1}+\frac{1}{1.5}+\frac{1}{2}}=\frac{3}{2.1667}\approx 1.38 \text{（公斤/元）}$$

分析（2）：

$$H=\frac{\sum f}{\sum\frac{1}{x}f}=\frac{6+6+6}{\frac{1}{1}\times 6+\frac{1}{1.5}\times 6+\frac{1}{2}\times 6}=\frac{18}{13}\approx 1.38 \text{（公斤/元）}$$

分析（3）：

$$H=\frac{\sum f}{\sum\frac{1}{x}f}=\frac{3+2+1}{\frac{1}{1}\times 3+\frac{1}{1.5}\times 2+\frac{1}{2}\times 1}=\frac{6}{4.8}=1.25 \text{（公斤/元）}$$

分析（4）：

$$\bar{x}=\frac{\sum x}{n}=\frac{1+1.5+2}{3}=1.5 \text{（公斤/元）}$$

例 1.14 某车间9月份生产老产品的同时，新产品首次小批投产，出现了4件废品，全车间的废品率为1.3‰，10月份老产品下马，新产品大批投产，全月生产10000件，其中废品12件，请问10月份产品质量是提高还是降低了？

解：根据题意可以得出10月份的废品率为12/10000等于1.2‰，比9月份的废品率低，因此10月份产品质量提高了。

例 1.15 一条道路长1公里，现在道路的两侧从起点到终点每隔50米安装一盏路灯，相邻路灯间安装一面广告牌，共需要安装多少盏路灯，多少面广告牌？

解：根据题意可以得出1公里=1000米，每隔50米安装一盏路灯可安装1000/50=20盏路灯，加上起点安装的一盏路灯，可以得出道路一侧需要安装21盏路灯，道路两侧需要安装21×2=42盏路灯。

又因为相邻路灯间安装一面广告牌，可以得出道路一侧需要安装20面广告牌，道路两侧共需要安装20×2=40面广告牌。

例 1.16 某公园准备举行一次大型文艺活动。据估计，若门票价定为70元，则将有3000人参加，门票价每降1元，参加者将增加100人。举办方为取得最大的门票收入，票价应定为几元？

解：假设门票在70元的基础上降了X元，则参加人数应该在3000人的基础上增加$100X$。这样，门票的价格应为$70-X$，参加的人数为$3000+100X$，门票的总收入为：

$$(70-X)\times(3000+100X)=210000+4000X-100X^2=-100(X^2-40X-2100)$$

又因为$-100(X-20)^2=-100(X^2-40X+400)=-100X^2+4000X-40000$，所以为了使等式成立，门票的总收入应为：

$$-100(X^2-40X-2100)=-100(X-20)^2+250\,000$$

不难看出，当$X=20$时，门票的总收入最大，即门票在70元的基础上降低20元，利润最高，故门票的价格应定为50元。

例 1.17 某公司销售部有营销人员15人，下表是某月这15人的销售量统计表：

每人销售数（件）	1800	510	250	210	150	120
人数	1	1	3	5	3	2

请问销售部负责人把每位销售员的月销售额定为多少件比较合适？

解：根据题意可以看出本题的中位数和众数都为210件，平均数为：

$$(1\times1800+1\times510+3\times250+5\times210+3\times150+2\times120)/(1+1+3+5+3+2)=320\text{（件）}$$

销售部负责人把每位销售员的月销售额定为210件比较合适。因为，尽管销售平均数为320件，但是本题的中位数和众数都为210件，是大多数销售员能达到的指标。

例 1.18 某公司有三个部门，上半年实际完成销售额分别为560万元、529万元、675万元，分别超额完成计划的12%、15%、25%，则该公司上半年超额完成计划的百分之几？

解：公司上半年实际完成销售额=560+529+675=1764 万元；根据公司三个部门超额完成计划的比例，可以计算公司三个部门的计划销售额及公司上半年的计划销售额如下所示：

部门 1 的计划销售额=560/(1+12%)=500 万元

部门 2 的计划销售额=529/(1+15%)=460 万元

部门 3 的计划销售额=675/(1+25%)=540 万元

公司上半年的计划销售额=500+460+540=1500 万元

所以，公司上半年超额完成计划为(1764-1500)/1500=17.6%

1.2.3　常用的统计图表

统计图表是统计描述的重要工具，是在实际工作中一种常用的方法。它可以取代冗长的文字叙述，以直观形象地反映事物之间的关系。

1．统计表

统计表（Statistical Table）是从整理表中选出需要的资料，经过统计加工为各种指标后，列成便于对比分析的表格。统计表由标题、标目及数据组成，其结构要简洁，最好一事一表，避免臃肿庞杂。常用的统计表有四种：简单表、分组表、复合表和列联表。

1）简单表

简单表用于比较互相独立的统计指标，主辞未分组。例如，某学校要检查 2014 年各教学班级《计算机应用基础》课程的过关率的情况，统计结果如表 1-3 所示。

表 1-3　计算机应用基础课程过关率

班级号	总人数	不及格人数	过关率
1401	60	5	91.67%
1402	65	8	87.69%
1403	58	3	94.83%
1404	62	6	90.32%

标题：要求简练、用词确切能表达中心内容，左侧有表号以备查考。

标目：有横标目和纵标目。横标目又称主辞，说明每一行数字的属性，通常位于表内左侧；纵标目又称宾辞，说明每一列数字的属性，通常位于表内上方，其表达结果与主辞呼应，读起来就是一完整句子。例如第一行可读成：“1401 班 60 人，有 5 人不及格，过关率 91.67%”。

数据：位置上下对齐、准确、小数点后所取位数也应上下一致。数据排列一般按大小顺序来排列，对比鲜明，重点突出。

2）分组表

分组表的主辞按一个标志分组，结构形式与简单表基本相似。通常设有合计栏，以利说明综合水平。如表1-4所示。

表1-4 计算机应用基础课程未过关率

班级号	总人数	不及格人数	未过关率
1401	60	5	8.33%
1402	65	8	12.31%
1403	58	3	5.17%
1404	62	6	9.68%
合计	245	22	8.98%

3）复合表

复合表的主辞按两个以上标志分组。在安排上可将部分主辞放在表的上方，与宾辞配合起来，如表1-5所示。对于复合表是否需要合计应根据合计是否有意义来决定。

表1-5 2014年各科课程成绩过关率情况

班级	总人数	高等数学		英语		计算机应用基础	
		及格人数	过关率	及格人数	过关率	及格人数	过关率
1401	60	53	88.33%	50	83.33%	55	91.67%
1402	65	60	92.31%	58	89.23%	57	87.69%
1403	58	53	91.38%	50	86.21%	55	94.83%
1404	62	55	88.71%	51	82.26%	56	90.32%

4）列联表

列联表可以用列表方式表示两个(或多个)变量（或属性）分类时所列出的频数。若总体中的个体可按两个变量X与Y分类，X_i（i=1，2，3，…，r）表示行变量X的第i个类别，Y_j（j=1，2，3…，c）表示列变量Y的第j个类别，设n_{ij}为每种组合的频次，将$r×c$个n_{ij}排列为一个r行c列的二维列联表，简称$r×c$列联表。其结构如表1-6所示。

表1-6 $r×c$列联表

Y / X	Y_1	Y_2	…	Y_c
X_1	n_{11}	n_{12}	…	n_{1c}
X_2	n_{21}	n_{22}	…	n_{2c}
…	…	…	…	…
X_r	n_{r1}	n_{r2}	…	n_{rc}

2．统计图

统计图（Statistical Diagram）一般是根据统计表的资料，用点、线、面或立体图像鲜明地表达其数量或变化动态。常用统计图的类型有线图、直方图、长条图、饼形图等。

（1）线图（Line Diagram）：适用于连续变量资料。说明某事物因时间、条件推移而变迁的趋势。横轴常用以表示某事物的连续变量，纵轴多表示率、频率或均数。

（2）直方图（Histogram）：以面积表示数量，适用于表达连续性资料的频数或频率分布。横轴表示变量，尺度可以从零或从其他值开始，但同一轴上的尺度必须相等。

（3）直条图（Bar Chart）：用等宽直条和长短来表示各统计量的大小，适用于彼此独立的资料互相比较，有单式和复式两种。作图时，一般是以横轴为直条图的基线，纵轴表示频数或频度，从零开始；直条间的距离一般以条宽的 1/2 为宜。排列顺序若非自然顺序资料，则按由高到低的次序排列，便于比较。

复式直条图的制图要求与单式相同，但每组的直条最好不要过多，同组直条间不留空隙，组内各直条排列次序要前后一致。

（4）百分条图（Percentchart）：用以表达构成比的图形，绘制简便，而且可将多条并列作比较，以阐明比较对象的变化情况。

（5）饼形图（Circulargraph）：用途同百分条图，是以圆的半径将圆面分割成多个大小不等扇形来表达构成比。作图法是先将各个百分比乘以 3.60，获得圆心角度数，从 0 开始按其大小排列，且量角器顺时针方向划分为一系列扇形。

（6）点图（Scatterdiagram）：表示两种事物变量的相关性和趋势。绘制方法是先绘出合适的坐标，一般以两轴正交点为 0 点，但也可按两变量的全距中最小值起点加以调整。x 变量定在横轴，y 变量定在纵轴；然后将每受检者测得两变量值，找出 $P(x, y)$ 所在的方位，并绘出各自的坐标点，最后根据点的分布情况进行分析。

1.2.4　常用的统计函数

常用的统计函数包括求总和、平均值、最大值、最小值和标准差等等，Excel 常用的统计函数如下。

1．AVERAGE

用途：计算平均值。

语法：AVERAGE(number1，number2，…)。

参数：Number1，number2，…是要计算平均值的参数。

例如：AVERAGE(A1：A15)是计算 A1～A15 单元格的平均数。

2．COUNT

用途：返回数字参数的个数。它可以统计数组或单元格区域中含有数字的单元格个数。

语法：COUNT(value1，value2，…)。

参数：Value1，value2，…是包含或引用各种类型数据的参数，其中只有数字类型的数据才能被统计。

例如：A1=20，A2=刘明，A3=18，A4=54，A5=""，则公式“=COUNT(A1:A5)”的结果为 3。

3．COUNTA

用途：返回参数组中非空值的数目。利用函数 COUNTA 可以计算数组或单元格区域中数据项的个数。

语法：COUNTA(value1，value2，…)。

说明：Value1，value2，…所要计数的参数，在这种情况下的参数可以是任何类型，它们包括空格但不包括空白单元格。

例如：A1=566，A2=800.114，其余单元格为空，则公式"=COUNTA(A1:A7)"的计算结果等于 2。

4．COUNTBLANK

用途：计算某个单元格区域中空白单元格的数目。

语法：COUNTBLANK(range)。

参数：Range 为需要计算其中空白单元格数目的区域。

例如：A1=33，A2=66，A3="", A4=99，A5="", 则公式"=COUNTBLANK(A1:A5)"的计算结果等于 2。

5．COUNTIF

用途：计算区域中满足给定条件的单元格的个数。

语法：COUNTIF(range，criteria)。

参数：range 为需要计算其中满足条件的单元格数目的单元格区域。criteria 为确定哪些单元格将被计算在内的条件，其形式可以为数字、表达式或文本。

6．LARGE

用途：返回某一数据集中的某个最大值。

可以使用 LARGE 函数查询考试分数集中第一、第二、第三等的得分。

语法：LARGE(array，k) 参数：Array 为需要从中查询第 k 个最大值的数组或数据区域，K 为返回值在数组或数据单元格区域里的位置（即名次）。

例如：B1=66，B2=30，B3=68，B4=86，B5=78，B6=84，B7=88，则公式"=LARGE(B1，B7，2)"返回 86。

7．MAX

用途：返回数据集中的最大数值。

语法：MAX(number1，number2，…)。

参数：Number1，number2，…是需要找出最大数值的参数。

例如：B1=66，B2=30，B3=68，B4=86，B5=78，B6=84，B7=88，则公式"=MAX(B1:B7)"返回 88。

8．MAXA

用途：返回数据集中的最大数值。它与 MAX 的区别在于文本值和逻辑值(如 TRUE 和 FALS E)作为数字参与计算。

语法：MAXA(value1，value2，…)。

参数：Value1，Value2，…为需要从中查找最大数值的参数。

例如：A1:A5 包含 0、0.2、0.5、0.4 和 TRUE，因为 TRUE=1，FALS E=0，所以MAXA(A1:A5)返回 1。

9．MIN

用途：返回给定参数表中的最小值。

语法：MIN(number1，number2，…)。

参数：Number1，number2，…是要从中找出最小值的数字参数。

例如：A1=71，A2=83，A3=76，A4=49，A5=92，A6=88，A7=96，则公式“=MIN(A1:A7)”返回 49；而=MIN(A1:A5，0，-8)返回-8。

10．MINA

用途：返回参数清单中的最小数值。它与 MIN 函数的区别在于文本值和逻辑值(如TRUE 和 FALSE)也作为数字参与计算。

语法：MINA(value1，value2，…)。

参数：Value1，value2，…为需要从中查找最小数值的参数。

例如：A1=71，A2=83，A3=76，A4=49，A5=92，A6=88，A7=FALSE，则公式“=MINA(A1:A7)”返回 0。

11．MODE

用途：返回在某一数组或数据区域中的众数。

语法：MODE(number1，number2，…)。

参数：Number1，number2，…　与众数计算的 1 到 30 个参数。

例如：A1=71，A2=83，A3=71，A4=49，A5=92，A6=88，则公式“=MODE(A1:A6)”返回 71。

12．RANK

用途：返回一个数值在一组数值中的排位（如果数据清单已经排过序了，则数值的排位就是它当前的位置）。

语法：RANK(number，ref，order)。

参数：Number 是需要计算其排位的一个数字；ref 是包含一组数字的数组或引用（其中的非数值型参数将被忽略）；order 为一数字，指明排位的方式。如果 order 为 0 或省略，则按降序排列的数据清单进行排位。如果 order 不为零，ref 当作按升序排列的数据清单进行排位。

注意：函数 RANK 对重复数值的排位相同。但重复数的存在将影响后续数值的排位。如在一列整数中，若整数 60 出现两次，其排位为 5，则 61 的排位为 7（没有排位为 6 的数值）。例如：A1=80，A2=36，A3=92，A4= 18，A5=88，则公式“=RANK(A1，$A$1:$A$5)”返回 3，“=RANK(A2，$A$1:$A$5)”返回 4，“=RANK(A3，$A$1:$A$5)”

返回1，“=RANK(A4，$A$1:$A$5)” 返回5，“=RANK(A5，$A$1:$A$5)”返回2。

13．SMALL

用途：返回数据集中第k个最小值，从而得到数据集中特定位置上的数值。

语法：SMALL(array，k)。

参数：Array是需要找到第k个最小值的数组或数字型数据区域，K为返回的数据在数组或数据区域里的位置(从小到大)。

例如：A1=80，A2=36，A3=92，A4=18，A5=88，则公式“=SMALL(A1:A5，2)”返回36。

1.3 信息处理与信息处理实务

1.3.1 信息处理及其过程

1．信息处理

信息处理（Information Processing）也称为数据处理，是指对收集到的原始信息采用某种方法和设备，根据需要将原始数据进行加工，使之转变成为可利用的有效信息的过程。因此信息处理全过程包括信息收集、存储、加工和传输。

1）信息收集

信息收集（Information Gathering）是指通过各种方式获取所需要的信息。信息收集是信息处理的基础。信息可以分为原始信息和加工信息两大类，原始信息是指未经加工的信息，加工信息则是对原始信息经过加工、分析、改编和重组而形成的具有新形式、新内容的信息。信息收集有如下3个阶段。

第1阶段：信息识别。对信息进行识别，获取有用的信息。信息识别可以采用直接观察、比较和间接识别等方式。

第2阶段：信息采集。对识别后的信息根据不同的需求运用不同的采集方法进行信息采集。

第3阶段：信息表达。信息采集后，可以采用文字/符号、数字/编码、声音/图像对采集到的信息进行表达。

2）信息存储

信息存储是信息系统中非常重要的环节，如果没有信息存储，就不能充分利用已收集、加工所得信息，同时还要耗资、耗人、耗物来组织信息的重新收集、加工。有了信息存储，就可以保证随用随取，为企业信息的复用创造条件，从而大大降低了费用。信息存储应当考虑信息存在什么介质比较合适。例如企业人事方面的档案材料、设备或材料的库存账目应当存于磁盘，以便联机检索和查询。

3）信息加工

信息加工是对收集来的信息进行去伪存真、去粗取精、由表及里、由此及彼的加工过程。它是在原始信息的基础上生产出价值含量高、方便用户利用的二次信息的活动过程。例如，信息加工可以通过计算机对信息进行鉴别、选择、比较、分类、归并、查询、统计、预测、模拟以及进行各种数学计算等工作，使得采集的信息成为有价值的信息。

4）信息传输

信息传输是为了满足人们对信息的需求，实现信息有目的的流动，体现信息的价值。特别是在市场经济环境下，信息已经成为重要的、具有价值的一种商品。如何从海量信息中收集有用的信息，并对其进行研究与分析，作为企业决策的依据，使信息真正为企业的决策带来增值效应。

2．信息处理的要求

信息作为一种资源，它的普遍性、共享性、增值性、可处理性和多效用性，使其对于人类及社会具有特别重要的意义。信息处理的要求是准确、安全和及时。

准确是指信息应真实地反映客观现实，失真度小。信息失真，轻则会贻误工作，重则会造成重大的损失。信息的失真通常有三个方面的原因：一是信源提供的信息不完全、不准确；二是信息在编码、译码和传递过程中受到干扰；三是信宿（信箱）接受信息时出现偏差。

安全是指信息的完整性、可用性、保密性和可靠性。信息安全的实质就是要保护信息系统或信息网络中的信息资源免受各种类型的威胁、干扰和破坏，即保证信息的安全性。

及时是指迅速、灵敏地反映各企业或相关领域关注的最新动态，通常有两方面的含义：一是指对时过境迁并且不能追忆的信息要及时记录；二是信息传递的速度要快。因为信息都是有时效性的，其价值与时间成反比。例如，营销企业关注销售市场发展的各方面情况，若信息处理不及时，则对企业造成的损失是不可估量的。

3．信息处理系统

信息处理系统（Information Processing Systems）又常称为数据处理系统，是进行信息采集、存储、检索、加工、变换、传输的系统。信息处理系统是以计算机为基础的处理系统，由输入、输出和处理三部分组成，或者说是由硬件、系统软件、应用程序和数据库组成。

信息处理系统有各种不同的分类方法。可按信息处理系统的应用领域区分，如管理信息系统、机票预订系统、医院信息系统等；也可按系统的结构和处理方式区分，如批处理系统、随机处理系统、交互式处理系统、实时处理系统等。 通常信息处理系统按功能区分如下。

（1）计算服务系统。对众多的用户提供公共的计算服务，服务方式为联机处理或批处理。

（2）信息存储和检索系统。系统存储大量的数据，并能根据用户的查询要求检索出有关的数据，如情报检索系统。数据库由系统设计者设计并建立，输出是对用户查询的回答。

（3）监督控制信息系统。监督某些过程的进行，在给定的情况发生时发出信号，提示用户采取处置措施。例如，城市交通管理系统、空中交通管理系统和公害监视系统等。这种系统的输入信息往往是通过传感器或控制器传进来的，系统周期地处理输入数据，同数据库中保存的数据进行比较和分析，以决定是否输出信号。

（4）业务信息处理系统。系统能完成某几种具体业务的信息处理。处理过程和输出形式都是事先规定好的。数据库中事先存放好完成这些任务所需的各种数据。例如，机票预订系统、电子资金汇兑系统等。

（5）过程控制系统。系统通过各种仪器仪表等传感设备实时地收集被控对象的各种现场数据，加以适当处理和转换，送入计算机，根据数学模型对数据进行综合分析判断，给出控制信息，以控制物理过程。例如，轧钢过程控制系统、化工过程控制系统等。

（6）信息传输系统。在传输线上将消息从发源地传送到目的地，以达到在地理上分散的机构之间正确、迅速地交换情报的目的。例如，国际信息传输系统、全国银行数据通信系统等。

（7）计算机辅助系统。通过人机对话的方式，计算机辅助人们从事设计、加工、计划和学习，如计算机辅助设计、计算机辅助教学等。

有些信息处理系统可能是上述某几类的综合。如医疗管理系统，其中的事务管理属于业务信息处理系统，临床数据管理和医疗器械管理属于监督控制系统，医学情报检索管理则属于信息存储和检索系统，而计算机辅助诊疗则属于计算机辅助系统。

4. 信息处理有关的法律与规章制度

信息处理有关的法律与规章制度是规范管理信息系统安全和保密的基础，是打击各类利用和针对计算机网络进行犯罪的有利武器，也是保障信息系统用户利益和安全的坚强后盾。信息系统运行管理包括三个方面的工作：日常运行管理、系统文档管理以及系统的安全与保密，因此需要在国家相关法律与规章制度的基础上建立健全本单位信息系统运行的管理制度，明确各类人员的职责和职权范围，以保障信息系统正常、安全的运行。

1）信息系统日常运行管理制度。

信息系统日常运行管理制度建立的目的是要求系统运行管理人员严格按照规章制度办事，定时定内容地重复进行的有关数据与硬件的维护，以及对突发事件的处理等。相关的规章制度如下：

（1）机房管理与设备维护制度。例如，出入机房人员登记制度、各种设备的保养与安全管理制度、简易故障的诊断与排除制度、易耗品的更换与安装等规定。

（2）突发事件处理制度。当突发事件发生时，要求信息管理专业人员负责处理，并且对发生的现象、造成的损失、引起的原因及解决的方法等作详细的记录制度。

（3）信息备份、存档、整理和初始化制度。信息（或数据）备份制度要求每天必须对新增加的或更改过的数据作备份。数据正本与备份应分别存于不同的磁盘上或其他存储介质上。数据存档或归档制度要求每个星期对银行客户资料转入客户档案数据库，或新增客户数到10000时将资料转入档案数据库，作为历史数据存档。数据整理制度要求定期对数据文件或数据表的索引、记录顺序等的调整，可以使数据的查询更为快捷，对保持数据的完整性也很有好处。数据初始化制度在系统正常运行后，以月度或年度为时间单位的数据文件或数据表的切换与结转数等的预置，即数据的初始化。

2）信息系统文档管理制度

文档 (Documentation) 是以书面形式记录人们的思维活动及其工作结果的文字资料。信息系统开发要以文档描述为依据，信息系统实体运行与维护要用文档来支持。例如，文档制定标准与规范、收存和保管文档规定、文档借阅手续等制度。

3）信息系统运行安全与保密制度

信息系统的安全制度是为了防止破坏系统软件、硬件及信息资源行为而制定的相关规定与措施。例如，国家出台的《中华人民共和国计算机信息系统安全保护条例》，各企业针对信息系统实际运行情况制定的“信息系统中的信息等级划分及使用权限规定”、“账号申请及注销程序”等。

信息系统的保密制度是为了防止有意窃取信息资源行为的发生而制定的相关规定与措施。例如，对于信息安全保密应执行的法律制度和规范，有全国人大发布的《中华人民共和国保守国家秘密法》、国家保密局发布的《计算机信息系统保密管理暂行规定》、中共中央保密委员会办公室和国家保密局联合发布的《涉及国家秘密的通信、办公自动化和计算机信息系统审批暂行办法》等。

1.3.2 数据收集与分类

1. 数据收集

数据是对客观事物进行观察或观测后记录下来的一组可识别的符号，是对现实世界中客观事物真实属性的记录，反映了客观事物的性质、形态、数量和特征。信息是客观事物运动和变化的一种反映，是经过加工处理并对人类客观行为产生影响的数据表现形式。任何事物的属性都是通过数据来表示的，数据经过加工处理之后才能成为信息，而信息必须通过数据才能传播，才能对人类有影响。可见，要获得信息首先应收集原始数据。

通常收集数据的方法包括观察法、访谈法、问卷法、抽样调查法、测验法、实验法等等。

1）观察法

观察法是研究者通过感官或一定的仪器设备，有目的、有计划地观察客观事物的情况，并由此分析客观事物特征和规律的一种方法。

2）访谈法

访谈法或座谈法是研究者通过与被调查人员进行口头交谈，了解和收集他们有关的数据资料的一种研究方法。这种方法的最大特点在于：整个访谈或座谈过程是访谈者与被调查人员相互影响、相互作用的过程。

3）问卷法

问卷法是研究者用统一、严格设计的问卷，来收集被调查人员的数据资料的一种研究方法。其特点是标准化程度比较高，避免了研究的盲目性和主观性，而且能在较短时间内收集到大量的资料，也便于定量分析。因此，这是常用的一种收集资料的方法。

4）抽样调查法

抽样调查法是指从研究对象的全部单位中抽取一部分进行考察和分析，并用被抽取这部分的数量特征去推断总体的数量特征的一种方法。

抽样调查是一种非全面调查，它是按照随机原则从总体中抽取一部分单位作为样本来进行观察研究，以抽样样本的指标去推算总体指标的一种调查。其中，被研究对象的全部单位称为“总体”；从总体中抽取出来，实际进行调查研究的那部分对象所构成的群体称为“样本”。在抽样调查中，样本数的确定是一个关键问题。

与普查相比，抽样调查能解决普查的工作量大，耗资多的问题，但普查的资料更全面、详尽和系统。

5）测验法

测验法是通过心理测验来研究被调查人员心理、行为特征的一种方法，它一般是用一套标准化了的题目，按规定的程序，对被调查人员心理的某一方面进行测量，从而作出被调查人员某方面心理发展水平或特点的评定与诊断。

6）实验法

实验法是指有目的地控制一定的条件或创设一定的情境，以观察这些因素变化对其他因素的影响。例如，实验室实验法可以严格控制各种因素，并通过专门仪器进行测试和记录实验数据，一般具有较高的可信度。

例 1.19 面谈是收集数据的一种重要方法，其特征不包括__（1）__；不做全体调查，而只做抽样调查的原因不包括__（2）__。

（1）A．适于收集定性数据　　B．便于获取高层管理者的意见
　　C．得到的数据正确性高　　D．便于建立互信关系

（2）A．可能会破坏被调查的个体　　B．全体调查成本太高
　　C．样本太多难以统计　　D．总量太大不可能逐一调查

分析：空（1）的正确选项是C。面谈整个访谈过程是访谈者与被调查人员相互影响、

相互作用的过程，便于建立互信关系，便于获取高层管理者的意见，适于收集定性数据，但是得到的数据正确性不一定高。

空（2）的正确选项是 A。抽样调查是按照随机原则从总体中抽取一部分单位作为样本来进行观察研究，所以不会破坏被调查的个体。

例 1.20　某地区人口数、商品销售额、毕业生人数和图书采购量哪些属于时点数据，哪些属于时期数据？

分析：由于某一时刻的调查数据称为时点数据，某一段时期内的调查数据称为时期数据。因此，某地区人口数是属于时点数，因为某地区人口数在任何一个不同的时刻都有可能变化；而商品销售额、毕业生数、图书采购量是在某一段时期内统计的数据，是属于时期数据。

2．数据分类

数据可以按照数据连续性、数据有序性、数据确定性以及数据定量或定性等方式进行分类。

（1）按照数据连续性可分为离散数据和连续数据。例如，地球质量属于单值数据，成绩名次属于连续数据，职称资格属于非连续数据。

（2）按照数据有序性可分为有序数据和无序数据。例如，身高、考试成绩和体重都可以按照从小到大或从大到小的次序进行排列，但是，性别是无大小之分，因此是无序数据。

（3）按照数据的确定性可分为确定性数据和随机数据。例如，去年本地区在校人数、明年李桦的年龄、去年某班级学生的平均成绩属于确定性数据，而明年本地区在校人数、明年某班级学生的平均成绩、明年某商店的顾客数属于随机数据。

（4）数据也可分为定量数据和定性数据。定性数据包括分类数据和顺序数据，是一组表示事物性质、规定事物类别的文字表述型数据，不能将其量化，只能将其定性。例如，“以 1 和 2 表示的性别”是用文字表述人的性别，因此是定性数据不能将其量化。但是干部综合素质评估得分是属于定量数据，因为将若干项素质评估指标按照相关规则进行处理而得到了数据量化的结果。例如，某单位考评干部的评估指标有工作态度满分 20 分、工作能力满分 30 分、工作业绩满分 50 分。该单位张霖综合素质评估得分为 90 分，李桦综合素质评估得分为 85 分等，是将该单位干部的综合素质的定性数据定量化。

3．数据录入方法与输入输出要求

数据录入方法可以是多种多样的，例如，数据导入、键盘输入、汉字识别、扫描输入和电子文档信息提取等等。对于信息系统应用时，数据的输入输出要求如下。

（1）数据的输入要求：输入应快速、准确，便于更新、修改和维护。若文档输入过程中发现问题，需要按照相关规定进行处理。

（2）数据的输出要求：输出格式应与用户认真协商，征得用户的同意并满足其要求，输出结果应简单、直观、一目了然，便于用户阅读、理解与使用。

1.3.3 数据编码及数据校验

所谓编码就是按照一定的组合原则，采用少量的基本符号来表示不同的信息。信息编码的两大要素是基本符号的种类和这些符号的组合规则。在计算机中，将信息转换成用二进制数 0 和 1 表示的代码的过程称之为数据编码。例如，文字、图形、声音、动画和电影等信息的编码规则是不同的，这样计算机才能识别并进行处理。

1．西文信息编码

计算机中将非数字的符号表示成二进制形式叫做字符编码。为了在世界范围内进行信息的处理与交换，必须遵循一种统一的编码标准。常见的有 ASCII 码、EBCDIC 码和 BCD 码。

（1）ASCII 码

ASCII 码(American Standard Code for Information Interchange，美国标准信息交换码)，也是目前最常用的西文字符编码。该编码用 7 位二进制编码表示，从 0000000～1111111，共有 128 种编码组合，可表示 128 个字符，其中数字 10 个、大小写英文字母 52 个、控制字符 34 个、其他字符 32 个。由于计算机是用一个字节来存放一个 ASCII 字符，故最高位为 0。例如：大写字符 A 的 ASCII 码对应的二进制数是 1000001，其对应的十进制数为 65D，十六进制数为 41H；小写字符 t 的 ASCII 码对应的二进制数是 1110100，其对应的十进制数为 116D，十六进制数为 74H。

（2）EBCDIC 码

EBCDIC 码（Extended Binary Coded Decimal Interchanged Code）是扩展的二–十进制交换码，用一个字节（8 位）表示一个字符，共有 256 种编码组合，可表示 256 个不同的字符，主要用于 IBM 系列大型机中。在 EBCDIC 码中，数字 0~9 的高 4 位编码全为 1，低 4 位编码则依次为 0000 到 1001。

（3）BCD 码

BCD 码（Binary-Coded Decimal）也称为二–十进制代码，用 4 位二进制数来表示 1 位十进制数。这种编码形式利用了 4 位二进制代码来储存一个十进制数，不仅可以使二进制和十进制之间的转换得以快捷的进行，而且从 16 个 4 位二进制代码 0000～1111 中选择其中的 10 个作为数字代码，可以有多种 BCD 码，可以分成有权 BCD 码和无权 BCD 码两种。有权 BCD 码有 8421 码（最常用）、2421 码和 5421 码等；无权 BCD 码有余 3 码和格雷码等。例如，十进制 14.75 转换成 8421 码和二进制的情况如下：

$$(14.75)_{10} = (0001\,0100.0111\,0101)_{8421码} \qquad (14.75)_{10} = (1110.11)_2$$

（4）Unicode 码

Unicode 码也是一种国际标准编码，是由 Unicode 联盟开发的一种字符编码标准，该标准采用多个字节代表一个字符，与标准 ASCII 码不兼容。Unicode 字符系统有多种表示形式，包括 UTF-8、UTF-16 和 UTF-32。目前，大多数 Windows 界面都使用 UTF-16 形式，能够表示世界上所有的书写语言中用于计算机通讯的字元、象形文字和其他符号。

2．中文信息编码与汉字的输入输出

中文信息编码比较复杂，我国于 1980 年制定了《信息交换用汉字编码字符集基本集》即 GB2312—80 国家标准，规定一级和二级字库共 6763 个汉字，另加 682 个图形符号（计算机将它们也当汉字看待）。按汉字的使用频度将汉字分为一级汉字（常用字）和二级汉字。

1）中文信息编码

（1）区位码：GB2312 字符集构成一个 94 行、94 列的二维表，行号称为区号，列号称为位号，每一个汉字或符号在码表中的位置用它所在的区号和位号来表示。为了处理与存储的方便，每个汉字的区号和位号在计算机内部分别用一个字节来表示。例如，“啊”的区号为 16H，位号为 01H，其区位码为 1601H，用 2 个字节的二进制数表示为：00010110 00000001。

（2）国标交换码：区位码无法用于汉字通信，因为它可能与通信使用的控制码（00H~1FH）（即 0~31）发生冲突。ISO2022 规定每个汉字的区号和位号分别加上十六进制数 20H，拼起来得到的代码称为国标交换码，简称交换码。例如，“啊”字的区号 16H+20H=36H，位号 01H+20H=21H，拼起来后得到的国标交换码为 3621H。

（3）机内码：简称内码，供计算机内部存储、处理加工和传输汉字或西文字符时所用的由 0 和 1 符号组成的代码。为了在机器内部区别开汉字和西文字符，以免造成混乱，汉字内码中两个字节的最高位均规定为“1”。

2）汉字的输入

汉字输入码是为了解决使用西文标准键盘把汉字输入到计算机内部而设计编制的代码。一个好的汉字输入码编码方案应该满足汉字覆盖率高、重码率低且易区分、易学易记、码长短、平均击键次数少、输入速度快等要求。目前常用的编码方案主要有以下四类：

（1）数字编码：为每一个汉字分配一个唯一的数字代码串，若输入一个汉字，即输入对应的一串数字。如国标区位码、电报码。数字编码的优点是一字一码，没有重码，输入码与内部编码的转换方便，但是编码不易记忆，难以推广使用。

（2）拼音码：用每个汉字的汉语拼音符号作为一个汉字的输入编码。如全拼码、双拼码、自然码等都属于此类输入码。拼音码的优点是易学、易记，凡是掌握汉语拼音的人都可以使用。但是由于汉字同音字太多，此编码方案的重码率非常高，使输入速度受到很大限制。

（3）字形码：用每个汉字的形状来进行编码，将汉字的比划部首进行分解，用相应的字母来代替，并按笔划顺序依次输入。如五笔字型、表形码都属于此类输入码。字形码的特点是输入速度得到较大提高，但是需要经过一定的学习和训练，才能充分掌握输入方法。

（4）混合码：为了获得较高质量的输入编码，综合上述编码方案的优点，形成混合型的输入编码，如音形码等。

3）汉字的输出

计算机对汉字的输出方法有显示输出、打印输出和语音输出等，主要牵涉到汉字点阵和汉字库等内容。

（1）汉字点阵：在汉字信息处理系统中，无论中文还是西文最终都要以字形的方式输出处理结果。汉字字形一般是以数字化的方式存储在计算机的存储器中，将汉字图像预先分割为许多小方块，组成一个“点阵”。若用“0”表示白点，“1”表示黑点，这个点阵字形就很容易地用二进制表示了，这种方法称为“点阵的数字化”。表示字形的二进制代码称为汉字字形码。

（2）汉字库：按用途不同可分为简易汉字库和精密汉字库两种。简易汉字库中可存储 24×24 点阵或 16×16 点阵规模的汉字点阵，用于屏幕汉字显示或针式打印机汉字输出。精密汉字库存储的字模可供照排机和激光印字机输出汉字时使用，字模的点阵规模一般不低于 108×108 点阵。对于这样大规模点阵的字模存储量极大，故必须进行压缩。

（3）语音输出：是指利用语音的数字信息，采用语音合成的方法由数字信息还原成模拟量而输出人耳能听到的语音，是人与计算机沟通的一个重要途径。

3．图形和图像信息表示

图形和图像与文字、声音等其他信息媒体相比具有直观明了、含义丰富等多种优点。日常生活中的图形和图像在计算机中有两种数字化表示方法，一种称为点阵图像或位图图像，简称图像（Image），另一种称为几何图形或矢量图形，简称图形（Graphics）。

（1）位图图像：由一系列像素组成，把画面离散成 m×n 个像素所组成的一个矩阵，所以它又称为位图表示法或点阵表示法。每个像素用若干个二进制位来指定它的颜色深度。通常，黑白图像只用一位二进制（0 或 1）数表示每个黑白像素的灰度值，彩色图像用 3 个或多个二进制整数表示每个彩色像素的 3 个分量（如 R，G，B）的灰度值。

（2）矢量图形：对采集图像依据某种标准进行分析、分解，提取出具有一定意义的独立的信息单位（图元），如一段直线、一条曲线、一个矩形、一个圆、一个电路符号等，并用一组指令来描述原始图像中每个图元和各个图元之间的联系。当计算机要显示一幅存储的图像时，只需读取这组指令，逐条解释、执行指令，就可以将图像输出。

4．数据校验方法

常用的数据校验方法有奇偶校验、海明校验、循环冗余校验，其实现原理是加入冗余代码，与原始的数据一起按某种规律编码，这样就可以通过检测编码的合法性来达到发现错误的目的。

1）奇偶校验

在 n 位长的数据上增加一个二进制位作为校验位，校验位的取值（0 或 1）取决于数据中 1 的个数和校验方式（奇或偶校验），校验位可放在高位或者低位，这与具体实现相关。若为奇校验，则数据加上校验位后 1 的个数应为奇数；若为偶校验，则数据加上校验位后 1 的个数应为偶数。当数据传送到目的后进行奇偶校验，若得到的数不满足奇（偶）定义，则表示数据传送有错。

例如，7 位数据 1010101 中共有 4 个 1，附加校验位后变为 8 位，且校验位放在高位。若采用奇校验，则校验位为 1，数据加上校验位后为 11010101；若采用偶校验，则校验位为 0，数据加上校验位后为 01010101。

2）海明校验

在 k 位长的数据上增加 r 个校验位，从而形成一个 k+r 位的新的码字，使新的码字的码距比较均匀地拉大。把数据的每一个二进制位分配在几个不同的偶校验位的组合中，当某一位出错后，就会引起相关的几个校验位的值发生变化。海明校验的特点是可以发现出错，并纠错。

3）循环冗余校验

也称 CRC 校验，是利用线性编码理论，在发送端根据要传送的 k 位二进制码序列，以一定的规则产生一个校验用的监督码（既 CRC 码）r 位，并附在信息后边，构成一个新的二进制码序列数共$(k+r)$位，最后发送出去。在接收端，则根据信息码和 CRC 码之间所遵循的规则进行检验，以确定传送中是否出错。

1.3.4　文件的基础知识

1．文件

文件（file）是存储介质（磁盘、光盘、闪存、磁带）上具有符号名的、在逻辑上具有完整意义的一组相关信息项的集合。例如，一个源程序、一个目标程序、编译程序、一批待加工的数据、各种文档等都可以各自组成一个文件。总之，文件用文件名标识，以供操作系统识别、查找用户要访问的文件。详细内容参见 2.2.2 文件系统基本概念。

2．文件的结构与存取方法

文件的结构是指文件的组织形式，分为逻辑组织结构和物理组织结构，简称文件的逻辑结构和物理结构。

1）文件的逻辑结构

文件的逻辑结构是站在用户的角度所看到的文件的结构。作为用户，只要给出待访问文件的文件名，就可存取文件中的信息，而无须知道这些文件究竟存放在存储介质的什么位置上。文件的逻辑结构分为有结构的记录式文件和无结构的流式文件两种。

（1）有结构的记录式文件是由若干个相关记录组成，在记录式文件中，所有的记录通常都是描述一个实体集的，有着相同或不同数目的数据项，记录的长度可分为定长和不定长两类。

（2）无结构的流式文件是由一个字符流组成的，通常采用顺序访问方式，并且每次读写访问可以指定任意数据长度，其长度以字节为单位。

2）文件的物理结构

文件的物理结构是指站在系统实现的角度所看到的文件的结构，是文件在物理存储设备上的存放方式，是数据的物理表示和组织形式。根据记录的排列和存储介质的特性来组织文件，有顺序结构、链接结构和索引结构。

（1）顺序结构：将逻辑上连续的文件信息（如记录）依次连续存放在连续编号的物理块上。只要知道文件的起始物理块号和文件的长度，就可以很方便地进行文件的存取。

例如，文件 W.TXT 占用了 50、51、52、53 号物理块，系统只需将文件的起始物理块号（简称起始块号）50 和文件的长度放在文件目录中该文件所对应的文件说明中即可，如图 1-3 所示。

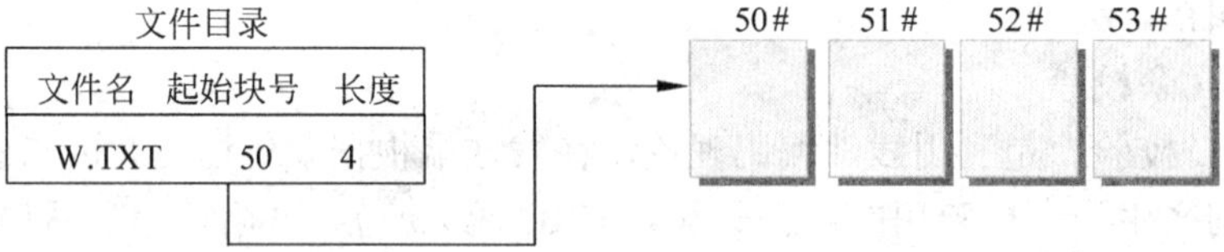

图 1-3 连续结构

连续结构文件中的记录可以是定长的，也可以是变长的。

（2）链接结构：链接结构也称串联结构，它是将逻辑上连续的文件信息（如记录）存放在不连续的物理块上，每个物理块设有一个指针指向下一个物理块。因此，只要知道文件的第一个物理块号，就可以按链指针查找整个文件。

例如：文件 W.TXT 占用了磁盘中的 60、86、92、103 号物理块，文件的起始块号 60 放在文件说明中，如图 1-4 所示。

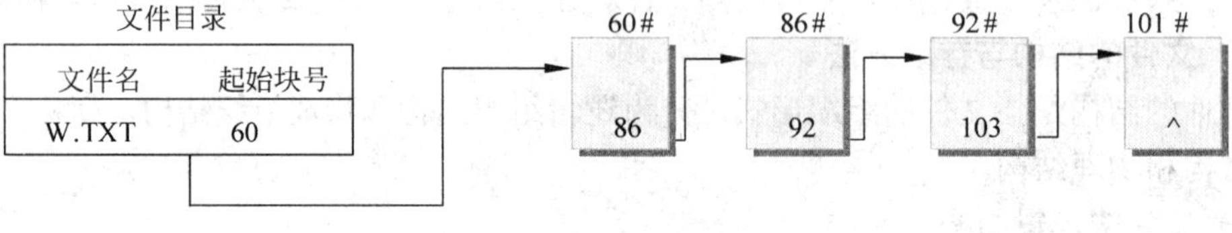

图 1-4 链接结构

（3）索引结构：将逻辑上连续的文件信息（如记录）存放在不连续的物理块中，系统为每个文件建立一张索引表。索引表记录了文件信息所在的逻辑块号对应的物理块号，并将索引表的起始地址放在文件对应的文件目录项中。

例如：文件 W.TXT 占用了 60、86、92、103 号物理块，文件索引表存放在 98 号物理块中，W.TXT 文件的文件目录项指向文件索引表，如图 1-5 所示。

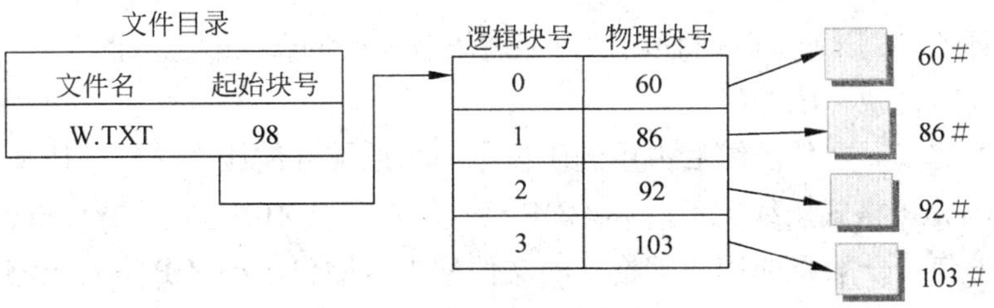

图 1-5　索引结构

访问 W.TXT 文件的过程：系统按文件名“W.TXT”查文件目录表，根据索引表的起始块号 98 将索引表块读入内存，按索引表查找 W.TXT 文件对应的物理块号并将物理块读入内存。

3．文件格式

文件格式是指计算机为了存储信息而使用的对信息的特殊编码方式，是用于识别内部存储的资料。例如存储图片、程序和文字信息等。每一类信息都可以采用一种或多种文件格式保存在存储器中。因为存储器中存放的有效数据只有 0 和 1，所以必须对不同的信息设计不同的存储格式，这样采用相关的软件进行信息与位元(Bit)之间的相互转换。

常用的矢量图形文件格式有很多种，如 Adobe Illustrator 的*.AI、*.EPS 和*.SVG，AutoCAD 的*.dwg 和.dxf，Corel DRAW 的*.cdr，Windows 标准图元文件*.wmf 和增强型图元文件*.emf 等。

常用的图像文件格式有.BMP、.JPG、.JPEG、.GIF、.WMF 和.PNG 等等。例如，图像文件中的 JPEG 文件格式仅用于存储静态的图像，而GIF既可以存储静态图像，也可以存储简单动画。Quicktime 格式则可以存储多种不同的媒体类型。文本类的文件有：text 文件一般仅存储简单没有格式的ASCII或 Unicode 文本；HTML 文件则可以存储带有格式的文本；PDF格式则可以存储内容丰富的，图文并茂的文本等等。

注意：对于同一个文件格式采用不同的程序处理可能会产生截然不同的结果。因为一种文件格式对某些软件会产生有意义的结果，而对另一些软件是毫无用途的数字垃圾。例如 Word 文件（扩展名为 doc），用 Microsoft Word 打开时，可以看到文件的内容，而用记事本打开时，看到的则是乱码。

4．压缩与解压缩

1）文件压缩与解压缩

文件压缩是指将原文件经压缩生成的压缩文件的过程，即将容量较大的文件压缩后生成容量较小的文件的过程。文件解压缩简称文件解压，是指将压缩文件还原成原文件的过程。可见文件压缩的目的是减少存储空间，提高文件的传送速度。

（1）压缩格式：压缩文件时使用的压缩编码方法不同，压缩生成的文件结构就不同，这种压缩文件结构就称压缩格式。

（2）压缩比率：文件压缩后占用的磁盘空间与原文件的比率称压缩比率。在常用的压缩格式中，RAR 格式压缩比率较高，ZIP 格式较低。但 ZIP 格式的文件操作速度较快。

（3）压缩包：一般将通用压缩格式的文件称为压缩包，如 ZIP 格式压缩文件。这种文件可以在压缩工具的管理下对包中压缩的文件进行管理，如查看、删除、添加等。

（4）文件打包：将一个或多个文件采用压缩软件压缩添加到一个压缩包文件的过程。多个文件打包既可以节省空间，又方便网络间传送。

（5）多卷压缩：将压缩的文件包分成几个压缩文件称为多卷压缩，一般是为了将压缩文件储存在多个软磁盘上或方便网上传输。

（6）自解压文件：将文件压缩生成可执行的文件，然后在没有压缩工具的帮助下，通过执行压缩的文件，就可将自己的源文件解压还原出来。

2）常用的文件压缩工具软件

在 Windows 操作系统环境中，常用的文件压缩工具软件主要有 WinRAR、7-Zip。

WinRAR：是一个文件压缩管理共享软件，由 Eugene Roshal 开发，所以 RAR 的全名是 Roshal ARchive。首个公开版本 RAR1.3 发布于 1993 年。WinRAR 可用于备份数据，缩减电子邮件附件的大小，支持 RAR 及 ZIP 压缩包，并且可以解压缩 CAB、ARJ、LZH、TAR、GZ、ACE、UUE、BZ2、JAR、ISO、Z、7Z 格式的压缩包。

7-Zip 是一款号称是目前最高压缩比的压缩软件，它不仅支持独有的 7z 文件格式，而且还支持各种其它压缩文件格式，其中包括 ZIP、RAR、CAB、GZIP、BZIP2 和 TAR 等。此软件压缩的压缩比要比普通 ZIP 文件高 30-50%，因此它可以把 Zip 格式的文件再压缩 2-10%。

QuickZip：是一个免费的压缩软件，具有良好的操作接口，支持拖放和鼠标右键功能，对于初学者很容易上手。该压缩软件可以制作自解压、分片压缩，支持 ZIP、RAR、CAB、ARJ、LHA、LZH、TAR、TGZ、ACE，内建 TXT、TRF、JPG、GIF、ICO、AVI、WAV 的浏览功能。

3）无损压缩和有损压缩

要使计算机能够处理多媒体信息，就要解决声音和视频数据的数字化、压缩及编码等问题，这是多媒体技术的关键问题。特别是音频、视频信息的容量很大，具有很大的压缩潜力。

例如，一幅 A4 图（21.6cm×30cm）的彩色照片，如果用 12 点/毫米分辨率的扫描仪采样，像素用 24 位彩色信号表示，则其数据量高达 26MB（一幅 A4 图的像素数：（216×12）×（300×12）=2592 点×3600 点=9 331 200 像素；9 331 200 像素×24 位/8=26.7MB）。

面对图像这么庞大的数据量，若要进行传输、存储以及读出等操作时，就必须对图像进行压缩处理。图像压缩就是在没有明显失真的前提下，将图像的位图信息转变成另外一种能缩减位图信息数据量的方法。常用的压缩编码方法分为两种类型：无损压缩和有损压缩。

（1）无损压缩：也称为冗余压缩，用于要求重构的信号与原始信号完全相同的场合。无损压缩法减少了数据中的冗余，但这些冗余值是可以重新插入到数据中的。因此，冗余压缩是可逆的过程。一个常见的例子是磁盘文件的压缩存储，它要求解压缩后能保证百分之百地恢复原始数据。根据目前的技术水平，无损压缩可以将数据压缩到原来的 1/2 到 1/4，压缩比较低。一些常用的无损压缩算法有哈夫曼（Huffman）算法和 LZW 压缩算法。

（2）有损压缩：用于重构信号不一定非要与原始信号完全相同的场合。例如，对于图像、视频影像和音频数据的压缩就可以采用有损压缩，这样可以大大提高压缩比（可达 10:1 甚至 100:1），而人的感官仍不至于对原始信号产生误解。这种方法会减少信息量，而损失的信息是不能再恢复的。因此这种压缩是不可逆的。

例 1.21　下列关于有损压缩的叙述中，不正确的是_______。

A．有损压缩是一种可逆压缩　　B．有损压缩的压缩比高

C．有损压缩的数据还原后有一定的损失　D．视频压缩技术标准 MPEG 是有损压缩

分析：选项 A 的说法是错误的。有损压缩用于要求重构的信号与原始信号不一定完全相同的场合，该方法会减少信息量，而损失的信息是不能再恢复的，故这种压缩是不可逆的。

4）JPEG 标准和 MPEG 标准

目前应用于计算机多媒体压缩算法的标准有两种：用于压缩静止图像的 JPEG 标准和用于压缩运动图像的 MPEG 标准。

（1）JPEG 标准：是由联合图像专家组(Joint Photographic Expert Group，JPEG)制定的静态数字图像数据压缩编码标准。JPEG 标准是一个适用于彩色和单色多灰度或连续色调静止数字图像的压缩标准，可支持很高的图像分辨率和量化精度。JPEG 常用的一种基于 DCT（离散余弦变换）的有损压缩算法，其压缩比可用参数调节，在压缩比达 25:1 时，压缩后还原的图像与原始图像相比较，一般人很难找出它们之间的差异。

（2）MPEG 标准：由活动图像专家小组（Moving Photographic Expert Group，MPEG）制定的用于视频影像和高保真声音的数据压缩标准。MPEG 标准分为 MPEG 视频、MPEG 音频和视频音频同步三个部分。MPEG 算法除了对单幅图像进行编码外，还利用图像序列的相关特性去除帧间图像冗余，大大提高了视频图像的压缩比。在保持较高的图像视觉效果的前提下，压缩比可以达到 60～100 倍左右。

例 1.22 下列处理属于无损压缩的是______。

A．将 BMP 文件压缩为 JPEG 文件　　B．用 WinZip 软件压缩文件

C．将电影制作成 VCD　　D．将电影制作成 DVD

分析：本题的正确答案为 B。用 WinZip 软件压缩文件是可再恢复成源文件的，所以是无损的。JPEG 文件采用有损压缩技术，所以 BMP 文件压缩为 JPEG 文件是有损的；而 VCD 和 DVD 都采用 MPEG 压缩标准，所以将电影制作成 VCD 或 DVD 都是有损的。

1.3.5 信息处理实务

1．信息处理实务

实务是指实际事务，即某特定领域中的事务。信息处理实务研究的是实际操作标准、操作方法、操作程序等问题，与具体的企业密切相关。例如：银行、电信、旅游、建筑、医药和保险等企业的信息处理实务是有差异的，甚至同一领域内的企业由于实际事务处理方式及要求不同，其信息处理实务可能也有差异。特别是随着信息经济高速发展，信息产业内部各类型行业的结构和形态不断发生变化，差异也逐步凸显，因此需要考虑实际企业信息的定义和范畴，否则不利于理解企业信息化建设。

信息处理实务需要从实际企业信息范畴、企业信息处理的缺陷和企业信息工作管理三个方面考虑。作为企业信息系统工作人员，必须理解应用部门的信息处理要求以及现有的信息处理环境，构思并选择合适的信息处理方法。当遇到信息处理中的相关问题时，需要寻求解决方法并改进。

例如，对于一个大型连锁超市，信息系统工作人员要从超市的商品采购、仓储、销售和人员管理等方面来考虑其信息资源状况，建立一套标准、规范的信息资源库，使该超市信息资源的获取、传递、处理、储存、控制建立在全面、系统、科学的基础之上，保证信息的完整、准确和及时。

2．信息资源管理

信息资源管理（Information Resource Management，IRM）是现代信息技术，特别是以计算机和现代通信技术为核心的信息技术的应用所催生的一种信息管理理论。目前，信息资源管理在理论研究和实践方面都已经走向成熟，在国外众多的企业决策层里专门设立了负责信息资源管理的岗位－信息主管（Chief Information Officer，CIO）。

信息资源管理包括数据资源管理和信息处理管理。数据资源管理强调对数据的控制；信息处理管理更注重管理人员如何获取和处理信息，强调的是信息资源的重要性。信息资源管理的目标是通过增强企业、高校等实体处理动态和静态条件下内外信息需求的能力来提高管理的效益，以期达到“高效（Efficient）、实效（Effective）和经济

（Economical）”的最佳效果，也称为 3E 原则，三者关系密切，互相制约。

对于一个企业信息资源管理的任务是有效地搜集、获取和处理企业内外信息，最大限度地提高企业信息资源的质量、可用性和价值，并使企业各部分能够共享这些信息资源。由于企业是以利润最大化为目标的经济组织，其信息资源管理的主要目的在于发挥信息的社会效益和潜在的增值功能，为完成企业的生产、经营、销售工作，提高企业的经济效益，同时也为提高社会效益。一般而言，企业信息资源管理工作的内容主要包括：对信息资源的管理；对人的管理；对相关信息工作的管理。

例 1.23　某企业员工张莉和王俊峰负责向数据库中录入一批图书数据（如：书名、作者和出版社等），要求在保证质量的前提下，尽可能高效率地完成任务，如下（1）～（4）四种工作方式你认为哪种方式比较恰当，请说明原因。

（1）小张独立录入，小王抽查

（2）小张独立录入，小王逐条核对

（3）小张和小王各录一半，再交叉逐条核对

（4）小张和小王分工协作，分别录入图书的几个字段，再核对并合并在一起

分析：本题考查的是信息处理实务方面的经验。

方式（1）将导致小王等小张的等待时间，故效率低，录入质量不一定能保证。

方式（2）存在小王等小张的等待时间和小张等小王的等待时间，导致工作效率低。

方式（3）消除了等待时间提高了工作效率，同时也可保证录入的质量。

方式（4）的关键问题是合并本身需要时间，而且合并也可能会造成错误。

可见，选用方式（3）比较恰当。

例 1.24　某咨询顾问公司派小强统计本市各品牌汽车的占有率，以下四种统计方法中，你认为小强应采用那种方法使估算结果较为可信？

（1）在家门口的街道上定时观察并记录

（2）统计不同品牌的广告投放量

（3）在汽车专业网站上开通网上投票系统，邀请车主选择拥有车的品牌

（4）选择一个小区，进行入户调查

分析：对于方式（1）、方式（2）和方式（4）存在统计的片面性问题，而方式（3）“在汽车专业网站上开通网上投票系统，邀请车主选择拥有车的品牌”消除了该问题。

例 1.25　某公司信息处理技术员小王在编辑文稿时发现的如下几种错误中，最严重的错误是__（1）__；他在用 Word 录入公司的年终总结书面报告时，发现有许多反映公司经营状况的图（饼图、折线图等）、表。为保证数据的一致性和图、表的准确性和美观性，小王应__（2）__。

（1）A．明显的错别字　　B．语句不通顺

C．将大连列入了省名单　　D．将某地区名列入了国家名单

（2）A．在 Excel 中制作表格和图，然后粘贴到 Word 中

B．在 PowerPoint 中绘制图，在 Excel 中制作表，然后粘贴在 Word 中

C．在 Excel 中制作表，然后粘贴在 Word 文档中，图可在 Word 中直接绘制

D．在 Word 中直接制作图和表

分析：空（1）的正确答案为 D。将某地区名列入了国家名单所造成的影响会涉及国家的问题，所以错误的性质最严重。空（2）的正确答案为 A。Excel 有很强的制作表和图的功能，小王应在 Excel 中制作表格和图，然后粘贴到 Word 中。

1.4 信息安全基础知识

信息安全是一门涉及计算机科学、网络技术、通讯技术、密码技术、信息安全技术以及应用数学等多种学科的综合性学科。在信息系统中存储大量的日常业务处理信息、技术经济信息，企业或政府高层计划、决策信息。一旦信息系统遭到任何的破坏或出现故障，都将对用户以至整个社会产生巨大的影响。特别是近年来世界范围内的计算机犯罪、计算机病毒泛滥等问题，使得信息系统安全问题日显重要，已经成为全球性的社会问题。为了保障信息的安全，常用的方法主要有文件存取控制，数据加密/解密技术，备份与恢复，数字签名和防火墙技术。

1.4.1 信息安全基础

信息安全是指信息网络的硬件、软件及其系统中的数据受到保护，不受偶然的或者恶意的原因而遭到破坏、更改、泄露，系统连续可靠正常地运行，信息服务不中断。信息安全从信息资源的角度可以定义为：为了防止意外或人为地破坏信息系统的正常运行或利用不正当手段使用信息资源，而对信息系统采取的安全保护措施。

1．信息安全的要素

信息安全的基本要素包括：真实性、机密性、完整性、可用性、不可抵赖性、可控性和可审查性。

（1）真实性：对信息的来源进行判断，能对伪造来源的信息予以鉴别。

（2）机密性：确保信息不暴露给未授权的实体或进程。

（3）完整性：保证数据的一致性，防止数据被非法用户篡改。

（4）可用性：保证合法用户对信息和资源的使用不会被不正当地拒绝。

（5）不可抵赖性：建立有效的责任机制，防止用户否认其行为，这一点在电子商务中是极为重要的。

（6）可控性：可以控制授权范围的信息内容、流向和行为方式。

（7）可审查性：为出现的网络安全问题提供调查的依据和手段。

2．信息安全的基本内容

（1）实体安全。实体安全就是计算机设备、设施（含网络）以及其他媒体免遭地震、水灾、火灾、有害气体和其他环境事故破坏的措施和过程。包括三个方面：环境安全、设备安全和媒体安全。

（2）运行安全。运行安全就是保障信息处理过程的安全性。

（3）信息资产安全。是指防止文件、数据、程序等信息资产被恶意非授权泄漏、更改、破坏或被非法控制，确保信息的完整性、保密性、可用性和可控性。信息资产安全主要包括操作系统安全、数据库安全、网络安全、病毒防护、访问控制、加密和鉴别七个方面。

（4）人员安全。主要是指信息系统使用人员的安全意识、法律意识和安全技能等。

3．计算机信息系统安全等级

按照国家标准（GB 17859-1999）计算机信息系统安全保护划分为五个等级。

第一级：用户自主保护级。通过隔离用户与数据，使用户具备自主安全保护能力。向提供可执行的手段，保护用户和用户组信息，避免其他用户对数据的非法读写与破坏。

第二级：系统审计保护级。通过登录规程、审计安全性相关事件和隔离资源，使用户对自己行为负责。

第三级：安全标记保护级。提供有关安全策略模型、数据标记，以及主体对客体强制访问控制的非形式化描述，具有准确地标记输出信息的功能；消除通过测试发现的任何错误。

第四级：结构化保护级。将访问控制的力度控制在单个用户，做到只有授权用户才能对该客体实施所授权的访问，而阻止那些非授权的用户对该客体进行任何访问，也阻止授权用户以非授权的操作形式对该客体进行访问。本级还要求自主访问控制能与身份鉴别和审计相结合。

第五级：访问验证保护级。通过确认用户身份的真实性和记录用户的各种成功或不成功的访问，使用户对自己的行为承担明确的责任。

例 1.26 如图 1-6 所示，IE 浏览器中菜单“工具”下面的“Internet 选项”可以完成许多设置，其中＿（1）＿选项卡可以设置网站的信任度；＿（2）＿选项卡可以设置分级审查功能。

（1）A．常规　　B．安全　　C．内容　　D．连接

（2）A．常规　　B．安全　　C．内容　　D．连接

分析：空（1）的正确答案为 B，空（2）的正确答案为 C。“Internet 属性”对话框中有“常规”、“安全”、“隐私”、“内容”、“连接”、“程序”和“高级”选项卡。其中“常规”选项卡用于设置默认主页、Internet 临时文件、历史记录；“安全”选项卡用于设置对不同站点的信任程度；“隐私”选项卡用于设置 cookie 和弹出窗口；“内容”选项卡用于设置内容审查程序、数字证书、自动完成等功能；“连接”选项卡用于设置 Internet 连

接方式；“程序”选项卡用于设置默认的 Internet 浏览器、指定用于不同 Internet 服务的程序和加载项管理；“高级”选项卡用于设置 HTTP 协议版本、虚拟机、多媒体等。

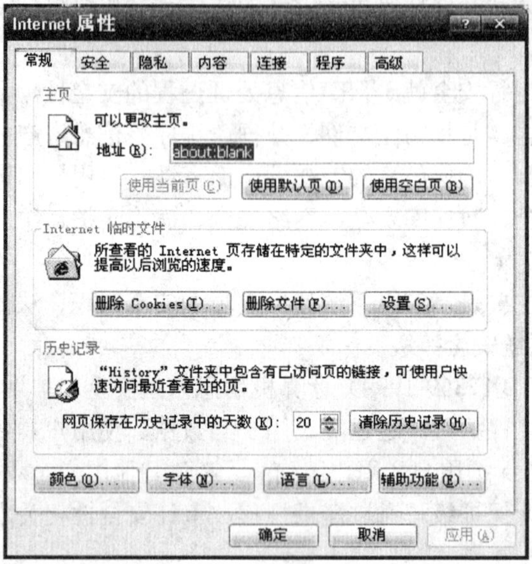

图 1-6 “Internet 属性”对话框

1.4.2 计算机病毒防范

计算机病毒(Computer Virus)在《中华人民共和国计算机信息系统安全保护条例》中被明确定义，病毒指“编制者在计算机程序中插入的破坏计算机功能或者破坏数据，影响计算机使用并且能够自我复制的一组计算机指令或者程序代码”。计算机病毒种类繁多，表现出的症状也各不相同。但是不管是良性病毒还是恶性病毒都有传染性、激发性、隐蔽性、破坏性和潜伏性的特点。

1．计算机病毒的分类

计算机病毒的分类方法有许多种，常见的有以下三种。

1）根据计算机病毒所攻击的对象划分

（1）源码型病毒。该病毒攻击高级语言编写的程序，一般在高级语言所编写的程序编译前插入到原程序中，经编译成为合法程序的一部分。

（2）嵌入型病毒。将自身嵌入到现有程序中，把计算机病毒的主体程序与其攻击的对象以插入的方式链接。

（3）外壳型病毒。外壳型病毒将其自身包围在主程序的头和尾部，对原来的程序不做修改。这种病毒最为常见，易于编写，也易于发现，一般测试文件的大小即可知。

（4）操作系统型病毒。这种病毒用自己的程序意图加入或取代部分操作系统进行工作，具有很强的破坏力，可以导致整个计算机系统的瘫痪。

2）根据计算机病毒传染方式划分

（1）引导区型病毒。引导区型病毒主要感染引导区，蔓延到硬盘，并能感染到硬盘中的“主引导记录”。

（2）文件型病毒。文件型病毒是文件感染者，也称为寄生病毒。运行在计算机存储器中，通常感染扩展名为 COM、EXE、SYS 等类型的文件。

（3）混合型病毒。混合型病毒具有引导区型病毒和文件型病毒两者的特点。

（4）宏病毒。用 BASIC 语言编写的病毒程序，寄存在 Office 文档上的宏代码。宏病毒影响文档的各种操作。

3）根据计算机病毒的破坏性划分

（1）良性病毒。不包含立即对计算机系统产生直接破坏作用的代码。

（2）恶性病毒。病毒程序代码中包含损伤和破坏计算机系统的操作，在其传染或发作时会对计算机系统产生直接的破坏作用。

2．计算机病毒的预防和处理

计算机病毒是以外部存储器为载体，通过软件、硬盘、网络等进行传染。使用带病毒的软盘、硬盘后，计算机病毒会进入内存，并控制计算机，病毒复制到硬盘或软盘中，使硬盘或软盘被感染。网络上一台计算机带有病毒，当与网络上其他计算机进行数据通信时，对方计算机就有被感染的可能。对计算机病毒的预防和处理主要有以下几种方式：

（1）安装防病毒软件或卡，及时更新病毒库。

（2）经常用杀病毒软件检查系统，以便清除病毒。

（3）加强对计算机的管理，制定一系列的预防措施。

3．网络信息安全常用技术

通常保障网络信息安全的方法有两大类：第一类，以“防火墙”技术为代表的被动防卫型；第二类，建立在数据加密、用户授权确认机制上的开放型网络安全保障技术。

1）防火墙技术

防火墙安全保障技术是在本地网络与不安全的外界网络之间设置的一道防御系统，是软件和硬件的组合体。它具有简单实用，透明度高的特点。所有内部网络与外部网络之间传输的数据必须通过防火墙，一方面通过检查、分析、过滤从内部网络传输出的 IP 数据包，另一方面屏蔽外部某些危险地址，实现对内部网络的安全保护。防火墙本身不受各种攻击的影响，可以在不修改原有网络应用系统的情况下达到一定的安全要求。

防火墙在功能上有一定的缺陷。不能防范不经由防火墙的攻击，不能防范人为攻击，不能防止受病毒感染软件或文件的传输。

2）数据加密与用户授权访问控制技术

与防火墙相比，数据加密与用户授权访问控制技术比较灵活，更加适用于开放网络。

用户授权访问控制主要用于对静态信息的保护，需要系统级别的支持，一般在操作系统中实现。

例 1.27 下列关于计算机病毒的叙述，不正确的是__（1）__；下列措施，能有效防范计算机病毒的是__（2）__。

（1）A．计算机病毒的出现使计算机的安全性遇到了严重挑战

B．计算机病毒会使系统资源受到损失

C．计算机病毒不会破坏计算机的操作系统

D．计算机病毒可记录用户的摄像头操作，从远程窥探隐私

（2）A．及时更新病毒库，并经常对系统进行检查

B．数据之间的传输尽量使用移动存储器

C．不要随便直接运行或打开来历不明的电子邮件中的附件

D．使用 Windows Update 更新操作系统，并及时下载并安装补丁程序

分析：空（1）的正确选项是 C，因为计算机病毒会破坏计算机的操作系统的引导程序，导致计算机系统无法正常运行。空（2）的正确选项是 A，有效防范计算机病毒的关键问题是了解病毒，针对病毒养成一个良好的计算机应用和管理的习惯，对保障计算机不受病毒侵扰尤为重要。因此，最有效的防范是及时更新病毒库，并经常对系统进行检查，由于每天都有大量的病毒变种出现，因此需要经常更新病毒库来保证杀毒软件有能力来查杀最新的病毒；其次是使用 Windows Update 更新操作系统，并及时下载并安装补丁程序，因为一些恶性蠕虫病毒和木马病毒一般都是通过系统漏洞传播的，打好系统补丁就可以防止此类病毒的感染；另外，不要随便直接运行或打开来历不明的电子邮件中的附件。

1.5 知识产权与标准法规

知识产权与标准法规主要掌握中华人民共和国著作权法、商标法、专利法、计算机软件保护条例，以及中华人民共和国合同法计算机病毒及防范方面的基础知识。

1.5.1 知识产权

1．知识产权的概念

知识产权（Intellectual Property）又被称为智慧财产权，是指人们对其智力劳动成果所享有的民事权利。知识产权是依照各国法律赋予符合条件的著作者以及发明者或成果拥有者在一定期限内享有的独占权利，是一种无形的财产。它有两类：一类是版权，另一类是工业产权。

（1）版权。版权也称为著作权，是指作者对其创作的作品享有的人身权和财产权。人身权包括发表权、署名权、修改权和保护作品完整权等；财产权包括作品的使用权和

获得报酬权，即以复制、表演、播放、展览、发行、摄制电影、电视、录像或者改编、翻译、注释、编辑等方式使用作品的权利，以及许可他人以上述方式使用作品并由此获得报酬的权利。

（2）工业产权。根据保护工业产权巴黎公约第一条的规定，工业产权包括专利、实用新型、工业品外观设计、商标、服务标记、厂商名称、产地标记或原产地名称、制止不正当竞争等项内容。此外，商业秘密、微生物技术和遗传基因技术等也属于工业产权保护的对象。

在有些国家可以通过申请专利对计算机软件进行专利保护，但是在我国是采用著作权法来保护计算机软件产品的。合法使用软件要做到：第一，不使用“盗版”软件；第二，不复制扩散未经授权的正版（合法）软件。为文明使用计算机，国家制定了一系列的法律法规。计算机用户必须严格遵守这些规定，约束自己的行为，使自己的行为符合标准的道德规范。

例如，用户小明购买了一个正版软件，你认为小明获得了这个软件的复制权、修改权、出售权和使用权的哪一项权利？

分析：正版的意思是“正确地使用版权”，而版权是属于版权所有人的，版权所有人提出使用条件，使用者只要符合条件，就算是正确地使用，就不违反版权法。当用户购买了一个正版软件，就获得了这个软件的使用权。

2．知识产权的特点

知识产权具有无形性、双重性、确认性、独占性、地域性和时间性六个特点。

1）无形性

知识产权是一种无形财产权。知识产权的客体指的是智力创作性成果（也称为知识产品），是一种没有形体的精神财富。它是可以脱离其所有者而存在的无形信息，可以同时为多个主体所使用，在一定条件下不会因多个主体的使用而使该项知识财产自身遭受损耗或者灭失。

2）双重性

某些知识产权具有财产权和人身权双重性，例如著作权，其财产权属性主要体现在所有人享有的独占权以及许可他人使用而获得报酬的权利，所有人可以通过独自实施获得收益，也可以通过有偿许可他人实施获得收益，还可以像有形财产那样进行买卖或抵押；其人身权属性主要是指署名权等。

有的知识产权具有单一的属性，例如，发现权只具有名誉权属性，而没有财产权属性；商业秘密只具有财产权属性，而没有人身权属性；专利权、商标权主要体现为财产权。

3）确认性

确认性是指无形的智力创作性成果不像有形财产那样直观可见，因此，确认智力创作性成果的财产权需要依法审查确认得到法律保护。在我国，发明人所完成的发明，其实用新型或者外观设计已经具有价值和使用价值，但是其完成人尚不能自动获得专利权，完成人必须依照专利法的有关规定向国家专利局提出专利申请，专利局依照法定程序进行审查，申请符合专利法规定条件的，由专利局做出授予专利权的决定，颁发专利证书，只有当专利局发布授权公告后，其完成人才享有该项知识产权。

4）独占性

专有性是指权利人可以更好地控制、利用其知识产权，激励人们从事创造性智力活动。由于智力成果具有可以同时被多个主体所使用的特点，故法律授予知识产权一种专有权，具有独占性。未经权利人许可，任何单位或个人不得使用，否则就构成侵权，应承担相应的法律责任。

5）地域性

地域性是指任何一个国家或地区的法律所确认的知识产权只在本国或本地区有效，保护知识产权公约成员国之间将根据“国民待遇原则”给予相同的保护。例如，中国专利局授予的专利权或中国商标局核准的商标专用权只能在中国领域内受保护，其他国家则不给予保护。外国人在我国领域外使用中国专利局授权的发明专利不侵犯我国专利权。所以，我国公民、法人完成的发明创造要想在外国受保护，必须在外国申请专利。

著作权虽然自动产生，但它受地域限制，我国法律对外国人的作品并不都给予保护，只保护共同参加国际条约国家的公民作品。同样，公约的其他成员国也按照公约规定，对我国公民和法人的作品给予保护。还有按照两国的双边协定，相互给予对方国民的作品保护。

6）时间性

时间性是指超出保护期，权利人即丧失了对该智力成果的独占性权利，而该智力成果即进入公有领域，成为人类社会的共同财富，其意义在于平衡权利人的利益和社会的公共利益。保护期限的长短依各国的法律确定，我国有关知识产权的保护期限如表 1-7 所示。

表 1-7　我国有关知识产权的保护期限

保护类型	保护期限
发明专利	自专利申请日起 20 年
实用新型专利	自专利申请日起 10 年
外观设计专利	自专利申请日起 10 年
公民的作品发表权	作者终生及其死亡后 50 年
商标权	自核准注册之日起 10 年
商业秘密	不确定

需要说明的是，我国商标权的保护期限可以根据其所有人的需要无限地续展权利期限，在期限届满前 6 个月内申请续展注册，每次续展注册的有效期为 10 年，续展注册

的次数不限。如果商标权人逾期不办理续展注册，其商标权也将终止。

3．我国保护知识产权的法规

目前，我国已有比较完备的知识产权保护法律体系，有关知识产权方面的法律、法规如下所列。读者可在我国相关法律文献中查阅其详细内容。

（1）《中华人民共和国著作权法》

（2）《中华人民共和国著作权法实施条例》

（3）《中华人民共和国商标法实施条例》

（4）《中华人民共和国商标法》

（5）《中华人民共和国专利法》

（6）《中华人民共和国专利法实施细则》

（7）《国防专利条例》

（8）《集成电路布图设计保护条例》

（9）《专利代理条例》

（10）《计算机软件保护条例》

（11）《中华人民共和国合同法》

（12）《中华人民共和国担保法》

（13）《中华人民共和国知识产权海关保护条例》

（14）《中华人民共和国海关关于知识产权保护的实施办法》

（15）《中华人民共和国反不正当竞争法》

目前，尽管我国在知识产权方面已经建立了不少法律、法规，但仍然在知识产权保护领域中的涉及面、保护水平、保护力度、制约力等方面存在很多问题，随着我国信息化建设的发展，相关的法律法规也在不断地修改和完善中。

例 1.28　下列叙述，正确的是__（1）__；下列属于专利法保护对象的是__（2）__。

（1）A．合作作品的著作权由合作作者共同享有

B．公民利用本单位物质条件撰写的论文，其著作权属于作者个人

C．受委托创作的作品，如果合同中没有约定，其著作权属于委托人

D．摘要汇编作品的著作权由原作品的作者享有

（2）A．科学发现　　B．智力活动的规则和方法

C．疾病的诊断和治疗方法　　D．产品发明

分析：空（1）的正确选项为 A。合作作品的著作权由合作作者共同享有。如果合作作品不可以分割使用，如共同创作的小说、绘画等，其著作权由各合作作者通过协商一致行使；不能协商一致，又无正当理由的，任何一方不得阻止他人行使除转让以外的其他权利，但是所得收益应当合理分配给所有合作作者。如果合作作品可以分割使用，如歌曲，作者对各自创作的部分可以单独享有著作权，但行使著作权时，不得侵犯合作作品整体的著作权。

空（2）的正确选项为 D。专利法第二条明确了专利法中所称的发明创造包括三种类型：发明、实用新型以及外观设计。其中，发明是指对产品、方法或者其改进所提出的新的技术方案；实用新型是指对产品的形状、构造或者其结合所提出的实用的新的技术方案；外观设计是指对产品的形状、图案或者其结合以及色彩与形状、图案的结合所作出的富有美感并适于工业应用的新设计。另外，凡是违反国家法律、社会公德或者妨害公共利益的发明创造不属于专利法保护对象；此外，对科学发现，智力活动的规则和方法，疾病的诊断和治疗方法，动物和植物品种，以及用原子核变换方法获得的物质也不授予专利权。

例 1.29 下列不属于著作权保护的是________。

A．工程设计图纸　　B．口述作品　　C．署名小说　　D．国家颁布的法律

分析：本题正确的选项为 D。著作权保护的客体包括文字作品、口述作品、艺术作品、美术建筑作品、工程设计图纸、计算机软件和民间文学艺术作品等等，是属于著作权保护的对象。国家颁布的法律、法规、国家机关的决议、决定、命令和其他属于立法、行政、司法性质的文件是由国家强制力保证实施的，以规定当事人权利和义务为内容的具有普遍约束力的社会规范，为了健全国家立法制度，建立和完善有法律体系，推进依法治国，以保障权利人的利益，因此不适用于著作权法保护的对象。

1.5.2 标准化

1．标准化概念

标准是对重复性事物和概念所做的统一规定。规范（specification）、规程（code）都是标准的一种形式。标准化的实质是通过制定、发布和实施标准达到统一，其目的是获得最佳秩序和社会效益。

标准化（standardization）是在经济、技术、科学及管理等社会实践中，以改进产品、过程和服务的适用性，防止贸易壁垒，促进技术合作，促进最大社会效益为目的，对重复性事物和概念通过制定、发布和实施标准达到统一，获最佳秩序和社会效益的过程。

标准化涉及的范围包括生产、经济、技术、科学及管理等社会实践中具有的重复性事物和概念以及需要建立统一技术要求的各个领域。在这些领域中，凡具有重复使用和需要制定标准的具体产品，以及各种定额、规划、要求、方法、概念等，都可称为标准化的对象。

标准化对象一般可分为两大类，一类是标准化的具体对象，即需要制定标准的具体事物；另一类是标准化的总体对象，即各种具体对象的全体所构成的整体，通过它可以研究各种具体对象的共同属性、本质和普遍规律。

2．标准化的基本特性和作用

中国标准化工作的任务是制定标准、组织实施标准和对标准的实施进行监督。国际标准化组织（ISO）的主要任务是制订国际标准、协调世界范围内的标准化工作。标准

化的问题由来已久。中国自秦代开始，历代王朝都有法定度量衡标准以及法定违反标准的法则。现代标准化是近二、三百年发展起来的。工业革命将标准化问题提上了日程。标准化包括制定标准和贯彻标准，已取得世界上各国和国际社会的重视。

标准化的基本特性主要包括抽象性、技术性、经济性、连续性（或继承性）、约束性和政策性。其作用如下：

（1）标准化为科学管理奠定了基础。所谓科学管理是依据生产技术的发展规律和客观经济规律对企业进行管理，而各种科学管理制度的形式都以标准化为基础。

（2）促进经济全面发展，提高经济效益。标准化应用于科学研究，可以避免在研究上的重复劳动；应用于产品设计，可以缩短设计周期；应用于生产，可使生产在科学的和有秩序的基础上进行；应用于管理，可促进统一、协调、高效率等。

（3）促进技术进步。标准化是科研、生产、使用三者之间的桥梁。一项新技术或科研成果，一旦纳入相应标准，就能迅速得到推广和应用，从而促进技术进步。

（4）保证生产正常进行。标准化为组织现代化生产创造了前提条件，通过制定和使用标准，来保证各生产部门的活动，在技术上保持高度的统一和协调，以使生产正常进行。

（5）促进对自然资源的合理利用，保持生态平衡，维护人类社会当前和长远的利益。

（6）合理发展产品品种，保证产品质量，维护消费者利益。合理发展产品品种，提高企业应变能力，以更好的满足社会需求，维护消费者利益。例如，环保标准、卫生标准和安全标准制定发布后，用法律形式强制执行，对保证产品质量，维护消费者利益，保障人民的身体健康和生命财产安全具有重大作用。

（7）在社会生产组成部分之间进行协调，确立共同遵循的准则，建立稳定的秩序。

（8）促进国际技术交流和贸易发展，提高产品在国际市场上的竞争能力。

3．标准化基本过程及分类

标准是标准化活动的产物，其目的和作用都是要通过制定和贯彻具体的标准来体现的。标准化是一个可分为几个子过程的活动过程，一般包括标准产生（调查、研究、形成草案、批准发布）子过程；标准实施（宣传、普及、监督、咨询）子过程和标准更新（复审、废止或修订）子过程等。

标准化工作是一项复杂的系统工程，标准为适应不同的要求，从而构成一个庞大而复杂的系统，为便于研究和应用的目的，可以从不同的角度和属性将标准进行分类。若根据适用范围可以分类如下：

（1）国际标准：由国际标准化团体制定、公布和通过的标准。通常，国际标准是指ISO和IEC以及ISO所出版的国际标准题目关键词索引（KWIC Index）中收录的其他国际组织制定、发布的标准等。国际标准在世界范围内统一使用，没有强制的含义，各国可以自愿采用。

（2）国家标准：由一个国家的政府或国家级的机构制定或批准，适用于全国范围的标准，如我国国家标准（GB）、美国国家标准（ANSI）、德国国家标准（DIN）、英国国家标准（BS）、日本国工业标准（JIS）等。

（3）区域标准：区域标准又称地区标准，泛指世界上按地理、经济或政治划分的某一区域标准化团体所通过的标准。

（4）行业标准：由行业机构、学术团体或国防机构制定，并适用于某个业务领域的标准，如：美国电气和电子工程师学会标准IEEE、中华人民共和国国家军用标准GJB、美国军用标准MIL-S、美国国防部标准DOD-STD等。

（5）地方标准：由一个国家的地方一级行政机构（省、州或加盟共和国）制定的标准，称为地方标准。它一般由地方所属的各企业与单位执行。

（6）企业标准：由企业或公司批准、发布的标准，某些产品标准由其上级主管机构批准、发布。例如，美国IBM公司通用产品部制定的“程序设计开发指南”仅供该公司内部使用。企业为达到或超过上级标准，而对产品质量指标制定高于现行上级标准的内部控制的企业标准，目的在于促进产品质量提高。

（7）项目规范：由某一科研生产项目组织制定，且为该项任务专用的软件工程规范。例如，计算机集成制造系统（CIMS）的软件工程规范。

（8）我国标准分为国家标准、行业标准、地方标准和企业标准四类。

4．标准的编号

1）国际、国外标准代号及编号

国际及国外标准编号的基本结构为“标准代号＋专业类号＋顺序号＋年代号”。其中，“标准代号”大多采用缩写字母，例如IEC代表国际电工委员会（International Electrotechnical Commission）、API代表美国石油协会（American Petroleum Institute）、ASTM代表美国材料与试验协会（American Society for Testing and Materials）等等；“专业类号”有字母、数字、字母数字混合式三种形式；“顺序号”和“年号”的形式与我国基本相同，例如，国际标准ISO代号及编号格式为：ISO+标准号+[杠+分标准号]+冒号+发布年号（方括号中的内容可有可无），ISO8402：1987和ISO9000-1：1994，分别是ISO标准的编号。

2）我国标准代号及编号

我国标准的编号的基本结构为“标准代号+顺序号+年代号”。

（1）国家标准代号由大写汉字拼音字母构成，强制性国家标准代号为GB，推荐性国家标准的代号为GB/T。

（2）行业标准代号由汉字拼音大写字母组成，再加上斜线T组成推荐性行业标准（如××/T）。行业标准代号由国务院各有关行政主管部门提出其所管理的行业标准范围的申请报告，国务院标准化行政主管部门审查确定并正式公布该行业标准代号。已正式公布的行业代号：QJ（航天）、SJ（电子）、JB（机械）、JR（金融系统）等等。

（3）地方标准代号由大写汉字拼音DB加上省、自治区、直辖市行政区划代码的前两位数子（北京市11、天津市12、上海市31等），再加上斜线T组成推荐性地方标准(DB××/T)，不加斜线T为强制性地方标准，如DB××。

（4）企业标准的代号由汉字大写拼音字母Q加斜线再加企业代号组成（Q/×××），企业代号可用大写拼音字母或阿拉数字或两者兼用所组成。

3）强制性标准和推荐性标准

需要说明的是，根据标准的法律约束性，标准可分为强制性标准、推荐性标准。

（1）强制性标准是为保障人体健康，人身、财产安全的标准和法律、行政法规规定强制执行的标准。强制性标准是国家技术法规的重要组成部分，其范围限制在国家安全、保护人身健康与安全、保护动物植物的生命和健康以及保护环境等方面。依据《标准化法》之规定，企业和有关部门对涉及经营、生产、服务、管理有关的强制性标准都必须严格执行，任何单位和个人不得擅自更改或降低标准。对违反强制性标准而造成不良后果以至重大事故者由法律、行政法规规定的行政主管部门依法给予行政处罚，直至由司法机关追究刑事责任。

（2）推荐性标准是生产、交换、使用等方面，通过经济手段或市场调节而自愿采用的一类标准。这类标准，不具有强制性，任何单位均有权决定是否采用，违犯这类标准，不构成经济或法律方面的责任。但是应当注意推荐性标准一经接受并采用，各方商定同意纳入经济合同中，就成为各方必须共同遵守的技术依据，具有法律上的约束性。

5. 信息技术标准化

信息技术标准化是围绕信息技术开发、信息产品的研制和信息系统建设、运行与管理而开展的一系列标准化工作。其中主要包括信息技术术语、信息表示、汉字信息处理技术、媒体、软件工程、数据库、网络通信、电子数据交换、电子卡、管理信息系统、计算机辅助技术等方面的标准化。

1）信息编码标准化

编码是一种信息表现形式。在一定条件下，它对事物或概念的描述比自然语言要直接、简洁、准确和有力。要保证信息编码的一致性，就要对编码对象的确定；对象特性的选择；编码方法和代码设计进行标准化。对信息进行编码实际上是对文字、音频、图形、图像等信息进行处理，使之量化，从而便于利用各种通信设备进行信息传递和利用计算机进行信息处理。为了统一编码系统，人们制定了各种标准代码，如国际上较通用的ASCII码等。

2）条码标准化

条码是一种特殊的代码，即一组规则排列的条、空及其对应字符组成的标记，用以表示一定的信息。条码中的条、空分别由两种不同的深浅的颜色（通常为黑、白色）表示，并满足一定的光学对比度要求，其目的是便于光电扫描设备识读后将数据输入计算机。

3）汉字编码标准化

汉字编码是对每一个汉字按一定的规律用若干个字母、数字、符号表示出来。汉字编码的方法很多，主要有数字编码、拼音编码、字形编码。我国在汉字编码标准化方面制定的国家标准主要包括信息交换用汉字编码字符集，共有 6 集。其中，GB2312—80 信息交换用汉字编码字符集是基本集，收入常用基本汉字和字符 7445 个；GB7589—87 和 GB7590—87 分别是第二辅助集和第四辅助集，各收入现代规范汉字 7426 个；GB/T12345—90 是辅助集，它与第三辅助集和第五辅助集分别是与基本集、第二辅助集和第四辅助集相对应的繁体字的汉字字符集。除汉字编码标准化外，汉字信息处理标准化的内容还包括汉字键盘输入的标准化；汉字文字识别输入和语音识别输入的标准化；汉字输出字体和质量的标准化；汉字属性和汉语词语的标准化等。

4）ISO9000:2000 标准

ISO9000 标准是一系列标准的统称。其质量管理模式为企业管理注入新的活力和生机，给质量管理体系提供评价基础，为企业进行世界贸易带来质量可信度。过程方法的概念，顾客需求的考虑，以及将持续改进的思想贯穿于整个标准，把组织的质量管理体系满足顾客要求的能力和程度体现在标准的要求之中。ISO9000:2000 标准的推出，标志着国际标准化活动已从名词术语、试验方法及产品质量三大传统领域，迈向了管理体系的标准化与认证。ISO9000:2000 标准的构成如下：

（1）四个核心标准，即 ISO9000：2000《基本原理和术语》、ISO9001：2000《质量管理体系-要求》、ISO9004:2000《质量管理体系-业绩改进指南》、ISO19011:2000《质量和环境管理审核指南》。

（2）一个支持标准 ISO10012《测量设备的质量保证要求》。

（3）六个技术报告，即 ISO10006《项目管理指南》、ISO10007《技术状态管理指南》、ISO10013《质量管理体系文件指南》、ISO10014《质量经济性指南》、ISO10015《教育和培训指南》、ISO10017《统计技术在 ISO9001 中的应用指南》。

（4）三个小册子，即质量管理原理、选择和使用指南、小型企业的应用指南和一个技术规范。

例 1.30 下列标准代号中，______是国家标准的代号。

A．IEEE B．ISO C．GB D．GJB

分析：根据标准制定的机构和标准适用的范围有所不同，标准可分为国际标准、国家标准、行业标准、企业（机构）标准及项目（课题）标准。标准的代号可以反映标准的级别（层次），本题中标准代号 GB 表示我国国家标准；标准代号 GJB 表示由我国国防科学技术工业委员会批准，适合于国防部门和军队使用的标准（行业标准）；标准代号 IEEE 表示美国电气和电子工程师学会标准（行业标准），如果 IEEE 冠有 ANSI 字头，便具有国家标准的性质；标准代号 ISO 表示国际标准化组织 ISO 制定或批准的国际标准。

1.6　习题

1．关于信息的叙述，＿（1）＿是不正确的。发送电子邮件属于信息处理的＿（2）＿过程。用计算机处理信息时，常对许多信息采用适当的编码。例如职工编码、商品编码、性别编码、文化程度编码等。编码有很多好处，但不包括＿（3）＿。描述事物的数据有绝对数据和相对数据之分。大气中氧气的含量属于相对数据，常用＿（4）＿形式表示。

（1）A．信息是可以处理的　　B．信息的价值不会改变
C．信息可以在不同形态间转化　　D．信息具有时效性

（2）A．信息传输　　B．信息加工　　C．信息获取　　D．信息存储

（3）A．节省存储量　　B．便于操作员输入
C．便于计算机处理与检索　　D．便于用户识别

（4）A．密度　　B．百分数　　C．比重　　D．指数

2．信息处理过程包括了对信息的＿（1）＿；信息采集的三个阶段是＿（2）＿；＿（3）＿不属于信息的加工。

（1）A．识别、采集、表达、传输　　B．采集、存储、加工、传输
C．鉴别、比较、统计、计算　　D．获取、选择、计算、存储

（2）A．获取、表达、存储　　B．鉴别、表达、存储
C．识别、采集、表达　　D．采集、比较、表达

（3）A．归并　　B．查询　　C．预测　　D．传输

3．据某地区统计，今年中小学生中肥胖学生约占 10%，而且，肥胖学生人数正在以 8%的速度增长。假设近年中小学生的总量变化不大，据此我们可以推算出，明年该地区中小学生中肥胖学生的比例约为＿（1）＿。若某学校两个班举行了一次数学统考，一班（共 30 人）的平均成绩为 70 分，二班（共 20 人）的平均成绩为 75 分，则该年级的平均成绩为＿（2）＿分。

（1）A．10.08%　　B．10.8%　　C．11.8%　　D．18%

（2）A．71　　B．72　　C．72.5　　D．73

4．近 5 年来，中国的软件出口规模发展很快。1999 年的出口额为 2.5 亿美元，2004 年的出口额为 26 亿美元，比 1999 年增长了约 10 倍，估计年平均增长率为＿＿＿＿。

A．40%　　B．50%　　C．60%　　D．100%

5．某商场在节日期间推出以下几种可供客户选择的促销方式：①100 元可以购买标价 130 元的商品；②满 100 元立减 10 元，再打 8 折；③打 7 折；④满 100 元即可参加抽奖，中奖率 100%。10%为一等奖，退 100 元；30%为二等奖，退 50 元；60%为三等奖，退 10 元。小王想买一件标价 130 元的衣服，她选择促销方式＿＿＿＿更为有利。

A．①　　B．②　　C．③　　D．④

6. 某单位需要使用浓度为15%的盐水750克，但只有浓度20%和5%的两种盐水。经过计算，将浓度20%和5%的盐水分别取______克混合后就能达到要求。

A. 350和400　B. 400和350　C. 450和300　D. 500和250

7. 北京某大型百货总公司在全国各地有几十个连锁的中型分公司，总公司和各分公司虽然已经采用计算机来处理数据，但远程联机管理信息系统尚未投入运行。总公司要求各分公司按规定的数据格式每月上报一次销售数据（正式报表应签字盖章上报）。总公司对上报数据的要求中，最重要的要求是__(1)__。分公司信息处理技术员在汇总处理各柜台导购填写的销售日报的工作中，最费时间的工作是__(2)__。总公司信息处理技术员负责收集并处理各分公司上报的数据，她希望各分公司信息处理技术员用电子邮件形式给她报数据。每当她收到一个分公司的数据并保存后，对这些数据首先要做的处理是__(3)__。总公司信息处理技术员汇总处理这些数据的目标是__(4)__。

(1) A. 规范　B. 及时　C. 完整　D. 准确

(2) A. 录入数据操作　B. 发现并纠正报表错误
C. 打印统计报表　D. 计算各柜台导购的业绩

(3) A. 初步检查数据　B. 修改数据
C. 送领导审阅数据　D. 打印报表

(4) A. 打印各分公司的数据报送领导
B. 发现分公司的数据错误，通知分公司修改
C. 计算各分公司的业绩，通知分公司领导
D. 制作总公司所需的各种报表

8. 使用浏览器上网时，__(1)__不可能影响系统和个人信息安全。__(2)__无助于加强计算机的安全。__(3)__描述是正确的。

(1) A. 浏览包含有病毒的网站
B. 改变浏览器显示网页文字的字体大小
C. 在网站上输入银行帐号、口令等敏感信息
D. 下载和安装互联网上的软件或者程序

(2) A. 安装杀毒软件并及时更新病毒库　B. 及时更新操作系统补丁包
C. 把操作系统管理员帐号的口令设置为空　D. 安装使用防火墙

(3) A. 只要不使用U盘，就不会使系统感染病毒
B. 只要不执行U盘中的程序，就不会使系统感染病毒
C. 软盘比U盘更容易感染病毒
D. 设置写保护后使用U盘就不会使U盘内的文件感染病毒

9. 随着互联网的发展，企业对数据存储和管理的要求越来越高，其原因不包括______。

A. 数据量迅速增长，数据形式多样化　B. 数据价值密度越来越高

C．数据请求的响应时间要求越来越短　　D．数据需求越来越广泛

10．软件著作权受法律保护的期限是__（1）__，一旦保护期限届满，权利将自行终止，成为社会公众可以自由使用的知识。__（2）__不是我国著作权法所保护的对象。

（1）A.10 年　B．25 年　C．50 年　D．不确定的

（2）A．计算机程序　B．计算机保护条例

C．计算机文档　D．Flash 软件制作的动画

11．为保护计算机软件著作权人的权益，国务院颁布实施了__（1）__；根据我国著作权法的规定，不受著作权法保护的是__（2）__。

（1）A.《中华人民共和国著作权法》　B.《软件著作保护法规》

C.《计算机软件保护条例》　D.《中华人民共和国软件保护法》

（2）A．时事新闻　B.《新闻学》书

C．新闻评论　D.《新闻调查》节目

12．小张在 M 公司担任程序员，他执行本公司工作任务，独立完成了某应用程序的开发和设计，那么该应用程序的软件著作权应当归属__（1）__享有。自然人的软件著作权保护期为__（2）__。

（1）A．小张　B．M 公司

C．M 公司和小张共同　D．购买此应用程序的用户

（2）A．自然人终身　B．50 年

C．死亡后 50 年　D．自然人终身及其死亡后 50 年

13．图像数据压缩的主要目的是__（1）__。下列关于无损压缩的叙述中，__（2）__是不正确的。以下关于文档压缩的叙述中，不正确的是__（3）__。

（1）A．提高图像的清晰度　B．提高图像的对比度

C．提高图像的亮度　D．减少存储空间

（2）A．无损压缩是一种可逆压缩

B．无损压缩的压缩比高

C．无损压缩可以保留源文件中的全部信息

D．常用的无损压缩格式有 BMP、PCX

（3）A．文档压缩是一种信息保密措施　B．多个文档可以压缩成一个文件

C．文档压缩有利于减少存储量　D．文档压缩有利于节省传输时间

14．企业对信息处理有及时性要求，原因是多方面的，但不包括__（1）__。评价信息系统时需要听取各有关方面的意见。在听取系统操作人员的意见时，主要讨论信息系统的__（2）__。

（1）A．不同时间段的数据需要纳入不同的统计范围

B．数据延误上报会影响后续工作的开展

C．数据延误上报会影响领导及时决策

D．及时上报数据有利于减少错误

（2）A．操作方法是否技巧

B．界面是否友好

C．使用手册是否简洁，不含重复内容

D．界面布局是否多样化，色彩是否鲜艳

15．计算机病毒是一段程序，一般隐藏在___（1）___中。防止计算机病毒的措施很多，但不包括___（2）___。关于计算机病毒的叙述中，不正确的是___（3）___。

（1）A．控制器 B．运算器 C．只读存储器 D．可执行文件

（2）A．经常运行查杀病毒的软件

B．重要的文件或数据应存放到计算机的系统盘中

C．可利用系统的 Windows Update 修补操作系统漏洞

D．不下载来历不明的电子邮件附件

（3）A．计算机病毒是人为制造，并能对计算机安全产生危害的程序片段

B．计算机病毒具有传染性、破坏性、潜伏性等特点

C．计算机病毒会使 ROM 中的信息丢失

D．为有效防治计算机病毒需要管理手段和技术手段的结合

16．下列关于防火墙的叙述中，不正确的是______。

A．防火墙本身是不可被侵入的

B．防火墙可以防止未授权的连接，有效保护个人信息

C．防火墙可以用来防止恶意程序的攻击

D．防火墙的作用是防止不希望的、未经授权的通信进出被保护的内部网络

17．为保护个人信息安全需要提高自我保护意识。以下除______外都是正确的对策。

A．对陌生机构陌生人收集自己的信息时需要多加盘问并努力验证

B．提供身份证复印件时要在不影响使用的地方加注使用限制说明

C．销毁用过的简历、快递单、银行业务凭条等，避免被他人利用

D．收到广告短信后立即举报和追查对方如何获得自己的个人信息

18．企业对信息处理技术员的素质要求中不包括______。

A．根据有关的法规和合同，保护、处理、提交数据

B．根据企业发展战略制定信息系统发展战略

C．认真细致工作，并想方设法提高工作效率

D．具有良好的团队合作精神

第 2 章　计算机系统基础知识

本章主要介绍了信息处理技术员级别考试大纲中计算机硬件、计算机软件和多媒体三个部分内容。

2.1　计算机硬件基础知识

计算机硬件基础知识主要包括各主要部件的连接、CPU 的主要性能指标、存储系统、常用输入/输出设备的类别、特征和主要性能以及常用 I/O 接口的类别和特征方面的内容。

2.1.1　计算机系统组成及硬件功能结构

1．计算机系统组成

计算机系统应包括硬件（Hardware）和软件（Software）系统两大部分，如图 2-1 所示。硬件是组成计算机系统的各种物理设备的总称，如各种电子元件、CPU、存储器、键盘、鼠标、显示器、主机等，它们是计算机工作的物质基础。硬件系统的功能是接受计算机程序，并在程序控制下完成数据输入、数据处理和数据输出等计算任务。软件是指为运行、管理和维护计算机而编制的各种程序、数据和相关文档的总称，它们是计算机工作的灵魂。软件可保证硬件的功能得以充分发挥，并为计算机用户提供良好的工作环境。

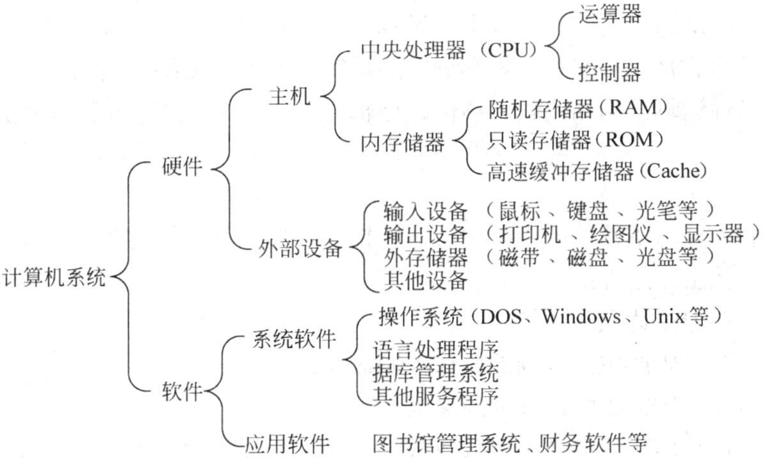

图 2-1　计算机系统的基本组成

2．计算机的硬件功能结构

计算机自 1946 年诞生以来，虽然其制造技术已经发生了巨大的变化，但就其体系而言，都基于同一个原理：存储程序的原理。这个原理是美籍匈牙利人冯·诺依曼在研究计算机的方案时提出的。计算机的硬件由 5 个基本部分组成：运算器、控制器、存储器、输入设备和输出设备，如图 2-2 所示。图中实线箭头“⟶”代表数据或指令，在计算机内部表现为二进制数；虚线箭头“····➤”代表控制信号，在计算机内部起控制作用。

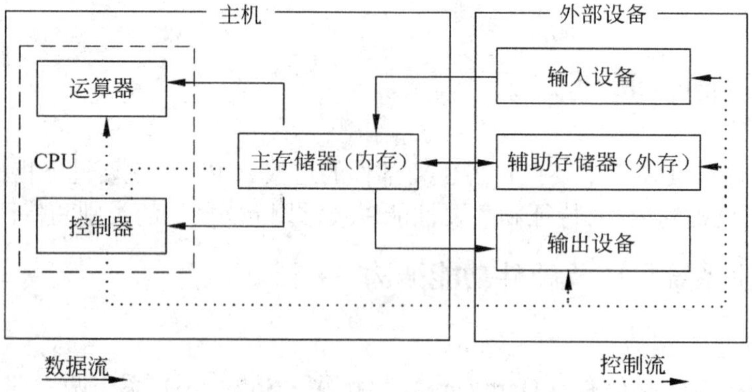

图 2-2　冯·诺依曼计算机硬的基本结构

通常将运算器和控制器集成在一起称为中央处理器（Central Processing Unit，CPU），而中央处理器和内存储器又组成了主机。输入设备、输出设备和外存储器合称为外部设备。

1）运算器

运算器是一个用于信息加工的部件，主要完成算术运算和逻辑运算，并可以将运算的中间结果暂存在运算器内的寄存器中。运算器可以对二进制编码数据进行算术运算和逻辑运算。算术运算是指按照算术规则进行的运算，例如加减乘除四则运算。逻辑运算一般泛指非算术性运算，例如比较、移位、逻辑加、逻辑乘、逻辑反以及“异或”等操作。

2）控制器

控制器是整个计算机系统的指挥中心，它指挥和控制计算机的各个部件自动、连续和协调地工作。其工作过程：

（1）从内存储器中读取一条指令；

（2）进行指令译码产生一系列的操作控制命令；

（3）将这些命令发给各个部件并控制其运行；

（4）各个部件将运行情况（如完成或故障信息）反馈到控制器，正常执行下一步，否则错误告警；

（5）修改指令地址，转（1）。

经过上述过程就可以使得计算机连续地、有条不紊地工作。

3）存储器

存储器可以分为内存储器（主存）和外存储器（辅助存储器或外存）两大类。通常 CPU 只能直接访问内存中的数据，因此内存的存取速度直接影响计算机的运算速度。目前，大多数内存由半导体器件构成。内存具有容量小、存取速度快、停电后数据丢失的特点。通常外存不和计算机的其他部件直接交换数据，而是成批地与内存交换数据。常见的外存设备有软盘、硬盘、闪盘、光盘和磁带等。外存具有容量大、停电后数据不丢失，但存取速度慢的特点。

4）输入设备

输入设备的主要功能是接受用户输入的原始数据和程序，将人们熟悉的信息形式转换为计算机能够识别的信息形式并存放到内存中。目前常用的输入设备有键盘、鼠标、光笔、扫描仪、数码摄像机、触摸屏、数字化仪、麦克风、模数转换装置等。各种输入设备与主机之间通过相应的接口适配器相连接。

5）输出设备

输出设备的主要功能是把计算机处理后存放在内存中的运算结果或工作过程进行转变，然后以人们能够接受的信息形式表现出来。目前常用的输出设备有显示器、打印机、绘图仪和音响等。外存储器是计算机中重要的外部设备，它即可以作为输入设备，也可以作为输出设备。

总之，计算机硬件系统是运行软件的基本物质平台。通过输入设备将程序和数据存入存储器；程序运行时，控制器从存储器中逐条取出指令，将其解释成一系列控制命令，去控制各部件的动作；数据在运算器中被加工处理，处理后的结果通过输出设备输出。这五大部件在控制器的统一指挥下，有条不紊地自动工作。

例 2.1　CPU 的主要功能是__（1）__；它只能直接访问内存中的数据，内存是 CPU 直接访问指令或数据的地方，所以外存中的数据必须先放入内存，然后由 CPU 对数据进行处理。

微型计算机的更新主要是基于__（2）__的变革。

（1）A．存储程序　　B．传送数据　　C．执行 I/O　　D．执行程序

（2）A．软件　　B．微处理器　　C．存储器　　D．磁盘的容量

分析：空（1）的正确答案为 D。CPU 是由运算器和控制器组成的，运算器是一个用于信息加工的部件，主要完成算术运算和逻辑运算，并可以将运算的中间结果暂存在运算器内的寄存器中。控制器是整个计算机系统的指挥中心，它指挥和控制计算机的各个部件自动、连续和协调地工作，如取指令、指令译码、发命令给各个部件并控制其运行。

空（2）正确的答案为 B。微型计算机（PC 机）的发展速度是惊人的，其更新主要

是基于 CPU（微处理器）的变革。特别是网络通信、信息安全和信息家电产品越来越普及，而 CPU 正是所有这些信息产品中必不可少的核心部件。尽管 CPU 的内部结构仍然可分为控制单元、逻辑单元和存储单元三大部分，但是由于制造技术越来越先进，在 CPU 中所集成的电子元件也越来越多，少至上万个，多至上百万个。

3．计算机的基本工作过程

1）指令和指令系统

计算机硬件能够直接识别并执行的命令称之为机器指令（简称指令），一台计算机能够识别的指令的集合称之为指令系统。需要注意的是不同类型的计算机其指令系统不同，这是与计算机设计相关的。指令通常由操作码和操作对象两大部分组成。操作码表示操作的类型，如：加、减、乘、除等；操作对象是指操作对象的来源（如参加运算的操作数或操作数地址）以及操作结果的地址。如图 2-3 所示。

操作码	操作数源地址（操作数），操作数目标地址

图 2-3　指令的组成

在设计计算机时就要确定它能执行什么样的指令，怎样表示操作码，用什么样的寻址方式等。指令类型是否丰富、指令系统的功能强弱直接决定了计算机的处理能力，影响着计算机的结构。指令的不同组合可以构成完成不同任务的程序，也就是说，程序员可以通过设计编写出实现不同任务的多个程序。计算机则会严格按照程序安排的指令顺序执行规定的操作，完成预定的任务。

2）计算机的工作过程

计算机的工作过程是先将可执行程序从外存储器装入主存储器，然后再执行程序。程序执行的过程：首先是取指令，再对指令译码；若是结束指令，则结束程序执行，否则需要根据指令规定的功能执行，然后修改指令地址，以便取下一条指令继续执行。如图 2-4 所示。

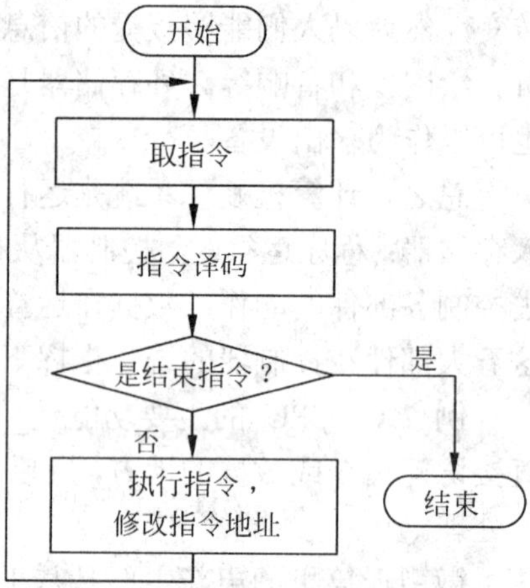

图 2-4　程序执行过程

2.1.2　计算机系统各主要部件与设备的连接

总线（Bus）是计算机各种功能部件之间传送信息的公共通道，它是由导线组成的传输线束。计算机系统中各主要部件与设备是通过连接总线连接的。

1．总线分类

总线是计算机硬件系统中的一种内部结构，计算机主机的各个部件通过总线相连接，而外部设备则需要通过相应的接口电路再与总线相连接，从而构成了计算机硬件系统。广义地讲，任何连接两个以上电子元器件的导线都可以称为总线。通常分为如下三类总线。

（1）内部总线：用于芯片一级的互连，分为芯片内总线和元件级总线。芯片内总线用于在集成电路芯片内部各部分的连接，元件级总线用于一块电路板内各元器件的连接。

（2）系统总线：用于插件板一级的互连，用于构成计算机各组成部分（CPU、内存和接口等）的连接。

（3）外部总线：又称通信总线，用于设备一级的互连，通过该总线和其他设备进行信息与数据交换。

2．系统总线

系统总线用于计算机各组成部分（CPU、内存和接口等）的连接。内总线有专用内总线和标准内总线之分。内总线的性能直接影响着整个计算机系统的性能。自计算机发明以来，尤其是微型机诞生之后，内总线的标准已超过百条。常见的内总线标准如下。

（1）ISA 总线：是工业标准总线，它向上与更早的 PC 总线兼容。ISA 总线是在 PC 总线 62 个插座信号的基础上，再扩充另一个 36 个信号的插座而构成的。ISA 总线主要包括 24 条地址线，16 条数据线，控制总线（内存读写、接口读写、中断请求、中断响应、DMA 请求和 DMA 响应等），±5V、±12V 电源和地线等。

（2）EISA 总线：是在 ISA 总线的基础上发展起来的 32 位总线。该总线定义了 32 位地址线、32 位数据线以及其他控制信号线、电源线、地线等共 196 个接点。总线传输速率可达 33Mb/s。EISA 总线利用总线插座与 ISA 总线相兼容，插板插在上层为 ISA 总线信号；插板插在下层便是 EISA 总线。

（3）PCI 总线：是目前微型机上广泛采用的内总线。PCI 总线有两种标准：适于 32 位机的 124 个信号的标准和适于 64 位机的 188 个信号的标准。PCI 总线的传输速率至少为 133Mb/s，64 位 PCI 总线的传输速率为 266Mb/s。PCI 总线的工作与处理器的工作是相互独立的，也就是说，PCI 总线时钟与处理器时钟是独立的、非同步的。PCI 总线上的设备是即插即用的。

3．外总线

外总线又称通信总线，用于计算机与外设或计算机与计算机之间的连接或通信。外总线的标准有七八十种之多，此处简单介绍四种。

（1）RS-232C。RS-232C 是一条串行外总线，其主要特点是：传输线比较少，最少只需三条线（一条发、一条收、一条地线）即可实现全双工通信。传送距离远，用电平传送为 15m，电流环传送可达千米。有多种可供选择的传送速率，具有较好的抗干扰性。

（2）SCSI 总线。小型计算机系统接口（Small Computer System Interface，SCSI）是一条并行外总线，广泛用于连接软硬磁盘、光盘和扫描仪等。该接口总线早期是 8 位的，后来发展到 16 位。传输速率由 SCSI-1 的 5Mb/s 到 16 位的 Ultra2 SCSI 的 80Mb/s。目前传输速率已高达 320Mb/s。该总线上最多可接 63 种外设，传送距离可达 20 m。

（3）USB。通用串行总线（Universai Serrial Bus，USB）是 1994 年年底由 Compaq、IBM 和 Microsoft 等众多公司联合提出的，目前 USB 接口已经成为计算机硬件系统的基本配置。USB 1.0 有两种传送速率：低速为 1.5Mb/s，高速为 12Mb/s。USB 2.0 的传送速率为 480Mb/s。USB 最大的优点是支持即插即用并支持热插拔。

（4）IEEE-1394。IEEE-1394 也是一种串行数据传输协议，支持即插即用并支持热插拔，与 USB 相比速度更快，主要用于音频、视频等数据的传输。IEEE-1394 由 6 条信号线组成，其中两条用于传送数据，两条传送控制信号，另外两条传送 8～40V 容量为 1500mA 的电源。据资料介绍，IEEE-1394 总线上可接 63 个设备。IEEE-1394 的传送速率从 400Mb/s、800Mb/s、1600Mb/s 直到 3.2Gb/s。

4．设备间的连接方式

1）串行连接方式

当各设备或部件按照串行方式连接时，只需要一条传输连接线，信息以串行方式传送，采用脉冲传送信号。在串行连接方式下，被传送的数据在发送部件要进行并－串转换，称为拆卸；而在接收部件又需要进行串－并转换，称为装配。串行连接方式的优点是连线少，只需要一根（双向传输时需要两根），成本低廉，很适合于长距离传送，但是控制复杂而且传输速度较慢。

2）并行连接方式

当各设备或部件按照并行方式连接时，对应每个数据位都需要单独一条传输线，信息以并行方式传送，有多少二进制位就需要多少条传输线，二进制的 0 和 1 在不同的线上同时进行传送。并行接口一次就可传送多位数据，如 8 bit、16 bit、32 bit 等。并行接口数据传输率高，控制简单，通常用于高速数据通道接口，但是所需传输线很多，不适于远距离传送。

5．传输介质的类型和特性

传输介质是指连接数据发送方和接收方用来传送数据信号的物理媒体。数据通信设备与主机等部件之间进行数据传输时所使用的传输介质主要可以分为两大类：一类是有线传输介质，一类是无线传输介质。

1）有线传输介质

有线传输介质是指在两个通信设备之间实现的物理连接部分，它能将信号从一方传输到另一方，有线传输介质主要有同轴电缆、双绞线和光纤。双绞线和同轴电缆传输电信号，光纤传输光信号。

（1）同轴电缆：可分为 50Ω 基带同轴电缆和 75Ω 宽带同轴电缆。50Ω 基带同轴电缆又可分为粗缆和细缆，粗缆用于 10Base5 以太网，细缆用于 10Base2 以太网。同轴电缆使用金属屏蔽丝网可以防止内外电磁场的串扰，绝缘效果好，频带较宽，数据传输稳定，价格适中，性价比高。

（2）双绞线：可分为屏蔽双绞线（STP）和非屏蔽双绞线（UTP），其中屏蔽双绞线外加金属网丝套的屏蔽层。在网络中常用的有三类线（CAT3）和五类线（CAT5），CAT3 常用作为 10Base-T 以太网的数据与话音传输，CAT5 常用作为 100BASE-T 以太网的数据与话音传输。每条双绞线在进行数据传输时为保证可靠性，最大传输距离为 100m，使用 RJ45 接头插入网卡或 HUB 等网络设备的 RJ45 插座内。

（3）光纤：光纤是新一代的传输介质，与铜质介质相比，光纤具有比较明显的优势。因为光纤不会向外界辐射电子信号，所以使用光纤介质的网络无论是在安全性、可靠性还是在传输速率等方面都有了很大的提高。光纤由纤芯、包层、涂覆层及套层组成。利用光纤传输信号，在光纤的两端必须配有光发射机和接收机，其中光发射机完成从光信号到电信号的转换。按光纤传播方式可将光纤分为单模和多模光纤，单模光纤比多模光纤传输速率高。

2）无线传输介质

无线传输介质指人们周围的自由空间。可以在自由空间利用电磁波发送和接收信号进行通信就是无线通信。无线通信的方式有无线电波、微波、红外线、激光等。

（1）微波

微波通信在数据通信中占有重要地位。微波频率范围为 300MHz～300GHz，但主要使用 2～40GHz 的频率范围。其通信方式主要有地面微波接力通信和卫星通信。

微波在空间是直线传播的，由于地球表面是曲面，故微波传输距离一般只有 50km 左右。为了增大传输距离必须使用中继站进行接力传输。使用 100m 高的天线塔时，可使传输距离增大到 100km。微波通信的优点是：频带宽、通信容量大、传输质量高、可靠性强，比等距离的电缆载波通信投资少见效快；缺点是：相邻站之间必须直视，对环境要求高，有时会受恶劣天气影响，保密性差。

卫星通信是在地球站之间利用位于 36000km 高空的同步卫星作为中继站的一种微波接力通信。由于一颗卫星的覆盖范围达 18000km，故通常在赤道上空等距离放置三颗相隔 120 度的卫星即可覆盖全球。卫星通信也具有频带宽、干扰少、容量大、传输距离远、无盲区、传输质量好等优点，但是有传输时延长的缺点。

（2）无线电

无线电波可以在空间自由传播，可以进行多种通信。国际电信同盟（ITU）对无线传输所使用的频段进行了正式命名，分别是低频（LF）、中频（MF）、高频（HF）、甚高频（VHF）、特高频（UHF）、超高频（SHF）、极高频（EHF）和目前无标准译命的 THF（Tuned HF）。无线电波是最早使用的无线传输手段，目前仍然是最主要的一种远距离通信方式。其优点是频带较宽、技术成熟、成本相对较低，但有时会受恶劣天气影响，保密性差。

（3）红外线

红外线通信是利用红外线来传输信号，在发送端设有红外线发送器，接收端设有红外线接收器，可以任意安装在室内或室外，但它们之间不允许有障碍物。红外线具有很强的方向性，很难窃听、插入和干扰，但传输距离有限，易受环境（如雨、雾和障碍物）干扰。

（4）激光

激光通信是利用激光束来传输信号，即将激光束调制成光脉冲，因此激光通信与红外线通信一样是全数字的，不能传输模拟信号。它们的不同之处在于，激光硬件会发出少量射线污染环境，需经特许才能安装。

例 2.2 在图 2-5 所示的主板接口中，①处、②处和③处属于什么接口，可以接什么设备？

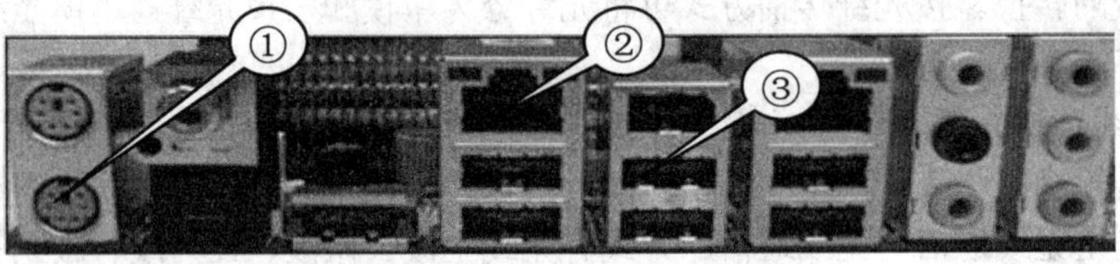

图 2-5 主板接口

分析：①处是 PS2 接口，可以连接 PS2 接口的鼠标；②处是 RJ45 接口，可以连接 RJ45 接头的网线再与网络设备连接；③处是 USB 接口，可以接的设备是 USB 接口的外存储器、打印机和扫描仪等等。

2.1.3 计算机系统的主要性能指标

计算机系统性能的评价是一个非常复杂的问题。任何一种型号的计算机都有其特色和优点，因此对计算机系统性能的评价应该是全面、综合的评价，不能仅依赖于某几项指标。在实际应用中 CPU 的主要性能指标和常用的计算机系统性能评价指标如下所述。

1．CPU 主要性能指标

1）主频

主频是 CPU 的时钟频率（CPU Clock Speed），或者说是 CPU 运算时的工作频率。一般主频越高，一个时钟周期里面执行的指令数也越多， CPU 的速度也越快。外频是系统总线的工作频率，倍频则是 CPU 外频与主频相差的倍数，因此，主频=外频×倍频。

2）内存总线速度

内存总线速度是指 CPU 与二级(L2)高速缓存和内存之间的通信速度。由于在外存上的信息必须读入内存才能由 CPU 进行处理，所以 CPU 与内存之间的总线速度对整个系统性能非常重要。但是，访问内存的速度与 CPU 的运行速度会有差异，故引入二级缓存来协调内存和 CPU 之间速度不匹配的矛盾。

3）扩展总线速度

扩展总线速度是指 CPU 与扩展设备之间的数据传输速度。扩展总线是 CPU 与外部设备通信的桥梁。在计算机系统中的扩展总线有 VESA 或 PCI 总线，当打开电脑时看见的一些插槽就是扩展总线连接的扩展槽。例如通过插在 PCI 扩展槽上的网卡，使得 CPU 能与网络设备通信。

4）总线宽度

总线宽度分为地址总线宽度和数据总线宽度，其中地址总线宽度决定了 CPU 可以访问的物理地址空间，即 CPU 能够使用多大容量的内存。例如地址线的宽度为 32 位，最多可以直接访问 4096 MB（4GB）的物理空间。数据总线负责整个系统中数据流量的大小，其数据总线宽度决定了 CPU 与二级高速缓存、内存以及输入/输出设备之间一次数据传输的信息量。

例 2.3　地址总线宽度表示__（1）__，因为其反映了__（2）__。

（1）A．CPU 的数量　　B．数据传送速度
　　C．CPU 与二级高速缓存　　D．物理地址空间

（2）A．每秒钟所能执行的指令条数　　B．存储器读写速度
　　C．CPU 能够使用多大容量的内存　　D．一次数据传输的信息量

分析：空（1）的正确选项为 D，空（2）的正确选项为 C。计算机地址总线宽度决定了 CPU 可以访问的物理地址空间，即 CPU 能够使用多大容量的内存。

2．常用的计算机系统性能评价指标

常用的计算机系统性能评价指标主要包括计算机系统的效率、可靠性和可维护性。

1）计算机系统的效率

计算机系统的效率是指为完成其各项功能所需要的计算资源。不同的系统，其效率指标的具体形式各不相同。常用的计算机系统效率指标有如下几种：

（1）响应时间：响应时间是指从用户输入完整的操作命令（如按 Enter 键或单击菜单项、命令按钮等）到系统开始显示应答信息为止的这段时间。例如在评价分时系统时，一般认为它是分时系统的周转时间。根据人–机工程学理论和心理学理论，在交互式系统中，系统响应时间应在 0.5～3 s 以内。通常情况下，如果响应时间超过 5s，用户就会觉得不耐烦；而一旦超过 12 s，用户就会怀疑系统是否出现故障。

（2）吞吐量：吞吐量是指单位时间内系统所完成的工作量，通常用单位时间内所完成的作业数量加以衡量。

（3）周转时间：对于批处理作业来说，周转时间是指从用户提交作业到该作业执行后返回给用户所需的时间。

2）计算机系统的可靠性

计算机系统的可靠性是指“在某一使用状态下，在用户所希望的时间里满意地完成了它的性能”，这个所希望的时间和性能必须与使用者支付的费用相平衡。如把系统的状态简单地分为正常状态和故障状态来考虑的话，可靠性就是在时间间隔 t 内，保持正常状态的概率，写作 $R(t)$，则从正常状态转向故障状态的概率，就叫做不可靠性（fallacy）

记为 $F(t)$，即 $F(t)=1-R(t)$。衡量系统可靠性的指标是平均无故障时间 MTBF 和故障率 λ。

（1）平均无故障时间（Mean Time Before Failures，MTBF）。

假设 t_i 是第 i 次无故障间隔时间，N 为故障次数，则

$$\text{MTBF}=\sum_{i=1}^{N} t_i/N$$

一般情况下，用户都希望 MTBF 越大越好。

（2）故障率 λ

平均无故障时间 MTBF 和故障率 λ 的关系是：

$$\lambda=1/\text{MTBF}$$

故障率的单位为 1 FIT（Failure Unite）。

3）计算机系统的可维护性

计算机系统的可维护性是指该系统失效后在规定时间内可修复到规定功能的能力，反映系统可维护性高低的指标是平均修复故障时间 MTTR（Mean Time To Repair）。很显然，系统的可用性取决于 MTBF（平均无故障时间）及 MTTR（平均修复故障时间）。MTBF 值越大，MTTR 值越小，整个系统的可用性就越高。

假设 T_i 是第 i 次故障发生到系统修复后投入运行的间隔时间，M 为修复总次数，则平均修复故障时间可以表示如下：

$$\text{MTTR}=\sum_{i=1}^{M} T_i/M$$

4）性能价格比

性能价格比也是一种用来衡量计算机优劣的概括性指标。例如，对于市场上不同价格的硬盘来说，选购考虑的主要因素就是性能/价格比，即用硬盘容量除以价格所得的值（每百元可以获得的多大存储容量）做比较，性能价格比越高越好。

总之，衡量一台计算机的性能要从多方面来考虑，除了上述的指标外，还要考虑诸如：可扩充性、可移植性以及系统的安全性等各种指标。

例 2.4 计算机的用途不同，对其部件的性能指标要求也有所不同。以科学计算为主的计算机，对__（1）__要求较高，而且应该重点考虑__（2）__。

（1）A．外存储器的读写速度　　B．主机的运算速度

　　C．I / O 设备的速度　　D．显示分辨率

（2）A．CPU 的主频和字长，以及内存容量

　　B．硬盘读写速度和字长

　　C．CPU 的主频和显示分辨率

　　D．硬盘读写速度和显示分辨率

分析：空（1）的正确选项为 B，空（2）的正确选项为 A。计算机的用途不同，对

其不同部件的性能指标要求也不同。用作科学计算为主的计算机，其对主机的运算速度要求很高；用作大型数据库处理为主的计算机，其对主机的内存容量、存取速度和外存储器的读写速度要求较高；对于用作网络传输的计算机，则要求有很高的 I / O 速度，因此应当有高速的 I/O 总线和相应的 I / O 接口。

2.1.4　计算机存储系统

计算机存储器分为内存储器和外存储器两种。内存储器简称内存或主存，可以直接向 CPU 提供数据和指令，即主存是用于存放计算机当前正待运行的程序和数据；外存储器也称为辅助存储器，其特点是存储容量大、成本低、存取速度慢、可以永久保留信息。常用的外存有磁带存储器、磁盘存储器、光盘存储器。

1．存储体系结构

存储体系结构包括不同层次上的存储器，通过适当的硬件、软件有机地组合在一起形成计算机的存储体系结构。现在大多数人都将高性能计算机的存储体系结构描述成图 2-6 所示的 4 层结构：CPU 内部的寄存器→高速缓存（Cache）→主存储器（Main Memory，MM）→外存储器（辅助存储器）。在有的资料中，CPU 内部的寄存器不看作一个层次，这样存储体系结构为 3 层：高速缓存→主存储器→外存储器；有一些简单的计算机没有高速缓存，那么计算机存储体系结构为 2 层：主存储器→外存储器。

存储器常用的 3 个指标：速度、容量和价格。通常，价格越高，速度越快；容量越大，价格越低，速度越慢。

Cache 是一种特殊的存储器子系统，其中复制了频繁使用的数据，以利于快速访问。当 CPU 访问内存中的某地址数据时，系统首先检查 Cache 中是否存有该地址的数据，如果有，则直接将数据返回 CPU；如果没有，则进行常规的内存访问。因此，Cache 与内存相比，其速度快、容量小，且单位成本高，所以当内存的访问速度低于 CPU 的速度时，通常使用 Cache 解决这一问题。Cache 分为 L1 Cache（一级缓存）和 L2 Cache（二级缓存），目前 L1 Cache 主要是集成在 CPU 内部，而 L2 Cache 集成在主板上或者是 CPU 上。

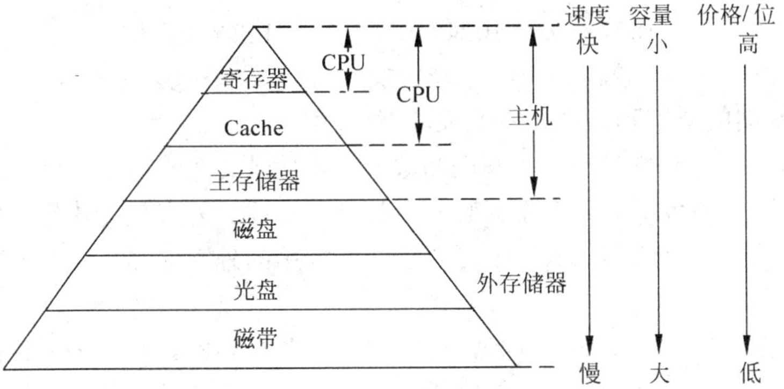

图 2-6　存储器层次结构示意图

2．主存储器的类别和特征、主要性能指标

主存储器（简称内存或主存）由只读存储器（ROM）和随机存储器（RAM）组成。在计算机运行中，要执行的程序和数据存放在内存中。与外存储器相比，RAM 内存储器的特点是断电后信息无法保存，因此只能用于暂存数据。

RAM 存储器既可以写入也可以读出，其内容是以某种电触发器的状态存储的，断电后信息无法保存，因此只能用于暂存数据。RAM 又可分为 SRAM 和 DRAM 两种：SRAM（Static RAM）在不断电的情况下信息能够一直保持而不会丢失。DRAM（Dynamic RAM）信息会随时间逐渐消失，因此需要定时对其进行刷新（Refresh）来维持信息不丢失。DRAM 的密度大于 SRAM 且更加便宜，而 SRAM 速度快，电路简单，无需刷新电路，但容量小，价格高。

（1）地址：整个内存被分成若干个存储单元，每个存储单元一般可存放 8 位二进制数（字节编址）。每个存储单元可以存放数据或程序代码。为了能有效地存取该单元内存储的内容，每个单元必须有唯一的编号（称为地址）来标识。

（2）位（bit）：存放一位二进制数即 0 或 1 称为位（简写为 b）。

（3）字节（Byte）：8 个二进制位为一个字节。为了便于衡量存储器的大小，统一以字节（Byte 简写为 B）为单位，即 1B=8b。存储器容量一般用 KB（千字节），MB（兆字节），GB（吉字节），TB（太字节），PB（帕字节），EB（艾字节），ZB（泽字节），YB（尧字节）来表示，它们之间的关系如下：

1B=8b

1KB=2^{10}B=1024B

1MB=2^{10}KB=1024×1024B

1GB=2^{10}MB=2^{30}B=1024×1024×1024B

1TB=2^{10}GB=2^{40}B=1024×1024×1024×1024B

1PB=2^{10}TB=2^{50}B=1024×1024×1024×1024×1024B

1EB=2^{10}PB=2^{60}B=1024×1024×1024×1024×1024×1024B

1ZB =2^{10}EB=2^{70}B=1024×1024×1024×1024×1024×1024×1024B

1YB =2^{10}ZB=2^{80}B=1024×1024×1024×1024×1024×1024×1024×1024B

3．外存储器的类别和特征、主要性能指标

外存储器用来存放暂时不用的程序和数据，并且以文件的形式存储。CPU 不能直接访问外存中的程序和数据，只有将其装入主存方可访问。外存储器由磁表面存储器（如磁盘、磁带）及光盘存储器构成。下面介绍两种常用的外存储器。

1）磁盘存储器

磁盘存储器简称硬盘(Hard Disk)，是内存的后备存储器。在磁表面存储器中，硬盘的存取速度较快，且具有较大的存储容量，是目前计算机中广泛使用的外存储器。硬盘由一个或多个硬质磁性圆盘片、磁头、驱动电路及相关机械装置组合在一起，密封在一个容器（硬盘壳）中制成，用于记录计算机数据。硬盘的内部结构如图 2-7 所示。盘片的两面都能存储数据，多数硬盘有多个盘片，磁盘存储器是计算机系统中最主要的外存设备，这是因为硬盘有很多优于其他外存的性能，如存取速度快、存储容量大、非破坏性读写、记录介质可以重复使用、易于脱机保存等。

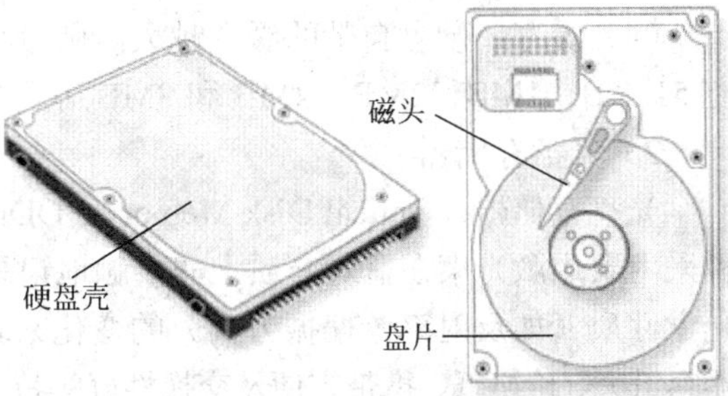

图 2-7　硬盘的内部结构

为了正确存储信息，将盘片划成许多同心圆，称为磁道，磁道通常从外到里编号，最外一圈为 0 道，往内道号依次增加。沿径向的单位距离的磁道数称为道密度，单位为 tpi（每英寸磁道数）。将一个磁道沿圆周等分为若干段，每段称为一个扇段或扇区，每个扇区内可存放一个固定长度的数据块，如 512B。磁道上单位距离可记录的比特数称为位密度，单位为 bpi（每英寸比特数）。因为每条磁道上的扇区数相同，而每个扇区的大小又一样，所以每条磁道都记录同样多的信息。又因为里圈磁道圆周比外圈磁道的圆周小，所以里圈磁道的位密度要比外圈磁道的位密度高。最内圈的位密度称为最大位密度。

所有记录面上相同序号的磁道构成一个圆柱面，其编号与磁道编号相同。文件存储在硬盘上时尽可能放在同一圆柱面上，或者放在相邻柱面上，这样可以缩短寻道时间。

硬盘的寻址信息由硬盘驱动号、柱面号、磁头号（记录面号）、数据块号（或扇区号）以及交换量组成。

磁盘容量有两种指标：一种是非格式化容量，它是指一个磁盘所能存储的总位数；另一种是格式化容量，它是指各扇区中数据区容量总和，计算公式分别如下：

非格式化容量＝面数×（磁道数/面）×内圆周长×最大位密度

格式化容量＝面数×（磁道数/面）×（扇区数/道）×（字节数/扇区）

按盘片是否固定、磁头是否移动等指标，硬盘可分为移动磁头固定盘片的磁盘存储器、固定磁头的磁盘存储器、移动磁头可换盘片的磁盘存储器和温彻斯特磁盘存储器（简称温盘）。

硬盘有以下 4 个主要指标：

（1）接口：指硬盘与主板接口。一般有 EIDE 接口、串行 ATA 接口、SCSI 接口和 IEEE1394 接口。目前常用的硬盘接口大多为 EIDE 接口。硬盘的接口不同，支持的硬盘容量不一样，传输速率也不一样。

（2）容量：指硬盘能存储信息量的多少。硬盘容量越大，存储的信息越多。目前常用的有 500GB、1TB 等。

（3）转速：指硬盘内主轴的转动速度，单位是 r/min（转/分）。目前常见的硬盘转速有 5400r/min、7200r/min 等几种。转速越快，硬盘与内存之间的传输速率越高。

（4）缓存：硬盘自带的缓存越大，硬盘与内存之间的数据传输速率越高。通常缓存有512KB、1MB、2MB、4MB和8MB等几种。

2）光盘存储器

光盘存储器（Optical Disk Memory，ODM）由光学、电学和机械部件等组成，是一种采用聚焦激光束在盘式介质上非接触地记录高密度信息的存储装置。它以介质材料的光学性质（如反射率、偏振方向）的变化来表示所存储信息的“1”或“0”。由于光盘存储器容量大、价格低、携带方便及交换性好等特点，已成为计算机中一种重要的辅助存储器。

常见光盘存储器的类型有只读型光盘CD-ROM、可一次性记录光盘CD-R、读写型光盘CD-RW和DVD-ROM等。

（1）CD-ROM（Compact Disk-Read Only Memory）是只读型光盘，光盘上的信息是由厂家在工厂预先刻录好的，用户只能根据自己的需要选购。其特点是存储容量大（可达650MB），复制方便，成本低廉，通常用于电子出版物、素材和大型软件的载体。缺点是只能读取而不能写入。

（2）CD-R（Compact Disk-Recordable）是一次性写光盘，即可以在盘面上写入一次数据，写入后CD-R盘就同CD-ROM盘一样可以反复读取但不能再改写数据。

（3）CD-RW（Compact Disk-Rewritable）是可读写型光盘，它可以像磁盘一样进行反复读写的光盘。

（4）DVD（Digital Video Disk）是数字视频光盘，它不仅用来存储视频数据，还可以用来存储其他类型的数据，因此DVD英文又为Digital Versatile Disk，即数字通用盘。DVD是一种能够保存视频、音频和计算机数据的容量更大、运行速度更快的采用了MPEG2压缩标准的光盘。其存储容量可以从4.7～17 GB。

4．存储介质及数据的保护方法

1）存储介质

存储介质是指存储数据的载体。例如软盘、光盘、DVD、硬盘、闪存、U盘、CF卡、SD卡、MMC卡、SM卡、记忆棒（Memory Stick）、xD卡等。目前最常用的存储介质是基于闪存（Nand Flash）的，比如U盘、CF卡、SD卡、SDHC卡、MMC卡、SM卡、记忆棒、xD卡等。

数据的存储有在线、近线和离线等方式。在线存储是指存储设备和存储的数据时刻保持“在线”状态，可供用户随时读取，通常采用固定磁盘。近线存储是指近期需要备份的数据，通常采用移动磁盘。离线存储是对需要长期保留的历史数据进行备份，通常将其刻录在光盘上。系统当前需要用的数据通常采用在线存储方式；近期备份数据通常采用近线存储方式；历史数据通常采用离线存储方式。

2）数据的保护方法

事实上，用户不难发现计算机或网络上最有价值的资源是自己所创建的数据，因为这些数据才是计算机和网络存在的理由。大家知道，操作系统和应用软件是可以重装的，但是用户创建的数据是唯一的，若这些数据丢失了，则无法挽回。

其次，有些数据是机密的，除了不愿意丢失，还不希望其他人在未经授权的情况下进行访问。例如社会保险号码、信用卡号码、银行帐户信息被其他人看到，就有可能会遭遇身份盗窃。又如公司文件可能会包含商业秘密、员工或客户的个人信息、公司的财务数据。因此，当用户在制订保护策略的时候，如何进行数据保护应当作为重点考虑的问题。常用的数据保护方法如下。

（1）数据备份

数据保护最重要的环节就是定期对数据进行备份，以防突如其来的磁盘损坏，或者其他各种原因导致全部或部分数据损坏不可被访问。若将数据备份后，则可以在数据损毁之后恢复到备份时的状态下，从而最大程度地降低损失。需要考虑的问题是备份间隔时间，因为在系统完全崩溃的时候，所有没有备份的数据都会丢失。备份间隔时间要看具体情况，取决于用户能够承受多少数据丢失。

通常可以使用 Windows 自带的备份程序（ntbackup.exe）来进行基本备份，可以使用向导模式来简化创建和恢复备份的过程，也可以自己调整备份设置，制订备份计划，让备份自动进行。当然也有很多第三方的备份程序可供选择。

（2）文件级或共享级保护

可以通过对数据文件和文件夹设置访问权限来保护数据。若数据允许进行网络共享，可以设置共享权限来控制哪些用户可以通过网络访问或不能访问这些文件。在 Windows 2000/XP 中，可以透过文件或文件夹属性中的共享工作表中的“许可”按钮来设置权限。

需要注意的是这种共享级别限制不能够控制本地用户访问这些数据。如果多人共用一台计算机的话，需要使用文件级的权限控制。这种权限控制也被称为 NTFS 许可，因为它们只能够在 NTFS 格式分区中的文件或文件夹上使用。文件级权限控制可以通过属性选项中的安全工作表来实现，这种控制比共享级别控制更精细。

采用文件级或共享级保护方法，都需要设置允许某些用户或者用户组进行数据访问，这样便可以控制访问的权限。

（3）密码保护

密码保护是允许用户为文档加密码，只有输入正确的密码后才能打开文档。例如 Microsoft Office 和 Adobe Acrobat，都允许为文档加密码。Word 2007 中，为文件添加密码保护的操作方法：单击 Microsoft Office 按钮，指向“准备”，然后单击“加密文档”，在弹出的加密文档框中为文档设置密码。

（4）EFS 加密

Windows 2000、XP ProServer 2003、Windows7 都支持 EFS（Encrypting File System，加密文件系统）。用户可以使用内置的基于证书的加密来保护在 NIFS 分区上的独立文件或文件夹。加密文件或文件夹只需要简单选择一下即可。只要在文件/文件夹的属性选项中，选择常规，然后单击高级按钮即可。要注意的是用户不能同时使用 EFS 加密和 NTFS 压缩。要注意，EFS 保护的是磁盘上的数据。如果在网络上发送 EFS 文件，而有人使用侦听软件截获了这些数据包的话，那他们就能够阅读文件中的数据。

（5）磁盘加密

磁盘加密能够把整个磁盘驱动器/分区上的内容进行锁定，让它们对于用户来说变成透明的。采用此方法的数据在被写入硬盘时被自动加密，当加载到内存之前被自动解密。有些磁盘加密程序可以在分区内创建不可见的“容器”（在磁盘里隐藏另一个磁盘），其他用户只能看到“外面的”那个未被隐藏的磁盘。磁盘加密产品可以被用于加密可移动的 USB 驱动器、闪存等。

（6）公共密钥

公共密钥架构（PKI）是一个管理公钥/私钥和数字证书的系统。因为密钥和证书都是由可靠的第三方（证书发放机构，可以是内部网络上的证书服务器，也可以是公共的机构，比如 Verisign）发放的，基于证书的安全级别比较高。若要与其他人共享某个文件，可以使用他人的公钥来对文件进行加密，该公钥是公开的。只有拥有对应私钥的用户才能够对该文件解密。

（7）隐藏数据

用户可以使用资料隐藏（steganography）软件，将数据隐藏到其他数据中。例如可以把一个文本消息隐藏到.JPG 图片文件或者.MP3 音乐文件之中，或者把它隐藏到另一个文本文件中。资料隐藏软件并不对内容进行加密，所以通常和加密软件结合使用。首先对数据进行加密，然后用资料隐藏软件将其隐藏到另一个文件之中。一个流行的资料隐藏软件是 StegoMagic，这是一个免费下载的软件，可以将信息加密后隐藏到.TXT、.WAV 或者 .BMP 文件中。

（8）IPsec

数据在网络传输的过程中，有可能被黑客使用侦听软件（也被称为网络监视或协议分析软件）获取。为了保护数据传输过程中的安全，通常可以使用 IPsec（Internet Protocol Security）。该方式需要发送和接收端的系统都要支持 IPsec，Windows 2000 和以后的微软操作系统对 IPsec 都提供了支持。在 Windows 中使用 IPsec，需要创建一个 IPsec 策略，并且选择认证方式和所使用的 IP 过滤规则。IPsec 设置是通过 TCP/IP 协议的属性工作表来完成的，可以在高级 TCP/IP 设置的选项中找到相关设置。

（9）无线加密

通过无线网络发送的数据比通过以太网发送的数据更容易被窃取。黑客不需要和网络或者设备建立物理连接；任何人只要有具备无线网络功能的便携式电脑、高灵敏度的天线就能够获取数据。而且如果无线接入点的配置不够安全的话，黑客甚至可以连接到网络上，访问网络上存储的数据。应该只在使用了加密的无线网络上发送或存储数据，无线加密可以使用 WPA（Wi-Fi Protected Access），它提供了比 WEP（Wired Equivalent

Protocol）更强大的加密功能，解决了 WEP 存在的许多弱点。

5．使用版权保护来保持控制

如果需要将数据发给其他人，但又担心它离开你的系统之后就失去保护，可以使用 Windows Rights Management Services （RMS）来控制接收者对这些数据的使用。例如可以设置权限，这样接收者可以阅读你发送的 Word 文档但不能对它进行修改、复制或者保存。可以阻止接收者转发你发送的电子邮件，甚至可以设置文件或者信息在某个时间过期，这样接收者在这个时间之后就不能够再使用它们。如果要使用 RMS，需要将一台 Windows Server 2003 服务器设置成 RMS 服务器。使用者需要客户端软件或者 IE 插件才能够访问受到 RMS 保护的文档。分配权限的用户还需要从 RMS 服务器上下载一个证书。

例 2.5　高速缓冲存储器，简称 Cache。与内存相比，它的特点是__（1）__。在 CPU 与主存之间设置 Cache 的目的是为了__（2）__。

（1）A．容量小、速度快、单位成本低　　B．容量大、速度慢、单位成本低
　　C．容量小、速度快、单位成本高　　D．容量大、速度快、单位成本高

（2）A．扩大主存的存储容量　　B．提高 CPU 对主存的访问效率
　　C．既扩大主存容量又提高存取速度　　D．提高外存储器的速度

分析：空（1）的正确选项是 C。Cache 是位于 CPU 与内存间的一种容量较小但速度很高的存储器，而且与内存相比，其单位成本高。空（2）的正确选项是 B。CPU 的速度通常远远高于内存，所以当 CPU 直接从内存中存取数据时一般需要等待一定的时间周期，为此引入了 Cache，以减小或消除 CPU 与内存之间的速度差异。采用 Cache 可以保存 CPU 刚用过或循环使用的一部分数据，如果 CPU 需要再次使用该部分数据时可从 Cache 中直接调用，这样就避免了重复存取数据，减少了 CPU 的等待时间，进而提高 CPU 对主存的访问效率。

2.1.5　常用输入设备的类别、特征和主要性能

输入设备（Input Device）用于将系统文件、用户程序及文档、计算机运行程序所需的数据等信息输入到计算机的存储设备中以备使用。输入设备的种类很多，如键盘、鼠标、摄像头、扫描仪、光笔、手写输入板、游戏杆、语音输入装置等。在此仅介绍目前最常用的几种输入设备。

1．键盘

键盘是微型计算机的主要输入设备，是实现人机对话的重要工具。通过它可以输入程序、数据、操作命令，也可以对计算机进行控制。常见的键盘类型包括：104 键键盘、多媒体键盘、手写键盘、人体工程学键盘和红外线遥感键盘等。

键盘中配有一个微处理器，用来对键盘进行扫描、生成键盘扫描码和数据转换。用户使用的键盘是组装在一起的一组按键矩阵，包括字符/数字键、功能键和控制键等。

字符/数字键是指常用的字符数据，如：大小写字母、阿拉伯数字、特殊符号等。

功能键是指F1、F2…F12键，每个键的功能由软件决定，对于不同的软件有不同的功能。用户还可以根据自己的需要定义它们的功能，以减少击键的次数。每一个键都把一个符号与指定的二进制数代码联系起来。当用户按某个功能键时，就产生相应的二进制代码，并通过接口送入计算机，就等于把该键代表的数据（字符）或控制信息输入到计算机中。

控制键是指一些具有特定含义的键，主要有Ctrl、Shift、Aft和Enter等。这些键只有和其他一些字符键组合在一起才具有特定的用途，其功能也由软件决定。

2．鼠标

鼠标的主要功能用于移动显示器上的光标并通过菜单或按钮向主机发出各种操作命令，但不能输入字符和数据。鼠标与光笔、触摸屏等一起，都属于指点式输入设备。鼠标分为机械鼠标、光电鼠标、光机鼠标和无线鼠标。PC机使用的鼠标器一般有左、右两个或左、中、右三个按键。但通常把左按键作为主按键，称为当前活动键。通过程序设置，可将当前活动键从左边的按键切换到右边的按键，以方便习惯使用左手的人（左撇子）操作。当移动鼠标时，屏幕上的指针（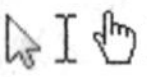）沿相同方向移动。鼠标常见操作有滑动、单击、双击和拖动四种。

（1）滑动（slipping）的目的是使鼠标指针对准所选择的目标。只要手握鼠标在桌面或专用平板上滑动，鼠标指针就能随之在屏幕上左右上下地移动。但要注意在滑动过程中不能按下鼠标的按键。

（2）单击（Single click）是将手指在当前活动按键上按一下就放开。选定菜单中的某一命令或对话框中的某个按钮后，用鼠标单击该命令或按钮，就可执行该命令按钮的功能，其作用类似于键盘操作中按Enter键的作用。

（3）双击（double click）是将手指在当前活动键上连续按两下。两次按键间不能有明显的停顿，但也不宜太快，否则容易在无意之中移动鼠标，就不是双击了。双击之前，必须将鼠标指针移到所选的对象上。双击常用于启动和运行一个程序。例如在Windows窗口系统的程序管理器中运行一个应用程序，可以先把鼠标指针“滑动”到该应用程序的图标上，然后双击这一图标，系统就会调出并且运行该程序。

（4）拖动（dragging）的步骤是首先将鼠标指针移到要拖的对象上，按下当前活动键后再移动鼠标，鼠标指针就能拖着所选择的对象一起移动。等“拖”到目的地后把按键释放，被拖动的对象就会停留在屏幕的新位置上，所以也把这种操作称为“拖放(Dragging and Drapping)”。注意拖动与滑动的差别：前者在鼠标移动时要按下鼠标键，后者在鼠标移动时要松开按键。

需要说明的是拖动的对象可以是应用程序的图标或整个窗口，也可以是窗口的某一条边，或者文本编辑中使用的一个光标。例如在Windows系统的文档操作中，如果想在一个正在编辑的文件中定义一个文本块，可将鼠标指针首先移到文本块的头字符位置，单击鼠标器，在头字符之前就会出现一个光标（闪烁的竖条），然后按下鼠标按键，把光标拖动到文本块的尾字符上再将按键释放，就完成了文本块的定义。

3．扫描仪

图形扫描仪是一种图形、图像输入设备，它可以直接将图形、图像、照片或文本输入计算机中。扫描仪利用字符、图形和图像在纸面上的不同反光程度将纸面上的字符、图形和图像转换成相应的数字信号，输入计算机中进行处理。这些信号在计算机中首先被当做数字图像信息进行处理。目前的扫描仪已经从单色、小幅面发展到彩色、大幅面，扫描分辨率已经从几百点/英寸（Dot Per Inch，DPI）发展到几千点/英寸，扫描速度也从每分钟几页发展到每分钟几百页。扫描仪按其工作原理可分为线阵列和面阵列两种，最常用的是线阵列扫描仪；按其扫描方式可分为平面式和手持式两种；按其灰度和色彩可分为二值化扫描仪、灰度扫描仪和彩色扫描仪三种。

4．其他输入设备

常用的其他输入设备有条形码阅读器、光学字符阅读器 OCR、触摸屏、声音输入设备和手写输入设备等。下面简要说明其功能。

（1）条形码阅读器：是一种能够识别条形码的扫描装置，连接在计算机上使用。当阅读器从左向右扫描条形码时，就把不同宽窄的黑白条纹翻译成相应的编码供计算机使用。目前许多超市和图书馆分别用它来管理商品和图书。

（2）光学字符阅读器 OCR：是一种快速字符阅读装置。它用许许多多的光电管排成一个矩阵，当光源照射被扫描的一页文件时，文件中空白的白色部分会反射光线，使光电管产生一定的电压；而有字的黑色部分则把光线吸收掉，光电管不产生电压。这些有或者无电压的信息组合形成一个图案，并与 OCR 系统中预先存储的模板匹配，若匹配成功就可确认该图案是何字符。有些机器一次可阅读一整页的文件，称为读页机，有的则一次只能读一行。

目前，市场上出现的汉字语音输入设备和手写输入设备使汉字输入变得更为方便、容易，免去了计算机用户学习键盘汉字输入法的烦恼，但语音或手写汉字输入设备的输入速度较慢。

例 2.6　键盘按功能可分为四个大区，图 2-8 中用方框标示的①处是<u>（1）</u>区，②处是<u>（2）</u>区。

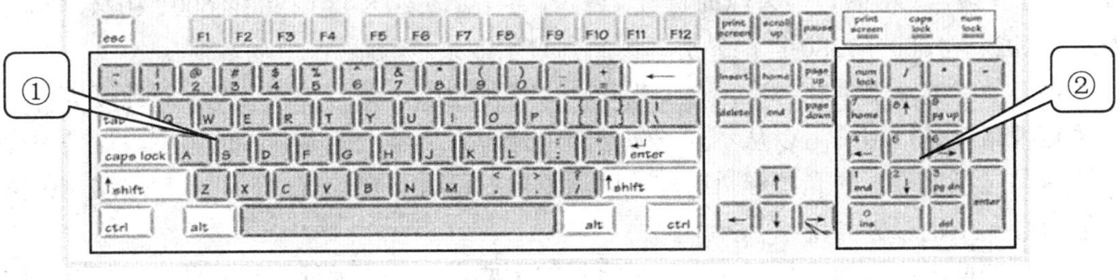

（1）A．编辑控制键　　B．输入　　C．数字键　　D．功能键

（2）A．编辑控制键　　B．字母键　　C．数字键　　D．功能键

分析：键盘一般分为 4 个区域：打字键区（主键盘区或输入区）、功能键区、数字键区（数字小键盘区或副键盘区）和光标移动键区/控制键区。图中用方框标示的①处是输入区，②处是数字键区。

2.1.6 常用输出设备的类别、特征和主要性能

输出设备（Output Device）是人与计算机交互的一种部件，用于把计算机的各种计算结果、数据或信息以数字、字符、图像、声音等形式表现出来。常见的有显示器、打印机、绘图仪、影像输出系统、语音输出系统、磁记录设备等。

输出设备用于将计算机处理的结果、用户文档、程序及数据等信息输出到计算机的输出设备中。这些信息可以通过打印机打印在纸上、显示在显示器屏幕上，也可以输出到磁盘上保存起来。常用的输出设备有显示器、打印机、绘图机、磁盘等。

1．显示器

显示器，又称监视器，是计算机的重要输出设备之一。显示器的作用主要有两个：一是在输入时显示从键盘输入的命令或数据；二是在程序运行时将机内的数据转换成比较直观的字符、图形或图像输出，以便及时观察程序执行过程中的必要信息和结果。

按所使用的显示器件分类，有阴极射线管（CRT）显示器、液晶显示器（LCD）、等离子显示器等，其外观样式如图 2-9 所示。按所显示的内容分类，有字符显示器、图形显示器、图像显示器三大类。按显示器的颜色可分为单色显示器和彩色显示器。

图 2-9　液晶显示器、等离子显示器、CRT 显示器

显示器的大小有 14 英寸、15 英寸、17 英寸、21 英寸等。分辨率是显示器的一项技术指标，一般用“横向点数×纵向点数”表示，主要有 640×480、800×600、1024×768、1280×1024、1600×1280 等，分辨率越高则显示效果越清晰。

衡量液晶显示器的指标有液晶面板尺寸、可视角度、信号响应时间、对比度等等。其中可视角度是指用户可以从不同的方向清晰地观察屏幕上所有内容的角度。这是因为提供液晶显示器显示的光源经折射和反射后输出时已有一定的方向性，若超出这一范围观看就会产生色彩失真现象。

信号响应时间是衡量显示画面是否流畅的主要指标，因为任何液晶显示器都有不同程度的拖影。但是随着显示器技术的不断提高，显示器响应时间也有了质的飞跃，从开

始的 12ms 到如今的 5ms，甚至 1ms 响应时间。例如华硕、三星、LG 等知名显示器厂商，响应时间普遍都在 5ms 以下，基本杜绝了由于显示器反应时间慢而产生的拖影现象。

对比度严格来讲是指屏幕上同一点最亮时（白色）与最暗时（黑色）的亮度的比值，不过通常产品的对比度指标是就整个屏幕而言的，例如一个屏幕在全白屏状态时亮度为 500cd/m2，全黑屏状态亮度为 0.5cd/m2，这样屏幕的对比度就是 1000:1。对比度对视觉效果的影响非常关键，一般来说对比度越大，图像越清晰醒目，色彩也越鲜明艳丽；而对比度小，则会让整个画面都灰蒙蒙的。因此高对比度对于图像的清晰度、细节表现、灰度层次表现都有很大帮助。

2．打印机

打印机是计算机系统中常用的设备之一。打印机在计算机系统中是可选件。利用打印机可以打印出各种资料、文书、图形、图像等。根据打印机的工作原理，可以将打印机分为 3 类：激光打印机、喷墨打印机和针式打印机，如图 2-10 所示。

图 2-10　常见打印机

激光打印机是一种高速度、高精度、低噪音的非击打式打印机，它是激光扫描技术与电子照相技术相结合的产物。由受到控制的激光束射向感光鼓表面，在不同位置吸附厚度不同的碳粉，通过温度与压力的作用把相应的字符或图形印在纸上。它与静电复印机的方式很相似，激光打印机分辨率高，印出字形清晰美观，但价格较高。激光打印机具有最高的打印质量和最快的打印速度，可以输出漂亮的文稿，也可以输出直接用于印刷制版的透明胶片。

喷墨打印机的打印头由几百个细小的喷墨口组成，当打印头横向移动时，喷墨口可以按一定的方式喷射出墨水，打到打印纸上，形成字符、图形等。其主要优点是打印精度高、噪声较低、价格较便宜。主要缺点是打印速度慢、墨水消耗较大、日常费用较高。

针式打印机也称点阵式打印机，在打印机的打印头上安装有若干个针，主要有 9 针和 24 针打印机。其工作原理是利用打印头内的点阵撞针，撞击打印色带，在打印纸上即可得到相应的字符和图形效果。该打印机的主要优点是价格便宜、轻便实用、维护费用低、适合于打印宽幅纸，且便于多份拷贝，还可以打印多联的超长度的打印纸。主要缺点是打印速度慢、噪声大，打印质量也差。

3．绘图仪

绘图仪（Plotter）是能按照人们的要求自动绘制图形的设备。它可在绘图软件的支持下将计算机的输出信息以图形的形式输出，主要可绘制各种管理图表和统计图、大地测量图、建筑设计图、电路布线图、各种机械图与计算机辅助设计图等。绘图仪的种类很多，按绘图方式分为跟踪式绘图仪（如笔式绘图仪）和扫描式绘图仪（如静电扫描绘图仪、激光扫描绘图仪、喷墨式扫描绘图仪）等。按机械结构分为滚筒式（鼓式）绘图仪和平台式绘图仪两大类。

例 2.7 衡量液晶显示器显示画面是否流畅的主要指标是＿（1）＿；打印的速度比较快、分辨率比较高的是＿（2）＿打印机。

（1）A．液晶面板尺寸　B．可视角度　C．信号响应时间　D．对比度

（2）A．非击打式　B．激光式　C．击打式　D．点阵式

分析：空（1）的正确选项为C。衡量液晶显示器的指标有液晶面板尺寸、可视角度、信号响应时间、对比度等等，但是显示画面是否流畅的主要指标是信号响应时间，因为任何液晶显示器都有不同程度的拖影。但是随着显示器技术的不断提高，显示器响应时间也有了质的飞跃，从开始的12ms到如今的5ms，甚至1ms响应时间。例如华硕、三星、LG等等知名显示器厂商，响应时间普遍都在5ms以下，基本杜绝了由于显示器反应时间慢而产生的拖影现象。

空（2）的正确选项为B。按打印机工作结构可以分为击打式打印机和非击打式印字机。其中击打式又分为字模式打印机和点阵式打印机；非击打式又分为喷墨打印机、激光打印机、热敏打印机和静电打印机。

2.2 计算机软件基础知识

计算机软件基础知识主要涉及操作系统基本概念、文件系统基本概念、文件管理操作方法、应用软件基础知识和软件开发的基本常识五个方面的内容。

2.2.1 操作系统基本概念与使用

操作系统（Operating System，OS）是计算机系统中必不可少的核心系统软件，其他软件建立在操作系统的基础上，并在操作系统的统一管理和支持下运行。通过操作系统可以合理组织计算机工作流程，控制程序运行，并向用户提供各种服务功能，使用户能够灵活、方便、有效地使用计算机，使整个计算机系统能够高效地运行。

1．操作系统的作用与特征

操作系统有两个重要作用：通过资源管理提高计算机系统的效率；通过改善人机界面为用户提供友好的工作环境。操作系统的4个特征是并发性、共享性、虚拟性和不确定性。从资源管理的观点来看，操作系统的功能可分为5大部分：处理机管理、文件管理、存储管理、设备管理和作业管理。

（1）处理机管理也称进程管理，实质上是对处理机的执行“时间”进行管理，采用

多道程序等技术将 CPU 的时间合理地分配给每个任务。由于 CPU 的工作速度要比其他硬件快得多，而且任何程序只有占有了 CPU 才能运行，因此 CPU 是计算机系统中最重要、最宝贵、竞争最激烈的硬件资源。处理机管理主要包括进程控制、进程同步、进程通信和进程调度。

（2）文件管理也称信息管理，是指操作系统对计算机系统中软件资源的管理。通常由操作系统中的文件系统来完成这一功能。文件系统将逻辑上有完整意义的信息资源（程序和数据）以文件的形式存放在外存储器（磁盘、磁带）上，并赋予一个名字，称为文件。主要包括文件存储空间管理、目录管理、文件的读写管理和存取控制。文件管理有效地支持文件的存储、检索和修改等操作，解决文件的共享、保密和保护问题，并提供方便的用户界面，使用户能实现按名存取，文件管理使用户不必考虑文件如何保存以及存放的位置等问题，但也要求用户按照操作系统规定的步骤使用文件。

（3）存储管理是对主存储器“空间”进行管理，主要包括存储分配与回收、存储保护、地址映射（变换）和主存扩充。由于被装入主存的程序才有竞争中央处理机的资格，因此有效地利用主存既可保证多道程序设计技术的实现，也可提高中央处理机的使用效率。当多个程序共享有限的主存资源时，操作系统就按某种分配原则，为每个程序分配主存空间，使各用户的程序和数据彼此隔离，互不干扰及破坏。当某个用户程序工作结束时，要及时收回它所占的主存空间，以便再装入其他程序。目前很多操作系统采用虚拟存储管理技术来扩充主存空间。

（4）设备管理实质是对硬件设备的管理，包括对输入输出设备的分配、启动、完成和回收。设备管理是系统中最具有多样性和变化性的部分，也是系统重要资源，为了提高设备的效率和利用率，操作系统采取缓冲技术和虚拟设备技术，尽可能使外设与处理器并行工作，以解决快速 CPU 与慢速外设速度不匹配的矛盾。

（5）作业管理包括任务、界面管理、人机交互、图形界面、语音控制和虚拟现实等。为了方便用户使用计算机，操作系统必须向用户提供两级接口：用户一级接口和程序一级接口。用户一级接口指系统命令级的接口，供用户组织和控制自己的作业运行；程序一级接口供用户程序和系统程序调用操作系统功能。

2．操作系统的类型

操作系统分为批处理操作系统、分时操作系统、实时操作系统、网络操作系统、分布式操作系统和嵌入式操作系统等。

1）批处理操作系统

批处理操作系统分为单道批处理和多道批处理。批处理操作系统的最大特点是脱机处理系统，即在作业运行期间无需人工干预，用户将需要计算机做所的工作意图等信息写在作业说明书上，由操作系统根据作业说明书控制作业运行。

单道批处理操作系统是一种早期的操作系统，该系统可以提交多个作业，“单道”的含义是指一次只有一个作业装入内存执行。作业由用户程序、数据和作业说明书（作业控制语言）三部分组成。当一个作业运行结束后，随即自动调入同批的下一个作业，从而节省了作业之间的人工干预时间，提高了资源的利用率。

多道批处理操作系统允许多个作业装入内存执行，在任意一个时刻，作业都处于开始点和终止点之间。每当运行中的一个作业由于输入/输出操作需要调用外部设备时，就把CPU交给另一道等待运行的作业，从而将主机与外部设备的工作由串行改变为并行，进一步避免了因主机等待外设完成任务而浪费CPU宝贵的时间。多道批处理系统主要有三个特点：多道、宏观上并行运行、微观上串行运行。

2）分时操作系统

在分时操作系统中，一个计算机系统与多个终端设备连接。分时操作系统是将CPU的工作时间划分为许多很短的时间片，轮流为各个终端的用户服务。例如一个带20个终端的分时系统，若每个用户每次分配一个50 ms的时间片，则每隔1s即可为所有的用户服务一遍。因此，尽管各个终端上的作业是断续地运行的，但由于操作系统每次对用户程序都能做出及时的响应，因此用户感觉整个系统均归其一人占用。

分时系统主要有4个特点：同时性、独立性、交互性和及时性。

3）实时操作系统

实时是指计算机对于外来信息能够以足够快的速度进行处理，并在被控对象允许的时间范围内做出快速反应。实时系统对交互能力要求不高，但要求可靠性有保障。为了提高系统的响应时间，对随机发生的外部事件应及时做出响应并对其进行处理。

实时系统分为实时控制系统和实时信息处理系统。实时控制系统主要用于生产过程的自动控制，例如数据自动采集、武器控制、火炮自动控制、飞机自动驾驶和导弹的制导系统等。实时信息处理系统主要用于实时信息处理，如飞机订票系统、情报检索系统等。实时系统与分时系统除了应用的环境不同外，主要有以下三点区别。

（1）系统的设计目标不同。分时系统是设计成一个多用户的通用系统，交互能力强；而实时系统大都是专用系统。

（2）交互性的强弱不同。分时系统是多用户的通用系统，交互能力强；而实时系统是专用系统，仅允许操作并访问有限的专用程序，不能随便修改，且交互能力差。

（3）响应时间的敏感程度不同。分时系统是以用户能接受的等待时间为系统的设计依据，而实时系统是以被测物体所能接受的延迟为系统设计依据。因此，实时系统对响应时间的敏感程度更强。

4）网络操作系统

网络操作系统是使联网计算机能方便而有效地共享网络资源，为网络用户提供各种服务的软件和有关协议的集合。因此，网络操作系统的功能主要包括高效、可靠的网络通信；对网络中共享资源（在LAN中有硬盘、打印机等）的有效管理；提供电子邮件、文件传输、共享硬盘和打印机等服务；网络安全管理；提供互操作能力。

主要的网络操作系统有UNIX、Linux和各种版本的Windows Server系统。

5）分布式操作系统

分布式计算机系统是由多个分散的计算机连接而成的计算机系统，系统中的计算机无主、次之分，任意两台计算机可以通过通信交换信息。通常分布式计算机配置的操作系统称为分布式操作系统。

分布式操作系统能直接对系统中各类资源进行动态分配和调度、任务划分、信息传输协调工作，并为用户提供一个统一的界面。标准的接口，用户通过这一界面实现所需要的操作和使用系统资源，使系统中若干台计算机相互协作完成共同的任务，有效控制和协调诸任务的并行执行，并向系统提供统一、有效的接口的软件集合。

分布式操作系统是网络操作系统的更高级形式，它保持网络系统所拥有的全部功能，同时又有透明性、可靠性和高性能等特性。

6）嵌入式操作系统

嵌入式操作系统运行在嵌入式智能芯片环境中，对整个智能芯片以及它所操作、控制的各种部件装置等资源进行统一协调、处理、指挥和控制。其主要特点是：

（1）微型化。从性能和成本角度考虑，希望占用资源和系统代码量少，如内存少、字长短、运行速度有限、能源少（用微小型电池）。

（2）可定制。从减少成本和缩短研发周期考虑，要求嵌入式操作系统能运行在不同的微处理器平台上，能针对硬件变化进行结构与功能上的配置，以满足不同应用需要。

（3）实时性。嵌入式操作系统主要应用于过程控制、数据采集、传输通信、多媒体信息及关键要害领域需要迅速响应的场合，所以对实时性要求高。

（4）可靠性。系统构件、模块和体系结构必须达到应有的可靠性，对关键要害应用还要提供容错和防故障措施。

（5）易移植性。为了提高系统的易移植性，通常采用硬件抽象层（Hardware Abstraction Level，HAL）和板级支撑包（Board Support Package，BSP）的底层设计技术。

嵌入式实时操作系统有很多，常见的有 VxWorks、μClinux、PalmOS、WindowsCE、μC/OS-II 和 eCos 等。

3．常用的操作系统

1）Windows 操作系统

Windows 操作系统是 Microsoft 公司开发的图形用户界面、多任务、多线程操作系统。Microsoft 公司第一款图形用户界面 Windows 1.0 的发布时间是 1985 年 11 月，随后其家族不断壮大，2012 年 10 月 26 日微软正式推出 Windows 8。Windows 操作系统家族，如图 2-11 所示。

2）UNIX 操作系统

UNIX 操作系统是一个通用的、多任务、多用户的分时操作系统，一般用于大型计算机中。它是 20 世纪 60 年代末由美国电话电报公司（AT&T）贝尔（Bell）实验室的 K. Thompson 和 D.M. Ritchie 研制的。UNIX 系统内核和核外程序基本上用 C 语言编写，这不仅使得系统易于理解、修改和扩充，而且使系统具有很好的移植性。目前被广泛用于操作系统课程教学中。

Windows家族				
早期版本	For DOS	Windows 1.0 (1985)	Windows 2.0 (1987)	Windows 2.1 (1988)
		windows 3.0 (1990)	windows 3.1 (1992)	Windows 3.2 (1994)
	Win 9x	Windows 95 (1995)	Windows 98 (1998)	Windows 98 SE (1999)
		Windows Me (2000)		
NT系列	早期版本	Windows NT 3.1 (1993)	Windows NT 3.5 (1994)	Windows NT 3.51 (1995)
		Windows NT 4.0 (1996)	Windows 2000 (2000)	
	客户端	windows xp (2001)	Windows Vista (2005)	Windows 7 (2009)
		Windows 8 (2011)		
	服务器	Windows Server 2003 (2003)	Windows Server 2008 (2008)	
		Windows Home Server (2008)	Windows HPC Server 2008 (2010)	
		Windows Small Business Server (2011)	Windows Essential Business Server	
	特别版本	Windows PE	Windows Azure	
		Windows Fundamentals for Legacy PCs		
嵌入式系统		Windows CE	Windows Mobile	Windows Phone (2010)

图 2-11 Windows 操作系统家族

3）Linux 操作系统

Linux 是一套免费使用和自由传播的类 UNIX 操作系统，1991 年由芬兰赫尔辛基大学的 Linus Torvalds 开发出了第 1 个版本。Linux 的开发得到了 Internet 上许多 UNIX 程序员和爱好者的帮助，大部分 Linux 上能用到的软件均来源于美国的 GNU 工程及免费软件基金会。

4）国产操作系统

国产操作系统多为以Linux 为基础二次开发的操作系统。典型的操作系统有红旗 Linux、银河麒麟、中标麒麟 Linux、共创 Linux和 StartOS。

（1）红旗 Linux：是由北京中科红旗软件技术有限公司开发的一系列 Linux 发行版，红旗 Linux 包括桌面版、工作站版、数据中心服务器版、HA 集群版和红旗嵌入式 Linux 等产品。

（2）银河麒麟：是由国防科技大学、中软公司、联想公司、浪潮集团和民族恒星公司合作研制的闭源服务器操作系统。此操作系统是 863 计划重大攻关科研项目，目标是打破国外操作系统的垄断，银河麒麟研发一套中国自主知识产权的服务器操作系统。银河麒麟完全版共包括实时版、安全版、服务器版三个版本，简化版是基于服务器版简化而成的。

（3）中标麒麟 Linux：是上海中标软件有限公司发布的面向桌面应用的操作系统产品。

（4）共创 Linux：是由北京共创开源软件有限公司（简称共创开源）采用国际最新的内核，Kernel 2.6.16 版本开发的一款 Linux 桌面操作系统。共创 Linux 桌面操作系统可以部分地替代现有常用的 Windows 桌面操作系统。它采用类似于 WindowsXP 风格的图形用户界面，符合WindowsXP的操作习惯。

（5）起点操作系统（StartOS）：StartOS----是由东莞瓦力网络科技有限公司发行的开源操作系统，其前身是由广东雨林木风计算机科技有限公司 ylmf os 开发组所研发的ylmf os，符合国人的使用习惯，预装常用的精品软件，操作系统具有运行速度快、安全稳定、界面美观、操作简洁明快等特点。

4．Windows 操作系统使用基础

1）Windows 桌面环境的认识

桌面是打开计算机并登录到 Windows 之后看到的主屏幕区域，是用户利用计算机进行操作、运行各类程序以及完成各项任务的工作平台。所以一旦 Windows 登录成功，就会立即进入 Windows 桌面。用户可以根据自己的爱好制定桌面、更改桌面外观、调整桌面颜色和背景，也可将 Web 内容直接添加到桌面上进行各种操作。本书以 Windows7 为例介绍其使用方法。

Windows 桌面包括任务栏和桌面图标。任务栏是位于屏幕底部的水平长条，它由开始按钮、中间部分和通知区域三个部分组成。

（1）开始按钮：位于任务栏的最左侧，用于打开开始菜单，供用户访问程序、文件夹和计算机设置。

（2）中间部分：显示已打开的程序和文件的按钮，单击任务栏按钮可以在它们之间进行快速切换，如图 2-12（a）所示。

（3）通知区域：位于任务栏的最右侧，包括一个时钟和一组图标，如图 2-12（b）所示。

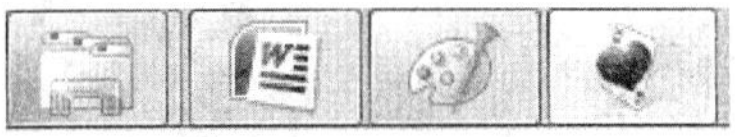

（a）任务栏按钮

（b）任务栏通知区域

图 2-12　Windows 任务栏

2）Windows 桌面操作

Windows 桌面操作主要有以下几种：

（1）添加新对象：可以从别的地方用鼠标拖来一个新对象放到桌面，也可以用鼠标右击桌面，通过快捷菜单新建图标。

（2）右击桌面对象：右击桌面某对象通常显示可对其进行的操作的快捷菜单。例如右键单击桌面上的回收站图标时，系统显示可以打开、清空、删除或查看其属性的菜单，如图 2-13 所示。

（3）排列图标对象：可以用鼠标把对象图标拖动到桌面上任意位置，也可以从桌面快捷菜单中选取“排列图标”命令，然后在级联子菜单中选择某种方式重排图标。

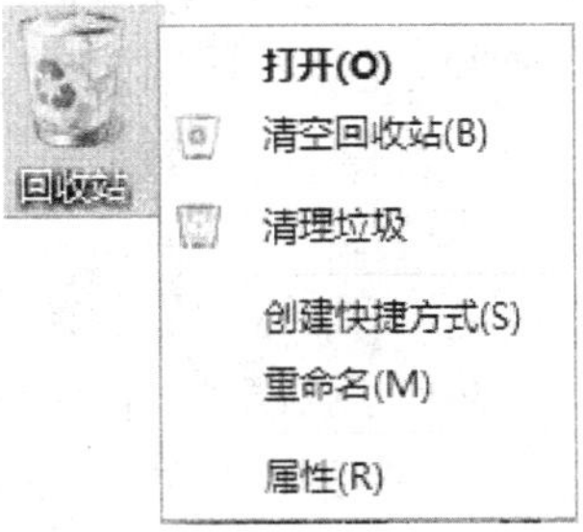

图 2-13　Windows 操作举例

（4）启动程序或窗口：只要双击桌面图标（或对选中的图标按回车键）即可。把重要而常用的对象（应用程序或文件）摆放到桌面上，可以方便使用。

（5）设置桌面：改变桌面的颜色、图案及方式等，后面将详细介绍。

此外，还可以通过右击桌面图标对象，通过其快捷菜单对该对象执行发送、重命名、删除、剪切、复制、打开等一系列操作。

3）窗口的基础知识

窗口是图形用户接口(GUI)中最常见的对象之一。窗口是正在运行的应用程序在桌面上所占的矩形区域。用于显示文件、文件夹、磁盘内容以及打开的程序等。在 Windows 环境下可以同时打开多个窗口，一个窗口对应一个程序或任务，每个窗口占据部分屏幕。

（1）窗口的组成

Windows 7 中常见的窗口类型有三种：应用程序窗口、文档窗口和对话框窗口。窗口由标题栏、菜单栏、工具栏、工作区、搜索栏、滚动条、状态栏和边框等组成。Windows 7 窗口示例如图 2-14（a）所示。

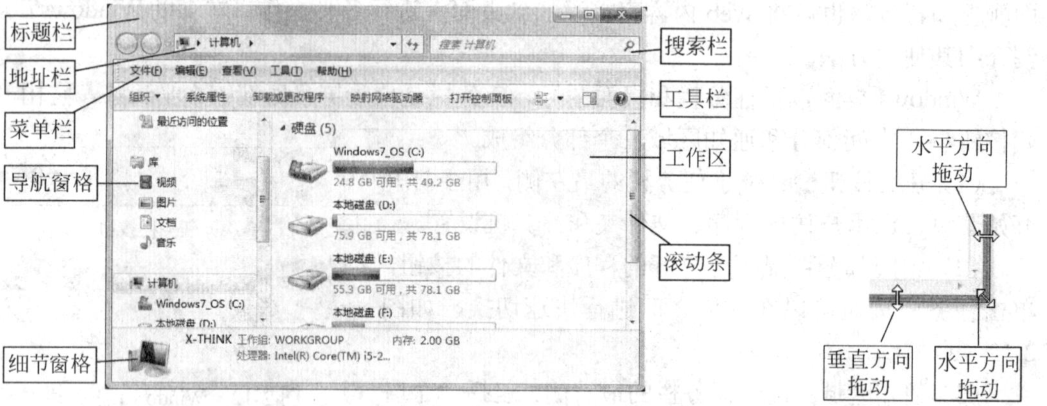

（a）示例　　（b）改变窗口大小

图 2-14　Windows 7 窗口

① 标题栏：标题栏位于窗口的最上方，用来显示窗口标题（应用程序的名称和文档名）。最右边是改变窗口尺寸的最大化、最小化、还原及关闭按钮。

② 地址栏：当前工作区域中对象所在位置，即路径。

③ 菜单栏：显示用户所能使用的各类命令。

④ 工具栏：提供了一些基本工具和菜单任务。

⑤ 工作区：显示窗口中的操作对象和操作结果。

⑥ 导航窗格：提供树状文件结构列表，从而方便用户迅速地定位所需目标。

⑦ 搜索栏：输入/显示查找的信息。

⑧ 滚动条：位于窗口右侧或底部的小矩形区域。当窗口的内容无法同时在窗口内

全部显示时，工作区的右侧和底部会出现滚动条，分别称为垂直滚动条和水平滚动条。

⑨ 细节窗格：位于窗口的最下面一行，显示当前窗口的状态及提示信息。

需要说明的是，对话框是特殊类型的窗口，可以提出问题，允许用户选择选项来执行任务，或者提供信息。但是多数对话框无法最大化、最小化或调整大小。

（2）窗口的基本操作

① 移动窗口位置：拖动标题栏空白处，可以把窗口拖到桌面上的任何地方。

② 改变窗口尺寸：把鼠标光标移到窗口的边缘或四角上，鼠标光标会自动变成双箭头，这时单击并拖动鼠标，即可改变窗口的大小，如图 2-14（b）所示。

③ 窗口的最大化、最小化、还原及关闭：用鼠标分别单击、、及按钮即可完成窗口最大化、最小化、还原及关闭操作。当窗口最小化后，则对应的程序转入后台运行；当窗口被关闭后，则对应的程序将终止运行。

④ 窗口内容的滚动：用鼠标左键点击滚动条上的上下或左右的三角箭头，或用鼠标左键拖动滚动滑块，或按住鼠标“滚轮”上/下搓动，均可使窗口内容滚动。

⑤ 窗口的排列：窗口的排列方式有层叠式和平铺式两种。层叠式是将窗口一个接一个地错位层叠排列；平铺式分为横向平铺和纵向平铺，横向平铺是将窗口沿水平方向一个挨一个地排列，纵向平铺是将窗口沿垂直方向一个挨一个地排列。若要改变窗口的排列方式，只要用鼠标右键单击任务栏的空白处，则屏幕底部会弹出一个菜单，用鼠标左键单击相应的排列命令就会对窗口进行排列。

⑥ 窗口的切换：当用户打开多个窗口时，只有一个窗口处于激活状态。被激活窗口称为当前窗口，其程序处于前台运行状态，其他窗口的程序处于后台运行状态。桌面底部任务栏上的任务图标与各个窗口对应，但当前窗口的任务图标凹陷并呈亮色显示。若要进行窗口切换，只要用鼠标左键单击“任务栏”上的图标，则对应的窗口就被激活。

3）Windows 的基本操作

Windows 的基本操作主要包括查看计算机基本信息；对日期、音量、屏幕、屏幕保护、墙纸的设定；查看并更改控制面板的设置；设置汉字输入方法；驱动程序及常用软件的安装；常用 I/O 设备的使用与维护；使用帮助功能；窗口操作、图标操作和命令行操作；创建快捷方式；整理磁盘碎片以及其他知识。

例 2.8　在 Windows7 中，为保护某文档不被修改，宜将其属性设置为__（1）__；为提高计算机访问硬盘的速度，可定期进行__（2）__；若要查看某文件夹中全部文件的文件名、创建时间和大小信息，此时利用“查看”菜单下的__（3）__选项便能浏览各图像文件的大致内容。

（1）A．只读	B．存档	C．隐藏	D．系统
（2）A．磁盘压缩	B．磁盘清理	C．磁盘扫描	D．磁盘碎片整理
（3）A．图标	B．详细信息	C．列表	D．幻灯片

分析：空（1）的正确答案为 A。因为通常在 Windows 中，用户通过选择某文档并

单击鼠标右键，在弹出的菜单中选择“属性”命令，系统显示属性对话框，其中允许用户设置的是“只读”或“隐藏”属性，但为保护文档不被修改，宜将其属性设置为只读。

空（2）的正确答案为D。因为硬盘在使用一段时间后，由于反复保存或删除文件，磁盘中的空闲扇区会分散到整个磁盘中不连续的物理位置上，从而使文件不能存在连续的扇区中。导致读写文件时需要到不同的物理位置上读取，增加了磁头的来回移动，降低了磁盘的访问速度。磁盘碎片整理其实就是把硬盘上的文件重新写在硬盘上连续的扇区中，提高计算机访问硬盘的速度。

空（3）的正确答案为B。Windows7在浏览文件夹时，在“查看”菜单下，用详细信息就能将当前文件夹下的各个文件的文件名、创建时间和大小信息显示出来。

2.2.2 文件系统基本概念

操作系统中的文件系统专门负责管理外存储器上的信息，使用户可以“按名”高效、快速和方便地存储信息。

1．文件与文件目录

文件（File）是具有符号名的、在逻辑上具有完整意义的一组相关信息项的集合。例如一个源程序、一个目标程序、编译程序、一批待加工的数据、各种文档等都可以各自组成一个文件。信息项是构成文件内容的基本单位，可以是一个字符，也可以是一个记录，记录可以等长，也可以不等长。

文件由文件目录项（或称为文件说明）和文件体组成。文件目录项主要包括文件名、文件内部标识、文件的类型、文件存储地址、文件的长度、访问权限、建立时间和访问时间等内容。文件体是文件真实的内容；文件目录项是操作系统为了管理文件所使用的信息。

文件目录（或称为文件夹）是由文件目录项组成的。文件目录分为一级目录、二级目录和多级目录。多级目录结构也称为树形结构，在多级目录结构中，每一个磁盘有一个根目录，在根目录中可以包含若干子目录和文件，在子目录中不但可以包含文件，而且还可包含下一级子目录，这样类推下去构成了多级目录结构。

采用多级目录结构的优点是用户可将不同类型和不同功能的文件分类储存，既方便文件管理和查找，还允许不同文件目录中的文件具有相同的文件名，解决了一级目录结构中的重名问题。Windows、Unix、Linux和Dos等操作系统采用的是多级目录结构。

路径名是由操作系统查找文件所经过的目录名及目录名之间的分隔符构成的。不同操作系统的分隔符是不同的，例如：Windows的分隔符为“\”，Unix的分隔符为“/”。一个完整的文件名由路径名+文件名构成。

按查找文件的起点不同可以将路径分为：绝对路径和相对路径。从根目录开始的路径称为绝对路径；从用户当前工作目录开始的路径称为相对路径，相对路径是随着当前工作目录的变化而变化的。

例如：若某文件系统的目录结构如图 2-15 所示，假设用户要访问文件 f1.java，且当前工作目录为 Program，则该文件的全文件名为“C:\Program\Java-prog\f1.java”，绝对路径为“\Program\Java-prog\”，相对路径为“Java-prog\”。

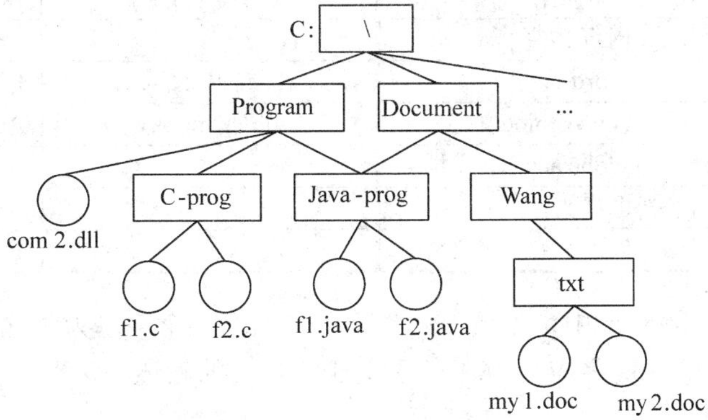

图 2-15　某文件系统的目录结构

2．文件系统

文件系统是操作系统中实现文件统一管理的一组软件和相关数据的集合，专门负责管理和存取文件信息的软件机构。文件系统包括如下功能。

（1）按名存取，即用户可以“按名存取”，而不是“按地址存取”。

（2）统一的用户接口，即在不同设备上提供同样的接口，方便用户操作和编程。

（3）并发访问和控制，即在多道程序系统中支持对文件的并发访问和控制。

（4）安全性控制，即在多用户系统中的不同用户对同一文件可有不同的访问权限。

（5）优化性能，即采用相关技术提高系统对文件的存储效率、检索和读写性能。

（6）差错恢复，即能够验证文件的正确性，并具有一定的差错恢复能力。

3．Windows 文件系统基础

在不同的操作系统中，文件的命名规则有所不同，即文件名字的格式和长度因系统而异。在 Windows 操作系统中文件名由主文件名和扩展名组成，中间以“.”连接，如 my.exe。其中，扩展名用来表示文件的数据类型和性质，常见的文件扩展名如表 2-1 所示。文件名或文件夹名命名规则如下：

（1）最大长度为 255 个字符；

（2）允许使用英文字母、数字、￥@&＋（）、下划线、空格、汉字等；但不允许使用？*〃|<>:/字符。

（3）完整的文件名由驱动器号、路径、文件名和文件的扩展名组成。

需要说明的是在 Windows 操作系统中的搜索或查找功能，可以用星号“*”匹配零个或多个字符；用问号“?”匹配任何一个字符。

表 2-1 常见的文件扩展名

扩 展 名	文件类型说明	扩 展 名	文件类型说明
exe	可执行文件	com	命令文件
sys	系统文件	zip 或 arj 或 rar	压缩文件
htm	网页文件	txt	文本文件
doc 或 docx	Word 文件	xls 或 xlsx	Excel 文件
ppt 或 pptx	PowerPoint 文件	mdb 或 mdbx	Access 数据库文件
pdf	adobe acrobat 文档	wav	声音文件
bmp	图像文件	swf	Flash 文件
c	C 语言源程序文件	cxx	C++语言源程序文件

例 2.9 在 Windows 中，如果要查找文件名的第二个字母为"C"的所有文件，查找命令对话框中输入的关键字应为___（1）___。关于文件夹的叙述中，不正确的是___（2）___。

（1）A．?C*.* B．?C.* C．*C*.* D．*C.*

（2）A．每个外存储器的第一层文件称为根文件夹

B．套在根文件夹或其他文件夹中的文件夹称为子文件夹

C．同一存储器上的各层文件夹形成一个层次结构

D．文件夹在外存储器的存储位置不能用文件路径表示

分析：空（1）的正确选项为 A。在 Windows 中可以使用通配符“*”和“?”。“*”代表当前位置上的多个任意字符，“?”代表当前位置上的一个任意字符。因此，如果要查找文件名的第二个字母为“C”的所有文件，查找命令对话框中输入的关键字应为?C*.*。

空（2）的正确选项为 D。文件夹在外存储器的存储位置可以用文件路径表示，例如 C 盘中的 Program Files 文件夹可以用 C:\Program Files 来表示；又如 D 盘中的 Entertainment 文件夹下的子文件夹 database 可以用 D:\Entertainment\database 来表示。

2.2.3 文件管理操作方法

文件管理可以从站在系统角度和站在用户角度考虑，站在系统角度考虑的是文件的访问、存储、权限检测等操作的实现问题；站在用户角度考虑的是如何利用操作系统提供的功能对计算机中的文件进行管理。本节是基于 Windows 系统并从用户的角度进行讨论。

从用户的角度考虑文件管理的关键问题是方便使用和快速查找以及文件的可靠性和安全性。因此，用户可以从建立文件夹结构、规范化命名以及文件备份三个方面考虑。

1．建立文件夹结构

根据工作和生活需要建立适合的文件夹结构，并将各类文件分别存放在相应的文件夹中。这样一旦需要访问文件时，就可以利用 Windows 资源管理器很方便地查找。例如用户安装好 Windows 7 操作系统后，系统通常会在“库”文件夹上建立视频库、图片库、

文档库和音乐库文件夹，如图 2-16 所示。从图中可以看到采用这种文件分类保存的管理方法，可以使用户方便地在桌面上、开始菜单、资源管理器、保存/打开窗口中找到所需的文件，有利于方便而快捷地打开、保存文件。

图 2-16　Windows 7 库文件夹

可见，为了管理好文件，首先需要建立最适合自己的文件夹结构，其次是注意控制文件夹结构的级数，以及每个文件夹中的文件数。由于文件夹的级数越多检索和浏览的效率就会越低，故一般文件夹的级数不要超过 5，即文件夹中创建子文件夹 1，子文件夹 1 中再创建子文件夹 2，…，以此类推，其级数不要超过 5 级。另外，每个文件夹中的文件数控制在 100 以内。

2．文件和文件夹的命名

文件和文件夹命名应当规范化，其好处是方便查看和检索。例如，某公司为了方便管理以便掌握每个年度各部门的工作情况，那么可以按年度建立文件夹如 2012、2013、2014、2015……，每个年度文件夹下再建立部门子文件夹如人事部、财务部、开发部、销售部、生产部……，然后再根据公司的实际工作情况对文件进行归档保存。

3．数据备份

由于信息化程度日益提高，关键业务数据已经成为各行各业乃至个人生存的命脉和宝贵的资源，数据安全性问题愈来愈突出，因此必须充分认识到数据备份的重要性和必要性。例如为了个人保证数据的安全，可以将自己重要的文档定期进行备份，如自己开发的软件、编写的 Word 文档、收集的重要资料等等；否则万一磁盘遭到攻击，数据被毁或硬盘损坏，那损失是无法弥补的。

例 2.10　某台电脑保存的资料比较多，需要在该电脑上查找某些资料时，往往很难找到，为了方便查找，应该________。

A．将该电脑上的资料进行分类整理，并规定文件的命名办法

B．将该电脑上的所有资料都保存在电脑的桌面

C．将该电脑上的资料进行备份，然后重装系统

D．在该电脑上开发一个以文件后缀名进行查找的软件

分析：选项A是正确的。文件管理的关键问题是方便使用和快速查找以及文件的可靠性和安全性，所以用户应当建立文件夹结构、规范化命名以及定期备份文件。选项B、选项C和选项D是错误的。“将该电脑上的所有资料都保存在电脑的桌面”上的最大问题是管理乱不方便查找，计算机启动时的时间代价大；“将该电脑上的资料进行备份，然后重装系统”不能解决方便查找的问题；“在该电脑上开发一个以文件后缀名进行查找的软件”除了增加了开发软件的代价，并不能减小查找代价。

2.2.4 应用软件基础知识

计算机软件分为系统软件（System Software）和应用软件（Application Software）两大类。应用软件是为满足用户不同领域、不同问题的应用需求而提供的软件。按应用领域可分类如下。

（1）科学计算：也称为数值计算。在自然科学中，诸如数学、物理、化学、天文、地理等领域；在工程技术中，诸如航天、汽车、造船、建筑等领域，都有大量的工程计算工作。计算，正是计算机的特长。

（2）数据处理：也称为非数值计算，指对大量的数据进行加工处理。例如分析、统计、合并、分类等，形成有用的信息。与科学计算不同，数据处理涉及的数据量大，但计算方法较简单。目前，计算机数据处理已广泛地用于办公自动化、企事业计算机辅助管理与决策、文字处理、文档管理、会计电算化、情报检索等各行各业。

（3）计算机辅助系统：包括计算机辅助设计（CAD）、计算机辅助制造（CAM）、计算机辅助教学（CAI）等。例如机械设计、建筑设计、飞机设计、大规模集成电路设计等。采用计算机辅助设计后，不但降低了设计人员的工作量，提高了设计速度，更重要的是提高了设计的质量。使用计算机辅助制造可以提高产品的质量、降低成本、缩短生产周期、降低劳动强度。

（4）过程控制：又称实时控制，指用计算机及时采集数据，将数据处理后，按最佳值迅速地对控制对象进行控制。实现生产过程自动化，可以提高控制的及时性和准确性，从而改善劳动条件、提高质量、节约能源、降低成本。过程控制已经广泛用于机械制造、化工、冶金、航天和水电等部门。

（5）人工智能：其表现形式是多种多样的，如计算机学习、计算机证明、景物分析、智能机器人等。利用计算机模仿人的高级思维活动的人工智能是当代计算机的重要应用领域。例如，医疗诊断是利用计算机模仿人的高级思维活动，所以属于计算机在人工智能方面的应用。

总之，应用软件是用户可以使用的各种程序设计语言，以及用各种程序设计语言编制的应用程序的集合，分为应用软件包和用户程序。应用软件包是利用计算机解决某类问题而设计的程序和相关文档的集合，供多用户使用。

2.2.5 软件开发的基本常识

软件是计算机系统中的重要组成部分，它包括程序、数据及相关文档。软件工程是指应用计算机科学、数学及管理科学等原理，以工程化的原则和方法来解决软件问题的工程，其目的是提高软件生产率、提高软件质量、降低软件成本。软件工程涉及到软件开发、维护、管理等多方面的原理、方法、工具与环境方面的知识。

1. 程序设计语言

程序设计语言（Programming Language）是用于编写计算机程序的语言。语言的基础是一组记号和一组规则，根据规则由记号构成的记号串的总体就是语言。在程序设计语言中，这些记号串就是程序。程序设计语言包含三个方面，即语法、语义和语用。语法表示程序的结构或形式，即表示构成程序的各个记号之间的组合规则，但不涉及这些记号的特定含义，也不涉及使用者。语义表示程序的含义，即表示按照各种方法所表示的各个记号的特定含义，但也不涉及使用者，语用表示程序与使用的关系。

程序设计语言的基本成分有：

（1）数据成分，用于描述程序所涉及的数据。

（2）运算成分，用以描述程序中所包含的运算。

（3）控制成分，用以描述程序中所包含的控制。

（4）传输成分，用以表达程序中数据的传输。

程序设计语言按照语言级别可以分为低级语言和高级语言。低级语言与特定的机器有关，功效高但使用复杂、繁琐、费时、易出差错。高级语言的表示方法要比低级语言更接近于待解问题的表示方法，其特点是在一定程度上与具体机器无关，易学、易用、易维护。高级语言常见的有 Java、C、C++、PHP、Python 和 Delphi 等。这类语言与人们使用的自然语言比较接近，大大提高了程序设计的效率。

低级语言有机器语言和汇编语言。机器语言（Machine Language）是直接用二进制代码指令表达的计算机语言，其指令是用 0 和 1 组成的一串代码，它们有一定的位数，并分成若干段，各段的编码表示不同的含义，可以直接被计算机识别并执行。汇编语言（AssemblyLanguage）是面向机器的程序设计语言，它用助记符（Memoni）代替操作码，用地址符号（Symbol）或标号（Label）代替地址码。这样用符号代替机器语言的二进制码，故汇编语言亦称为符号语言。使用汇编语言编写的程序，机器不能直接识别，要由一种程序将汇编语言翻译成机器语言，这种起翻译作用的程序叫汇编程序。

2. 编译程序和解释程序

尽管可以借助高级语言与计算机进行交互，但计算机只能理解并执行由 0、1 序列构成的机器语言，因此高级程序语言需要翻译，担负翻译任务的程序称为“语言处理程序”。语言处理程序可分为汇编程序、解释程序和编译程序。

源程序是指用某种高级语言或汇编语言编写的程序，它是不能直接在计算机上执行的。若采用汇编语言编写的源程序，则需要汇编程序将其翻译成目标程序后再执行；若采用某种高级语言编写的源程序，则需要相对应的解释程序或编译程序将其翻译后再执行。

解释程序也称为解释器，它可以直接解释执行源程序，或者将源程序翻译成某种中间表示形式后再加以执行。编译程序（编译器）则首先将源程序翻译成目标语言程序，然后在计算机上运行目标程序。这两种语言处理程序的根本区别是：解释器翻译源程序时不产生独立的目标程序，而编译器则需将源程序翻译成独立的目标程序。因此在编译方式下，机器上运行的是与源程序等价的目标程序，源程序和编译程序都不再参与目标程序的执行过程；而在解释方式下，解释程序和源程序（或其某种等价表示）要参与到程序的运行过程中，运行程序的控制权在解释程序上。

3．软件生存周期

一个软件产品或软件系统要经历孕育、诞生、成长、成熟、衰亡多个阶段，一般称为软件生存周期（Life Cycle）。把上述过程的基本活动进一步展开，可以得到软件生存周期的 6 个工作阶段，即可行性分析和项目开发计划、需求分析、软件设计、编码、测试和维护活动。

（1）可行性分析和项目开发计划。该阶段主要确定软件的开发目标及其可行性。必须要考虑 “用户要解决什么问题，该问题有可行的解决办法吗？”的问题。若有解决问题的办法，则要考虑“需要多少资源？需要多少时间？需要多少费用？” 的问题。因此，要进行问题定义、可行性分析，制定项目开发计划。

（2）需求分析。该阶段的任务是准确地确定软件系统必须做什么，确定软件系统必须具备哪些功能，而不是如何具体地解决问题。该阶段的参加人员有用户、项目负责人和系统分析师，产生的文档为需求规格说明书。

（3）软件设计。软件设计是软件工程的技术核心，其任务是确定如何实现软件系统。软件设计可以分为概要设计和详细设计。概要设计的任务是模块分解，确定软件的结构，模块的功能和模块间的接口，以及全局数据结构的设计。详细设计的任务是设计每个模块的实现细节和局部数据结构。概要设计阶段参加的人员有系统分析师和软件设计师，详细设计阶段参加的人员有软件设计师和程序员。软件设计阶段产生的文档为设计规格说明书，它也可以分为概要设计说明书、详细设计说明书和数据库设计说明书。

（4）编码。编码的任务是用某种程序语言为每个模块编写程序。编码阶段参加的人员有软件设计师和程序员，产生的文档主要是源程序清单、模块开发卷宗等。

（5）测试。测试是保证软件质量的重要手段，主要方式是在设计测试用例的基础上检验软件的各个组成部分。测试阶段产生的文档有软件测试计划、测试用例和软件测试报告。

（6）维护。已交付的软件投入正式使用，便进入维护阶段。该阶段可能持续若干年甚至几十年。维护阶段的关键任务是通过各种必要的维护活动使系统持久地满足用户的需要。软件在运行中可能由于多方面的原因需要进行修改，其原因可能有：运行中发现了软件错误需要修正；为适应变化了的软件工作环境进行变更；为了增强软件的功能进行变更；为后续的软件维护活动预先做准备等。

4．软件工具与软件开发环境

软件工具是指用来辅助软件开发、运行、维护、管理和支持等过程中的活动的软件。早期的软件工具主要用来辅助程序员编程，如编辑程序、编译程序和排错程序等。在软件工程概念提出以后，出现了各种开发模型和开发方法，并且软件管理也倍受人们的重视。与此同时，出现了一批软件工具来辅助软件工程的实施，这些软件工具涉及到软件开发、维护、管理过程中的各项活动，并辅助这些活动高效、高质量地进行。因此，软件工具通常也称为 CASE 工具。

软件开发环境是指支持软件产品开发的软件系统，它由软件工具集和环境集成机制构成。软件工具集应包括支持软件开发相关过程、活动、任务的软件工具，以对软件开发提供全面的支持。环境集成机制为工具集成和软件开发、维护和管理提供统一的支持，它通常包括数据集成、控制集成和界面集成。

例 2.11　在计算机程序设计语言中，可以直接被计算机识别并执行的是＿（1）＿；用高级语言编写的程序称为＿（2）＿。

（1）A．机器语言　　B．汇编语言　　C．算法语言　　D．高级语言

（2）A．目标程序　　B．可执行程序　　C．源程序　　D．编译程序

分析：空（1）的正确答案为 A。因为，计算机只能理解并执行是由 0、1 序列构成的机器语言，而高级程序语言需要通过语言处理程序翻译成机器语言才能执行。空（2）的正确答案为 C。因为源程序是指用某种高级语言或汇编语言编写的程序，它是不能直接在计算机上执行的。若采用汇编语言编写的源程序，则需要汇编程序将其翻译成目标程序后再执行；若采用某种高级语言编写的源程序，则需要相对应的解释程序或编译程序将其翻译后再执行。

2.3　多媒体基础知识

2.3.1　多媒体的概念

1．多媒体的分类

媒体(medium)在计算机行业里有两种含义：其一是指传播信息的载体，如语言、文字、图像、视频、音频等等；其二是指存贮信息的载体，如 ROM、 RAM、磁带、磁盘、

光盘等，目前主要的载体有CD-ROM、VCD、网页等。多媒体是近几年出现的新生事物，正在飞速发展和完善之中。我们所提到多媒体技术中的媒体主要是指前者，就是利用计算机把文字、图形、影像、动画、声音及视频等媒体信息都数位化，并将其整合在一定的交互式界面上，使计算机具有交互展示不同媒体形态的能力。

按照国际电话电报咨询委员会（Consultative Committee on International Telephone and Telegraph，CCITT）的定义，媒体可以归类为如下几类。

（1）感觉媒体（Perception Medium）：指直接作用于人的感觉器官，使人产生直接感觉的媒体。如引起听觉反应的声音、引起视觉反应的图像等。

（2）表示媒体（Representation Medium）：指传输感觉媒体的中介媒体，即用于数据交换的编码。如图像编码（JPEG、MPEG）、文本编码（ASCII、GB2312）和声音编码等。

（3）表现媒体（Presentation Medium）：指进行信息输入和输出的媒体。如键盘、鼠标、扫描仪、话筒和摄像机等为输入媒体；显示器、打印机和喇叭等为输出媒体。

（4）存储媒体（Storage Medium）。指用于存储表示媒体的物理介质。如硬盘、软盘、磁盘、光盘、ROM及RAM等。

（5）传输媒体（Transmission Medium）：指传输表示媒体的物理介质。如电缆、光缆和电磁波等。

2. 多媒体的特征

多媒体技术就是将文字、声音、图形、静态图像、动态图像与计算机集成在一起的技术。它是用计算机作平台，将文本、图形、声音、视频图像等多种信息交流方式有机地结合起来，创造出全新的应用。其研究领域涉及到计算机硬件和软件、计算机体系结构、编码学、数值处理方法、图像处理、计算机图形学、声音信号处理、人工智能、计算机网络和通信等。

多媒体技术涉及综合文本、图形、动静图像和声音等多种媒体，包括交互性地处理和表现多种媒体数据，控制和管理视频及音频输入和输出设备、多媒体操作系统和多媒体窗口、多媒体编辑工具及软件等。多媒体技术的特征主要表现在以下几个方面：

（1）多样性。主要表现在信息媒体的多样化。多样性使得计算机处理的信息空间范围扩大，不再局限于数值、文本或图形和图像，可以借助于视觉、听觉和触觉等多感觉形式实现信息的接收、产生和交流。

（2）集成性。主要表现在多媒体信息（文字、图形、图像、语音和视频等信息）的集成和操作这些媒体信息的软件和设备的集成。多媒体信息的集成是将各种信息媒体按照一定的数据模型和组织结构集成为一个有机的整体。

（3）交互性。这是多媒体应用有别于传统信息交流媒体的主要特点之一。传统信息交流媒体只能单向、被动地传播信息，而多媒体技术引入交互性后则可实现人对信息的主动选择、使用、加工和控制。

（4）非线性。多媒体技术的非线性特点将改变人们传统循序性的读写模式。以往人们读写方式大都采用章、节、页的框架，循序渐进地获取知识，而多媒体技术将借助超文本链接的方法，把内容以一种更灵活、更具变化的方式呈现给读者。

（5）实时性。实时性是指在人的感官系统允许的情况下进行多媒体处理和交互。当人们给出操作命令时，相应的多媒体信息都能够得到实时控制。

（6）方便性。用户可以按照自己的需要、兴趣、任务要求、偏爱和认知特点很方便地使用信息，并获取图、文、声等信息表现形式。

（7）动态性。动态性是指信息结构的动态性，用户可以按照自己的目的和认知特征重新组织信息，即增加、删除或修改节点，重新建立链接等。

例 2.12　以下媒体中，<u>（1）</u>是表示媒体，<u>（2）</u>是表现媒体。

（1）A．图像　　B．图像编码　　C．电磁波　　D．鼠标

（2）A．图像　　B．图像编码　　C．电磁波　　D．鼠标

分析：空（1）的正确选项为 B。表示媒体（representation Medium）指传输感觉媒体的中介媒体，即用于数据交换的编码。如图像编码（JPEG、MPEG）、文本编码（ASCII、GB2312）和声音编码等。

空（2）的正确选项为 D。表现媒体（Presentation Medium）指进行信息输入和输出的媒体。如键盘、鼠标、扫描仪、话筒和摄像机等为输入媒体；显示器、打印机和喇叭等为输出媒体。

2.3.2　多媒体计算机

传统的微型机和个人计算机处理的信息往往仅限于文字和数字，只能算是计算机应用的初级阶段，因为人机之间的交互只能通过键盘和显示器，故交流信息的途径缺乏多样性。多媒体计算机通常指的是多媒体 PC 机（Multimedia Personal Computer，MPC），是为了改变人机交互的方式，使计算机能够集声、文、图像处理于一体。通常多媒体计算机包括多媒体计算机硬件系统和软件系统两大部分。

1．多媒体计算机硬件系统

多媒体计算机硬件系统主要包括计算机硬件、声音或视频处理器、多媒体输入/输出设备、信号转换装置、通信转换设备及接口装置等。其中最重要的是根据多媒体技术标准研制的多媒体信息处理芯片和相应的板卡及光盘驱动器等外设，例如：

- 多媒体主机：如个人计算机、工作站等。
- 多媒体输入设备：如麦克风、摄像机、录像机、扫描仪、CD-ROM、传真机、数码相机和 MIDI 合成器等。
- 多媒体输出设备：如绘图仪、打印机、音响、喇叭、录音机、录像机、电视机等。
- 多媒体存储设备：如硬盘、光盘、声像磁带等。

- 多媒体板卡：如视频卡、声卡、压缩卡、通信卡（网卡）等。
- 多媒体操作控制设备：如鼠标、操纵杆、键盘、触摸屏等。

2．多媒体计算机软件系统

对于多媒体计算机的每一种硬件设备来说，都要有相应的程序支持，这些程序统称为多媒体计算机的软件系统。多媒体计算机软件系统包括多媒体操作系统、多媒体数据库、多媒体压缩/解压系统、声像同步处理程序、通信程序以及多媒体开发制作工具软件等。

1）多媒体操作系统

多媒体操作系统必须对多媒体环境下的各个任务进行管理和调度；支持多媒体应用软件运行；对多媒体声像及其他多媒体信息的控制和实时处理；支持多媒体的输入/输出及相应的软件接口；对多媒体数据和多媒体设备的管理和控制以及图形用户界面管理等功能。也就是说，它能够像一般操作系统处理文字、图形、文件那样去处理音频、图像、视频等多媒体信息；并能够对 CD-ROM 驱动器、录像机、MIDI 设备、数码相机、扫描仪等各种多媒体设备进行控制和管理。目前流行的操作系统都具备这些功能。

2）多媒体创作工具软件

多媒体创作工具是在多媒体操作系统之上的系统软件，它提供了建立多媒体节目的构件和框架的功能，可以实现媒体的组接和交互跳转功能。多媒体创作工具软件按照组织方式与数据管理大致上可分为以下几类：

（1）页面模式的创作工具

这类创作工具按照类似于书的页面来组织和管理，具有出色的超文本和超媒体功能。这类创作工具主要有 PowerPoint 和 ToolBook。PowerPoint 是一种最简单实用的基于页面创作的工具软件。每一个画面可以看成是一个页面，可以分别进行生成、编辑和排列。ToolBook 是脚本模式的应用程序，可以被想象成一本有许多页的书，每页是展示在它自己窗口中的一个画面，它包含许多多媒体对象（图形、按钮等）和大量的交互信息。

（2）时序模式的创作工具

类创作工具按照时间顺序来组织数据或事件，这种顺序的排列一般是以帧为单位。这如同电影编导过程，可以精确控制什么时间播放什么镜头。这种工具适合于处理动画、视频图像等。这类创作工具主要有 Director 和 Flash。Director 是以总谱为基础，以角色和帧为对象的多媒体创作工具。总谱可以看作电影中导演脚本的形象表现。角色是指所有要单独控制的素材，包括声音、文本、图形、图像、调色板、视频、动画和按钮作为角色统一管理。每个角色都有自己的属性，可以通过多种方法进行控制。Flash 是广泛应用于网页交互多媒体动画设计的工具软件，具有提供各种创建原始动画素材的方式，可将图形图像生成逐帧动画，支持多种文件格式（能导入导出位图、视频、音频等媒体文件）和通用的浏览器，以及强大的交互功能。

（3）图标模式的创作工具

这类创作工具以对象或事件的顺序来组织数据，以流程线为主干，将各种媒体逐个组接在流线中。通常一个应用程序结构的建立是通过从图标板中拖动图标放入应用程序工作区间，并把它们联系起来产生一个应用程序的逻辑结构。这是一种特别适合于一般用户使用的创作方式。这类工具主要有 Authorware：用来创作与发行互动式学习的软件开发工具。众多的开发者用它进行教育训练、教学、多媒体应用软件的开发。一个应用程序结构的建立是通过从图标板中拖动图标放入应用程序工作区间，并把它们联系起来产生一个应用程序的逻辑结构。这是一种特别适合于一般用户使用的创作方式。支持 ActiveX、Oracle Video Server、Flash、媒体元素浏览器以及许多图形/图像格式（BMP、DIB、GIF、JPEG、PhotoShop 3、PNG、TARGA 等），并能够以这些图形/图像的原始格式来处理。

（4）窗口模式的创作工具

窗口是屏幕上一个与用户交互的对象，在窗口中的所有控件和对象都是通过窗口接受控制。Visual Basic、Visual C++和 Delphi 等编程语言都是基于程序语言的集成包，它提供了对窗口及其对象的图形创作方式。

3）多媒体素材编辑软件

在多媒体应用中，很重要的一个环节是制作所需要的各种媒体素材。多媒体素材编辑软件用于采集、整理和编辑各种媒体数据。多媒体编辑软件主要包括如下几种。

（1）文本工具。其功能主要是文字处理（编辑、排版和识别等）。常用的字处理工具有 WPS、Notebook（记事本）、Writer（写字板）、Word 和 OCR（光学字符识别）等。

（2）图形/图像工具。主要功能包括显示图形/图像、图形/图像编辑、图像压缩、图像捕捉、图形/图像素材库。常用的图形/图像处理工具有如下几种。

① Photoshop：用于图像设计、编辑与处理，其功能强大，是使用最多的一种图形/图像工具软件。

② Illustrator：主要用于产品包装、网页图形、演示、标志设计、字形处理和工程绘图等。

③ PhotoDeluxe：主要用于数码相片处理。

④ PageMaker：一个专业排版与图形制作的工具软件。

⑤ CorelDraw：一种矢量图形/图像软件，广泛用于企业形象设计、广告设计和印刷设计等。

⑥ AutoCAD：一种矢量图形/图像软件，广泛用于机械设计、建筑设计等。

⑦ Freehand：一种矢量图形制作软件。

⑧ 3ds Max：一种功能强大，广泛使用的三维图形图像编辑软件。

⑨ Screen Thief：是一种支持静态抓图的工具，并支持 BMP、GIF、PCX 和 RLE 等多种文件格式。

（3）动画工具。主要包括动画显示、动画编辑和动画素材库等功能。常用的动画工具软件有如下几种。

① GIF Construction Set：一种能够处理和创建 GIF 格式文件的功能强大的工具，能快速、专业地为网页创建透明、交错和活动 GIF 文件。

② Xara3D：一种 3D 图形工具软件，可用于制作高质量的三维动画，全面支持中文。

（4）视频工具。主要包括显示视频、视频编辑、视频压缩、视频捕捉和视频素材库等功能。常用的动画工具软件有如下几种。

① Media Studio Pro：一个功能强大的专业桌面数码视频编辑软件，提供一套视频捕捉、编辑、转换及特效制作等艺术解决方案。

② Premiere：一种视频编辑功能强大的视频编辑软件，提供了编辑、特技处理、剪辑等视频编辑功能，以及编辑静态图像和声音的工具。

（5）音频工具。主要包括音频播放、音频编辑、音频录制和声音素材库 4 个功能。常用的音频工具软件有如下几种。

① CoolEditPro：一种功能很强的数字音频处理软件，提供了多轨编辑、数字信号处理（DSP）等功能，支持 WAV、MP3、AU、MPEG、MOV 和 AVI 等众多的音频格式。

② GoldWave：一种小巧好用的数码录音及编辑软件，除具有许多效果处理外，还有文件格式转换功能，支持多种声音格式，如 WAV、MP3、AU、MPEG、MOV 和 AVI 等。

③ Cake Walk Pro Audio：目前流行的专业音乐制作工具软件，可以用来作曲、配器、演奏、录音和合成等，功能十分强大。

（6）播放工具。主要用于显示、浏览或播放图像、音频、视频等多媒体数据。常用的播放工具软件有如下几种。

① Media Player（媒体播放器）：Windows 操作系统内置的媒体播放器，主要用于控制多媒体设备并播放多媒体文件，如声音、音乐、动画和视频等。

② ACDSee：一种图像浏览工具，支持 BMP、GIF、JPG 和 TGA 等各种常见的图形/图像文件格式，图片打开速度极快。

4）多媒体应用软件

多媒体应用软件是实现用户的应用程序及演示软件，是直接面向用户或信息发送和接收的软件。这类软件直接与用户接口，用户只要根据应用软件所给出的操作命令，通过最简单的操作便可使用这些软件。例如特定的专业信息管理系统；语音/Fax/数据传输调制管理应用系统；多媒体监控系统；各种多媒体 CAI 软件；各种游戏软件等。在人们探讨应用多媒体技术解决自己面临的实际应用问题时，设计建造出各式各样的应用软件系统，使用户最终运用多媒体系统能够方便、易学、好用。除面向终端用户而制定的应用软件外，另一类是面向某一个领域的用户应用软件系统，这是面向大规模用户的系统产品，如多媒体会议系统、点播电视服务（VOD）、医用、家用、军用和工业应用等。

2.3.3 多媒体信息的数字化

多媒体信息数字化是指将许多复杂多变的信息转变为可以度量的数字、数据，再以这些数字、数据建立数字化模型，把它们转变为一系列二进制代码导入计算机内部进行统一处理，这就是数字化的基本过程。即数字化是指将任何连续变化的输入信号，如图形图像或声音信号转化为一串分离的信息，在计算机中用 0 和 1 来表示这些多媒体信息。这样计算机通过对数字化的信息处理就可以发出声音、打电话、发传真、放录像和看电影等。

1．声音

1）声音信号的数字化

声音信号是一种模拟信号，计算机要对它进行处理，必须将它转换成为数字声音信号，即用二进制数字的编码形式来表示声音。最基本的声音信号数字化方法是取样–量化法，它有采样、量化和编码三个步骤。

步骤 1：采样。采样是把时间连续的模拟信号转换成时间离散、幅度连续的信号。在某些特定的时刻获取声音信号值叫做采样，由这些特定时刻采样得到的信号称为离散时间信号。一般都是每隔相等的一小段时间采样一次，其时间间隔称为取样周期，它的倒数称为采样频率。采样频率越高，可恢复的声音信号分量越丰富，其声音的保真度越好。

步骤 2：量化。量化处理是把在幅度上连续取值（模拟量）的每一个样本转换为离散值（数字量）表示，因此量化过程有时也称为 A/D 转换（模数转换）。量化后的样本是用二进制数来表示的，二进制数位数的多少反映了度量声音波形幅度的精度，称为量化精度，也称为量化分辨率。

步骤 3：编码。经过采样和量化处理后的声音信号已经是数字形式了，但为了便于计算机的存储、处理和传输，还必须按照一定的要求进行数据压缩和编码，即选择某一种或者几种方法对它进行数据压缩，以减少数据量，再按照某种规定的格式将数据组织成为文件。

2）声音文件的格式

数字声音在计算机中存储和处理时，其数据必须以文件的形式进行组织，所选用的文件格式必须得到操作系统和应用软件的支持。

（1）Wave 文件（.WAV）。Microsoft 公司的音频文件格式，它来源于对声音模拟波形的采样。用不同的采样频率对声音的模拟波形进行采样可以得到一系列离散的采样点，以不同的量化位数（8 位或 16 位）把这些采样点的值转换成二进制数，然后存入磁盘，这就产生了声音的 WAV 文件，即波形文件。利用该格式记录的声音文件能够和原声基本一致，质量非常高，但文件数据量大。

（2）Module 文件（.MOD）。该格式的文件里存放乐谱和乐曲使用的各种音色样本，具有回放效果明确，音色种类无限等优点。

（3）MPEG 文件（.MP3）。现在最流行的声音文件格式，因其压缩率大，在网络可视电话通信方面应用广泛，但与 CD 唱片相比，音质不能令人非常满意。

（4）RealAudio 文件（.RA）。该格式文件具有强大的压缩量和极小的失真，它也是为了解决网络传输带宽资源而设计的，因此主要目标是压缩比和容错性，其次才是音质。

（5）MIDI 文件（.MID/.RMI）。它是目前较成熟的音乐格式，实际上已经成为一种产业标准。MIDI 文件是一种描述性的“音乐语言”，包括音符、控制参数等指令，指示 MIDI 设备要做什么、怎么做。例如将所要演奏的乐曲信息用数据进行描述，即演奏哪个音符、加什么伴奏、多大音量等。由于 MIDI 文件不包含波形数据，所以 MIDI 文件非常小巧。RMI 格式文件可以包括图片标记和文本。

（6）Voice 文件（.VOC）。Creative 公司波形音频文件格式，也是声霸卡（Sound Blaster）使用的音频文件格式。每个 VOC 文件由文件头块（Header Block）和音频数据块（Data Block）组成。文件头包含一个标识版本号和一个指向数据块起始的指针。数据块分成各种类型的子块。

（7）Sound 文件（.SND）。NeXT Computer 公司推出的数字声音文件格式，支持压缩。

（8）Audio 文件（.AU）。Sun Microsystems 公司推出的一种经过压缩的数字声音文件格式，是因特网上常用的声音文件格式。

（9）AIFF 文件（.AIF）。Apple 计算机的音频文件格式。Windows 的 Convert 工具可以把 AIF 格式的文件换成 Microsoft 的 WAV 格式的文件。

（10）CMF 文件（.CMF）。Creative 公司的专用音乐格式，与 MIDI 差不多，音色、效果上有些特色，专用于 FM 声卡，但其兼容性很差。

2．图像信号的数字化

计算机能够显示图形、图像（图片）、视频等信息。在计算机中，图形、图像、视频也必须用数字化形式来表述，其数字化处理过程同声音数字化一样，也要进行采样、量化，形成数字化的图形、图像和视频文件。

1）图形

图形是一种矢量图。矢量图是用数学的方式来描述一幅图形，它的基本元素是图元，即图形指令。矢量图形的描述包括形状、色彩、位置等。例如指令 Rect（0，0，200，200）表示从坐标（0，0）开始，水平走 200 个像素点，再垂直走 200 个像素点，最后形成一个正方形，该指令描述中所用字符数不到 20 个字节。矢量图形本身就用数字化形式来表述，其特点是存储量小，且图形的大小变换时不失真。但是对于一幅复杂的彩色照片，是很难用数学来描述的，因此也难于用矢量图来表示。

2）图像

图像是一种位图。位图是用像素点来描述一幅图像，它的基本元素是像素，即像素阵列。位图图像的描述包括图像分辨率和颜色深度（灰度）。位图图像文件一般没有经过压缩，它的存储量大，适合于表现含有大量细节的画面。与矢量图形相比，位图放大时，放大的是其中每个像素的点，所以有时看到的是失真的模糊图片。在 Windows 附件中画图软件生成的.bmp 文件就是属于位图图像格式的文件。图像的主要参数：分辨率、色彩模式和颜色深度。

（1）图像的分辨率：是指图像在水平与垂直方向上的像素个数。例如 1024 × 768 的图像是指该图像水平方向上有 1024 个像素，垂直方向上有 768 个像素。

（2）色彩模式：是指图像所使用的色彩描述方法。如 RGB（红、绿、蓝）色彩模式、CMYK（青、橙、黄、黑）色彩模式等。

（3）颜色深度：位图图像中每个像素点的颜色信息用若干数据位来表示，这些数据位的个数称为图像的颜色深度（灰级度）。

通常，图像的分辨率越高、颜色深度越深，则数字化后的图像效果越逼真，图像数据量也越大。图像数据容量（Byte）=（图像水平像素点数×图像垂直像素点数×颜色深度）/8。

例如：一幅 1024×768 分辨率、24 位真彩色图像的数据容量需要多少 MB 的存储空间。

图像数据容量=（1024×768×24）/8=2359269 B/1024=2.25KB/1024=2.25MB

3）图形图像文件格式

数字图像在计算机中存储时，其文件格式繁多，常用的文件格式如下。

（1）BMP 文件（.BMP）。BMP（Bitmap-File）图像文件是 Windows 操作系统采用的图像文件格式，在 Windows 环境下运行的所有图像处理软件几乎也都支持 BMP 图像文件格式。BMP 图像是一种与设备无关的位图格式，目的是为了让 Windows 能够在任何类型的显示设备上输出所存储的图像。BMP 采用位映射存储格式，除了图像深度可选以外，一般不采用其他任何压缩，所以占用的存储空间较大。BMP 文件的图像深度可选 1 位、4 位、8 位及 24 位，有黑白、16 色、256 色和真彩色之分。

（2）GIF 文件（.GIF）。GIF 是 CompuServe 公司开发的图像文件格式，它以数据块为单位来存储图像的相关信息。GIF 文件格式采用了 LZW（Lempel-Ziv Walch）无损压缩算法按扫描行压缩图像数据。它可以在一个文件中存放多幅彩色图像，每一幅图像都由一个图像描述符、可选的局部彩色表和图像数据组成。如果把存储于一个文件中的多幅图像逐幅读出来显示到屏幕上，可以像播放幻灯片那样显示或者构成简单的动画效果。GIF 的图像深度从 1 位到 8 位，即最多支持 256 种色彩的图像。

GIF 文件格式定义了两种数据存储方式：一种是按行连续存储，存储顺序与显示器的显示顺序相同；另一种是按交叉方式存储。由于显示图像需要较长的时间，使用这种方法存放图像数据，用户可以在图像数据全部收到之前浏览这幅图像的全貌，而不会觉得等待时间太长。目前，GIF 文件格式在 HTML 文档中得到广泛使用。

（3）TIFF 文件（.TIF）。TIFF 文件是由 Aldus 和 Microsoft 公司为扫描仪和桌面出版系统研制开发的一种较为通用的图像文件格式。TIFF 是电子出版 CD-ROM 中一个重要的图像文件格式。TIFF 格式非常灵活易变，它又定义了 4 类不同的格式：TIFF-B 适用于二值图像；TIFF-G 适用于黑白灰度图像；TIFF-P 适用于带调色板的彩色图像；TIFF-R 适用于 RGB 真彩图像。无论在视觉上还是其他方面，都能把任何图像编码成二进制形式而不丢失任何属性。

（4）PCX 文件（.PCX）。PCX 文件是 PC Paintbrush（PC 画笔）的图像文件格式。PCX 的图像深度可选为 1 位、4 位、8 位，对应单色、16 色及 256 色，不支持真彩色。PCX 文件采用 RLE 行程编码，文件体中存放的是压缩后的图像数据。因此，将采集到的图像数据写成 PCX 格式文件时，要对其进行 RLE 编码；而读取一个 PCX 文件时首先要对其进行解码，才能进一步显示和处理。

（5）PNG 文件格式。PNG 文件是作为 GIF 的替代品而开发的，它能够避免使用 GIF 文件所遇到的常见问题。它从 GIF 那里继承了许多特征，增加了一些 GIF 文件所没有的特性。用来存储灰度图像时，灰度图像的深度可达 16 位；存储彩色图像时，彩色图像的深度可达 48 位。在压缩数据时，它采用了一种 LZ77 算法派生无损压缩算法。

（6）JPEG 文件（.JPG）。JPEG 文件采用一种有损压缩算法，其压缩比约为 1:5～1:50，甚至更高。对一幅图像按 JPEG 格式进行压缩时，可以根据压缩比与压缩效果要求选择压缩质量因子。JPG 格式文件的压缩比例很高，非常适用于要处理大量图像的场合。它是一种有损压缩的静态图像文件存储格式，压缩比例可以选择，支持灰度图像、RGB 真彩色图像和 CMYK 真彩色图像。

（7）Targe 文件（. TGA）。Targe 文件格式用于存储彩色图像，可支持任意大小的图像，最高彩色数可达 32 位。专业图形用户经常使用 TGA 点阵格式保存具有真实感的三维有光源图像。

（8）WMF 文件（.WMF）。WMF 文件只使用在 Windows 中，它保存的不是点阵信息，而是函数调用信息。它将图像保存为一系列 GDI（图形设备接口）的函数调用，在恢复时，应用程序执行源文件（即执行一个个函数调用）在输出设备上画出图像。WMF 文件具有设备无关性，文件结构好，但是解码复杂，其效率比较低。

（9）EPS 文件（.EPS）。EPS 文件是用 PostScript 语言描述的 ASCII 图形文件，在 PostScript 图形打印机上能打印出高品质的图形，能够表示 32 位图形（图像）。EPS 文件格式分为 Photoshop EPS 格式和标准 EPS 格式，其中标准 EPS 格式又可分为图形格式和图像格式。

（10）DIF 文件（.DIF）。DIF 文件是 AutoCAD 中的图形，它以 ASCII 方式存储图像，表现图形在尺寸大小方面十分精确，可以被 CorelDraw、3DS 等软件调用编辑。

例 2.13 下列关于 MIDI 文件与 WAV 文件的叙述，正确的是______。

A. WAV 文件比 MIDI 文件占用的存储空间小

B．多个 WAV 文件可以同时播放，但多个 MIDI 文件不能同时播放

C．MIDI 文件的扩展名为.MID

D．MIDI 文件的优点是可以重现自然声音

分析：选项 C 是正确的。MIDI 文件的扩展名为.MID。

选项 A 的说法是错误的。WAV 文件是音频文件格式，利用该格式记录的声音文件能够和原声基本一致，质量非常高，但文件数据量大。MIDI 文件则不是直接记录乐器的发音，而是记录了演奏乐器的各种信息或指令，如用哪一种乐器，什么时候按某个键，力度怎么样等，至于播放时发出的声音，那是通过播放软件或者音源的转换而成的。因此 MIDI 文件通常比声音文件小得多，一首乐曲可能只有十几 K 或几十 K，只有声音文件的千分之一左右，便于储存和携带。选项 B 和选项 D 的说法也是错误的，因为多个 MIDI 文件是可以同时播放的，而且 MIDI 文件不是实质意义上的音频文件，而是音频控制文件，不支持真人原唱或者人声。

2.3.4　数据压缩

多媒体数据特别是音频、视频数据量很大，需要很大的存储空间。特别是在现代通信中，基于因特网上的各种应用，图像传输速度是一项非常重要的指标。例如以使用拨号接入因特网的家庭用户为例，若数据传输速度为 56 Kb/s，则理想情况下，传输一幅分辨率为 640×480 的 6.5 万色的未经压缩的图像大约需要 1～2 分钟。因此，需要采用压缩编码技术，减少音频、视频数据量，提高网络传输速度。

目前常用的数据压缩编码方法分为两种类型：一种是冗余压缩法，也称为无损压缩法；另一种是有损压缩法。无损压缩是一种不丢失任何信息的压缩方式，经解压恢复后就与原来的信息一模一样，而有损压缩则解压后不能恢复为原来的信息。

无损压缩利用数据的统计冗余进行压缩，可以保证在数据压缩和还原过程中，图像信息没有损耗或失真，图像还原（解压缩）时可完全恢复，即重建后的图像与原始图像完全相同。一个常见的例子是磁盘文件的压缩存储，它要求解压缩后能保证百分之百地恢复原始数据。根据目前的技术水平，无损压缩可以将数据压缩到原来的 1/2 到 1/4，压缩比较低。一些常用的无损压缩算法有哈夫曼（Huffman）算法和 LZW 压缩算法。

有损压缩适用于重构信号不一定非要与原始信号完全相同的场合。例如对于图像、视频影像和音频数据的压缩就可以采用有损压缩，这样可以大大提高压缩比（可达 10:1 甚至 100:1），而人的感官仍不至于对原始信号产生误解。这种方法会减少信息量，而损失的信息是不能再恢复的，因此这种压缩是不可逆的。

计算机中使用的图像压缩编码方法有多种国际标准和工业标准，目前使用广泛的编码及压缩标准有 JPEG、MPEG 和 H.261。

JPEG（Joint Photographic Experts Group）是制定静态和数字图像数据压缩编码标准，既可用于灰度图像，又可用于彩色图像。JPEG 标准是由 ISO 和 IEC 两个组织机构联合

组成的一个专家组负责制定的，目前已成为国际上通用的标准。

MPEG（Moving Pictures Experts Group）是动态图像压缩标准，由 ISO 和 IEC 两个组织机构联合组成的一个活动图像专家组制定的标准草案，MPEG 标准分成 MPEG 视频、MPEG 音频和视频音频同步三个部分。MPEG-1 是针对传输率为 1Mb/s～1.5Mb/s 的普通电视质量的视频信号的压缩；MPEG-2 是对每秒 30 帧的 720×572 分辨率的视频信号进行压缩，在扩展模式下，可以对分辨率达 1440×1152 的高清晰度电视（HDTV）信号进行压缩。目前还有 MPEG-4 多媒体应用标准，MPEG-7 多媒体内容描述接口标准等。

H.261 视频通信编码标准也称为 PX64K 标准，是由国际电话电报咨询委员会（ITTCC）于 1998 年提出的电话/会议电视的建议标准。其中 P 是取值为 1～30 的可变参数，当 P=1 或 2 时，支持 1/4 通用中间格式（Quarter Common Intermediate Format，QCIF）的帧率较低的视频电话传输；当 P≤6 时，支持通用中间格式（Common Intermediate Format，CIF）的帧率较高的电视会议数据传输。PX64K 视频压缩算法也是一种混合编码方案，即基于 DCT 的变换编码和带有运动预测差分脉冲编码调制（DPCM）的预测编码方法的混合。

例 2.14 下列处理属于无损压缩的是_____。

A．将 BMP 文件压缩为 JPEG 文件　　B．用 WinZip 软件压缩文件

C．将电影制作成 VCD　　D．将电影制作成 DVD

分析：本题正确的选项为 B。因为 JPEG 文件格式采用有损压缩，因此将 BMP 文件压缩为 JPEG 文件属于有损压缩。由于 VCD 和 DVD 都采用了 MPEG 压缩标准，因此将电影制作成 VCD 和 DVD 都属于有损压缩。假设用 WinZip 软件压缩文件后，再解压能完全恢复原来的信息，因此属于无损压缩。

2.3.5 多媒体处理工具简介

多媒体处理工具软件是实现用户需求的应用程序及演示软件，是直接面向用户或信息发送和接收的软件。这类软件直接与用户接口，用户只要根据应用软件所给出的操作命令，通过最简单的操作便可使用这些软件。例如，特定的专业信息管理系统；语音/Fax/数据传输调制管理应用系统；多媒体监控系统；各种多媒体 CAI 软件；各种游戏软件等。除面向终端用户而制定的应用软件外，另一类是面向某一个领域的用户应用软件系统，这是面向大规模用户的系统产品，如多媒体会议系统、点播电视服务（VOD）、医用、家用、军用和工业应用等。

1．媒体创作工具

媒体创作工具用于建立媒体模型、产生媒体数据。它介于多媒体工作平台与应用软件之间，是支持应用开发人员进行多媒体应用软件创作的工具。例如 Macromedia 公司的三维图形视觉空间的设计和创作软件 Extreme 3D、Autodesk 公司的 2DAnimation、3D Studio，这些软件提供建模、动画、渲染以及后期制作等功能。

2．多媒体写作工具

多媒体写作工具提供不同的编辑、写作方式。通常有基于脚本语言、基于流程图以及基于时序的三种写作工具。例如，基于脚本语言帮助创作者控制各种媒体设备的播放或录制的典型软件 Toolbook，其中 Openscript 语言允许对 Windows 的 MCI（媒体控制接口）进行调用，控制各种媒体的播放或录制。基于流程图的写作工具有 Authorware 和 IconAuther，它们是使用流程图来安排节目，每个流程图有许多图标组成，这些图标扮演脚本语言的角色，并与一个对话框对应，在对话框输入相应的内容即可。基于时序的写作工具 Action 通过将元素和事件沿时间轴线安排来达到使多媒体内容演示的同步控制。

3．媒体播放工具

媒体播放工具用来播放 VCD 碟片或者 VCD 影音文件的。如超级解霸 2001 支持 MPG、DAT、MPV、M1V、M2V、VBS、VOB 等多种格式的文件。如果 VCD 碟片已经在 CD-ROM 驱动器中，则选择“文件”菜单下的“播放各种影碟”菜单命令，就可以播放 VCD 了。

4．其他各类媒体处理工具

如多媒体数据库管理系统、Video-CD 制作节目工具、基于多媒体板卡的工具软件、多媒体出版系统工具软件等。

2.4　习题

1. 存储在__(1)__中的内容是不能用指令修改的。下列关于随机读/写存储器（RAM）特点的描述，正确的是__(2)__。如果计算机断电，则__(3)__中的数据会丢失。

（1）A．DRAM　　B．SRAM　　C．RAM　　D．ROM

（2）A．从存储器读取数据后，原有的数据就清零了

B．RAM 可以作为计算机数据处理的长期储存区

C．RAM 中的信息不会随计算机的断电而消失

D．只有向存储器写入新数据时，存储器中的内容才会被更新

（3）A．ROM　　B．EPROM　　C．RAM　　D．回收站

2．下面的各种设备中，__(1)__既是输入设备，又是输出设备。__(2)__组设备依次为输出设备、存储设备、输入设备。__(3)__用于把摄影作品、绘画作品输入到计算机中，进而对这些图像信息进行加工处理、管理、使用、存储和输出。不属于输入设备的是__(4)__。

（1）A．扫描仪　　B．打印机　　C．键盘　　D．U 盘

（2）A．CRT、CPU、ROM　　B．绘图仪、键盘、光盘

C．绘图仪、光盘、鼠标　　D．磁带、打印机、激光打印机

（3）A．扫描仪　　B．投影仪　　C．彩色喷墨打印机　　D．绘图仪

（4）A．显示器　　B．扫描仪　　C．键盘　　D．话筒

3．从功能上说，计算机由输入设备、输出设备、___（1）___和 CPU 组成。下图所示的插头可以连接到 PC 机主板上的___（2）___接口。

（1）A．键盘和打印机　B．系统软件　　C．各种应用软件　　D．存储器

（2）A．COM　　B．RJ-45　　C．USB　　D．PS/2

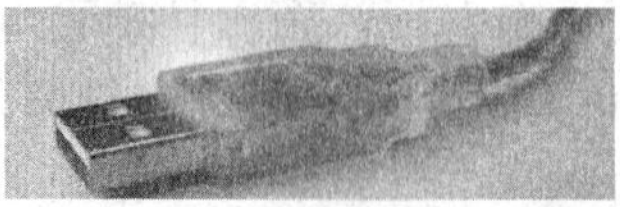

4．在微机中主板（也称母板或系统板）是计算机硬件系统集中管理的核心载体，几乎集中了全部系统功能，是计算机中的重要部件之一。下图所示的主板的①处是___（1）___，②处是___（2）___。

（1）A．CPU 插槽　　B．内存插槽　　C．PCI 插槽　　D．IDE 插槽

（2）A．CPU 插槽　　B．内存插槽　　C．PCI 插槽　　D．IDE 插槽

5．下列关于 Windows XP“开始”菜单的叙述，不正确的是___（1）___；Windows XP 文件目录结构采用___（2）___；其文件名中不允许出现的字符是___（3）___。

（1）A．在“开始”菜单最上方标明了当前登陆计算机系统的用户，用户图片可以更改

B．“开始”菜单会列出用户最近使用过的应用程序

C．“开始”菜单下的“所有程序”菜单中会显示计算机所有磁盘中的应用程序

D．用户可以在“开始”菜单中进行注销用户和关闭计算机操作

（2）A．树型结构　B．网状结构　C．表格结构　D．星形结构

（3）A．数字字符 0～9　B．英文字符 A～Z　C．空格　D．星号*

6．Windows 系统安装时生成的 Documents and Settings、Winnt 和 System32 文件夹是不能随意更改的，因为它们是＿（1）＿。在 Windows 文件系统中，＿（2）＿是一个合法的文件名；＿（3）＿不是合法的可执行文件的扩展名。

（1）A．Windows 的桌面

B．Windows 正常运行时所必需的应用软件文件夹

C．Windows 正常运行时所必需的用户文件夹

D．Windows 正常运行时所必需的系统文件夹

（2）A．dyx03 ent.dll　B．Explorer*.arj

C．Hewlett<Packard.rar　D．Print|Magic.exe

（3）A．exe　B．com　C．rar　D．bat

7．文件的使用权限包括完全控制、允许写入、允许读取、允许运行、允许删除等，其中完全控制、允许写入、允许读取、允许运行都允许用户进行的操作是＿（1）＿；文件的扩展名可以说明文件类型。下面的“文件类型－扩展名”对应关系不正确的是＿（2）＿。

（1）A．写入　B．读取　C．运行　D．修改

（2）A．多媒体文件－RMVB　B．图片文件－TIF

C．可执行文件－COM　D．压缩文件－DOC

8．数据存在＿（1）＿是数据可以被压缩的前提。下列软件中，＿（2）＿可以完成文件压缩和还原；下列关于压缩软件 WinRAR 的叙述中，正确的是＿（3）＿。

（1）A．一致性　B．连续性　C．相关性　D．无关性

（2）A．Winamp　B．WinRAR　C．ACDSee　D．Outlook Express

（3）A．用 WinRAR 压缩的文件解压缩后原文件的内容会丢失

B．可以将多个文件压缩为一个包

C．用 WinRAR 压缩后的文件为只读属性

D．用 WinRAR 压缩完文件后，原文件会自动删除

9．在 Windows 系统中，窗口标题栏最左边的小图标表示＿（1）＿；用鼠标左键双击该图标，可以＿（2）＿；Windows 系统的快捷方式确切的含义是＿（3）＿。

（1）A．应用程序控制菜单图标　B．开关按钮

C．开始按钮　D．工具按钮

（2）A．缩小该窗口　B．放大该窗口

C．关闭该窗口　D．还原该窗口

（3）A．特殊文件夹　B．特殊磁盘文件

C．各类可执行文件　　D．指向某对象的指针

10．在 Windows 资源管理器中，如果要剪切一个选中的文件，默认的快捷键是＿（1）＿；剪切的内容存放在剪贴板中，剪贴板是＿（2）＿。

（1）A．Ctrl+C　B．Ctrl+X　C．Ctrl+V　D．Ctrl+D

（2）A．磁盘上的一个文件　B．一个文件夹
C．内存中的一块区域　D．磁盘上的一个特殊区域

11．评价一个计算机系统时，通常主要使用＿（1）＿来衡量系统的可靠性，使用＿（2）＿来度量系统的效率。

（1）A．平均响应时间　B．平均无故障时间(MTBF)
C．平均修复时间　D．数据处理速率

（2）A．平均无故障时间(MTBF)和平均修复时间(MTTR)
B．平均修复时间(MTTR)和故障率
C．平均无故障时间(MTBF)和吞吐量
D．平均响应时间、吞吐量和作业周转时间等

12．假设在D盘中有一个文件，其文件名为“D:\信息处理技术员.DOC”，现需要在桌面上建立该文件的快捷方式，可用鼠标右键单击该文件图标，然后＿（1）＿；假设“EXAM.DOC”文件夹存储在“EXAM1”文件夹中，“EXAM1”文件夹存储在“EXAM2”文件夹中，“EXAM2”文件夹存储在 D 盘的根文件夹中，当前文件夹为“EXAM1”，那么，正确描述“EXAM.DOC”文件的绝对路径表示为＿（2）＿。

（1）A．在快捷菜单中选择“新建”命令
B．在快捷菜单中选择“创建快捷方式”命令
C．在快捷菜单中选择“剪切”命令
D．在快捷菜单中选择“发送到”-“桌面快捷方式”命令

（2）A．\EXAM1\　B．D:\EXAM2\EXAM1\EXAM.DOC
C．D:\EXAM2\EXAM1　D．D:\EXAM1\EXAM2

13．Windows 操作系统提供的用户界面是交互式的＿（1）＿；当某一个窗口被最大化后，下列叙述不正确的是＿（2）＿。

（1）A．问答界面　B．图形界面　C．字符界面　D．组块界面

（2）A．该窗口可以被关闭　B．该窗口可以还原
C．该窗口可以最小化　D．该窗口可以移动

14．小张的计算机刚买来时运行速度很快，几个月后，逐渐变慢了，可能的原因很多，但一般不会考虑＿（1）＿。含有数据和病毒的某个硬盘被格式化后，＿（2）＿。

（1）A．受计算机病毒感染　B．同时打开的应用过多，特别是视频下载
C．好几天没有关机了　D．频繁建删文件导致磁盘存在大量碎片

（2）A．该硬盘上的数据和病毒都会被删除

B．该硬盘上的数据和病毒都不会被删除

C．该硬盘上的数据被删除，但病毒会保留

D．该硬盘上的病毒被删除，但数据会保留

15. 在当前盘的某个文件夹中存放有文件“第 1 章 信息技术基础知识.docx”，如果利用通配符搜索该文件，能成功搜索到该文件的表示方法是__（1）__。文件的类型可以根据__（2）__来识别。

（1）A．信息技术*. docx　　B．*信息技术*. docx

C．信息技术?. docx　　D．?信息技术?. docx

（2）A．文件的大小　　B．文件的用途

C．文件的扩展名　　D．文件的存放位置

第 3 章　计算机网络应用基础知识

计算机网络是现代通信技术与计算机技术相结合的产物，是信息收集、分配、存储、处理、消费的最重要载体。本章简要介绍计算机网络基础知识、因特网基本概念与应用、网络设备及 Internet 基础知识等内容。

3.1　计算机网络基础知识

3.1.1　网络基本概念

计算机网络是利用通信设备和线路将地理位置分散的、具有独立功能的许多计算机系统连接起来，并且以功能完善的网络软件（包括网络通信协议、网络操作系统等）实现网络资源共享的信息系统。

最简单的网络就是两台计算机互联，而复杂的计算机网络则是将全世界的计算机连在一起。图 3-1 展示了一个较复杂的多机网络连接图。

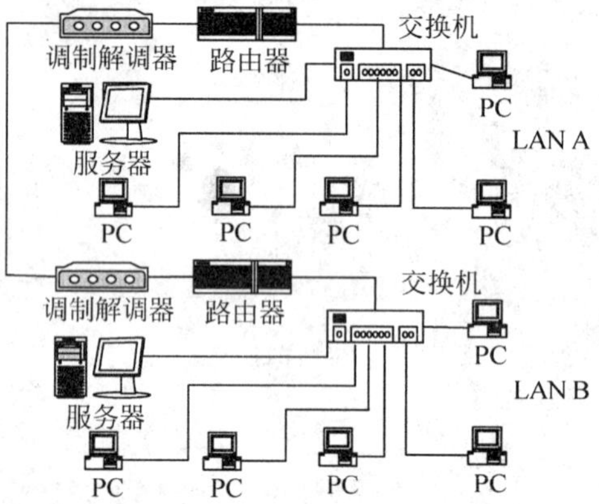

图 3-1　多机网络连接图

1．计算机网络的物理组成

从物理构成上看，计算机网络包括硬件和软件两大部分。从硬件角度看，计算机网络由如下设备构成：

（1）两台以上的计算机及终端设备，统称为主机（host）。其中部分主机充当服务器，部分主机充当客户端。

（2）前端处理机（Front End Processor，FEP）或通信处理机或通信控制处理机（Communication Control Processor，CCP）。负责发送、接收数据，最简单的通信控制处理机是网卡。

（3）路由器（router）、交换机（switch）等连接设备。交换机将计算机连接成网络，路由器将网络互联，组成更大的网络。

（4）通信线路。将信号从一个地方传送到另一个地方，包括有线线路和无线线路。

计算机网络的软件部分包括协议和应用软件两部分。其中协议是计算机网络的核心，由语法、语义和时序三部分构成。语法部分规定传输数据的格式，语义部分规定所要完成的功能，时序部分规定执行各种操作的条件、顺序关系等。一个完整的协议应完成线路管理、寻址、差错控制、流量控制、路由选择、同步控制、数据分段与装配、排序、数据转换、安全管理、计费管理等功能。应用软件主要包括实现资源共享的软件、方便用户使用的各种工具软件。

2．计算机网络功能组成

从功能角度上看，计算机网络由资源子网和通信子网两部分组成。其中，资源子网完成数据的处理、存储等功能，通信子网完成数据的传输功能。资源子网相当于计算机系统，通信子网是为了联网而附加上去的通信设备、通信线路等。

从工作方式上看，计算机网络由边缘部分和核心部分组成。其中，边缘部分是用户直接使用的主机，核心部分由大量的网络及路由器组成，为边缘部分提供连通性和交换服务，如图 3-2 所示。

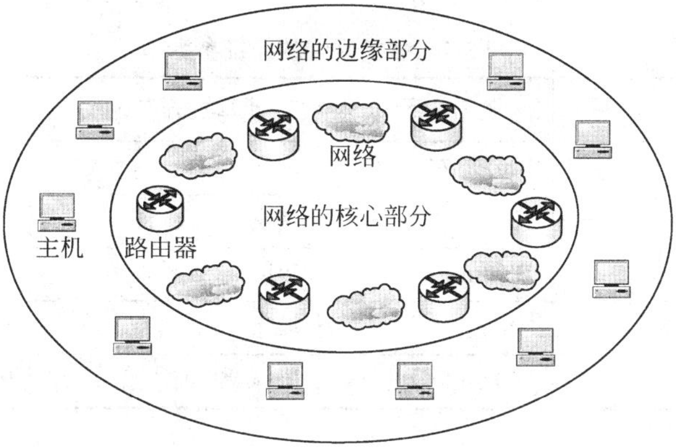

图 3-2　网络的边缘部分与核心部分

3．局域网的发展

局域网的发展经历了三个阶段：

（1）桌上计算机阶段。该阶段属于 PC 分布式计算的初级阶段。几乎所有简单的计算机系统和以低版本 DOS 为核心的共享硬盘系统均为该阶段产品。

（2）工作组计算阶段。用户在这个网络环境中可以共享打印机及服务器的硬盘等资源。

（3）网络计算阶段。它使网络具有更多的开放性、更高的效能、可靠性和保密性以及对各种标准的支持。使不同类型的局域网之间可互相联接，并对用户提供透明服务。

目前计算机网络的发展正处于第四阶段。这一阶段计算机网络发展的特点是：互联、高速、智能与更为广泛的应用。

3.1.2 网络分类

计算机网络的种类繁多、性能各异，根据不同的分类原则，可以得到各种不同类型的计算机网络。例如按覆盖范围分类，有局域网、城域网和广域网；按照网络上各节点之间的关系分类，有客户端/服务器型网和对等型网；按网络的拓扑结构分类，有星型网、环型网、总线型网和树型网等；按传输带宽分类，有基带网和宽带网；按网络结构分类，有以太网和令牌环网；按使用范围可分为公用网和专用网；按信息传输介质分类，有双绞线网、同轴电缆网、光纤网、微波网、激光网、卫星网等；按使用的传输技术分类，有广播式网络和点到点式网络。常见的分类方法包括拓扑结构、覆盖范围和信息的交换技术。

1．按覆盖范围分类

根据计算机网络的覆盖范围和各机器之间相隔的距离不同，可以将计算机网络分成局域网、城域网和广域网。表 3-1 给出了这三类网络的特征参数。

表 3-1 各类网络的特征参数

网络分类	缩写	分布距离	计算机分布范围	传输速率范围
局域网	LAN	10m 左右	房间	4Mb/s～1Gb/s
		100m 左右	楼寓	
		1000m 左右	校园	
城域网	MAN	10km	城市	50Kb/s～100Mb/s
广域网	WAN	100km 以上	国家或全球	9.6Kb/s～45Mb/s

1）局域网

局域网（Local Area Network，LAN）是指传输距离有限、传输速度较高，以共享网络资源为目的的网络系统。它的通信范围一般被限制在中等规模的地理区域内（如一个实验室、一幢大楼、一个校园）。由于局域网投资规模较小，网络实现简单，故新技术易于推广。局域网与广域网相比发展迅速。

2）城域网

城域网（Metropolitan Area Network，MAN）是介于局域网与广域网之间的一种较大范围的高速网络，一般能够覆盖临近的多个单位和城市，为接入网络的企业、机关、公司及社会单位提供文字、声音和图像等服务。它能有效地工作于多种环境。

3）广域网

广域网（Wide Area Network，WAN）又称远程网，是指覆盖范围广、传输速率相对较低，以数据通信为主要目的的数据通信网。其中最著名的就是因特网（Internet）。单独建一个广域网极其昂贵，因此，广域网通常借用传统的公共传输网（电话网、电视网、卫星网等）来实现，这就要求连接到网上的任何用户都必须严格遵守各种标准和规程。广域网的布局不规则，使得网络的通信控制比较复杂。设备的更新和新技术的引用难度较大。

2．按拓扑结构分类

网络拓扑结构是指网络中通信线路和节点的几何排序，用以表示整个网络的结构外貌，反映各节点之间的结构关系。它影响着整个网络的设计、功能、可靠性和通信费用等，是计算机网络十分重要的要素。常用的网络拓扑结构有总线型、星型、环型、树型和分布式结构等。

1）总线型结构

总线型拓扑结构如图 3-3（a）所示，其特点为：只有一条双向通路，便于进行广播式传送信息；属于分布式控制，无须中央处理器，因此结构比较简单；节点的增、删和位置的变动较容易，变动中不影响网络的正常运行，系统扩充性能好；节点的接口通常采用无源线路，系统可靠性高；设备少，价格低，安装使用方便；由于电气信号通路多，干扰较大，因此对信号的质量要求高；负载重时，线路的利用率较低；网上的信息延迟时间不确定，故障隔离和检测困难。

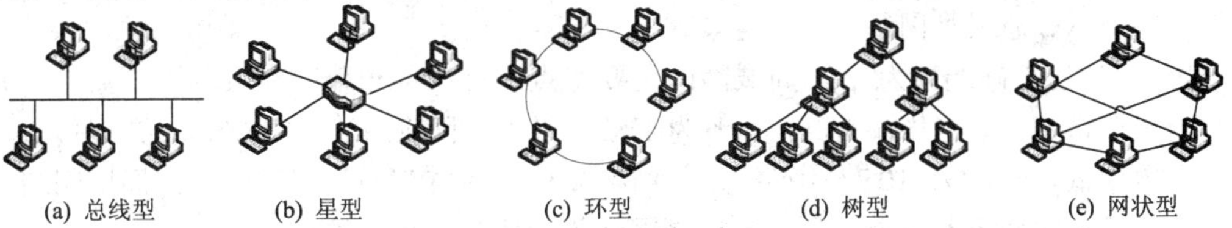

图 3-3 常用网络拓扑结构

2）星型结构

星型结构中使用中央交换单元以放射状连接到网中的各个节点，如图 3-3（b）所示。中央单元采用电路交换方式以建立所希望通信的两节点间的专用路径。通常用双绞线将节点与中央单元进行连接。其特点为：维护管理容易，重新配置灵活；故障隔离和检测容易；网络延迟时间短；各节点与中央交换单元直接连通，各节点之间通信必须经过中央单元转换；网络共享能力差；线路利用率低，中央单元负荷重。

3）环型结构

环型结构的信息传输线路构成一个封闭的环形，各节点通过中继器连入网内，各中继器间首尾相接，如图3-3（c）所示。信息单向沿环路逐点传送。其特点为：网中信息的流动方向是固定的，两个节点间仅有一条通路，路径控制简单；有旁路设备，节点一旦发生故障，系统自动旁路，可靠性高；信息要串行穿过多个节点，在网中节点过多时传输效率低，系统响应速度慢；由于环路封闭，扩充较难。

4）树型结构

树型结构是总线型结构的扩充形式，传输介质是不封闭的分支电缆，如图3-3（d）所示。主要用于多个网络组成的分级结构中。其特点同总线型结构。

5）网状结构

网状结构无严格的布点规定和形状，各节点之间有多条线路相连，如图3-3（e）所示。其特点为：网状结构有较高的可靠性，当一条线路有故障时，不会影响整个系统工作；资源共享方便，网络响应时间短；由于一个节点与多个节点连接，故节点的路由选择和流量控制难度大，管理软件复杂；硬件成本高。

广域网与局域网所使用的网络拓扑结构有所不同，广域网多用分布式或树型结构，而局域网常使用总线型、环型、星型或树型结构。

例3.1 根据___（1）___，可将计算机网络划分为局域网、城域网和广域网；具有连接范围窄、用户数少、配置容易、连接速率高等特点的网络是___（2）___。

（1）A. 数据传输所使用的介质　　B. 网络的覆盖范围
　　C. 网络的控制方式　　D. 网络的拓扑结构

（2）A. 局域网　　B. 城域网　　C. 广域网　　D. 互联网

分析：空（1）的正确选项为B。按网络覆盖范围分为局域网、城域网和广域网；按网络上各节点之间的关系分为客户机/服务器型网和对等型网；按网络的拓扑结构分为星型网、环型网、总线型网、树型网等。

空（2）的正确选项为A。局域网的主要特点包括：分布范围有限，用户数少；有较高的通信带宽，数据传输率高，一般为1Mb/s以上，目前高达1000Mb/s；数据传输可靠，误码率低，一般为10^{-4}～10^{-6}；拓扑结构简单，系统容易配置和管理；局域网络的经营权和管理权属于某个单位所有，广域网通常由服务提供商提供。

3.1.3 计算机网络功能及应用

借助于计算机网络，在网络各种功能软件的支持下，人类可以进行高速的异地电子信息交换，并获得了多种服务。例如：新闻浏览和信息检索；传送电子邮件；多媒体电信服务，如可视电话和电视会议；远程教育；网上营销；网上娱乐；远程医疗诊断。作为计算机网络提供的主要功能有数据通信、资源共享、负荷均衡、提高可靠性。

1．数据通信

通信或数据传输是计算机网络主要功能之一，用在计算机系统之间传送各种信息。利用该功能，地理位置分散的生产单位和业务部门可通过计算机网络联接在一起进行集中控制和管理；或将一个大的项目由分散在不同地理位置的生产单位和业务部门分别处理，实现分布式处理；通过数据通信，也可以实现数据信息的远程传输，实现电子邮件的传送，发布新闻消息和进行电子数据交换，极大地方便了用户，提高了工作效率。

2．资源共享

资源共享是计算机网络最有吸引力的功能。通过资源共享，可使网络中分散在异地的各种资源互通有无，分工协作，从而大大提高系统资源的利用率。资源共享包括软件资源共享和配件资源共享。

（1）硬件资源共享：可以在全网范围内提供对处理机、存储器、输入输出设备等资源的共享，特别是对一些较高级和昂贵设备的共享，如巨型计算机、高分辨率打印机、大型绘图仪等，从而使用户节省投资，也便于资源和任务的集中管理以及分担负荷。

（2）软件资源共享：在局域网上允许用户共享文件服务器上的程序和数据；在 Internet 上允许用户远程访问各种类型的数据库，可以得到网络文件传送服务、远程管理服务和远程文件访问等。从而可以避免软件研制上的重复劳动以及数据资源的重复存储，且便于集中管理。

3．负荷均衡

在计算机网络中可进行数据的集中处理或分布式处理，一方面可以通过计算机网络将不同地点的主机或外设采集到的数据信息送往一台指定的计算机，在此计算机上对数据进行集中和综合处理，通过网络在各计算机之间传送原始数据和计算结果；另一方面当网络中某台计算机任务过重时，可将任务分派给其他空闲的多台计算机，使多台计算机相互协作，均衡负载，共同完成任务。当今计算方式的一种新趋势：协同式计算，即利用网络环境的多台计算机来共同处理一个任务。客户机/服务器模式也是实现这一功能的一种应用。

4．提高可靠性

提高可靠性是指计算机网络中的各台计算机可以通过网络彼此互为后备机。一旦某台计算机出现故障，故障机的任务就可由其他计算机代为处理。避免了单机无后备使用的情况下，计算机出现故障而导致系统瘫痪的现象，从而大大提高了系统的可靠性。

随着计算机网络覆盖地域的扩大，信息交流已愈来愈不受地理位置、时间和空间的限制，人类对计算机资源能够互通有无，共同分享，从而大大提高资源利用率，提高了信息处理能力，节省了数据处理的平均费用，更使人类的生活质量和工作效率得到极大的改善。

例 3.2　计算机网络的主要功能是______。

A. 并行处理和分布计算　　B. 过程控制和实时控制

C. 数据通信和资源共享　　D. 联网游戏和聊天

分析：本题的正确选项为 C。计算机网络提供的主要功能有：数据通信、资源共享、负荷均衡、提高可靠性。

3.2 因特网基本概念及其应用

Internet创建的最初目的是用于军事，目前已是世界上规模最大、覆盖面最广且最具影响力的计算机互联网络，它是将分布在世界各地的计算机采用开放系统协议连接在一起，用来进行数据传输、信息交换和资源共享。

从用户的角度来看，整个Internet在逻辑上是统一的、独立的，在物理上则由不同的网络互联而成。从技术角度看，Internet本身不是某一种具体的物理网络技术，它是能够互相传递信息的众多网络的一个统称，或者说它是一个网间网。连入Internet的计算机网络种类繁多，形式各异，因此，需要通过路由器（IP网关）并借助各种通信线路把它们连接起来。

3.2.1 因特网基本概念

因特网也称互联网，是当今世界上最大的信息网。通过因特网，用户可以实现全球范围内的WWW信息查询、电子邮件、文件传输、网络娱乐、语音与图像通信服务等功能。目前，因特网已经成为覆盖全球的信息基础设施之一。

在Internet中分布着一些覆盖范围很广的大网络，这种网络称为“Internet主干网”，它们一般属于国家级的广域网。例如，CHINANET(公众互联网)、CERNET(教育与科研网)、CSTNET(科技网)和CHINAGBN(金桥网)是中国的四大主干网。主干网一般只延伸到一些大城市或重要地方。每一个主干网节点可以通过路由器将广域网与局域网连接起来，由此形成一种网状结构。Internet为全球的网络用户提供了极其丰富的信息资源和最先进的信息交流手段，网络上的各种内容均由Internet服务来提供。

Internet连接了分布在世界各地的计算机，并且按照统一的规则为每台计算机命名，制定了统一的网络协议TCP/IP来协调计算机之间的信息交换。任何人、任何团体都可以加入到因特网。对用户开放、对服务提供者开放是因特网获得成功的重要原因。TCP/IP协议就像是在因特网中使用的世界语，只要因特网上的用户都使用TCP/IP协议，大家就能方便地进行交谈。本节简要介绍Internet的基本概念。

1．IP地址

IP地址共有二进制32位，由类别、标识网络的ID和标识主机的ID三个部分组成：

类别	网络ID（NETID）	主机ID（HOSTID）

为了简化记忆，实际使用IP地址时，几乎都将组成IP地址的二进制数分为四组，每组八位，并以十进制数（0～255）表示，每相邻两组十进制数间以英文句号点“.”分隔。通常表示为mmm.ddd.ddd.ddd。例如，IP地址10001010 00001011 00000011 00011111记为138.11.3.31。IP地址的这种表示法称为“点分十进制表示法”。

TCP/IP 协议规定，根据网络规模的大小将 IP 地址分为五类：A 类（Class A）、B 类（Class B）、C 类（Class C ）、D 类（Class D）和 E 类（Class E）。其中 A 、B 和 C 类地址是基本的 Internet 地址，D 类和 E 类为次类地址，D 类地址被称为组播（multicast）地址，而 E 类地址尚未使用，以保留给将来的特殊用途。IP 地址的详细结构如表 3-2 所示。

表 3-2　IP 地址详细结构

<table>
<tr><th></th><th colspan="3">第 1 字节</th><th colspan="2">第 2 字节</th><th colspan="2">第 3 字节</th><th>第 4 字节</th></tr>
<tr><td>位</td><td colspan="3">0 1 2 3 4 5 6 7</td><td colspan="2">8 9 10 11 12 13 14 15</td><td colspan="2">16 17 18 19 20 21 22 23</td><td>24 25 26 27 28 29 30 31</td></tr>
<tr><td>A 类</td><td>0</td><td colspan="2">网络地址占 7 位</td><td colspan="5">主机数目占 24 位</td></tr>
<tr><td>B 类</td><td>1 0</td><td colspan="4">网络地址占 14 位</td><td colspan="3">主机地址占 16 位</td></tr>
<tr><td>C 类</td><td>1 1 0</td><td colspan="6">网络地址占 21 位</td><td>主机地址占 8 位</td></tr>
<tr><td>D 类</td><td>1 1 1 0</td><td colspan="7">多点广播地址占 28 位</td></tr>
<tr><td>E 类</td><td>1 1 1 1 0</td><td colspan="7">留作实验或将来使用</td></tr>
</table>

IP 地址的前五位用于标识地址的类型，例如，A 类地址的第一位为“0”，B 类地址的前两位为“10”，C 类地址的前三位为“110”等。由于 IP 地址的长度限于 32 位，所以标识类型的长度越长，可使用的地址空间就越小。

A 类地址：对于 A 类地址，网络地址空间占 7 位，允许 126 个不同的 A 类网络，起始地址为 1～126，0 和 127 两个地址用于特殊目的。每个网络的主机地址多达 2^{24} 个，即主机地址范围为 1.0.0.0～126.255.255.255，适用于有大量主机的大型网络。

B 类地址：对于 B 类地址，网络地址空间占 14 位，允许 2^{14}（16384）个不同的 B 类网络，起始地址为 128～191，每个网络能容纳的主机多达 2^{16} 个。适用于国际大公司和政府机构等。

C 类地址：对于 C 类地址，网络地址空间占 21 位，允许 2^{21}（约 200 万）个不同的 C 类网络，起始地址为 192~223，每个 C 类网络能容纳的主机为 2^{8}（256）个。适用于一些小公司或研究机构等。

例 3.3　Internet 创建的最初目的是用于<u>（1）</u>；<u>（2）</u>属于 C 类 IP 地址。

（1）A. 经济　　B. 教育　　C. 政治　　D. 军事

（2）A. 192.168.3.56　　B. 10.0.0.2　　C. 128.0.0.8　　D. 255.255.0.0

分析：空（1）的正确选项是 D。Internet 最早来源于美国国防部高级研究计划局 DARPA(Defense Advanced Research Projects Agency)的前身 ARPA 建立的 ARPAnet，该网于 1969 年投入使用。最初，ARPAnet 主要用于军事研究目的，从 20 世纪 60 年代开始，ARPA 就开始向美国国内大学的计算机系和一些私人有限公司提供经费，以促进基于分组交换技术的计算机网络的研究。

空（2）的正确选项是 A。C 类网络起始地址为 192~223，选项 A 192.168.3.56 中的起始地址为192故属于C类IP地址。选项B 10.0.0.2属于A类网络地址。因为A类网络起始地址为1~126，IP地址10.0.0.2中的起始地址为10。选项C属于B类网络地址，因为B类网络起始地址为128～191，IP地址128.0.0.8中的起始地址为128。选项D不属于C类网络地址，因为IP地址255.255.0.0中的起始地址为255，不在C类网络起始地址192~223的范围中。

2．IPv6

基于IPv4的因特网已运行多年，随着网络应用的普及和扩展，IPv4协议的缺陷逐渐暴露，主要问题是网络地址短缺、路由速度慢、缺乏安全功能及不支持新的业务模式。针对IPv4面临的问题，IETF在1992年7月发出通知，征集对下一代IP协议（IPng）的建议。在对多个建议筛选的基础上，1995年1月，IETF发表了REC 1752文档，阐述了对下一代IP的需求，定义了新的协议数据单元格式，这是IPv6研究中的里程碑事件。随后的一些RFC文档给出了IPv6协议的一些细节定义，许多研究成果都包含在1998年12月发表的RFC 2460文档中。

1）IPv6基本特点

（1）报文结构更加高效。IPv6在原来的报文结构的基础上进行了改进，将包头分成了固定和扩展两部分，从而针对协议进行了区分和分别的存储，大大简化了协议的处理过程，提高了效率。

（2）地址空间充足。IPv6最大的优势就在于拥有巨大的地址空间，可以有效解决当前计算机网络中出现的网络拥堵和地址不足问题，IPv6地址的128位是IPv4地址的32位所无法比拟的。

（3）地址配置自动化。一般来说，IPv4可以实现地址配置的手动操作和有状态条件下的自动配置，但是IPv6却提高了无状态情况下的自动地址配置方式和技术，这就真正实现了通信自动化。

（4）对QOS更好的支持。IPv6相对于IPv4来说提供了一种有效的协议处理过程中用到的流标签字段，这就实现了数据处理过程中可以不再需要识别协议的内部数据就能完成协议操作，更加有效地对QOS提供了支持。

（5）统一的安全策略。IPv6协议本身能够完成在网络层对数据进行加密，从而保证数据的传输安全，这使得网络安全能够基于一个统一的标准进行，使得不同安全方案间通行的更加顺畅。

（6）高效的邻居发现机制。IPv6在对相邻节点之间数据交互的实现过程中，创新了邻居节点的识别机制，这就有助于IPv6协议更加有效地实现单播和多播通信，并对IPv6自动地址配置起到保证。

（7）扩展能力强。IPv6协议对报文结构进行了改进，将其分为固定报头和扩展报头两大部分，这就使得IPv6的扩展能力大大增强，同时不再受到报头字节的限制，只跟数据长度有关。

（8）内置的移动性。IPv6 协议报文结构的改进使得其移动性大大增强，这是基于扩展报头中目的地址和路由的应用。

2）IPv6 数据包结构

IPv6 数据包由 IPv6 包头（40 字节的固定长度）、扩展包头（允许有 0 个或多个）和上层协议数据单元三部分组成：

IPv6 包头	扩展包头 1	扩展包头 2	……	扩展包头 n	上层协议数据单元

IPv6 包头是进行 IPv6 数据传输的基本数据包，是数据传输过程中间路由器进行数据传输操作的信息来源，其中包含着有效载荷的发送方、送达方以及基本的传输协议的基本内容。IPv6 包头长度是固定的，这往往会导致数据传输的效率比较低，固定包头必须提供的基本信息包括数据包的发送方、送达方、传输限制，以及对有效载荷进行限制的有效载荷长度、下一个报头，除此之外还必须包含版本号、流标签以及类别。

IPv6 扩展报头是 IPv6 协议对传统报文结构进行改进而产生的。扩展报头是任选的，转发路由器只需处理与其有关的部分，这样就简化了路由器的转发操作，加速了路由处理速度，提高了 IPv6 协议数据包传输的效率。

3）IPv6 地址

IPv6 地址扩展到 128 位。2^{128} 足够大，这个地址空间可能永远用不完。事实上，这个数大于阿伏加德罗常数，足够为地球上每个分子分配一个 IP 地址。用一个形象的说法，这么大的地址空间允许整个地球表面上每平方米配置 7×1023 个 IP 地址。

IPv6 地址采用冒号分隔的十六进制数表示，例如下面是一个 IPv6 地址。

8000：0000：0000：0000：0123：4567：89AB：CDEF

为了便于书写，规定了一些简化写法。首先，每个字段开始的 0 可以省去，例如 0123 可以简写为 123；其次，一个或多个 0000 可以用一对冒号代替。这样，以上地址可简写为：

8000：：123：4567：89AB：CDEF

IPv4 地址仍然保留十进制表示法，只需在前面加上一对冒号，就成为 IPv6 格式，例如：

：：192.168.10.1

IPv6 地址是一个或一组接口的标识符。IPv6 地址被分配到接口，而不是分配给结点。IPv6 地址有三种类型。

（1）单播（Unicast）地址：是单个网络接口的标识符。对于有多个接口的结点，其中任何一个单播地址都可以用做该结点的标识符。但是为了满足负载平衡的需要，在 RFC 2373 中允许多个接口使用同一地址，只要在实现中这些接口看起来形同一个接口。IPv6 的单播地址是用一定长度的格式前缀汇聚的地址，类似于 IPv4 中的 CIDR 地址。单播地址中有下列两种特殊地址。

①不确定地址：地址 0:0:0:0:0:0:0:0 称为不确定地址，不能分配给任何结点。不确定地址通常是在初始化主机时使用，在主机未取得地址之前，它发送的 IPv6 分组中的源地址字段可以使用这个地址。这种地址是不能用做目标地址，也不能用在 IPv6 路由头中。

②回环地址：地址 0:0:0:0:0:0:0:1 称为回环地址，结点用这种地址向自身发送 IPv6 分组。这种地址是不能分配给任何物理接口的。

（2）任意播（AnyCast）地址：这种地址表示一组接口（可属于不同结点的）的标识符。发往任意播地址的分组被送给该地址标识的接口之一，通常是路由距离最近的。对 IPv6 任意播地址存在下列限制。

①任意播地址不能用作源地址，而只能作为目标地址。

②任意播地址不能指定给 IPv6 主机，只能指定给 IPv6 路由器。

（3）组播（MultiCast）地址：组播地址是一组接口（一般属于不同结点）的标识符，发往组播地址的分组被传送给该地址标识的所有接口。IPv6 中没有广播地址，它的功能已被组播地址所代替。另外，在 IPv6 地址中，任何全“0”和全“1”字段都是合法的，除非特别排除的之外。特别是前缀可以包含“0”值字段，也可以用“0”作为终结字段。一个接口可以被赋予任何类型的多个地址（单播、任意播、组播）或地址范围。

3．域名服务（Domain Name Server，DNS）

1）域名的概念

在计算机网络中利用 IP 地址唯一标识一台计算机。由于 IP 地址不容易识别与记忆，所以引入“域名”并按照一定的规则进行组合，使之成为网络核心机器的标识。例如，某门户网站服务器的域名为“www.xidian.edu.cn”与该门户网站 IP 地址“59.74.112.100”相比，使用域名不但容易记忆，而且通过顶级域名“edu.cn”很容易识别该门户网站是属于中国教育机构。

域名虽然便于人们记忆，但机器之间只能互相认识 IP 地址，它们之间的转换工作称为域名解析，域名解析需要由专门的域名解析服务器来完成，DNS 就是进行域名解析的服务器。当使用者输入域名后，浏览器通过域名到域名服务器查询这台计算机的 IP 地址。例如，当用户输入 www.ceiaec.org 时，浏览器会将 www.ceiaec.org 这个名字传送到最近的 DNS 服务器去作分析，如果找到，则传回这台主机的 IP 地址；否则，系统就会提示 DNS NOT FOUND。

2）域名的结构

域名由两个或两个以上的词构成，中间由“.”隔开，最右边的那个词称为顶级域名。在域名系统中，顶级域名划分为组织模式和地理模式两类。

例如，www.ibm.com 的顶级域名 com 属于商业组织模式类的，用户由此可以推知它是一家公司的网站地址。又如，www.tsinghua.edu.cn 地理模式的顶级域名为 cn，可以推知它是中国的网站地址。组织模式的顶级域名为 edu 属于教育机构组织模式类的网站地址，表 3-3 显示了常见的顶级域名及其含义。

表 3-3　常见的顶级域名

组织模式顶级域名	含　义	地理模式顶级域名	含　义
com	商业组织	cn	中国
edu	教育机构	hk	中国香港地区
gov	政府部门	mo	中国澳门地区
mil	军事部门	tw	中国台湾地区
net	主要网络支持中心	us	美国
org	上述以外的组织	uk	英国
int	国际组织	jp	日本

顶级域的管理权被分派给指定的管理机构，各管理机构对其管理的域继续进行划分，即划分成二级域并将二级域名的管理权授予其下属的管理机构，如此层层细分，就形成了层次状的域名结构。图 3-4 显示了因特网的域名结构。

因特网的域名由因特网网络协会负责网络地址分配的委员会进行登记和管理。全世界现有三个大的网络信息中心：INTER-NIC 负责美国及其他地区；RIPE-NIC 负责欧洲地区；APNIC 负责亚太地区。中国互联网络信息中心（China Internet Network Information Center，CNNIC）负责管理我国顶级域名 cn，负责为我国的网络服务商（Internet Service Provider，ISP）和网络用户提供 IP 地址、自治系统 AS 号码和中文域名的分配管理服务。

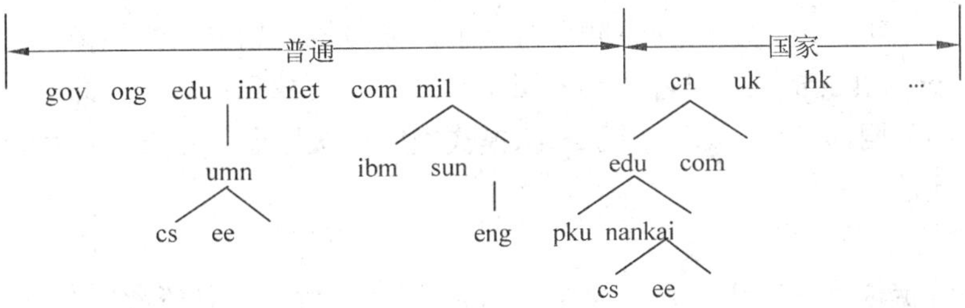

图 3-4　因特网域名结构

3）域名地址的寻址过程

域名地址便于记忆，在因特网中真正寻找“被叫”主机时还要用到 IP 地址，因此域名服务器的工作就是专门从事域名和 IP 地址之间的转换翻译。域名地址结构本身是分级的，所以域名服务器也是分级的。

例如，某个用户主机 A 要访问某的主页，必须获得“www.xidian.edu.cn”主机 H 的 IP 地址，其在因特网中的寻址过程如下：

（1）用户主机 A 向本地域名服务器 DNS1 发出查询请求；

（2）DNS1 判断有无主机 H 的记录，若有则将主机 H 的 IP 地址返回给用户主机 A，若无 DNS1 向根域名服务器发出查询请求，转（3）；

（3）根域名服务器将负责 cn 域的域名服务器 B 的 IP 地址返回给 DNS1；

（4）DNS1 向 B 发出查询请求，以获得 edu.cn 域的域名服务器 C 的 IP 地址；

（5）DNS1 向 C 发出查询请求，以获得 xidian.edu.cn 域的域名服务器 D 的 IP 地址；

（6）DNS1 向 D 发出查询请求，获得 www. xidian.edu.cn 的 IP 地址返回给用户主机 A。

需要注意的是真正要实现线路上的连接，还必须通过通信网络。因此，域名服务器分析域名地址的过程实际就是找到与域名地址相对应的 IP 地址的过程，或称为域名解析的过程。当找到 IP 地址后，路由器再通过选定的端口在电路上构成连接。

例 3.4 通过网站的域名可知所属机构，下列网站中属于政府机构网站的是 （1） 。在域名地址 www.sina.com.cn 中，"cn"属于 （2） 。

（1）A. www.ceiaec.org　　B. www.rkb.gov.cn

C. www.sina.com.cn　　D. www.pku.edu.cn

（2）A. 第一级域名　　B.第二级域名　　C.第三级域名　　D.第四级域名

分析：空（1）的正确选项是 B 是正确的。因为"www.rkb.gov.cn"域名中，cn 属于地理模式类的顶级域名表示中国，gov 属于组织模式类的顶级域名，是一家政府机构地址。选项 A、C 和 D 是不正确的。因为 org 属于其他类的顶级域名，com 属于商业组织类的顶级域名，edu 属于教育类的顶级域名。

空（2）的正确选项是 A。因为，域名由两个或两个以上的词构成，中间由"."隔开，最右边的那个词称为顶级域名。在域名系统中，顶级域名划分为组织模式和地理模式两类。本试题 www.rkb.gov.cn 域名中，cn 属于地理模式类的顶级域名，即第一级域名可以推知它是中国的网站地址；gov 属于组织模式类的顶级域名，用户由此可以推知它是一家政府机构地址。

4．URL

统一资源定位器（URL）是在 WWW 中标识某一特定信息资源所在位置的字符串，称为 Web 地址（网址）。URL 通常用来指明所使用的计算机资源位置及查询信息的类型。URL 由协议、主机域名、端口号（任选）、目录路径（任选）和一个文件名（任选）组成。例如：某高校网址 http://www. xidian.edu.cn/ index.htm 的含义如图 3-5 所示。

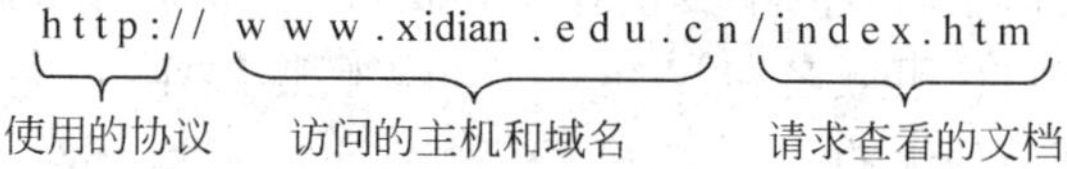

图 3-5　某高校网址含义

5．TCP/IP 协议

Internet 采用的网络协议是 TCP/IP 协议。TCP/IP 协议泛指以 TCP/IP 为基础的一个协议簇，它包括 TCP 协议（Transport Control Protocol，传输控制协议）、IP 协议（Internet Protocol，因特网协议）及其他协议。TCP 协议用于在应用程序之间传送数据，IP 协议用于在程序、主机之间传送数据。TCP/IP 协议经过多年的发展，已经演变为一个工业标准，得到了相当广泛的应用。通过 TCP/IP 协议，可以连接 Internet 中不同的计算机系统。

6．因特网提供的服务

因特网可以提供主要的服务有远程登录（TELNET）服务、电子邮件（E-mail）服务、WWW 服务、文件传输（FTP）服务、电子公告板（BBS）服务、新闻组（UseNet）服务以及搜索引擎服务。

（1）远程登录（TELNET）服务：远程登录服务是在 Telnet 协议的支持下，将用户计算机与远程主机连接起来，在远程计算机上运行程序，将相应的屏幕显示传送到本地机器，并将本地的输入送给远程计算机。由于这种服务基于 Telnet 协议且使用 Telnet 命令进行远程登录，故称为 Telnet 远程登录。Telnet 使用的是 TCP 端口，其端口号一般为 23。

（2）电子邮件（E-mail）服务：可以通过因特网上的电子邮件服务器发送和接收电子邮件，进行信息传输。电子邮件（E-mail）服务就是利用计算机进行信息交换的电子媒体信件。它是随着计算机网络而出现的，并依靠网络的通信手段实现普通邮件信息的传输。电子邮件服务是目前最广泛的一种服务。如果要想使用 E-mail，必须首先拥有一个电子邮箱，它是由 E-mail 服务提供者为其用户建立在 E-mail 服务器磁盘上的专用于存放电子邮件的存储区域，并由 E-mail 服务器进行管理。当用户登陆邮件系统后，可使用 E-mail 客户软件进行邮件的收发工作。电子邮件地址的一般格式：用户名@主机名，例如 wangyp8899@xidian.edu.cn。

（3）WWW 服务：WWW（World Wide Web，万维网）服务是一种交互式图形界面的 Internet 服务，具有强大的信息连接功能，是目前 Internet 中最受欢迎的、增长速度最快的一种多媒体信息服务系统。可以通过 WWW 服务进行浏览新闻，下载软件，购买商品，收听音乐，观看电影，网上聊天，在线学习等。该服务使用一个 TCP 端口，其端口号为 80。

（4）文件传输（FTP）服务：文件传输协议（File Transfer Protocol，FTP）用来在计算机之间传输文件。文件传输（FTP）服务提供了一种实时的文件传输环境，可以通过 FTP 服务连接远程主机，进行文件的下载和上传。通常，一个用户需要在 FTP 服务器中进行注册，即建立用户账号，在拥有合法的登录用户名和密码后，才有可能进行有效的 FTP 连接和登录。FTP 在客户端与服务器的内部建立两条 TCP 连接：一条是控制连接，主要用于传输命令和参数（端口号为 21）；另一条是数据连接，主要用于传送文件（端口号为 20）。

（5）电子公告板（BBS）服务：电子公告板（BBS）服务提供一个在网上发布各种信息的场所，也是一种交互式的实时应用。除发布信息外，BBS 还提供了类似新闻组、收发电子邮件、聊天等功能。

（6）新闻组（UseNet）服务：新闻组（UseNet）服务是为需要进行专题研究与讨论

的使用者开辟的服务，通过新闻组既可以发表自己的意见，也可以领略别人的见解。

（7）搜索引擎服务：搜索引擎服务（Search Engine Services，SES）可以帮助用户快速查找所需要的资料、想访问的网站、想下载的软件或者是所需要的商品。常用的搜索引擎有百度（baidu）、雅虎（yahoo）、谷歌（google）、搜狗（sogou）等。

7. 因特网网络服务器

Internet 网络提供多种服务，每种服务都对应一种服务器，常见的服务器有：Web 服务器、Gopher 服务器、Telnet 服务器、FTP 服务器和 E-mail 服务器。

（1）Web 服务器。也称为 WWW 服务器，主要功能是提供网上信息浏览服务。WWW 是基于客户端/服务器模式的信息发送技术和超文本技术的综合，WWW 服务器把信息组织为分布的超文本，这些信息节点可以是文本、子目录或信息指针。WWW 浏览程序为用户提供基于超文本传输协议（Hyper Text Transfer Protocol，HTTP）的用户界面，WWW 服务器的数据文件由超文本标记语言（Hyper Text Markup Language，HTML）描述，HTML 利用统一资源定位器实现超媒体链接，在文本内指向其他网络资源。

（2）Gopher 服务器。Gopher 是 Internet 上一个非常有名的信息查找系统，它将 Internet 上的文件组织成某种索引，很方便地将用户从 Internet 快捷地进行查询并选择使用。Gopher 协议使得 Internet 上的所有 Gopher 客户程序能够与 Internet 上的所有已"注册"的 Gopher 服务器进行对话。

（3）Telnet 服务器。Telnet 是基于客户端/服务器模式的服务系统，它由客户软件、服务器软件以及 Telnet 通信协议三部分组成。远程计算机又称为 Telnet 主机或服务器，使用 Telnet 协议（部分 TCP/IP 协议套件）通过网络连接。本地计算机作为 Telnet 客户端来使用，它起到远程主机的一台虚拟终端的作用，用户通过它可以与主机上的其他用户一样共同使用该主机提供的服务和资源。当 Telnet 客户连接到 Telnet 服务器时，系统会要求远程用户输入用户名和密码。登录之后，用户将接收到命令提示符，然后用户就可以像在本地打开的命令提示符窗口中一样使用。

（4）FTP 服务器。采用文件传输协议在因特网上提供存储空间和上传下载服务的计算机。简单地说，支持 FTP 协议的服务器就是 FTP 服务器。

（5）E-mail 服务器。提供电子邮件服务的计算机，支持 SMTP 协议（简单邮件传输协议）、POP3 协议（邮局协议）。SMTP 主要负责底层的邮件系统如何将邮件从一台机器传至另外一台机器。POP3 是把邮件从电子邮箱中传输到本地计算机的协议。

例 3.5 Internet 采用__（1）__网络协议；网址 http://photo.bokee.com 中，http 的含义是__（2）__。

（1）A. TCP/IP　B. ISO/OSI　C. X.25　D. IEEE802.3

（2）A. 超文本链接　B. 超文本标记语言
　　C. 文件传输协议　D. 超文本传输协议

分析：空(1)的正确选项是 A。TCP/IP（Transmission Control Protocol/Internet Protocol，

传输控制协议/因特网互联协议）又叫网络通讯，这个协议是 Internet 最基本的协议、Internet 的基础，简单地说，就是由网络层的 IP 协议和传输层的 TCP 协议组成的。选项 B 是错误的，因为 OSI-RM ISO/OSI Reference Model 是国际标准化组织（ISO）为网络通信制定的协议，它把通信过程分为七层：物理层、数据链路层、网络层、传输层、会话层、表示层和应用层，每层都规定了完成的功能及相应的协议。选项 C 是错误的，因为 X.25 协议是 CCITT（ITU）建议的一种协议，它定义终端和计算机到分组交换网络的连接，是数据终端设备（DTE）和数据电路终接设备（DCE）之间的接口规程。选项 D 是错误的，因为 IEEE802.3 描述物理层和数据链路层的 MAC 子层中定义的服务和协议，对应 OSI 网络参考模型的最低两层（即物理层和数据链路层）。

空（2）的正确选项是 D。HTTP（HyperText Transfer Protocol）是超文本传输协议，是客户端浏览器或其他程序与 Web 服务器之间的应用层通信协议。在 Internet 上的 Web 服务器上存放的都是超文本信息，客户机需要通过 HTTP 协议传输所要访问的超文本信息。HTTP 包含命令和传输信息，不仅可用于 Web 访问，也可以用于其他因特网/内联网应用系统之间的通信，从而实现各类应用资源超媒体访问的集成。

3.2.2　因特网主要应用

Internet 发展至今，在人类社会生活方方面面都得到了广泛的使用。下面简单地介绍一下其重要的应用领域。

1．教育科研

教育和科研领域是 Internet 最早的应用领域。社会的发展使得科学研究不可能局限于封闭的小圈子，研究人员需要不断地和外界交流，吸收和了解他人的研究成果，掌握新的发展动态，Internet 为科研人员提供了非常好的交流信息的手段。研究人员可以随时把自己的研究成果在网上发布，也可以随时在网上查询自己需要的资料。对于教育领域来说，利用 Internet 可以实现网上教学，现在一些学校建立了“网上学校”，使得一些没条件到学校学习的人可以得到教学经验丰富、教学效果好的名师指点，这种新的教学方式可以使学生不受时间、地点的限制，学生根据自己的条件，有针对性的学习，可以多次重复学习过程，弥补传统教学的不足，Internet 已经成为一所没有围墙的学校。

2．新闻出版

新闻出版的目的是尽快地把信息发布给读者或观众，传统的传播媒体是报纸、杂志和广播电视，Internet 本身就具有信息的发布和传输能力，世界上许多报社和新闻单位都开发了电子刊物放在 Internet 以供用户浏览，与传统的新闻媒体相比，Internet 具有它们都无法比拟的优点，如 Internet 信息发布范围广、传播速度快等。

3．金融证券

目前 Internet 在金融证券领域的应用备受重视，许多国家都开展了网上银行业务。利用 Internet 可以减少现金的发行量，人们在家里就可以进行网上交易并进行电子结算。

证券业利用 Internet 的交互性进行网上股票交易，股民们不必到交易现场，不必用现金就可以完成交易。

4．医疗卫生

在医疗卫生领域，可以利用因特网连通专家学者进行各种信息咨询，预约医生，远程会诊等工作。

5．贸易

电子商务（Electronic Commerce，EC）是指信息技术和 Internet 技术在商务领域的应用，是一个以电子数据处理、环球网络、数据交换和资金汇兑技术为基础，集订货、发货、运输、报关、保险、商检和银行结算为一体的综合商务处理系统。该系统的实现不但大大地方便了商贸业务的手续和加速了业务开展的全过程，而且规范了整个商贸业务的发生、发展和结算过程。因此，电子商务受到了世界各国企业和商贸组织的认同，成为当今社会商贸处理领域的最热门技术之一。

6．娱乐

Internet 对娱乐的影响是非常巨大的，无论是电影、电视或者游戏都可以在 Internet 中处处可见。其交互性是传统电影、电视无法比拟的，用户可以从因特网上挑选自已喜爱的影视节目，利用它可以使游戏迷跳出自我封闭的圈子，通过因特网和远在天边的朋友玩网络游戏、QQ 聊天等。

3.3 常用网络通信设备的类别和特征

数据在网络中是以“包”的形式传递的，但不同网络的“包”的格式不同。因此，在不同的网络间传送数据时，就需要网络间的连接设备充当“翻译”的角色，即将一种网络中的“信息包”转换成另一种网络的“信息包”。

信息包在网络间的转换，与 OSI 的七层模型密切相关。如果两个网络间的差别程度小，则需转换的层数也少。例如，以太网与以太网互联，因为它们属于同一种网络，数据包仅需转换到 OSI 的第二层（数据链路层），故所需网间连接设备功能简单（如网桥）；若以太网与令牌环网相连，数据信息需转换至 OSI 的第三层（网络层），所需中介设备也比较复杂（如路由器）；如果连接两个完全不同结构的网络 TCP/IP 与 SNA，其数据包需做全部七层的转换，需要的连接设备也最复杂（如网关）。

1．中继器（Repeater）

中继器是网络物理层上面的连接设备。适用于完全相同的两类网络的互联，主要功能是通过对数据信号的重新发送或者转发，来扩大网络传输的距离。中继器的主要优点是安装简单、使用方便、价格相对低廉。它不仅起到扩展网络距离的作用，还可以将不同传输介质的网络连接在一起。中继器工作在物理层，对于高层协议完全透明。

2．集线器（Hub）

集线器是中继器的一种，区别仅在于集线器能够提供更多的端口服务，所以集线器又称为多口中继器。集线器主要用于优化网络布线结构、简化网络管理。

通常集线器分为无源集线器、有源集线器和智能集线器。无源集线器只是把相近的多段媒体集中到一起，对它们所传输的信号不作任何处理，而且对它所集中的传输媒体，只允许扩展到最大有效传输距离的一半。有源集线器把相近的多段媒体集中到一起，而且对它们所传输的信号进行整形、放大和转发，并可以扩展传输媒体长度。智能集线器在具备有源集线器功能的同时，还具有网络管理和路径选择功能。

使用集线器的优点是当网络系统中某条线路或某节点出现故障时，不会影响网上其他节点的正常工作，因为它提供了多通道通信，大大提高了网络通信速度。集线器的缺点是用户带宽共享，使带宽受限；其广播方式易造成网络风暴；非双工传输使得网络通信效率低。改进集线器技术的一种方式是加入交换机技术，因此目前集线器与交换机的区别越来越模糊。

3．网桥（Bridge）

当一个单位有多个 LAN，或一个 LAN 由于通信距离受限无法覆盖所有的节点而不得不使用多个局域网时，需要将这些局域网互联起来，以实现局域网之间的通信。使用网桥可扩展局域网的范围。最简单的网桥有两个端口，复杂些的网桥可以有更多的端口。网桥的每个端口与一个网段（这里所说的网段就是普通的局域网）相连。

4．交换机（Switch）

交换机（Switch）就是一种在通信系统中完成信息交换功能的设备。传统的 Hub 虽然有许多优点，但分配给每个端口的频带太低（10Mbps/N）。为了提高网络的传输速度，根据程控交换机的工作原理，设计出了交换式集线器。交换机采用电话交换机的原理，它可以让多对端口同时发送或接收数据，每一个端口独占整个带宽，从而大幅度提高了网络的传输速率。这种方法比 FDDI、ATM 的成本都要低，交换机能够将以太网络的速率提高至 10Mb/s 或 100Mb/s。

例如，一台 8 口的 10Base-T Hub，每个端口所分配到的带宽为 10Mb/s÷8=1.25Mb/s；而一台 8 口的 10Base-Switch，同一时刻可有 4 个交换通路存在，也就是说可以有 4 个 10Mb/s 的信道，有 4 对端口进行数据传输，4 个端口分别发送 10Mb/s 的数据，另外 4 个端口分别接收 10Mb/s 的数据。这样，每个端口所分配到的带宽为 10Mb/s，在理想的满负荷状态下，整个交换机的带宽为 10Mb/s×8=80Mb/s。

5．路由器（Router）

当两个不同类型的网络彼此相联时必须通过路由器，如图 3-6 所示。从图中可以看出，网络 A（Token Ring）和网络 B（Ethernet）通过路由器连接。

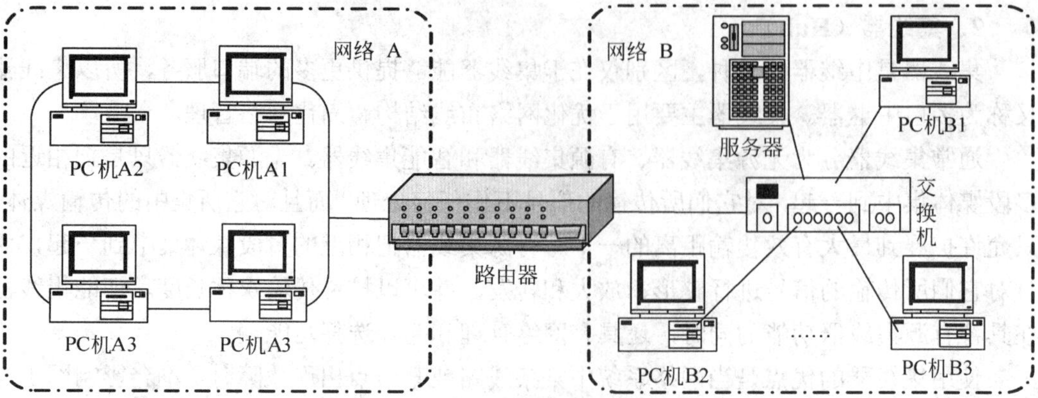

图 3-6 用路由器连接不同类型的网络

根据不同的分类方法可将路由器分为：近程路由器和远程路由器；内部路由器和外部路由器；静态路由器和动态路由器；单协议路由器和多协议路由器等。路由器工作时需要一个初始的路径表，它使用这些表来识别其他网络以及通往其他网络的路径和最有效的选择方法。静态路由器需要管理员来修改所有网络的路径表，它一般只用于小型的网间互联；而动态路由器能根据指定的路由协议来完成修改路由器信息。使用这些协议，路由器能自动地发送这些信息，所以一般大型的网间联接均使用动态路由器。路由器能够在多个网络和介质之间提供网络互联能力，但路由器并不要求在两个网络之间维持永久的联接。与网桥不同，路由器仅在需要时建立新的或附加的联接，用以提供动态的带宽或拆除空闲的联接。此外，当某条路径被拆除或因拥挤阻塞时，路由器提供一条新路径。路由器还能够提供传输的优先权服务，给每一种路由配置提供最便宜或最快速的服务，这些功能都是网桥所没有的。

路由器和网桥间最本质的差别是网桥工作在 OSI 参考模型的第二层（链路层），而路由器工作在第三层（网络层）。网桥根据路径表转发或过滤信息包，而路由器则依靠其路由表和其他路由器为每一个信息包选择最佳路径。路由器的智能性更强，当某一链路不通时，路由器会选择一条好的链路完成通信。另外，路由器有选择最短路径的能力。路由器比较适合于大型、复杂的网络联接，其传输信息的速度比网桥要慢，因为网桥在把数据从源端向目的端转发时仅仅依靠链路层的帧头中的信息（MAC 地址）作为转发的依据。而路由器除了分析链路层的信息外，主要依据网络层包头中的信息（网络地址）转发信息，需要消耗更多的 CPU 时间。正是由于路由器工作在网络的更高层，所以可以减少其对特定网络技术的依赖性，扩大了路由器的适用范围。另外，路由器具有广播包抑制和子网隔离功能，而网桥没有。

6．网关（Gateway）

网关也称为信关，当连接两个完全不同结构的网络时必须通过网关。例如，Ethernet

与一台IBM的大型主机相连，必须用网关来完成这项工作。

网关不能完全归结为一种网络硬件，而是能够连接不同网络的软件和硬件的结合产品。网关可以使用不同的格式、通信协议或结构连接起两个系统。实际上网关是通过重新封装信息以使它们能被另一个系统读取。网关能够运行在OSI模型的各个层上，必须能与应用通信，建立和管理会话，传输已经编码的数据，并解析逻辑和物理地址数据。

网关可以设在服务器、微型机或大型机上。由于网关功能强，一般与应用有关，因此网关比路由器的价格略贵一些。另外，由于网关的传输更复杂，故传输数据的速度要比网桥或路由器慢一些。这就是网关可能会造成网络堵塞的原因。常见的网关有如下几种。

（1）电子邮件网关。该网关可以从一种类型的系统向另一种类型的系统传输数据。例如，电子邮件网关可以允许使用Eudora电子邮件的人与使用Group Wise 电子邮件的人相互通信。

（2）IBM 主机网关。这种网关可以在一台个人计算机与 IBM 大型机之间建立和管理通信。

（3）Internet 网关。该网关允许并管理局域网和Internet间的接入，可以限制某些局域网用户访问Internet，反之亦然。

（4）局域网网关。这种网关可以使运行于OSI模型不同层上的局域网网段间相互通信。路由器甚至只用一台服务器就可以充当局域网网关。局域网网关也包括远程访问服务器，它允许远程用户通过拨号方式接入局域网。

7. 网卡

网卡是计算机在网络上传输数据的接口，是主机接入网络时必不可少的连接设备。它的作用是双重的：一方面将本地计算机需要发送的数据打包后送入网络，另一方面将从网络上接收到的数据解包后传输给本地计算机。所谓数据打包和解包，实际上就是将数据的输入/输出方式进行串并转换的过程。

根据工作对象的不同，网卡可分为普通工作站用网卡和服务器专用网卡。普通网卡的种类较多，性能各异。按网卡支持带宽的不同可分为 10Mb/s、100Mb/s、（10/100）Mb/s 自适应和 1000Mb/s 网卡；按网卡总线类型的不同，可分为ISA、EISA和PCI网卡等三大类，其中ISA网卡和PCI网卡较常用。

为了与不同传输介质实现连接，网卡的接口类型也有多种，如与粗缆连接的 AUI 接口、与细缆连接的BNC接口和与双绞线连接的RJ-45接口。

例 3.6　下列关于无线路由器的叙述，不正确的是＿（1）＿；集线器是一种物理层联网设备，下面有关集线器的论述中，错误的是＿（2）＿。

（1）A. 可支持局域网用户的网络连接共享

B. 可实现家庭无线网络中的Internet 连接共享

C. 可实现 ADSL 和小区宽带的无线共享接入

D. 为保证传输速率，不可以进行加密

（2）A. 集线器没有自动寻址能力

B. 连接在集线器上的故障设备不会影响其他结点通信

C. 集线器可以隔离广播风暴

D. 连接在集线器上的所有结点构成一个冲突域

分析：空（1）的正确选项是 D。无线路由器（wireless router）支持 DHCP客户端、支持 VPN、防火墙、支持 WEP 加密等，而且还包括了网络地址转换（NAT）功能，可支持局域网用户的网络连接共享。可实现家庭无线网络中的 Internet 连接共享，实现 ADSL 和小区宽带的无线共享接入。

空（2）的正确选项是 C。集线器是一种物理层设备，它把从一个端口接收的数据向各个端口广播出去。一般的集线器不检查数据帧的格式，也不分析数据帧的地址，即使有故障设备连接在集线器上，也不影响其他结点的通信。连接在同一个集线器上的所有设备构成一个冲突域，即一段时间只能有一个设备发送数据，若有两个以上设备同时发送就会出现通信冲突。如果多个集线器互联成一个局域网，则整个局域网就是一个冲突域，其中的任何设备发送的数据都会广播到整个网络中，形成广播风暴。

3.4 常用的上网连接方法

Internet 接入方式可以按传输媒体分类，也可以按拓扑结构分类，或者按使用技术、接口标准、业务带宽和业务种类等分类。通常可以将接入网分为以下几大类：基于普通电话线的 xDSL 接入；同轴电缆上的双向混合光纤同轴电缆接入传输系统 HFC；光纤接入系统和宽带无线接入系统等。这些接入网络既可单独使用，也可混合使用。

1. 基于普通电话线的 xDSL 接入

xDSL 是 DSL（Digital Subscriber Line，数字用户线路）的统称，即以铜电话线为传输介质的点对点传输技术。可分为 IDSL（ISDN 数字用户环路）、HDSL（两对线双向对称传输 2Mb/s 的高速数字用户环路）、SDSL（一对线双向对称传输 2Mb/s 的数字用户环路，传输距离比 HDSL 稍短）、VDSL（甚高速数字用户环路）和 ADSL（不对称数字用户环路）。上述系统都是点到点拓扑结构。

ADSL 是在一对铜双绞线上为用户提供上、下行非对称的传输速率（即带宽）。ADSL 接入服务能做到较高的性能价格比，其速率可达到上行 1Mb/s；下行 8Mb/s，使用 ADSL 上网不需要占用电话线路；独享带宽安全可靠；安装快捷方便；价格实惠。它把线路按频段分成语音、上行和下行三个信道，故语音和数据可共用一对线。ADSL 特别适合于 VOD 业务和多媒体业务的应用。ADSL 的传输距离与线径、速率有关，一般在 3km 以上。作为一种宽带接入方式，ADSL 技术可以为用户提供中国电信宽带网的所有应用业务。ADSL 在宽带接入业务中得到越来越多的应用。

对于个人用户，在现有电话线上安装 ADSL，只需在用户端安装一台 ADSL Modem 和一只分离器，用户线路不需做任何改动。数据线路为 PC→ADSL Modem→分离器→入户接线盒→电话线→DSL 接入复用器→ATM/IP 网络，语音线路为话机→分离器→入户接线盒→电话线→DSL 接入复用器→交换机。

对于企业用户，在现有电话线上安装 ADSL 和分离器，连接 HUB 或 Switch。数据线路为 PC→以太网（HUB 或 Switch）→ADSL 路由器→分离器→入户接线盒→电话线→DSL 接入复用器→ATM/IP 网络，语音线路为话机→分离器→入户接线盒→电话线→DSL 接入复用器→交换机。

2．同轴电缆上的 HFC/SDV 接入系统

利用现成的有线电视（CATV）网进行数据传输。HFC/SDV 是基于混合光纤同轴电缆接入系统，HFC 是双向接入传输系统；SDV 是可交换的数字视频接入系统，它在同轴电缆上只传下行信号。HFC/SDV 的拓扑结构可以是树型或总线型，下行方向通常为广播方式。与其他接入方式相比，HFC/SDV 在下行方向上可以混合传送模拟和数字信号。

3．光纤接入系统

光纤接入系统可分为无源系统和有源系统。无源系统即 PON（无源光网络），有窄带与宽带之分，目前宽带 PON 已经实现标准化的是基于 ATM 的 PON，即 APON。PON 的下行是点到多点系统，上行为多点到一点，因此上行时需要解决多用户争用问题，目前，PON 的上行多采用 TDMA（时分多址）技术。有源系统有基于准同步数字系列（Plesiochronous Digital Hierarchy，PDH）的，也有基于同步数字系列（Synchronous Digital Hierarchy，SDH）的。拓扑结构可以是环型、总线型、星型或它们的混合型，也有点对点的应用。

利用 FTTx（光纤到小区或楼）与 LAN（网线到户）结合的宽带接入方式可实现“千兆到小区、百兆到大楼、十兆到桌面”的因特网接入方案，小区内的交换机和局端交换机以光纤相连，小区内采用综合布线，所以称为小区宽带。

4．无线接入系统

无线接入系统通常指固定无线接入（FWA），根据其技术可分为很多类：无绳电话（如 DECT）、集群电话、蜂窝移动通信、微波通信或卫星通信等，但它们对应的频段、容量、业务带宽和覆盖范围各异。无线接入主要的工作方式是一点到多点，上行解决多用户争用的技术有 FDMA（频分多址）、TDMA（时分多址）和 CDMA（码分多址），从频谱效率看 CDMA 最好，TDMA 次之。CDMA 又包括扩谱（DS）、跳频（FH）和同步（S-CDMA）几种。

例 3.7　关于 Internet 接入的叙述中，正确的是______。

A. 通过 ADSL 方式，接入计算机必须要有一个合法的、真实的 IP 地址

B. 通过 ADSL 方式，接收数据和发送数据的速率是一致的

C. 通过 LAN 接入，接入计算机可以采用固定的 IP 地址

D. 通过 LAN 接入，接入计算机可以采用保留的 IP 地址

分析：本题的正确选项为 C。Internet 接入方式中，ADSL（不对称数字用户环路）为用户提供上、下行非对称的传输速率，通常采用动态给用户分配 IP 地址的方式接入；若通过 LAN 接入，则接入计算机可以采用固定的 IP 地址。

3.5 电子邮件的收发和管理

3.5.1 电子邮件系统的基本概念

1. 电子邮件及地址

电子邮件（Electronic Mail，E-mail）是一种用电子手段提供信息交换的通信方式，是 Internet 应用最广的服务。用户通过网络的电子邮件系统，可以用非常低的价格及非常快速的方式，以文字、图像、声音等各种方式，与世界上任何一个角落的网络用户联系。

电子邮件的传输是通过电子邮件简单传输协议（Simple Mail Transfer Protocol，SMTP）这一系统软件来完成的，它是 Internet 下的一种电子邮件通信协议。

电子邮件的基本工作原理是在通信网上设立“电子邮件系统”，它实际上是一个计算机系统。要发送的电子邮件，必须知道收件人的 E-Mail 地址（电子邮件地址）。E-mail 地址的格式为“用户名@电子邮件服务器域名”。

例如：wangyp8899@xidian.edu.cn

其中用户名由英文字符组成，不分大小写，用于鉴别用户身份，又叫注册名，但不一定是用户的真实姓名。@的含意和读音与英文介词“at”相同，是“位于”之意。电子邮件服务器域名是电子邮件信箱所在电子邮件服务器的域名。在电子邮件地址中不分大小写。整个 E-mail 地址的含义是“在某个电子邮件服务器上的某人”。

2. 电子邮件系统

电子邮件系统也称 E-mail 系统，系统基于客户端/服务器模式。整个系统由 E-mail 客户软件、E-mail 服务器和通信协议三部分组成。在 TCP/IP 网络上的大多数邮件管理程序使用 SMTP 协议来发信，且采用 POP 协议（常用的是 POP3）来保管用户未能及时取走的邮件。

电子邮件系统的运作方式与其他的网络应用有着根本上的不同。在其他绝大多数的网络应用中，网络协议直接负责将数据发送到目的地。而电子邮件系统，发送者并不等待发送工作完成，而是仅仅将要发送的内容发送出去。例如，文件传输协议就像打电话一样，实时地接通对话双方，若一方暂时无应答，则通话就会失败。而电子邮件系统则不同，发送方将要发送的内容通过自己的电子邮局将信件发给接收方的电子邮局，若接收方的电子邮局暂时繁忙，那么发送方的电子邮局就会暂存信件，直到可以发送；当接

收方未上网时，接收方的电子邮局就暂存信件，直到接收方去取。

可见，电子邮件系统是在 Internet 上实现了传统邮局的功能，而且更加快捷方便。在大多数计算机上，电子邮件系统使用用户账号或登录名作为邮箱的地址。例如，某一个电子邮件地址 gary@163.com，它标识了在域名为 163.com 的计算机上，账号为 gary 的一个电子邮件用户。

3.5.2　常用的电子邮件收发管理软件

电子邮件收发管理软件很多，常用的有 Foxmail、Outlook Express、DreamMail 和 Internet Mail 等。

Foxmail 是一款优秀的国产电子邮件客户端软件，以其简洁、友好的界面，实用、体贴的功能著称。该软件提供了基于 Internet 标准的电子邮件收发、数字签名和加密、本地邮箱邮件搜索及强大的反垃圾邮件等多项功能。

Internet Mail 支持多个信箱，Voice Mail 功能、信件过滤器、定时提醒，支持 HTML 格式邮件，还能让你直接删除或选择性的下载远端服务器上的邮件，完全支持双字节内码，经过设置可以在不外挂任何多内码语言支持软件的情况下看繁体信件（但需安装微软的繁体语言支持包），还有非常方便的 PGP 加密支持，编辑界面及操作类似 Word。

DreamMail 是一款专业的电子邮件软件，用于管理和收发电子邮件。它采用多用户和多账号方式来管理电子邮件，支持 POP3、SMTP、eSMTP、 Live、Gmail、Yahoo 等邮件协议，真正采用多线程高速收发邮件。附带增强型远程管理，可以直接查看服务器上邮件的内容、可以在服务器上直接删除邮件；邮件过滤器、黑名单及白名单等组合使用，能有效对付垃圾邮件；DreamMail 能自动检测破坏性邮件，增强系统安全；另外，DreamMail 还支持特快专递、语音邮件、匿名发送及群组发送等。

Outlook Express 是 Windows 操作系统的一个收、发、写、管理电子邮件的自带软件，即收、发、写、管理电子邮件的工具，使用它收发电子邮件十分方便。

例 3.8　如果电子邮件发送后，接收者的电脑没有开机，那么电子邮件将___（1）___。在转发电子邮件时，下列叙述中正确的是___（2）___。

（1）A. 返回到发信人的邮箱里　　B. 保存在 ISP 的主机上
　　C. 保存在 POP3 服务器上　　D. 保存在 SMTP 服务器上

（2）A. 只能转发给一个收件人　　B. 转发时不需要填写收信人的地址
　　C. 转发邮件就是回复邮件　　D. 邮件及其附件一起被转发

分析：空（1）的正确选项是 C。如果电子邮件发送后，接收者的电脑没有开机，那么电子邮件将保存在 POP3 服务器上。

空（2）的正确选项是 D。在转发电子邮件时，除了可以将邮件及其附件一起被转发，同时还允许用户添加自己的内容或修改转发的邮件。选项 A、B、C 是错误的。在转发电子邮件时，可以在收信人的地址栏内填写多个收信人地址，地址之间用分隔符隔开；转发时需要填写收信人的地址，否则系统就不知道将邮件转发的目的地址，无法将邮件发出；另外，转发邮件通常是将邮件转发给其他人，而回复邮件是指对给自己发邮件的人回信，并将发邮件人的地址作为默认的收信人地址。

3.6 网上信息的浏览、搜索和下载方法

Internet 中最重要的一个特征就是信息共享，资源共享。任何人都可以在 Internet 网络中找到所需的信息。但是由于 Internet 网络的开放性和互联性，导致 Internet 中变成了信息的海洋，想要在这个信息的海洋中找到所需的东西，就如同大海捞针一样困难。为此，用户可以利用搜索工具软件并输入查询的关键字，搜索工具软件便能快速地搜索到相关网站，通过网站即可获取所需信息。本节介绍使用搜索引擎检索信息及资源下载。

3.6.1 网页浏览器

在因特网中有众多的服务器，而每台服务器中又包含很多共享信息，如何找到用户需要的信息呢？在访问因特网的客户机上，网页浏览器是用于查看 Web 页的软件工具，是用户经常使用的客户端程序，用于显示网页服务器或文件系统的 HTML 文件内容，并使用户与这些显示的文件内容进行交互。

1．HTML

网页一般是采用 HTML 的格式。HTML 是标准通用型标注语言（Standard Generalized Markup Language，SGML）的一个应用，是一种对文档进行格式化的标注语言。HTML 文档的扩展名为.html 或.htm，包含大量的标记，用以对网页内容进行格式化和布局，定义页面在浏览器中查看时的外观。例如，<B> </B>标记表示文本使用粗字体。HTML 文档中的标记也用来指定超文本链接，使得用户用鼠标单击该链接时被引导到另一个页面。

需要注意的是，有些网页是需使用特定的浏览器才能正确显示的。手机浏览器是运行在手机上的浏览器，可以通过 GPRS 进行上网浏览因特网内容。

2．网页浏览器

网页浏览器在访问因特网中服务器的共享信息时需要使用统一资源定位器（Uniform Resource Locators，URL）。网页浏览器主要通过 HTTP 协议与网页服务器交互并获取网页，这些网页由统一资源定位符（URL 或称网页地址）指定。

一个网页中可以包括多个文档，每个文档都是分别从服务器获取的。大部分的浏览器本身支持除了 HTML 之外的很多的格式，例如 JPEG、PNG 和 GIF 等图像格式，并且能够扩展支持众多的插件（Plug-Ins）。另外，许多浏览器还支持其他 URL 类型及其相应的协议，如 FTP、Gopher、HTTPS（HTTP 协议的加密版本）。HTTP 内容类型和 URL 协议规范允许网页设计者在网页中嵌入图像、动画、视频、声音、流媒体等。

个人计算机上常见的网页浏览器包括微软的 Internet Explorer，Mozilla 的 Firefox，

Apple 的 Safari，Opera，HotBrowser，Google Chrome，GreenBrowser 浏览器，Avant 浏览器，360 安全浏览器，360 极速浏览器，世界之窗，腾讯 TT，搜狗浏览器，傲游浏览器，orca 浏览器百度浏览器，E 影浏览器等。

例 3.9　在浏览网页时，当鼠标指针移至某些文字或某些图片时，会出现手形状，通常是由于网页在这个地方做了＿（1）＿。在 IE 浏览器中查看近期访问过的各个站点，应该单击浏览器工作窗口上工具栏中的＿（2）＿按钮。

（1）A. 动画　　B. 快捷方式　　C. 超级链接　　D. 多媒体文件

（2）A. 主页　　B. 搜索　　C. 收藏　　D. 历史

分析：空（1）的正确选项是 C。通常在网页中，建立了超链接的文字显示为蓝色（用户也可以自己设置成其他颜色），文字下面有一条下划线。当鼠标指针移动到该超链接时，鼠标指针就会变成一只手的形状，此时用鼠标单击，可以直接跳到与该超链接相连接的网页或 WWW 网站上。若用户已经浏览过某个超链接，则该超链接的文本颜色就会发生改变（默认为紫色）。注意：被超链接的图像访问后颜色不会发生变化。

空（2）的正确选项是 D。为主页按钮，单击时显示网站设置的默认网页。为搜索按钮，若用户查找信息但不知道信息所在的 Web 地址可使用此功能按钮。为收藏按钮，用户可以将自己常用及喜欢的站点链接保存，方便用户今后快速访问。“历史”是要查看近期访问过的各个站点，若用户单击浏览器工作窗口上工具栏中的历史按钮，就会在 IE 浏览器的左侧显示最近访问过的网页。

3.6.2　使用搜索引擎查询信息

在因特网中的知识包罗万象，若用户需要查找特定的信息，通常都需要通过搜索引擎(Search engine)来实现。搜索引擎是经常使用的工具软件。常见的中文搜索引擎有百度（www. baidu.com 或 d.baidu.com）、谷歌（www.google.com）、搜狐（www.sohu.com）和新浪（www.sina.com.cn）等。在搜索引擎中可以搜索的内容包括网页、MP3、图片、Flash、新闻、软件等诸多信息。

1. 搜索引擎的组成

搜索引擎一般由搜索器、索引器、检索器和用户接口四个部分组成。各部分功能如下所述。

- 搜索器功能：在因特网中漫游，发现和搜集信息。
- 索引器功能：理解搜索器所搜索到的信息，从中抽取出索引项，用于表示文档以及生成文档库的索引表。
- 检索器功能：根据用户的查询在索引库中快速检索文档，进行相关度评价，对将要输出的结果排序，并能按用户的查询需求合理反馈信息。
- 用户接口功能：接纳用户查询、显示查询结果、提供个性化查询项。

2．使用搜索引擎

使用搜索引擎常用的有逐层搜索、关键词搜索等方法。

（1）逐层搜索。首先区分用户查找的信息类别，然后单击页面上所列出的相关类别。浏览器将会展现这个相关类别的子类，在子类中用户可以看到进一步的细分情况供选择。例如，许多搜索引擎（如 Yahoo）都显示类别，如计算机和 Internet、商业和经济。如果用户单击其中一个类别，然后再使用搜索引擎，可以选择搜索整个 Internet 还是搜索当前类别。显然，在一个特定类别下进行逐层搜索所耗费的时间较少，而且能够避免大量无关的 Web 站点。

（2）关键词搜索。虽然使用逐层搜索这种查询网站的方法简单，但是需要用户手动查询，比较慢。实际上，人们最常用的是关键词搜索。在百度搜索页面提供一个可以输入字符的文本框，用户只要把想查询的信息关键字写到这里面，然后单击“搜索”按钮就可以让百度的搜索引擎自动搜索匹配所输入的关键字的网站，然后列表显示出来。例如，如果想要搜索以“就业”为主题的 Web 站点，可以在搜索引擎中输入关键字“就业”。但是，搜索引擎会因此返回大量用户不感兴趣的信息，如“什么专业好就业”、“就业网”等 Web 站点。为了避免这种问题的出现，应使用更为具体的关键字，如感兴趣的是动漫专业就业问题，那么在搜索引擎中输入关键字“动漫专业就业”。总之，所提供的关键字越具体，搜索引擎返回无关 Web 站点的可能性就越小。

（3）使用多个关键字搜索。用户还可以通过使用多个关键字来缩小搜索范围。例如，如果想要搜索有关佛罗里达州迈阿密市的信息，则输入两个关键字 Miami 和 Florida。如果只输入其中一个关键字，搜索引擎就会返回诸如 Miami Dolphins 足球队或 Florida Marlins 棒球队的无关信息。一般而言，您提供的关键字越多，搜索引擎返回的结果越精确。

搜索引擎返回的 Web 站点顺序可能会影响人们的访问，所以为了增加 Web 站点的点击率，一些 Web 站点会付费给搜索引擎，以在相关 Web 站点列表中显示在靠前的位置。好的搜索引擎会鉴别 Web 站点的内容，并据此安排它们的顺序，但其他搜索引擎大概不会这么做。

使用好的搜索引擎可以提高上网效率，节省很多时间。使用搜索引擎时关键是选取查询信息的关键字，有时候关键字选好了，可以很快找到自己想要的信息；相反，如果关键字没有选择好，就有可能出现“答非所问”的情况，看见到处都是网站的超链接，却没有想要的信息。如何选择关键字，这就需要用户在实践中多多摸索，掌握规律。如果在一个搜索引擎网站内找不到，可以换个网站。

例 3.10 下列选项中，不属于搜索引擎的是_______。

A. http://www.gogle.com　　B. http://www.ciif-expo.com

C. http://www.baidu.com　　D. http://www.sogou.com

分析：选项 B 不属于搜索引擎，它是中国国际工业博览会的网址。选项 A、选项 C、选项 D 是很著名的搜索引擎网址。

3.6.3　上传下载文件

上传（Upload）就是将信息从个人计算机（本地计算机）传递到服务器（远程计算机）上的过程。例如，将制作好的网页、文字、图片等发布到因特网上去，以便让其他人浏览、欣赏。下载（Download）是通过网络传输文件，是将存放在服务器的信息保存到本地计算机上的过程。下载可以显式或隐式地进行，只要是获得本地电脑上所没有的信息的活动，都可以认为是下载，如在线观看。

在网络中查询信息可以使用浏览器，如果信息在网页上，只要保存这个网页就可以了，但是很多时候，用户所找到的信息不仅仅是网页，可能是一个压缩文件、可执行文件等。如何从服务器上将所需的资料下载下来呢？后续内容将介绍下载文件的方法。

这种上传和下载都是在服务器和客户机之间进行的，有专门的文件传输服务器，即 FTP 服务器。传输文件常用的两种协议是 http 和 ftp 协议。

（1）http 协议：前面介绍浏览器使用的就是这个协议。使用这种协议可以传输满足 MIME 标准的文件，如常见的 zip 压缩文件就是 MIME 文件的一种。这样，用户就可以使用 IE 浏览器下载文件。

（2）ftp 协议：专门的文件传输协议。使用这个协议传输各种各样的文件，比如图像、动画等。也可以把文件上传到服务器。用户既可以使用命令，也可以使用专门的软件，而这些软件又分成下载软件和上传软件两大类。

1．使用浏览器传输文件

目前很多人上网都是使用 IE 浏览器。微软的这个软件集成了传输文件的功能。它既可以使用 http 协议，也可以使用 ftp 协议，不过通常人们都使用 http 协议传输文件。在表面上，使用 http 协议传输文件和打开一个新的网页是一样的。当点击下载这种超链接后，就会弹出一个对话框，提示要进行下载，如图 3-7 所示。

在选择是打开文件还是保存文件时，一般选择保存，这样就可以把文件下载到本地计算机，然后可以自己控制运行文件。单击“下一步”按钮，可以看到一个对话框，这个对话框用来选择将文件保存到哪里。然后单击“下一步”按钮就开始下载了，下载的画面如图 3-8 所示。

以上是使用 http 协议来传输文件的。那么在 IE 中如何使用 ftp 协议传输文件呢？

通常在输入网址的时候都要加 http，这表示使用的是 http 协议；若将 http 改成 ftp，则表示使用的是 ftp 协议。例如，假设查找匿名的 ftp 服务器是 ftp.abc.net，则在 IE 的地址栏中输入：ftp://ftp.abc.net 然后按 Enter 键；此时，可以看到该服务器的文件列表；单击想要下载的文件名就开始下载了。其余过程与用 http 协议传输文件相同。

图 3-7 “文件下载”对话框

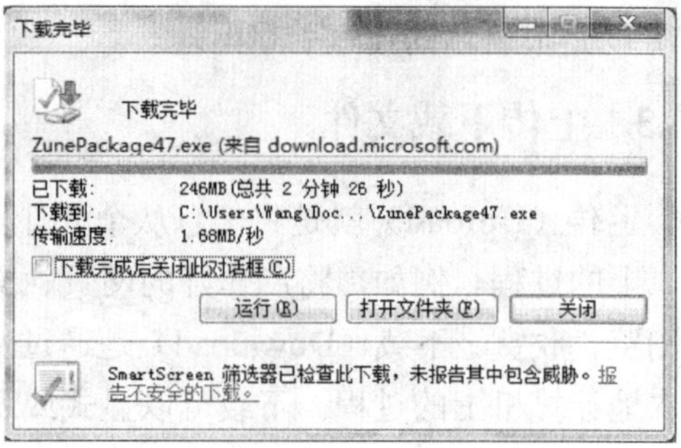

图 3-8 “下载完毕”对话框

2．使用专用工具传输文件

使用 IE 浏览器下载文件的优点是使用简单、方便。但是这种下载的方法有个致命的缺陷，那就是不支持断点续传。也就是说如果下载某个文件的过程中，例如进度条显示下载了 98%，网络断线了（拨号用户经常会有这种情况），那么当重新上网后，必须从头开始下载这个文件，前面下载的 98%就全没了。如果下载的是一个比较大的文件，那么就可能把时间浪费在重复下载这些文件上了。

目前有许多软件用来专门下载文件，而且可以断点续传，并支持多种协议。这些下载工具软件之间使用上也大同小异，只是速度上稍有差别。常用的下载工具软件有迅雷，网际快车和 QQ 旋风等。

例 3.11 把数据从本地计算机传送到远程主机称为______。

A．下载　B．超载　C．卸载　D．上传

分析：本题的正确选项为 D。上传（Upload）就是将信息从个人计算机（本地计算机）传递到服务器（远程计算机）的过程；下载（Download）是通过网络传输文件，把因特网或其他计算机上的信息保存到本地计算机上的过程。

3.7 习题

1．一台 PC 通过调制解调器与另一台 PC 进行数据通信，其中 PC 属于__（1）__，调制解调器属于__（2）__。调制解调器的数据传输方式为__（3）__。

（1）A．输入和输出设备　B．数据复用设备
　　C．数据终端设备 DTE　D．数据通信设备 DCE

（2）A．输入和输出设备　B．数据复用设备
　　C．数据终端设备 DTE　D．数据通信设备 DCE

（3）A．频带传输　B．数字传输
　　C．基带传输　D．IP 传输

2．客户端通过__（1）__协议发送电子邮件；在 URL 中不填写协议类型，IE 浏览器默认使用__（2）__协议；WWW 服务器与客户端之间采用__（3）__协议进行网页的发送和接收；ARP 协议的功能是根据__（4）__。

（1）A．FTP　B．SMTP　C．HTTP　D．POP3

（2）A．FTP　B．Gopher　C．File　D．HTTP

（3）A．HTTP　B．URL　C．SMTP　D．HTML

（4）A．目标的 IP 地址求目标的 MAC 地址

B．目标的 MAC 地址求目标的 IP 地址

C．源的 IP 地址求源的 MAC 地址

D．源的 MAC 地址求源的 IP 地址

3．TCP/IP 网络的体系结构分为应用层、传输层、网络互联层和网络接口层。属于传输层协议的是__（1）__。下列 Internet 应用中，传输层需要采用 UDP 协议的是__（2）__。安全的 Web 服务器与客户机之间通过__（3）__协议进行通信。

（1）A．TCP 和 ICMP　B．IP 和 FTP　C．TCP 和 UDP　D．ICMP 和 UDP

（2）A．IP 电话　B．浏览 Web 页面　C．Telnet　D．发送电子邮件

（3）A．HTTP＋SSL　B．Telnet＋SSL　C．Telnet＋HTTP　D．HTTP＋FTP

4．通过局域网接入因特网如图 3-9 所示，图中箭头所指的两个设备是______。

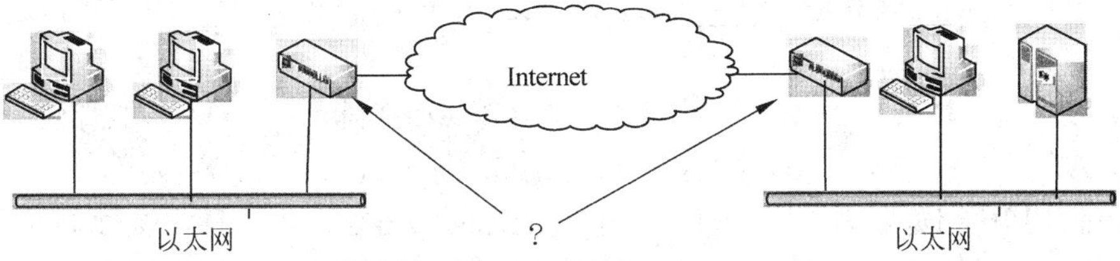

图 3-9　局域网接入因特网

A．二层交换机　B．路由器　C．网桥　D．集线器

5．计算机网络有多种分类方法，下列叙述中不正确的是__（1）__。当个人计算机以拨号方式接入因特网时，必须使用的设备是__（2）__。

（1）A．按地理范围可分为局域网、广域网、城域网

B．按通信介质可分为有线网络和无线网络

C．按通信子网的方式可分为报文交换网和分组交换网等

D．按网络的拓扑结构可分为星形网、环形网和圆形网等

（2）A．路由器　B．调制解调器　C．电话机　D．交换机

6．某 Internet 主页的 URL 地址为 http://www.test.com.cn/product/index.html，该地址的域名是__（1）__；Internet 中域名与 IP 地址之间的翻译由__（2）__完成。

（1）A．index.html　　B．com.cn
C．www.test.com.cn　　D．http://www.test.com.cn

（2）A．域名服务器　B．代理服务器　C．FTP 服务器　D．Web 服务器

7．下列选项中，＿（1）＿是正确的 E-mail 地址；＿（2）＿是用于接收和发送电子邮件的专业软件。

（1）A．Webmaster@ceiaec.org　　B．Web master@ceiaec.org
C．http:\\www.ceiaec.org　　D．http://www.ceiaec.org

（2）A．Microsoft FrontPage　　B．Adobe Reader
C．Microsoft Outlook　　D．Windows Movie Maker

8．如果访问一个网站速度很慢，可能有多种原因，但首先应该排除的是＿（1）＿。使用浏览器上网时，＿（2）＿不可能影响系统和个人信息安全。

（1）A．网络服务器忙　　B．通信线路忙
C．本地终端遭遇病毒　　D．没有访问权限

（2）A．浏览包含有病毒的网站
B．改变浏览器显示网页文字的字体大小
C．在网站上输入银行帐号、口令等敏感信息
D．下载和安装因特网上的软件或者程序

9．Telnet 提供的服务是＿（1）＿。在 Outlook 中可以借助＿（2）＿的方式传送一个文件。

（1）A．远程登录　B．电子邮件　C．域名解析　D．寻找路由

（2）A．FTP　B．导出　C．导入　D．附件

10．使用 IE 浏览器浏览网页时，出于安全方面的考虑，需要禁止执行 Java Script，可以在 IE 中禁用＿（1）＿。在浏览 Web 页面时发现了自己需要经常使用的 Web 页面，此时最好的方法是将该 Web 页面的地址加入到＿（2）＿。

（1）A．ActiveX 控件　　B．脚本
C．没有标记为安全的 ActiveX 控件　D．cookie

（2）A．收藏夹　B．地址簿　C．notepad　D．历史记录

11．下列关于 Internet 的叙述中，正确的是＿（1）＿。Internet 上的每一台计算机是通过＿（2）＿来区分的。假设网络用户能进行 QQ 聊天，但在浏览器地址栏中输入 www.ceiaec.org 却不能正常访问该页面，此时应检查＿（3）＿。

（1）A．Internet 基于 OSI/RM　　B．Internet 基于 Netbios 协议
C．Internet 构筑于七层体系结构　　D．Internet 基于 TCP/IP 协议

（2）A．登录名　B．域名　C．用户名　D．IP 地址

（3）A．网络物理连接是否正常　　B．DNS 服务器是否正常工作
C．默认网关设置是否正确　　D．IP 地址设置是否正确

12．在 TCP/IP 网络中，RARP 协议的作用是______。

A．根据 MAC 地址查找对应的 IP 地址

B．根据 IP 地址查找对应的 MAC 地址

C．报告 IP 数据报传输中的差错

D．控制以太帧的正确传送

13．关于 IPv6，下面的描述中正确的是______。

A．IPv6 可以更好地支持卫星链路

B．IPv6 解决了全局 IP 地址不足的问题

C．IPv6 解决了移动终端接入的问题

D．IPv6 使得远程网络游戏更流畅更快

14．下列关于 Internet Explorer 网页保存的叙述中，不正确的是__（1）__。一个 HTML 文件的起始标记为__（2）__。

（1）A．可以保存网页中的声音　　B．可以将网页全部信息保存后脱机查看

C．可以将网页保存为文本文件　D．保存的网页文件只能存放在计算机桌面

（2）A．<body>　　B．<title>　　C．<html>　　D．<meta>

15．电子邮件使用的传输协议是______。

A．SMTP　　B．telnet　　C．HTTP　　D．FTP

第4章　文字处理基础知识

文字处理软件一般用于文字的格式化和排版，文字处理软件的发展和文字处理的电子化是信息社会发展的标志之一。目前，中文文字处理软件主要有 Microsoft 公司的 Word、金山公司的 WPS、开源 OpenOffice 和永中 Office 等。本章以 Microsoft 公司的 Word 2007 为例进行介绍，主要涉及文字处理基本概念、文档排版、对象插入及图文混排、表格设计与制作和文字处理应用技术五个部分内容。

4.1　文字处理基本概念

4.1.1　文字处理过程

文字处理过程可以从用户使用和系统实现两个不同的角度研究和分析。

站在用户应用角度关心的是逻辑层方面的问题，即文字处理有哪些操作命令和功能，如何利用这些操作命令和功能进行文档创建、文档输入、文档编辑和文档输出。例如，文档输入包括输入文字、创建表格、插入外部对象等操作；文档编辑包括内容修饰（如字符、段落修饰等）、版面整体设置（如页面设置、文章排版、绘制图形、创建艺术字、图文混排等）等操作；文档输出包括打印预览与打印输出。

站在系统实现角度考虑的是物理层方面的问题。例如，键盘只能输入字符，那么采用什么方式将汉字录入计算机中；汉字在计算机中究竟如何存储、显示与打印呢？

1．计算机文字处理的基本过程

计算机文字处理的基本过程包括文字输入、文字加工和文字输出，如图 4-1 所示。由于西文是拼音文字，基本符号比较少，编码比较容易，而且在一个计算机系统中，输入、内部处理、存储和输出都可以使用同一代码，因此键盘可以直接输入英文或数字字符。计算机直接根据输入的英文或数字字符，通过译码电路产生 ASCII 码，输入到计算机内存中。

汉字种类繁多，编码比拼音文字困难，而且在一个汉字处理系统中，汉字输入、内部处理、存储和输出的代码是不同的。汉字信息处理系统在处理汉字和词语时，其关键的问题是要进行一系列的汉字代码转换，从图 4-1 中也不难看出，必须将字符或汉字的输入码转换为机内码，机内码转换为显示字形码或打印字形码，系统才能将汉字显示或打印出来。

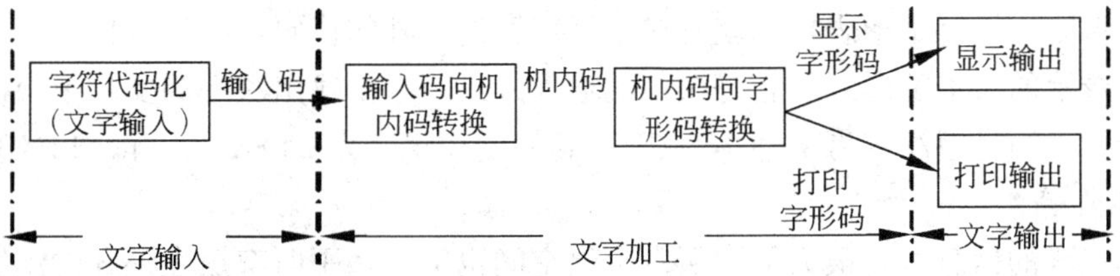

图 4-1 计算机文字处理的基本过程

2．输入码、机内码和字形码

汉字处理包括汉字的输入、汉字的存储和汉字的输出环节。其中，汉字的输入采用输入码，汉字的存储采用机内码，汉字的输出采用字形码。计算机处理汉字首先必须将汉字代码化（即对汉字进行编码），这样用户可以从键盘上输入代表某个汉字的编码。采用不同的编码系统进行汉字输入的方案称为汉字的输入法，如区位码、五笔字型码、拼音码、智能 ABC、微软拼音等输入法。

1）输入码

中文的字数繁多，字形复杂，字音多变，常用汉字就有 7000 个左右。在计算机系统中使用汉字，首先遇到的问题就是如何把汉字输入到计算机内。为了能直接使用西文标准键盘进行输入，必须为汉字设计相应的编码方法。汉字编码方法主要分为三类：数字编码、拼音编码和字形编码。

（1）数字编码。将汉字按一定顺序逐一赋予数字编号，即用数字串代表一个汉字的输入，常用的是国标区位码。特点：无重码，难记忆，不适合普通用户。

（2）拼音编码。采用拼音规则编码，如全拼、双拼等。特点：重码多，遇到不会读音或读音不准的汉字，输入困难。

（3）字形编码。采用汉字字形方面的特征（如整字、字根、笔画、码元等），按一定规则编码，如五笔字型码等。特点：需记忆规则，速度快，适于专业录入人员。

2）机内码

汉字内部码（简称机内码）是汉字在设备或信息处理系统内部最基本的表达形式，是在设备和信息处理系统内部存储、处理、传输汉字用的代码。西文在计算机中，没有交换码和机内码之分，但汉字数量多，用一个字节是无法区分的。因此，国家标准局 GB2312-80 中规定的汉字国标码（或称汉字交换码）规定，一个汉字用两个字节表示，每个字节只有 7 位，与 ASCII 码相似。汉字机内码采用国标码作为基础，且每个字节的最高位置 1。由于两个字节各用 7 位，因此可表示 16384 个可区别的机内码。例如，汉字“大”，国标码（交换码）为 3473H，将两个字节的高位置 1，得到的机内码为 B4F3H。

3）字形码

汉字字形码是表示汉字字形的字模数据，通常用点阵、矢量函数等方式表示，用点阵表示字形时，汉字字形码指的就是这个汉字字形点阵的代码。字形码也称为字模码，是用点阵表示的汉字字形码，它是汉字的输出方式，根据输出汉字的要求不同，点阵的多少也不同。简易型汉字为16×16点阵，高精度型汉字为24×24点阵，32×32点阵，48×48点阵等。

字模点阵的信息量是很大的，所占存储空间也很大，平时存放在外存的汉字库中。例如，一个16×16点阵的汉字就需要占用32个字节。字库中存储了每个汉字的点阵代码，当显示输出时才检索字库，输出字模点阵得到字形。

3．各种代码之间的关系

对于文档输入、编辑与输出，站在汉字代码转换的角度，通常可以把汉字信息处理系统抽象为一个结构模型，如图4-2所示。注意：存储在计算机内部的机内码也必须经转换后才能恢复汉字的“本来面目”。这种转换通常是由计算机的输入/输出设备来实现的，有时还需要软件来参与这种转换过程。这个阶段的汉字代码称为字形码，用以显示和打印输出。

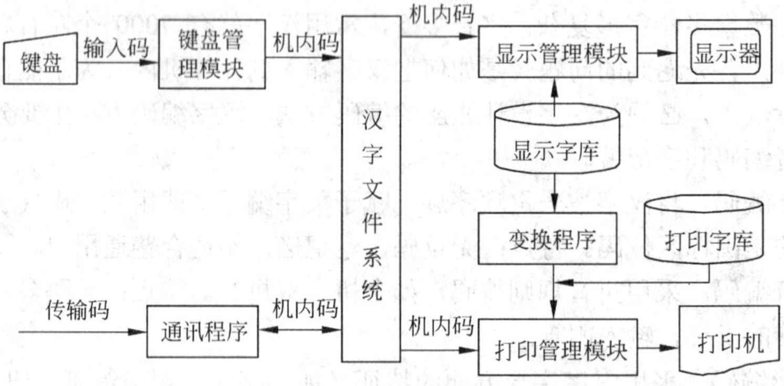

图4-2　汉字信息处理系统结构模型

例如，用户要在某文档Mytxt.doc中输入汉字“雪”。请根据图4-2说明该汉字的显示过程中各种代码间的转换关系，文档Mytxt.doc打印时汉字各种代码间的转换关系。

（1）汉字的显示。首先通过键盘管理程序把从键盘接收到的汉字“雪”的输入编码转换为0和1构成的机内码；然后在汉字文件系统的管理下，显示管理模块根据“雪”的机内码从显示字库中查到“雪”字模，并控制显示器显示。

（2）文档Mytxt.doc打印。在汉字文件系统的管理下，将待打印文档中的汉字输入给打印管理模块，打印管理模块根据要打印汉字的机内码从打印字库中查到待打印汉字的打印字模，并控制打印机打印；或者根据要打印汉字的机内码从显示字库中查到汉字的显示字模，通过变换程序将显示字模转换成打印字模，再控制打印机打印。

4.1.2　文档基本操作

在 Word 2007 中，当用户创建一个新文档或打开一个已存在的文档后，将光标置于文档的插入点就可以通过键盘输入中、英文字了。Word 2007 默认的输入法为英文，若要输入中文，需要切换到中文输入法状态。

1．Word 2007 窗口

Word 2007 的窗口如图 4-3 所示。与其他版本的界面和功能有很大的变化，最大的变化就是功能区（功能区是 Office Fluent 用户界面的一个组件），它取代了大部分旧的菜单和工具栏。为了便于浏览，功能区包含若干个围绕特定方案或对象进行组织的选项卡，而每个选项卡上的控件又进一步组织成多个组。Office Fluent 功能区能够比菜单和工具栏承载更加丰富的内容，包括按钮、库和对话框内容。

Word 2007 的窗口组成部分介绍如下。

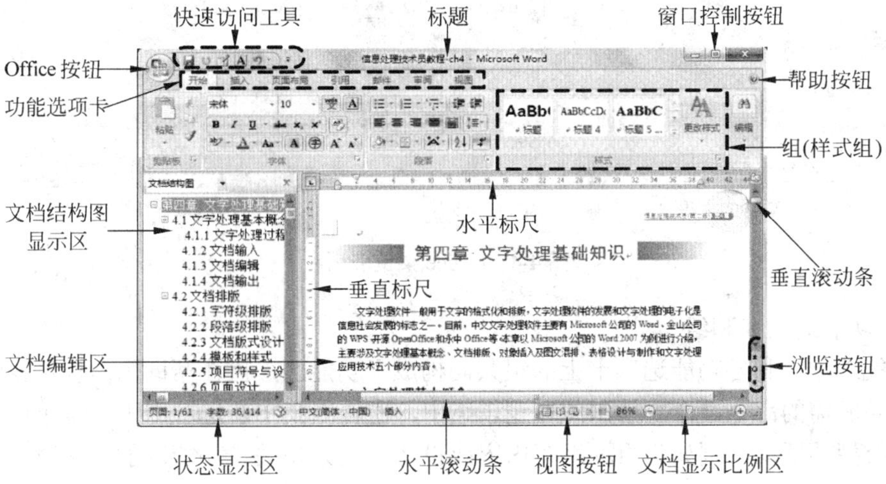

图 4-3　Word 2007 窗口

1）Office 按钮

Office 按钮位于窗口左上角，单击按钮可以打开 Office 菜单，如图 4-4（a）所示。选择其中相应的命令可以执行对应的操作。该菜单的右侧显示最近所编辑过的文档列表，右下角有对 Word 2007 进行设置的 Word 选项(I) 按钮和退出 Word 2007 的 退出 Word(X) 按钮。

2）快速访问工具栏

默认情况下，快速访问工具栏位于 Word 窗口的顶部，使用它可以快速访问用户频繁使用的工具。用户可以按照自己的工作习惯对其进行自定义。自定义快速访问工具栏有如下两种常用方法：

（1）单击快速访问工具栏侧面的扩展按钮，在下拉菜单中选择并添加其他的工具按钮。

（2）单击 Office 菜单中的 Word 选项按钮 Word 选项(I)，系统显示 Word 选项对话框；单击自定义按钮 自定义，根据自己的需求向快速访问工具栏添加工具按钮，如图 4-4（b）所示。

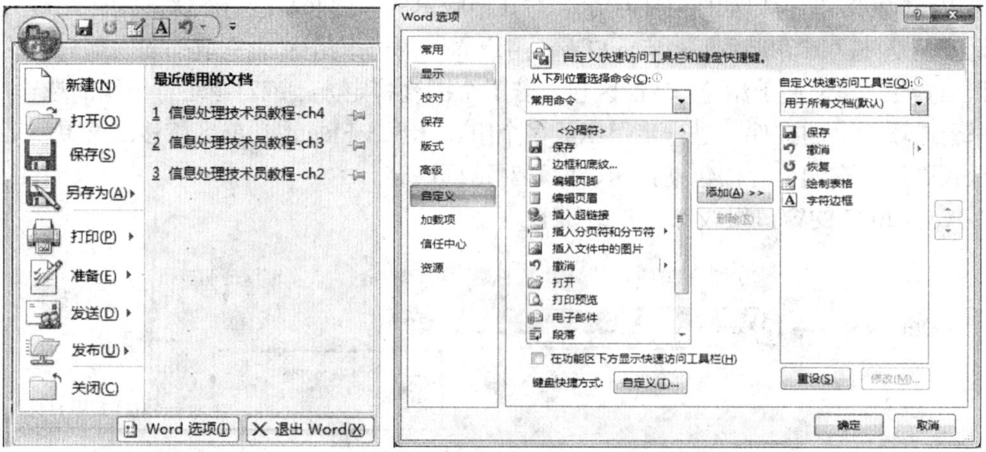

（a） Office 菜单　　　　（b） Word 选项对话框

图 4-4　Office 菜单应用

3）功能选项卡和组

功能选项卡和各功能选项卡上的组共同构成了功能区，旨在帮助用户快速找到完成某一任务所需的命令。命令被组织在逻辑组中，逻辑组集中在选项卡下。每个选项卡都与一种类型的活动（例如为页面编写内容或设计布局）相关。功能区能够承载比菜单和工具栏更加丰富的内容，如按钮、库和对话框。从而取代了 Word 之前版本中的菜单和工具栏。

默认情况下，Word 窗口中有开始、插入、页面布局、引用、邮件、审阅和视图七个选项卡。为了减少混乱，某些选项卡只在需要时系统才自动添加。例如，用户在文档中插入表格或图片时，系统会自动在功能区添加“表格工具”或“图片工具”选项卡。

需要说明的是，各选项卡上有的逻辑组的右下角有一个启动器按钮，单击它会弹出一个对应的对话框以供用户进行相关操作。

4）标题栏

标题栏位于 Word 2007 的窗口的最顶端，由 Office 按钮、快速访问工具栏、标题及窗口控制按钮共同组成。标题处显示此刻正在编辑的 Word 文档的名称，对于新建的 Word 文档还没有保存时，则显示默认的文档 1.doc（或文档 2.doc，文档 3.doc……）及软件开发者名称。Office 按钮、快速访问工具栏及窗口控制按钮在前面已经介绍了，故不再赘述。

5）状态栏

状态栏位于 Word 2007 的窗口的最底端，由状态显示区、视图按钮和文档显示比例组成。主要帮助用户获取光标位置信息，如页数和总页数、文档字数、视图方式和文档显示比例。

（1）视图按钮：用于设置文档的显示方式。Word 2007 有普通视图、Web 版式视图、页面视图、大纲视图和阅读版式视图，如图 4-5 所示。

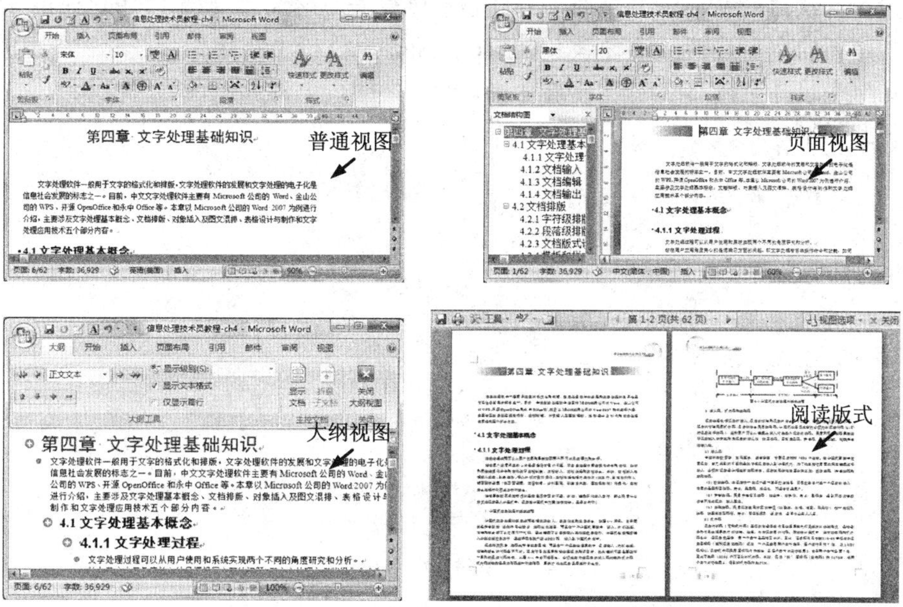

图 4-5　Word 常用的四种视图

（2）文档显示比例区：用于设置文档的显示比例。可以拖动显示比例上的滑动块，或者单击放大按钮和缩小按钮来调整文档的显示比例，如图 4-6 所示。也可以单击缩放级别 100% 按钮打开“显示比例”对话框，对文档的显示比例做更进一步的调整。

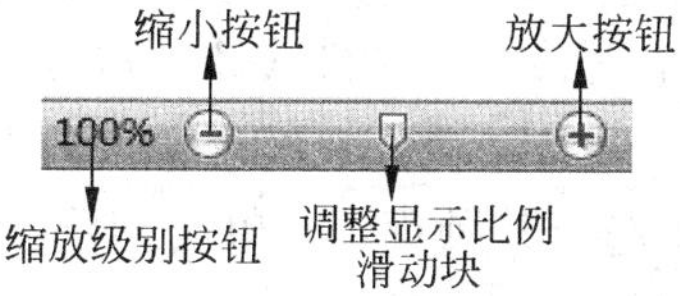

图 4-6　文档显示比例区

6）标尺

标尺分为水平标尺和垂直标尺，用于调整文档页面的左右或上下边距，对齐文档中的文本、图形、表格和其他元素。标尺是否显示与文档的视图模式有关，会随视图模式的不同呈显示或隐藏状态。页面视图显示水平标尺和垂直标尺，普通视图和 Web 版式视图只显示水平标尺，阅读版式和大纲视图将不显示水平标尺和垂直标尺。

7）文档编辑区

用户输入文档的工作区域，可以在该区域中输入文字，插入表格、图片、对象，绘制图形或者进行其他操作。

2．新建文档

1）新建空白文档

用户第一次启动 Word 2007 时，系统自动创建一个名为“文档 1”的空白文档。若要继续创建新的空白文档，只需单击 Office 按钮，执行“新建”命令，在弹出的新建文档对话框中选择空白文档选项，如图 4-7 所示，即可创建一个名为“文档 2”的空白文档，依此类推。

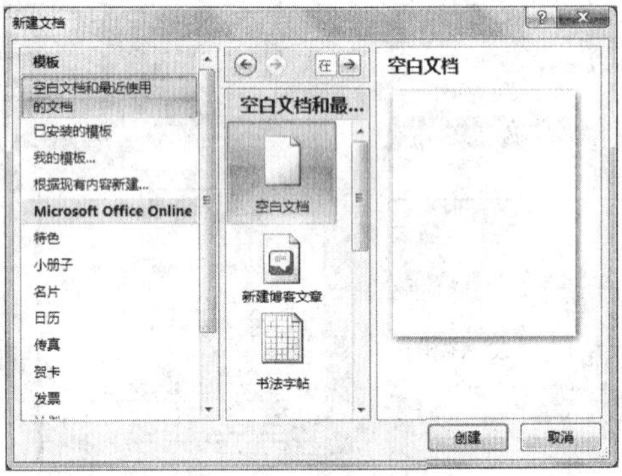

图 4-7 新建文档对话框

在新建文档对话框中包含了模板列表、模板选项和预览框三个部分。用户可以在模板列表中选择要使用的模板类，模板选项列表中将显示此类模板包含的所有可用模板。一旦选定某一模板，即可在预览框中预览。

2）利用模板创建文档

模板是一种特殊的文档类型，在打开模板时会创建模板本身的副本。在 Word 2007 中，模板可以是.dotx 文件，或者是.dotm 文件（.dotm 文件类型允许在文件中启用宏）。

单击 Office 按钮，执行“新建”命令，在弹出的新建文档对话框中选择已安装的模板选项，在对话框中根据需要选择某种模板，单击创建按钮 创建 ，即创建一个只具有一定修饰格式和少量提示性文字的新文档。

3．在文档中录入文字

1）插入点移动

在 Word 编辑窗口的文档页面上有一个不断闪烁的短竖线，称为插入点。插入点所在的位置就是待输入文本的位置。注意：在文档窗口内还有一个由鼠标控制的“I”字型光标，在输入文本内容时可移动此鼠标指针到适当位置后单击，插入点即可跳到相应位置处。此时就可以直接在文档中输入文字了。插入点的移动和定位方式如下：

（1）插入点移动到所在行行首：直接按 Home 键。

（2）插入点移动到所在行行尾：直接按 End 键。

（3）插入点移动到文章首部：Ctrl+Home 键。

（4）插入点移动到文章尾部：Ctrl+End 键。

（5）插入点上移、下移一行：上、下方向键。

（6）录入文字。

新建文档后，就可以为文档输入正文内容了，这包括英文、中文和各种符号。用户还可以在文档中插入图像、表格等其他内容，具体操作方法请参考 4.3、4.4 节。

由于 Windows 7 默认的键盘输入状态为英文，因此在文档的插入点处可直接输入英文（按 Shift+字母键或按一下 Caps Lock 键可输入大写的英文字母）。而要输入中文，需要首先将键盘切换到相应的汉字输入法状态。使用 Ctrl+空格键可在中英文输入法之间切换，使用 Ctrl+Shift 组合键将在不同的中文输入法之间切换，也可单击任务栏右边的“输入状态”按钮（也称为“语言/键盘指示器”）来选择键盘输入状态。

4．在文档中插入符号

除了键盘上的字母、数字和标记符号外，在输入正文时，经常需要输入一些键盘上没有的特殊符号。输入这些符号有如下两种方法：

（1）使用 Word“插入”功能选项卡中的“符号”组输入。操作方法：将插入点移到要插入符号的位置；选择“插入”→单击“符号”下拉按钮，显示“符号”下拉菜单，如图 4-8（a）所示。单击“其他符号”命令，打开“符号”对话框，如图 4-8（b）所示。在“子集”框中选择需要的符号子集，如图中选择的是“箭头”子集；选择所需的符号，单击“插入”按钮，最后单击对话框中的“关闭”按钮。

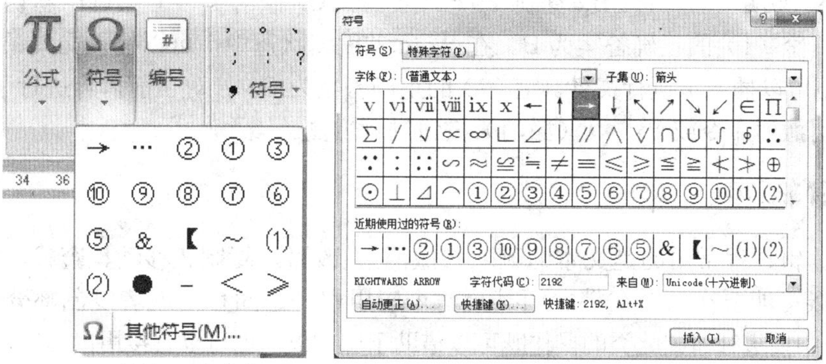

（a）“符号”下拉菜单　　（b）“符号”对话框

图 4-8　插入符号

（2）利用软键盘输入。操作方法：单击汉字输入法状态条上的软键盘按钮，系统打开软键盘，此时可以利用软键盘输入。

注意：在 Windows 7 中软键盘有多种类型，为了方便操作可以根据自己的不同需求设置软键盘的类型。其设置方法如下：

（1）在输入法状态条上单击功能菜单按钮，系统弹出软键盘功能菜单，如图 4-9 所示。

（2）选择执行软键盘命令，系统显示软键盘菜单。

（3）勾选所需的软件盘，系统打开软键盘，此时可以利用软键盘输入，如图 4-9 所示。

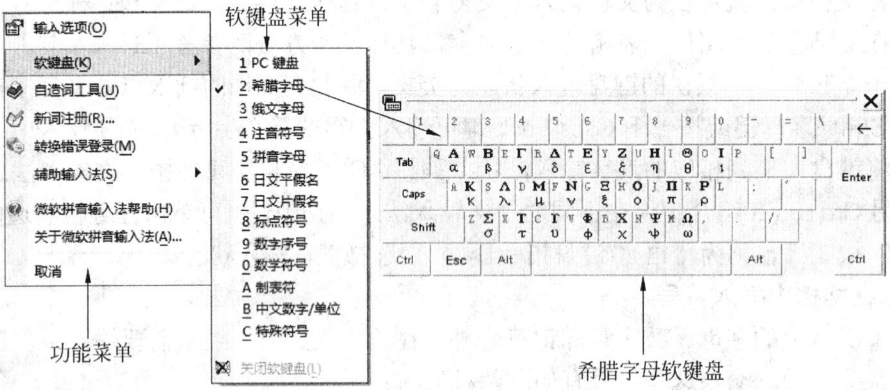

图 4-9 软键盘设置及输入

例 4.1 在 Word 的编辑状态中，不可以插入__（1）__。若对当前内容进行了误删除，可立即使用__（2）__命令进行恢复。

（1）A. 图片 B. 可执行文件 C. 表格 D. 文本

（2）A. 粘贴 B. 复制 C. 撤消 D. 剪切

分析：空（1）的正确答案为 B。在 Word 的编辑状态中，可以插入文本、图片和表格等，但不可以插入可执行文件。空（2）的正确答案为 C。若对当前内容进行了误删除，可立即使用撤消命令或单击（撤消）按钮进行恢复。

4.1.3 文档编辑

文档编辑过程常用的是文本的删除（撤消）、改写、复制、移动、查找、替换等操作，有时候可能要在两个文档之间甚至两个应用程序之间移动或者复制部分内容。在 Word 2007 中要进行诸如此类的操作既可以借助于剪贴板，也可以直接用鼠标进行拖放等。但读者要注意：插入点与鼠标操作之间的运用关系。例如鼠标向插入点左上方拖曳或向插入点右下方选择的是什么位置的文本。下面介绍文本编辑基本知识。

1．文本选择

对文本进行编辑操作之前，通常需要首先选择操作的文本对象。可以使用鼠标，也可以用键盘选定文本。

（1） 选择一个字：用鼠标对准该文字进行拖曳操作，或者按住 Shift 键，同时按下方向箭头键→、←、↓、↑。

（2） 选择一个词：用鼠标对准该词双击。

（3） 选择一个句子：按住键盘上的 Ctrl 键，然后用鼠标在这个句子的任意位置单击。

（4） 选择一行：将插入点移到行首，然后按 Shift+End 组合键（也可将插入点移到这一行的行尾，然后按 Shift+Home 组合键）；或者把鼠标移动至待选行前的空白区域，当鼠标指针右指向 （即呈现 180° 翻转）时，单击鼠标左键。

（5） 选择多行：要选择多行则鼠标在文本选择区拖曳。

（6） 选择一段：把鼠标移动至待选段前的空白区域，当鼠标指针右指向时，双击鼠标左键。

（7） 选择全部文字：按 Ctrl+A 组合键；或把鼠标移动至左侧的空白区域，当鼠标指针右指向时，三击鼠标左键；或选择“编辑”→“全选”命令。

（8）其他选择方法：先把插入点移动至要选择文本的起始位置，然后按住 Shift 键在要选择文本的结束位置单击，或者直接在文字上进行拖曳操作；或者按住 Alt 键在文本上进行拖曳操作，则按列进行选择；按住 Ctrl 键还可以进行不连续文本的选择。

2．查找、替换与定位

（1） 用户要在文档中的查找某个特定的文本。选择“开始”功能选项卡中的“编辑”组→“查找”命令（或按 Ctrl+F 组合键），在“查找与替换”对话框中的“查找”选项卡中输入要查找的文字，如图 4-10 所示。如果对查找的文字还有特殊要求，可以单击该对话框左下角的“更多(M) >>”按钮对查找和替换的文字对象按要求设置格式。

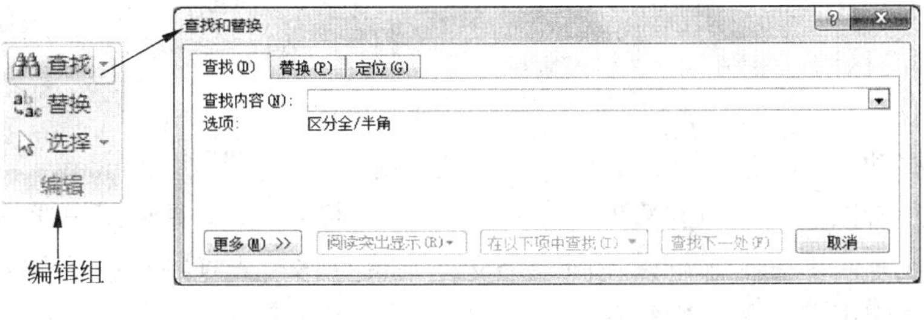

图 4-10　“查找与替换”对话框中的“查找”选项卡

（2）用户要在文档中把某特定文字用其他文字替换时可使用替换功能。选择“开始”功能选项卡中的“编辑”组→“替换”命令，或按 Ctrl+H 组合键均可打开“查找与替换”

对话框中的“替换”选项卡，如图 4-11 所示，并在其中输入要查找的文字和进行替换的文字。同样，若用户对查找的文字还有特殊要求，可以单击该对话框左下角的“更多”按钮对查找和替换的文字对象按要求设置格式。

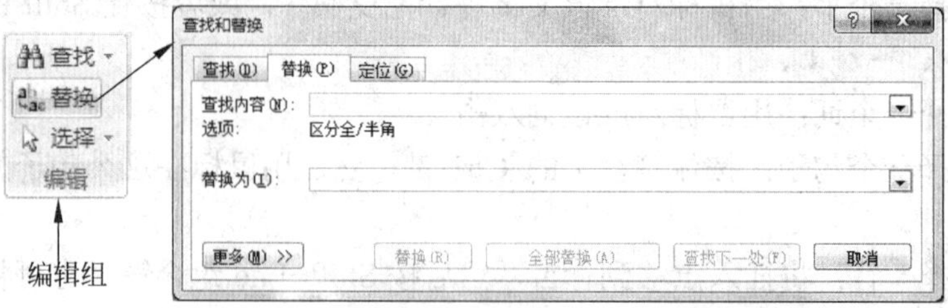

图 4-11 “查找和替换”对话框中的“替换”选项卡

（3）用户要在文档中快速寻找目标的位置进行快速定位，可以用“编辑”组中→“查找”或“替换”命令打开“查找与替换”对话框→选择“定位”选项卡，如图 4-12 所示。此时用户可以通过设定对需要寻找目标的位置进行快速定位，可以定位的目标包括页号、节号、行号、书签、批注、脚注、尾注、域、表格、图形、公式、对象、标题，共 13 种。

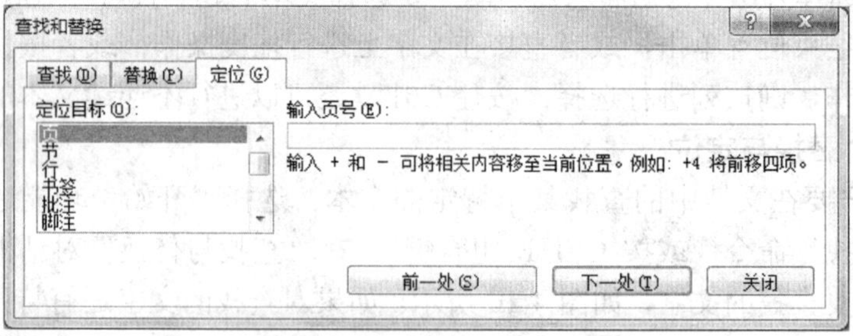

图 4-12 “查找和替换”对话框中的“定位”选项卡

3．文本的移动、复制

1）剪贴板

文本的移动、复制是要通过剪贴板进行的。由于剪贴板是由 Windows 管理的一块公共内存区域，所以剪贴板中的数据可以与其他软件共享。也就是说用户通过剪贴板进行删除、移动或复制操作，既可以在同一个文档中进行移动或复制，也适合于在不同的文档甚至不同的应用程序之间进行移动或复制。

Office 剪贴板组包括剪切命令按钮、复制命令按钮、粘贴命令按钮和格式刷命令按钮，如图 4-13（a）所示。在“粘贴”命令按钮下方有一个“▼”符号，单击它可以使用“选择性粘贴”命令或者使用“粘贴为超链接”命令。

“Office 剪贴板”最多允许放置连续 24 次剪切或复制的内容。在“开始”选项卡的“剪贴板”组中，单击“剪贴板”任务窗格启动器（如图 4-13（a）所示），打开剪贴板任务窗格，在任务窗口会出现 Word 2007 的剪贴板，如图 4-13（b）所示。在剪贴板任务窗格显示了剪切或复制的项目，用户可以根据需要对其中的内容进行有选择性的进行粘贴。

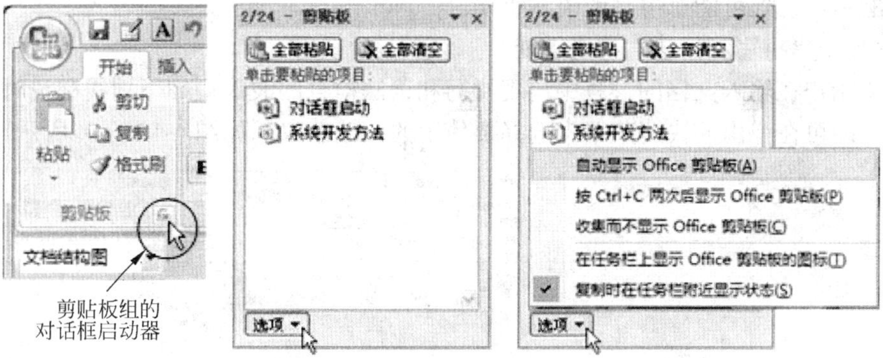

（a）剪贴板组　（b）“剪贴板”任务窗格　（c）“剪贴板”显示方式

图 4-13　剪贴板

Office 剪贴板的显示方式是可以进行设置的，操作方法：单击“剪贴板”任务窗格中的“选项▾”按钮，在“剪贴板”显示方式设置菜单中勾选所需的选项，如图 4-13（c）所示。

2）文本的移动、复制

（1）文本的移动的方法。

①使用鼠标拖动方法：选定要移动的文本，直接用鼠标拖到目标位置。

②使用命令按钮方法：选定要移动的文本→单击剪切按钮“剪切”→插入点移动到目标位置→单击粘贴按钮。

③使用快捷键方法：选定要移动的文本→按下 Ctrl+X 组合键→插入点移动到目标位置→按下 Ctrl+V 组合键。

（2）文本的复制的方法。

①使用鼠标拖动方法：选定要复制的文本，按住 Ctrl 键拖动选中的文本到目标位置。

②使用命令按钮方法：选定要复制的文本→单击复制按钮“复制”→插入点移动到目标位置→单击粘贴按钮。

③使用快捷键方法：选定要复制的文本→按下 Ctrl+C 组合键→插入点移动到目标位置→按下 Ctrl+V 组合键。

4．撤销操作

用户在操作过程中不可避免的会出现操作失误。Office 2007 为用户提供了很简单的方法，能够让误操作的损失最小。当操作失误后可以使用撤销操作，即对刚才的操作进行逆操作。单击“快速访问”工具栏中的撤销按钮，或者按下 Ctrl+Z 组合键。

5．拼写和语法检查

默认情况下，Word 在用户输入文字的同时会自动进行拼写检查，并用红色波浪线表示可能出现的拼写问题，绿色波浪线表示可能出现的语法问题。它使用波浪型细下划线标记提醒用户此处可能有拼写或语法错误。

1）使用“拼写和语法”检查功能

如果用户在输入文档的过程中出现拼写和语法检查的波浪型细下划线标记时，右击该内容，即可在弹出的快捷菜单中选择要使用的修改建议，如图 4-14（a）所示。

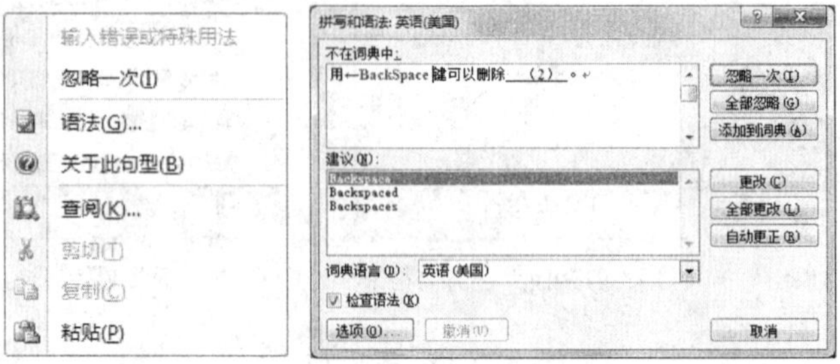

（a）快捷菜单　　（b）“拼写和语法”检查对话框

图 4-14　拼写和语法检查

对整篇文档进行彻底检查的方法：选择“审阅”选项卡→单击“校对”组的“拼写和语法”按钮，系统显示“拼写和语法”对话框，如图 4-14（b）所示，用户根据提示的信息逐一进行处理，直至整篇文档的检查工作完毕。

需要说明的是，这里的波浪线不是文档的真正内容，打印时不会被打印出来。

2）设置“拼写和语法”检查方式

拼写和语法错误的提示信息可能会使用户不能专心于对文档的编辑工作，或者用户对如何使用 Office 帮助程序具有自己的喜好，或者喜欢在完成文档时一次性拼写检查。此时可以通过设置“拼写和语法”检查功能来完成。

方法：单击 Office 菜单中的 Word 选项按钮 Word 选项(I)，在 Word 选项对话框中单击校对命令按钮 校对，在 Word 选项对话框右侧的“校对”选项卡中进行相关设置，如图 4-15 所示。设置完毕后单击确定按钮 确定。

图 4-15　“校对”选项卡

例 4.2　在 Word 的编辑状态下，进行多次“复制”操作后，则剪贴板中 （1） ；用←BackSpace 键可以删除 （2） 。在 Word 7“编辑”组中的“定位”命令不能定位 （3） 。

（1）A. 仅有第一次被复制的内容　　B. 仅有最后一次被复制的内容

C. 多次复制的内容都会存在　　D. 没有任何内容

（2）A. 光标后的一个字符　　B. 光标前的一个字符

C. 光标所在的整个段落内容　　D. 整个文档的内容

（3）A. 脚注　　B. 尾注　　C. 页　　D. 指定格式

分析：空（1）的正确选项为 C。“Office 剪贴板”最多允许放置连续 24 次剪切或复制的内容，所以在 Word 的编辑状态下进行多次“复制”操作后，剪贴板中多次复制的内容都会存在。空（2）的正确选项为 B 。在 Word 中，用 BackSpace 键可以删除光标前的一个字符，用 Delete 键可以删除光标后的一个字符。空（3）的正确选项为 D。格式是 Word 内部符号，用来判断用户对文档外观的要求，但定位是有特定对象的，可以将光标快速指定的页号、节号、行号等。例如，定位到 101 页、32 节、5 行。

4.1.4　文档输出

文档输出包括显示器输出、打印机输出等。事实上，文档保存也是一种输出方式，但是保存在外存（磁盘、U 盘等）上的文档是看不见的，必须通过相关软件控制在屏幕显示或打印。文档的保存有多种形式：保存新文档、自动保存文档、用新的文件名或格式保存文档，具体保存方法如下。

1．保存新文档

当创建了一个新文档后，Word 2007 会自动给文档取一个名字（例如“文档 1.doc”、“文档 2.doc”…），第一次保存文档时，按以下步骤进行操作：

（1）在 Office 菜单中单击保存按钮，或者单击“快速访问”工具栏上的保存按钮，打开“另存为”对话框。

（2）若要在已有的文件夹中保存文档，应在“保存位置”下拉列表框中选择磁盘，然后双击文件夹列表中所需要的文件夹；若要在新文件夹中保存文档，应该单击“新建文件夹”按钮，先建立一个文件夹。如果不更改保存位置，Word 将自动保存在默认位置。

（3）在“文件名”下拉列表框中，输入文件的名称，单击保存按钮。

2．自动保存文档

在默认情况下，Word 可以自动保存文件：即每隔 10 分钟保存一次。通常可以根据需要设置是否启用自动保存功能及自动保存的间隔时间，操作步骤如下：

（1）单击 Office 菜单中的 Word 选项按钮，在 Word 选项对话框中单击保存命令按钮，在 Word 选项对话框中右侧的保存选项框中进行设置。

（2）选中“保存自动恢复信息时间间隔”复选框（若取消，则会关闭系统的自动保存功能），并在右边的时间间隔框中输入或通过微调按钮选择自动保存文档的时间间隔。

（3）单击“确定”按钮。这样，每隔一个固定的时间间隔，Word 将自动保存编辑的文档。

3．用新的文件名或其他格式保存文档

可以给已有的文件换一个新文件名保存，此时需要执行“文件”菜单中的“另存为”命令；若要用新的格式保存文档，则应在出现的“另存为”对话框中，从“保存类型”列表框中选择一种新的格式，如：xml文档、网页文档、文档模板、纯文本、rtf格式等不同格式类型的文档。

4．打印预览与打印

打印预览的目的是减少浪费，节约纸张。因此，文档在打印以前，通常应该预览一下打印的效果，以便对不满意的地方随时进行修改。打印预览有两种方法。

（1）单击Office按钮，在Office菜单中指向打印命令按钮，在右侧的预览并打印子菜单中单击打印预览命令。

（2）使用Ctrl+F2组合键进行打印预览。在预览没有问题之后就可以打印文档了。打印文档的操作方法：单击Office菜单中的打印命令按钮，在打印对话框中设置打印的参数，如图4-16所示，单击确定按钮。

注意该环节的重点是需要掌握打印的页面范围、打印份数、是否缩放，在特殊情况可设置是否进行双面打印。

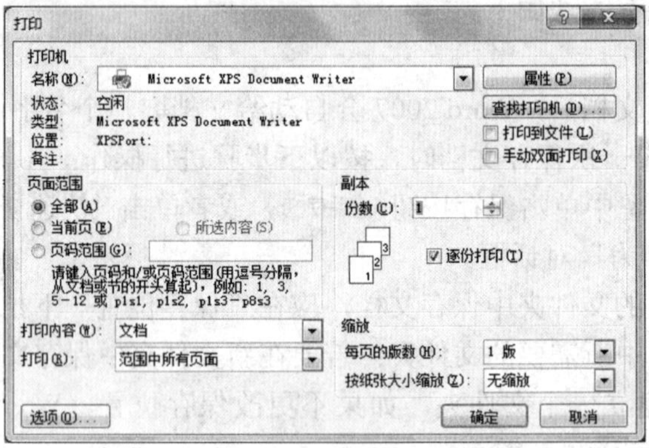

图4-16 “打印”对话框

5．文档保护

为了保证Word文档的安全，Microsoft Word 7提供了加密和设置打开文档、修改权限、添加数字签名等安全和文档保护功能。

1）加密和设置打开文档密码

用户对自己的文档进行加密以保护文档，打开或修改文档时都需要输入正确的密码。设置/更改密码操作步骤：

步骤1：单击Office按钮，指向“准备”，单击图4-17（a）所示的“加密文档”命令按钮，弹出如图4-17（b）所示的“加密文档”对话框。

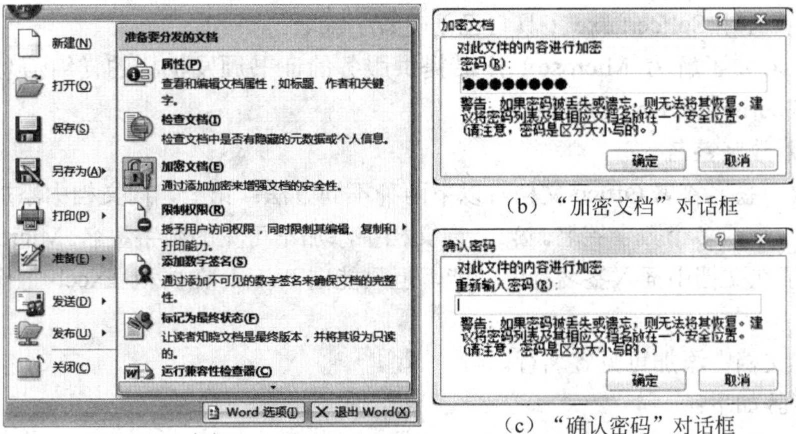

（a）

（b）“加密文档”对话框

（c）“确认密码”对话框

图 4-17　设置/更改密码

步骤 2：在“密码”框中输入新密码/更改密码（显示为●号），单击“确定”按钮。如果要删除密码只需将显示的“●”密码删除，再单击“确定”按钮即可。

步骤 3：弹出如图 4-17（c）所示的“确认密码”对话框，再次输入该密码，然后单击“确定”按钮。

注意：对文档创建密码后，请将密码记录下来并保存在安全的地方。如果丢失密码，将无法打开或访问受密码保护的文档。

2）创建自己的数字证书

数字签名是指宏或文档上电子的、基于加密的安全验证戳。此签名确认该宏或文档来自签发者且没有被篡改。这样有助于确保数字信息的真实性、完整性和不可否认性。其中：真实性是指经过数字签名之后确保签署人的身份与声明相符；完整性是指经过数字签名之后的数字信息未经更改或篡改；不可否认性是指经数字签名后有助于向所有方证明签署内容的有效性。

给文档添加数字签名是指使用数字证书对文档或宏方案（宏工程）进行数字签名。数字证书是指文件、宏工程或电子邮件的附件。用它来证明上述各项的真实性、提供安全的加密或提供可验证的签名。若要以数字形式签发宏工程，则必须安装数字证书。

宏方案是指组成宏的组件的集合，包括窗体、代码和类模块。在 Microsoft Visual Basic for Applications 中创建的宏工程可包含于加载宏以及大多数 Microsoft Office 程序中。

如果没有自己的数字证书，则必须获取或自己创建一个，创建自己的数字证书可以有如下三种方法：

方法 1：可从商业证书颁发机构（如 VeriSign, Inc.）获得数字证书；

方法 2：从内部安全管理员或信息技术（IT）专业人员处获得数字证书；

方法3：使用Selfcert.exe工具自己创建数字签名。

注意：若要了解为 Microsoft 产品提供服务的证书颁发机构的详细信息，请参阅 Microsoft Security Advisor Web 站点。

3）使用数字签名

使用数字签名签署Office文档有以下两种不同方法：第一，向文档中添加可见签名行，以获取一个或多个数字签名。第二，向文档中添加不可见的数字签名。Microsoft Office 2007 引入了在文档中插入签名行的功能，但只能向 Word 文档和 Excel 工作簿中插入签名行。

（1）向文档中添加可见签名行。

操作步骤如下：

步骤1：将指针置于文档中要添加签名行的位置。

步骤2：在“插入”选项卡上的“文本”组中，指向“签名行”旁边的箭头，然后单击“签名行”子菜单中的“Microsoft Office签名行”，如图4-18（a）、（b）所示。

步骤3：在图4-18（c）所示的“签名设置”对话框中，输入要在此签名行上进行签署的人员的相关信息。此信息直接显示在文档中签名行的下方。

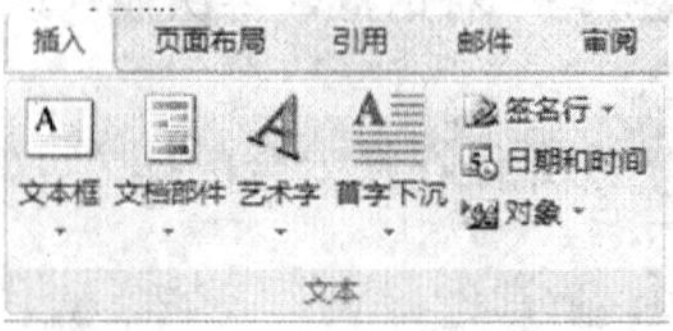

（a）“文本”组

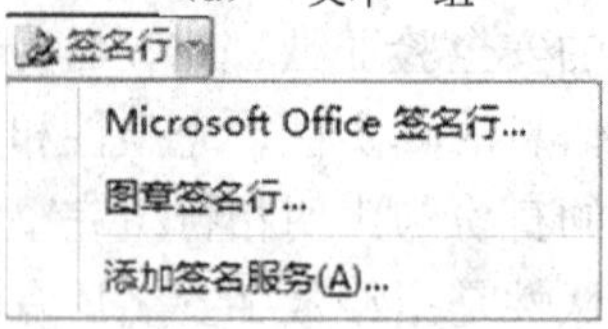

（b）“签名行”子菜单

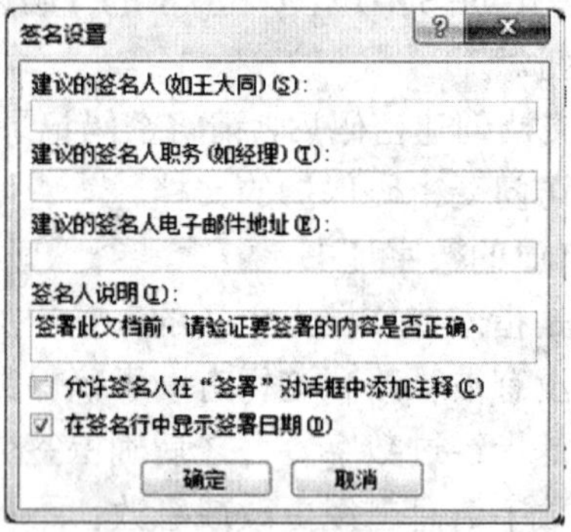

（c）“签名设置”对话框

图4-18　添加可签名行

步骤4：单击“确定”按钮。

步骤5：要添加其他签名行，则请重复步骤1到步骤4。

（2）在文档中签署签名行。

操作步骤如下：

步骤1：在文档中，双击请求签名的签名行。

步骤2：在“签名”对话框中，执行下列操作之一。

- 要添加签名的打印版本，请在“X”旁边的框中输入姓名。
- 要为手写签名选择图像，请单击“选择图像”。在“选择签名图像”对话框中，查找签名图像文件的位置，选择所需的文件，然后单击“选择”。

- 要添加手写签名（仅适合 Tablet PC 用户），请使用墨迹功能在“X”旁边的框中签名。

步骤 3：单击“签名”。

（3）向文档中添加不可见的数字签名。

不可见的数字签名在文档内容本身中是不可见的，但文档接收人可以通过查看文档的数字签名或通过查找屏幕底部状态栏上的“签名”按钮来确定文档已进行数字签名。

操作步骤如下：

步骤 1：单击 Microsoft Office 按钮，指向“准备”，单击图 4-17（a）所示的“添加数字签名”命令按钮。

步骤 2：如果要说明签署文档的目的，请在“签名”对话框中“签署此文档的目的”下的框中输入此信息。

步骤 3：单击“签名”。

Word 2007 提供保护文档的其他方法如：防止感染 Word 宏病毒、备份文档、保护个人信息、保护批注和修订等，当熟悉了前面介绍的文档保护方法后，其他保护方法根据所对应的菜单命令和对话框提示，进行相应的设置即可。

例 4.3　在 Word 2007 中新建一个空白文档，默认的文件名是“文档 1”。若文档内容的第一行标题是“信息”，对该文件保存时没有重新命名，则该 Word 文档的文件名是___（1）___。若选择文档的打印页码是 4-10，16，20，则表示打印的是___（2）___。可通过___（3）___增加文档安全性。

（1）A. 文档 1.doc　　B. doc1.doc　　C. 信息.doc　　D. Word.doc

（2）A. 第 4 至 10 页，第 16 页，第 20 页　　B. 第 4 页，第 10 页，第 16 页，第 20 页
　　C. 第 4 至 10 页，第 16 至 20 页　　D. 第 4 页，第 10 页，第 16 至 20 页

（3）A. 加密文件路径　　B. 加密文件名
　　C. 加密和设置打开文档密码　　D. 设置“保存权限密码”

分析：空（1）的正确选项是 C。新建一个空白文档，默认的文件名是“文档 1”。但用户只要在文档内容的第一行标题上输入了相关信息，Word 会取符合文件名规则的前面的若干字符作为文件名。本题第一行标题是“信息”，因此，该 Word 文档的文件名为“信息.doc”。

空（2）的正确选项是 A。在 Word 中，打印连续页的格式是：起始页号-结束页号；打印离散页只需将打印页号用逗号隔开即可。若选择的打印页码是 4-10，16，20，则表示打印的是第 4 至 10 页，第 16 页，第 20 页。

空（3）的正确选项是 C。Microsoft Word 2007 提供了“加密和设置打开文档密码”的功能，以便对文档进行加密。当用户打开或修改设置了密码的文档时，系统首先验证输入的密码是否正确，才决定是否打开文档，以避免非法用户使用该文档。

4.2 文档排版

文档格式化工作是指对文档外观的一种处理。Word 2007 允许在字符级、段落级和文档级上改变文档的格式。字符级排版是指字符格式设置，如文章的标题、正文采用什么字体、字号、颜色等，是否加粗等。段落级排版指的是段落缩进、段/行间距、段的对齐方式等，如每个段落的首行是不是要空两个字符，首字符是否下沉等。文档级排版与前两者相比更为重要，因为它直接影响到文档的打印效果。

4.2.1 字符级排版

字符级排版主要是对字体、字符间距以及文字效果进行设置。通过设置汉字、字母、数字或符号的格式，使文档重点突出、式样美观，从而便于阅读。

1．字符的格式设置

字符的格式设置包括字体、字形、大小、颜色、字符间距等多项内容。字体是指文字的样式，字号是指文字的大小。例如，普通中文图书正文编排采用五号、宋体。可以通过设置字形使文字醒目，例如文字加粗、倾斜或加下划线。字符格式设置可以采用“开始”选项卡中的“字体”组和浮动工具栏两种方法进行。

1）使用“字体”组设置

选定待设置格式的文字→选择“开始”选项卡，在如图 4-19（a）所示的“字体”组中，用户可以进行字体、字号、颜色、底纹、下标、上标、更改大小写等格式的设置。如果“字体”组中没有需要的格式设置可以单击图右下角的“字体”对话框启动器打开如图 4-19（c）所示的“字体”对话框来完成格式设置的要求。

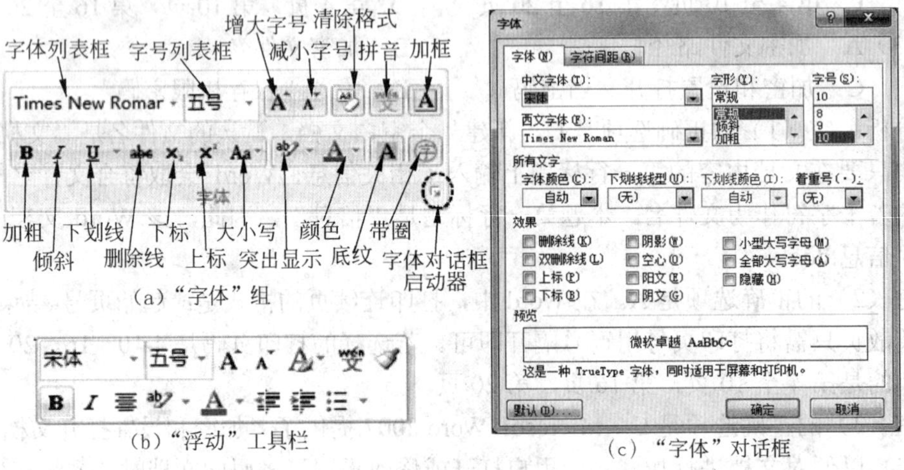

（a）“字体”组

（b）“浮动”工具栏

（c）“字体”对话框

图 4-19 设置字符格式

（1）改变字形：单击加粗按钮**B**或倾斜按钮*I*使选定的文字加粗或倾斜显示。

（2）改变文字的颜色：单击A右侧的下三角▼按钮，从下拉的“颜色列表”中选择需要的颜色。

（3）字符底纹和边框：使用“字体”组中的字符边框按钮A或字符底纹按钮A，可以给所选文本或插入点之后输入的文本加上边框和底纹。

（4）字符字号增减：使用 Word 的字符字号增减功能，可使增大字号按钮A或减小字号按钮A，可以增大或减小所选文本或插入点之后输入文本的字号。

2）使用“浮动”工具栏设置

“浮动”工具栏是 Word 2007 新增的一项功能，当使用鼠标拖动选中操作文字后，设置文字格式的“浮动”工具栏就会自动出现，如图 4-19（b）所示。单击该工具栏中相应的按钮可以对文字格式进行设置。

2．复制和显示格式

可以把一段字符的格式快速应用到另一段字符上，这样能够提高编排文章的效率。复制的方法是选定具有要复制格式的文本，单击常用“剪贴板”组上的格式刷按钮格式刷；然后移动鼠标到待格式化的文本开始处，按住鼠标左键拖动鼠标，到达待格式化的文本末尾时松开鼠标。

注意：若要将选定格式复制到多个位置，可双击格式刷按钮，然后依次拖刷待格式化的文本，复制完毕后再次单击此按钮或按 Esc 键。

显示格式的方法是按 Shift+F1 组合键，在 Word 窗口的右侧弹出“显示格式”任务窗口。移动鼠标到要查看格式的字符上单击，即可看到字符格式信息。单击“显示格式”任务窗口右上角的关闭按钮✕即可关闭。

4.2.2　段落级排版

段落是指两个回车键之间的内容，是文字、图形、对象或其他项目的集合。在输入和编辑 Word 文档时，每按一次回车键，就表明开始了一个新段落，系统自动在前一个段落的末尾显示一个弯曲的箭头“↵”，被称为“段落标记”。

利用段落的格式化工具，可以调整段落的行间距、缩进、对齐方式、边框、底纹等，从而使文档的外观引人入胜。另外，在 Word 中按 Shift+Enter 组合键可以立即换行，但此时不开始新的段落，将出现一个“软回车”符“↓”。

1．段落缩进

段落缩进是指段落与左、右页边距的距离，主要包括首行缩进、悬挂缩进、左缩进和右缩进，在 Word 窗口的水平标尺上分别显示了缩进标记，如图 4-20 所示。

注意：如果在 Word 窗口上看不到水平标尺，可单击 Word 工作区右上角如图 4-20 所示的标尺显示/隐藏按钮，或者在“视图”功能选项卡上的“显示/隐藏”组中勾选标尺☑ 标尺 即可。各类缩进的含义如下。

- 首行缩进：指段落的第一行相对于左页边距向右缩进的距离，如首行空两个字符；
- 悬挂缩进：指段落的除第一行外，其余各行相对于左边界向右缩进的距离；
- 左缩进：指整个段落的左边界向右缩进的距离；
- 右缩进：指整个段落的右边界向左缩进一段距离。

图4-20 水平标尺与缩进标记

图4-21 “段落”对话框

段落缩进的设置方法有如下两种。

（1）使用标尺设置段落缩进：选择整个段落或将插入点置于段落开头或段落内的任意位置上，然后将水平标尺上的相应缩进标记拖动到所需位置上。

（2）“段落”对话框设置段落缩进：选择整个段落或将插入点置于段落开头或段落内的任意位置上，单击图4-20所示的“段落”组右下角的“段落”对话框启动器打开“段落”对话框，选择“缩进和间距”选项卡，如图4-21所示。在“特殊格式”下拉列表框中，单击“首行缩进”或“悬挂缩进”选项，在“磅值”框中设置缩进量（在预览图中会显示设置效果）；在“缩进”区域的“左”、“右”框中设置左、右缩进量，输入负值可使文字出现在页边距中；单击“确定”按钮关闭对话框。

2．段间距与行间距

段落间距决定了段落前后的间距，如果需要改变多个段落的间距，可以通过增加这些段落前后间距、前间距或后间距实现。

行间距简称行距，它决定了段落中各行之间的垂直间距，即一行文字底部到下一行文字顶部的间距量。

改变行距或段落间距的方法是：选定要更改其行距或段落间距的段落；单击图4-20“段落”组右下角的“段落”对话框启动器打开“段落”对话框，如图4-21所示。若要改变行距，则在“行距”框中选择所需的选项；若要增加各个段落的前后间距，则在“段前”或“段后”框中输入所需的间距；单击“确定”即可。

3．段落的对齐方式

段落的对齐方式包括水平对齐方式和垂直对齐方式。

水平对齐方式决定段落边缘外观和方向，包括：左对齐、右对齐、居中或两端对齐。例如，在左对齐的段落中，段落的左端与左页边距对齐。两端对齐是指调整文字的水平间距，使其均匀分布在左右页边距之间，分散对齐可使文字两侧具有整齐的边缘。

垂直对齐方式决定了段落相对于上页边距和下页边距的位置。在某些情况下，这项功能很有用处。例如，在创建标题页时，能够在页面顶部或中央精确定位文本，或者调整段落使其在页面的垂直方向上均匀分布。

（1）改变水平方向对齐：选中要对齐的文本，在“段落”组中单击按钮使文本两端对齐，单击按钮使文本居中对齐，单击按钮使文本右对齐，单击按钮使文本分散对齐。

（2）改变文本的垂直对齐方式：单击“页面设置”组右下角的“页面设置”对话框启动器打开“页面设置”对话框，选择“版式”选项卡，在“垂直对齐方式”下拉列表框中，单击所需的选项（如果需要有关某个选项的帮助，请单击问号按钮，然后单击该选项）。

4．首字下沉格式设置

为使段首或章节的开头醒目，可以将段落第一个文字放大，这种字符格式叫做首字下沉。设置首字下沉格式的方法是：将插入点置于要设置首字下沉的段落中，在“插入”选择卡“文本”组中，单击“首字下沉”工具按钮，如图 4-22（a）所示。根据设计要求选择“下沉”或者“悬挂”。两者的差别在于文字和修饰后的首字之间的环绕关系。

如果对于“下沉”或者“悬挂”的首字的字体和下沉行数有要求，可以单击“首字下沉”工具栏底部的“首字下沉选项”按钮，对首字下沉做进一步的设置，如图 4-22（b）所示。

要取消首字下沉格式，可在“首字下沉”列表中选择“无”。

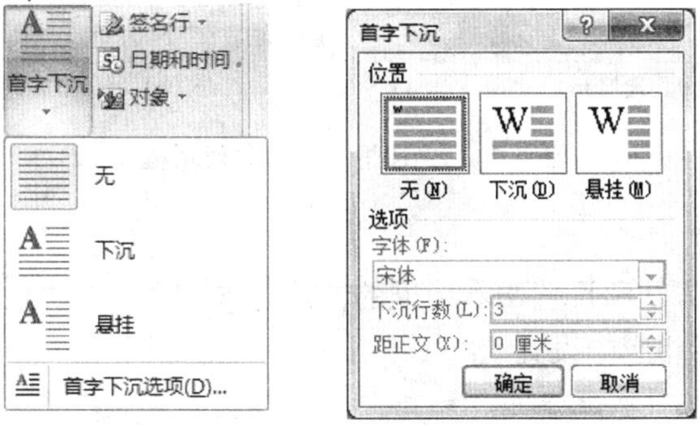

（a）　首字下沉工具　　　（b）“首字下沉”对话框

图 4-22　首字下沉

5．控制段落的断开

有时用户需要将某些段落放在同一页上，或希望在段中不要分页，或者控制孤行（例如，某段落在断开后在下一页的开始处仅有该段的一行文本）。对于这些情况，可使用图 4-21“段落”对话框中的“换行和分页”选项卡中的某些选项来控制段落的完整性。

4.2.3　文档版式设计

文档版式设计的目的是强调文档中某些重要的段落、文字，给用户一种很醒目的感觉。为此可以通过给这些段落、文字添加上边框或底纹来实现。

1．设置文本边框

可以通过单击“开始”功能选项卡中“格式”组上的字符边框按钮A，给文本添加简单的单线边框；如果想给选定的文本添加其他样式的边框，可用下面的方法来实现：

（1）选定要加边框的文本。

（2）单击“页面布局”功能选项卡上的“页面背景”组的页面边框按钮，弹出“边框和底纹”对话框，再选择“边框”选项卡。如图 4-23（a）所示。

（3）分别在“设置”、“线型”、“颜色”、“宽度”选项区中选择一种需要的边框样式。

（4）在“应用于”列表框中选择“文字”选项，单击“确定”按钮完成。

如果要取消已经设置好的边框线，应在“线型”列表中选择“无边框”选项即可。

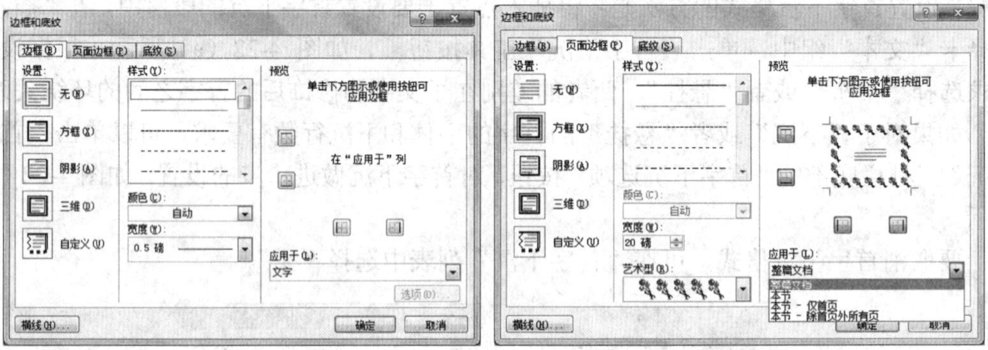

（a）“边框”选项卡　　（b）“页面边框”选项卡

图 4-23　“边框与底纹”对话框

2．设置文本底纹

设置文本底纹的方法和设置文本边框的方法基本一样，在“边框和底纹”对话框的“底纹”选项卡中进行相应的设置。

3．设置页面边框

设置页面边框的操作方法如下：

（1）光标放在页面的任一位置处，单击“页面布局”功能选项卡上的“页面背景”

组的页面边框按钮，弹出“边框和底纹”对话框，再选择“页面边框”选项卡。如图 4-23（b）所示。

（2）根据要求分别在“设置”、“线型”、“颜色”、“宽度”、“艺术型”选项区中进行选择，完成页面边框样式的设置。

（3）在“应用于”列表框中选择“整篇文档”或根据需求选择其他选项，如图 4-23（b）所示，单击“确定”按钮完成。

4. 设置文档水印

水印可以是文字或图形，出现在文档正文的上方和下方。例如，使用水印将某图形（如某个大学的标志等）或文字（如“机密”字样等）淡淡地显示在文档背景中。

若被设置为水印效果的文本或图形放置在页眉和页脚视图内，这时，不论它们被放置在页面的何处，都可以被正确显示和打印在每一个文档页上。

插入水印的方法是：选择“页面布局”功能选项卡→“页面背景”组→水印按钮，在图 4-24 所示的水印菜单中根据需要进行相关的插入操作。例如，可以在机密列表框中选择水印样本“机密 1”，也可以单击 自定义水印(W)... 按钮进行设置。

删除水印应在图 4-24 所示的水印菜单中单击 删除水印(R) 按钮进行删除。

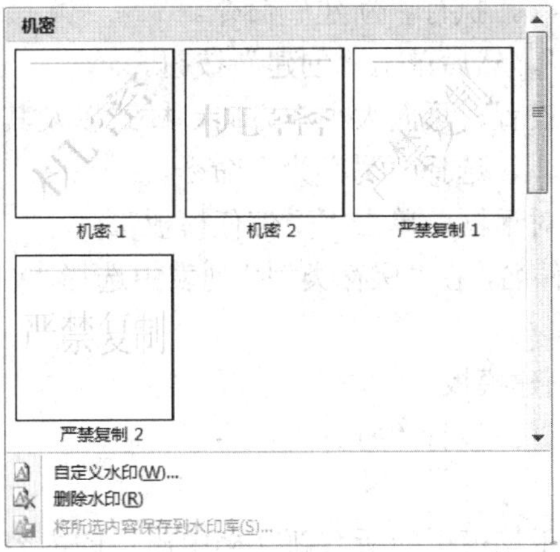

图 4-24 “水印”菜单

例 4.4 Word 2007 无法完成的是________的功能。

A. 将一个已存在于某 Word 文档中的彩色图片改变为黑白图片

B. 打开一个 html 文件进行编辑

C. 在 Word 文档中使用某图片作为水印

D. 将某个 MP3 文件中的某一段音乐提取出来

分析：本题正确的选项是 D。Word 可以通过图片编辑功能将已存在于某 Word 文档中的彩色图片改变为黑白图片；可以选择 Office 菜单→“打开”命令，选取一个 html

文件进行编辑；可以通过选择“页面布局”功能选项卡→“页面背景”组→“水印”命令在 Word 文档中使用某图片作为水印；但是，无法将某个 MP3 文件中的某一段音乐提取出来。

4.2.4 模板和样式

1．模板

Word 2007 中模板文件的扩展名采用.dotx 或.dotm（.dotm 文件类型允许在文件中启用宏）。模板是一种特殊文档，它由多个特定的样式组合而成，能为用户提供一种预先设置好的最终文档外观框架，也允许用户加入自己的信息。新建一个文档时，用户可以选择系统提供的模板建立文档，也可以自建一个新的模板。

例如，商务计划是 Word 编写中的一种常用文档。可以使用具有预定义的页面布局、字体、边距和样式的模板，而不必从头开始创建商务计划的结构。用户只需打开一个模板，然后填充特定于您的文档的文本和信息，最后将文档保存为.docx 或.docm 文件即可。

创建模板有从空白文档开始和基于现有的文档创建模板两种。

1）从空白文档开始创建模板

（1）单击 Office 按钮，执行“新建”命令。

（2）单击“空白文档”，然后单击“创建”按钮。

（3）根据需要对边距设置、页面大小和方向、样式以及其他格式进行更改。

（4）单击 Office 按钮，选择“另存为”命令。

（5）在“另存为”中对话框，单击“受信任模板”。

（6）指定新模板的文件名，在“保存类型”列表中选择“Word 模板”，然后单击“保存”按钮即可。

2）基于现有的文档创建模板

（1）单击 Office 按钮，执行“打开”命令。

（2）打开所需的文档。

（3）根据您希望在基于该模板的所有新文档中出现的内容进行相应的更改。

（4）单击 Office 按钮，选择“另存为”命令。

（5）在“另存为”中对话框，单击“受信任模板”。

（6）指定新模板的文件名，在“保存类型”列表中选择“Word 模板”，然后单击“保存”按钮即可。

2．样式

所谓样式，就是系统或用户定义并保存的一系列排版格式，包括字体、段落的对齐方式和缩进等。重复地设置各个段落的格式不仅繁琐，而且很难保证几个段落的格式完全相同。除了使用上面介绍的“格式刷”工具以外，还可以使用样式。这样不仅可以轻松快捷地编排具有统一格式的段落，而且可以使文档段落格式严格保持一致。

样式实际是一种排版格式指令，因此，在编写一篇文档时，可以先将文档中要用到的各种样式分别加以定义，然后使之应用于其他各个段落之上。Word 2007 预定义了标准样式，如果用户有特殊要求，也可以根据自己的需要修改标准或重新定制样式。

3．样式的创建与应用

（1）创建新样式的方法：单击“样式”组中的对话框启动器按钮，在图 4-25（a）所示的“样式”任务窗格中单击新样式按钮，即可弹出“根据格式设置创建新样式”对话框，如图 4-25（b）所示。该对话框包含属性和格式两栏内容，用户可根据自己的需求进行新样式设置，最后单击“确定”按钮，这样就创建了一个新样式。

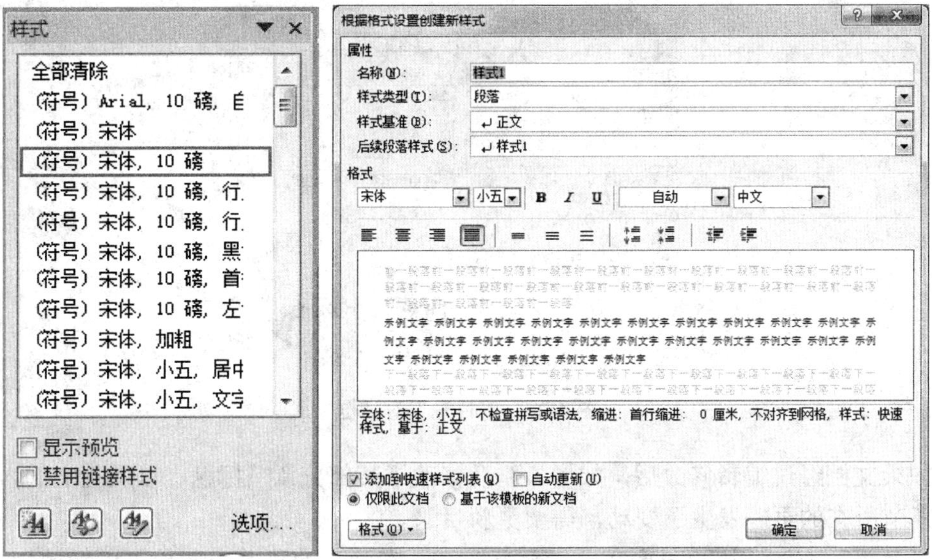

（a）“样式”任务窗格 （b）“根据格式设置创建新样式”对话框

图 4-25 样式和格式

（2）样式的应用：选择要应用样式的文本内容→单击“样式”组中的其他下拉按钮→在其列表中选择要应用的样式即可。或者单击“样式”组中的对话框启动器按钮，在图 4-25（b）所示的“样式”任务窗格中选择要应用的样式即可。

4．自动生成目录

Word 2007 可根据文章章节的标题样式自动生成目录，这样可以使目录的制作变得非常简便，而且在文档发生了改变后，可以利用更新目录的功能来适应文档的变化。通过目录阅读和查找文章内容也很方便，只要按住 Ctrl 键单击目录中的某一章节就会直接跳转到该页。

在自动生成目录之前，应对文档进行一些非常必要的格式设置，即用户要把文档中的各个章节的标题按级别的高低分别设置成 Word 2007 内置的不同标题样式。

自动生成目录有如下两种方法：

（1）将插入点定位到文档的首部（即目录的插入处），再依次选择“引用”功能选项卡→单击“目录”组的目录下拉按钮→在目录下拉列表中选择一种自动目录样式，即可按照文档中已有的标题样式自动生成目录。

（2）选择“引用”功能选项卡→单击“目录”组的目录下拉按钮→在目录下拉列表中单击 插入目录(I)... 按钮，打开 “目录”对话框，如图4-26所示；然后按要求设置是否显示页码、页码是否右对齐以及制表符前导符的样式；最后单击确定按钮，即可自动生成目录。

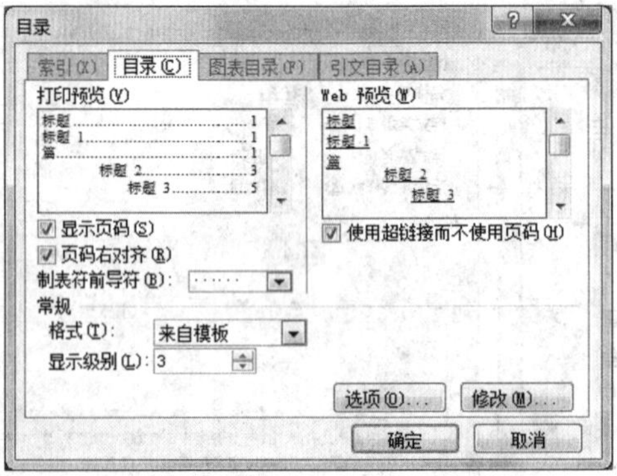

图4-26　“目录”对话框

如果文档经过编辑修改后，如增、删及修改了某部分章节标题、以及正文的内容，以及章节所在的页码发生了变动，需要更新目录。

目录更新方法：用户只要在目录部分右击，在弹出的菜单中选择“更新域”，则可按新的内容更新目录的章节顺序和所在页码。

例4.5　Word 2007模板文件的扩展名为__（1）__；下列叙述不正确的是__（2）__。

（1）A．doc　　B．dotx　　C．docx　　D．htm

（2）A．Word模板的文件类型与普通文档的文件类型是相同的

B．Word打印预览中可以对所预览的文档大小进行缩放

C．Word文档纸张的类型可以选择为横向或者纵向

D．在文档中插入的图片、图形都是Word中的对象

分析：空（1）正确的选项是B。Word 2007模板的文件扩展名为dotx；Word 2003和之前的文档的扩展名为“doc”；Word2007文档的扩展名为docx；网页文件的扩展名为htm，可以用浏览器、Microsoft Office FrontPage打开。

空（2）选项A的叙述是不正确的。模板的作用与普通文档不同，模板预先设置好的用来描述最终文档的外观框架；而普通文档存放的是真正的用户文档信息。选项B的

说法是正确的。选择 Office 菜单中的“打印”子菜单中的“打印预览”命令，进入打印预览状态。选项 C 的说法是正确的。选项 D 的说法是正确的。因为在文档中插入的图片、图形都是 Word 中的对象。

4.2.5　项目符号与设置

在段落前面添加项目符号和编号，不仅可以使内容更加醒目，而且还使文章更有条理性。在添加项目符号和编号后，无论用户是插入还是删除段落，Word 2003 会重新对段落进行编号。

1．为段落添加符号和编号

（1）添加符号：选中段落→单击段落组中的项目符号下拉按钮→在图 4-27（a）所示列表中选择要使用的符号。若要选择新项目符号，则单击列表中的[定义新项目符号(D)...]按钮，在弹出的“定义新项目符号”对话框中进行设置，如图 4-27（b）所示。

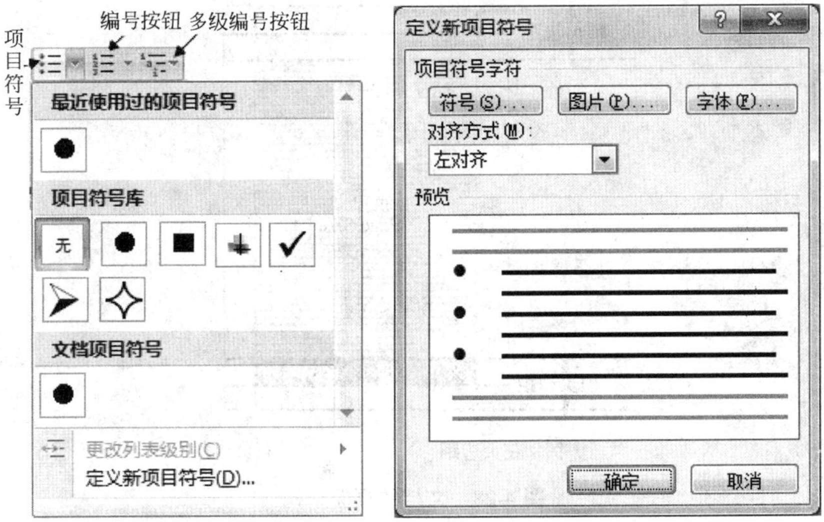

（a）“项目符号”列表　　（b）“定义新项目符号”对话框

图 4-27　为段落添加编号和符号

（2）添加符号：选中段落→单击段落组中的编号下拉按钮→在编号列表中选择要使用的编号。若要选择新编号，则单击编号列表中的[定义新编号格式(D)...]按钮，在弹出的“定义新编号格式”对话框中进行设置即可。

2．多级列表

多级列表是在段落的编号中，再设置下一级的编号。单击在段落组中的多级编号下拉按钮→在其列表中进行相关设置。若要选择新的多级列表，则单击多级编号下拉列表中的[定义新的多级列表(D)...]按钮，在弹出的“定义新多级列表”对话框中进行设置。

4.2.6 页面设计

页面的布局设计简称页面设计，页面的设计相比格式段落的设计更为重要，因为页面的安排直接影响到文档的打印效果，即文档展现在人们视觉上的效果，Word 页面设置提供相关功能用于调整预览效果与最终期望的输出时视觉效果之间的差距，以达到理想的打印结果。

本小节主要介绍纸张大小设置、页面方向设置、边框、底纹、页眉和页脚等设置。

1．页面结构

页面结构即页面内容的布局，是创建页面的重点之一。文档的页面结构如图 4-28 所示。为了使文档更加美观、具有良好的视觉效果，Word 提供各种布局调整功能，如设置纸张大小、设置页边距和页眉页脚、设置页面走纸方向、设置边框和底纹、设置页眉和页脚、设置分栏和分节等。

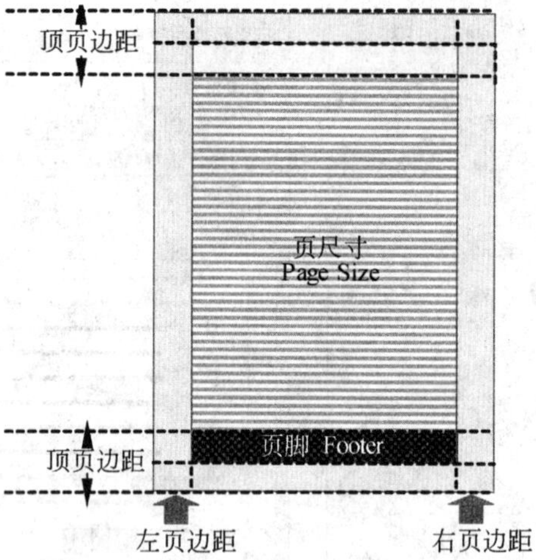

图 4-28 文档的页面结构

2．页面设置

Word 2007 在图 4-29 所示的“页面设置”组中向用户提供文字方向、页边距、纸张方向、纸张大小、分栏和分节等命令按钮，另外还提供“页面设置”对话框启动器激活“页面设置”对话框来进行页面设计。在此仅以“页面设置”对话框为例进行介绍。

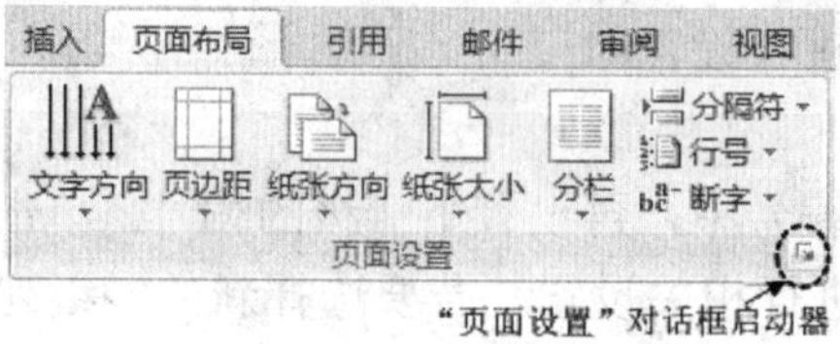

图 4-29 “页面设置”组

Word 页面设置是指纸张大小、页边距（上、下、左、右）、页眉和页脚内容、页眉和页脚位置的总称，其中上页边距和下页边距也称为顶页边距和底页边距。页面设置的作用域可以是节，也可以是整份文档。

单击“页面设置”对话框启动器后，在弹出的“页面设置”对话框中有 4 个选项卡，其中页边距、纸张和版式选项卡如图 4-30（a）、（b）和（c）所示，图中数字的意义，如图 4-30（d）所示。

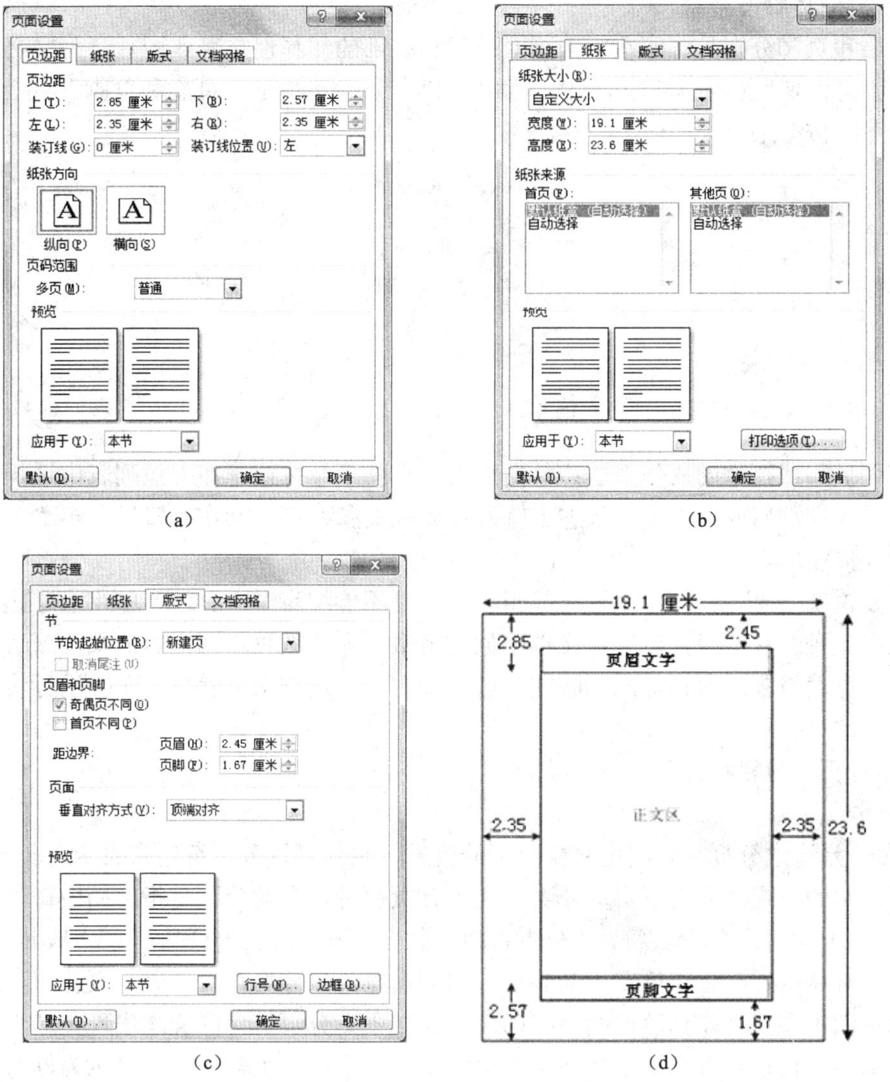

图 4-30　页面设置

注意：设置页边距和页眉页脚对页面整体布局效果非常重要，直接影响到打印的文档是否美观。而 Word 自动分页功能是由实际纸张大小决定的，但其“自动性”有时会带来问题。例如可能会把某个段落的第一句话排在某页的末尾，或者把段落的最后一句话划分到下一页的开始。因此需要根据具体情况对段落设置分页规则，解决因自动分页带来的问题。

对于分栏是在页面中按垂直方向对齐多个栏目来排列文字，分节则可在一页之内或两页之间改变文档的布局。

3．页眉页脚设置

页眉和页脚分别是打印在文档页面顶部和底部的注释性文字或图片。为文档添加页眉和页脚可以使用如图 4-31 所示的“插入”功能选项卡中的“页眉和页脚”组上的页眉和页脚下拉按钮来完成操作。

图 4-31　“页眉页脚”组

插入页眉或页脚的操作方法：单击页眉或页脚下拉按钮→在下拉列表中选择页眉或页脚类型，在页眉或页脚编辑状态下输入页眉或页脚即可。操作完成后单击“关闭页眉和页脚”按钮。

需要说明的是，在页眉或页脚编辑状态下是不能编辑 Word 文档编辑区的正文。

还有一种特殊情况，若要在文档中创建奇数页和偶数页不同内容的页眉或者页脚，可以在“页面设置”对话框的“版式”选项卡中的复选框☑奇偶页不同(O)进行设置，如图 4-30（c）所示。

4．分页、分栏和分节

1）分页

Word 是通过分页符来决定文档分页的位置，也就是说分页符用来表示上一页结束、下一页开始的位置。分页有自动分页和人工分页两种，自动分页是指文档中每个页面结尾处 Word 自动插入的分页符，该分页符也称软分页符；人工分页是指通过 Word 提供的插入分页符命令，在指定位置上强制插入的分页符，该分页符也称硬分页符。

在页面视图、打印预览以及在打印出的文档中，分页符后的文本出现在新页中。在普通视图中，自动分页符显示为横穿页面的单点划线；人工分页符则显示为标有“分页符”字样的单点划线，如图 4-32 所示。

插入人工分页符的方法是：插入点移至新页的起始位置→单击如图 4-32 所示“插入”

功能选项卡“页”组上的分页按钮，或者按下 Ctrl+Enter 组合。

删除分页符的方法是：在普通视图下，先将光标移到分页符的单点划线中，按下 Delete 键。

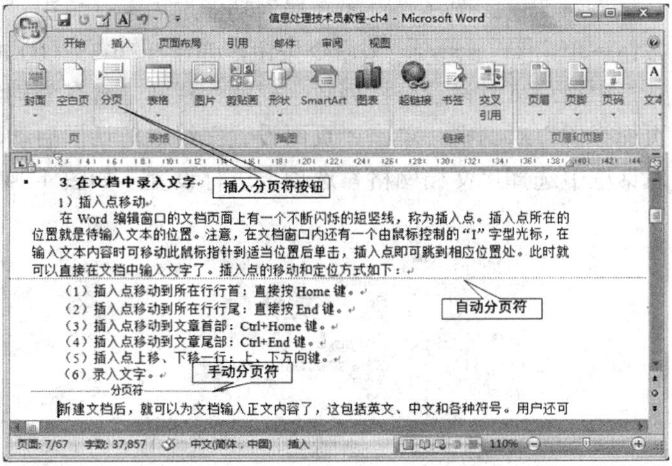

图 4-32　分页符示例

2）分栏

在 Word 文档中，若要使其具有类似于杂志、报刊的分栏效果，可以使用 Word 提供的分栏排版功能。分栏排版是在页面中的文字分多个栏目，按垂直方向对齐，排满一栏后转到下一栏。用户可以根据自己的需要设置栏数、调整栏宽。设置分栏有如下几种方法。

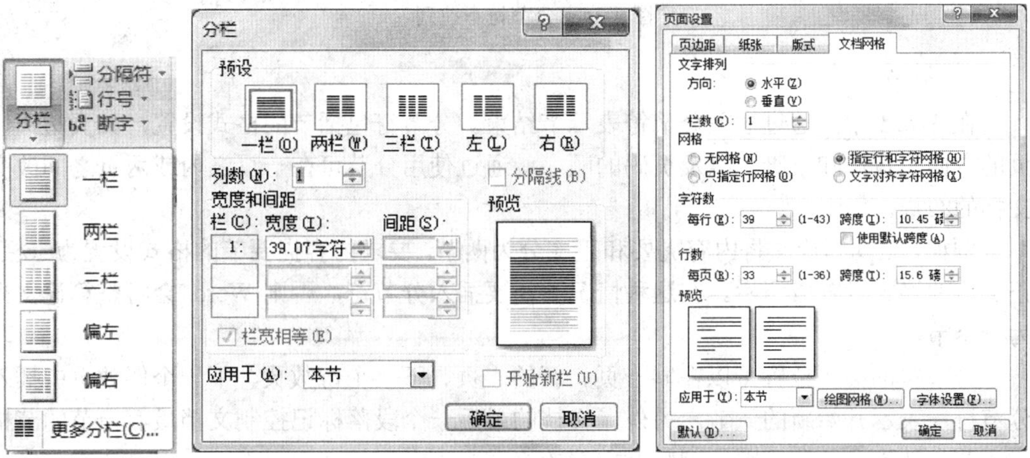

（a）分栏列表　　（b）“分栏”对话框　　（c）“页面设置”对话框

图 4-33　分栏设置

（1）使用预设分栏效果：选定分栏对象→选择“页面布局”功能选项卡→单击“页面设置”组中的“分栏”下拉按钮，在图 4-33（a）所示的分栏列表中选择要使用的选项即可。

（2）使用“分栏”对话框：选择“页面布局”功能选项卡→单击“页面设置”组中的“分栏”下拉按钮→单击 更多分栏(C)... 命令按钮，弹出图 4-33（b）所示的“分栏”对话框。在该对话框中用户可以设置分栏列数、栏宽、栏间是否有分割线等信息。

（3）使用“页面设置”对话框：单击“页面设置”组中对话框启动器按钮→在弹出的“页面设置”对话框中选择“文档网格”选项卡进行设置，如图 4-34 所示。

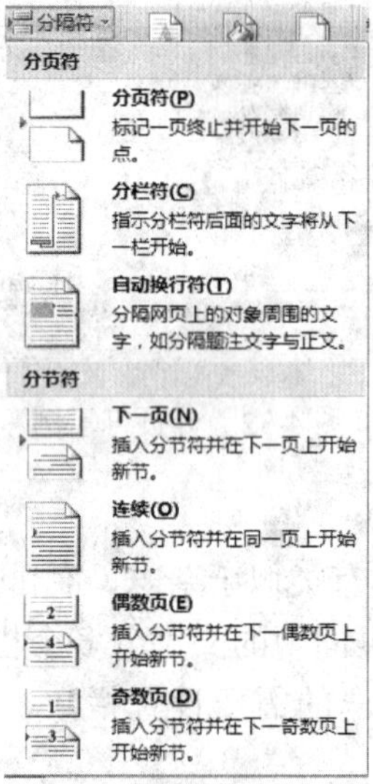

图 4-34 分节符下拉列表框

3）分节

在 Word 中，通过插入分节符表示节结束。分节符包括节的格式设置，如页边距、页的方向、页眉和页脚、以及页码的顺序。通过使用分节可在一页之内或两页之间改变文档的布局。

例如，某期刊论文将内容提要和正文分为两节，要求内容提要节的格式设置为一栏，正文节的格式设置成两栏。在这种情况下需要插入分节符，否则 Word 会将整篇论文视为一个节。

分节符的插入位置可以在同一页、新的一页、下一个奇数页、下一个偶数页中插入分节符，表示开始新的一节。另外，文档的最后一个段落标记控制文档最后一节的节格式，若文档没有分节，则控制整个文档的格式。

插入分节符的方法是：单击需要插入分节符的位置，选择“页面设置”组→单击“分隔符”下拉按钮，在其列表框中选择所需选项即可，如图 4-34 所示；在“分节符类型”

下单击所需新分节符开始位置的选项，各选项的含义如下所述。

- 下一页：表示插入一个分节符，新节从下一页开始；
- 连续：表示插入一个分节符，新节从同一页开始；
- 奇数页/偶数页：表示插入一个分节符，新节从下一个奇数页或偶数页开始。

删除分节符的方法是：选定要删除的分节符，按<Delete>键。注意：在删除分节符的同时，也将删除该分节符前面文本的分节格式，该文本将变成下一节的一部分，并采用下一节的格式。

例 4.6　在 Word 中，下列关于“节”的叙述，正确的是<u>（1）</u>；如果已有页眉，需在页眉中修改内容，只需双击<u>（2）</u>。

（1）A. 一节可以包含一页或多页　　B. 一节之间不可以分节

C. 节是章的下一级标题　　D. 一节就是一个新的段落

（2）A. 工具栏　　B. 菜单栏　　C. 文本区　　D. 页眉区

分析：空（1）的正确选项为 A。在 Word 中，一节可以包含一页或多页，并且一节之间可以继续分节。分节的特点是允许不同的节具有不同的页边距、页的方向、页眉和页脚、以及页码的顺序。

空（2）的正确选项为 D。在 Word 中，如果已有页眉或者页脚，只需双击页眉或者页脚区，就可以修改页眉或者页脚内容。

4.3　对象插入及图文混排

4.3.1　图片插入与编辑

可以通过多种途径在 Word 文档中插入各种图片，使得建立的文档图文并茂。Word 2007 中文版本身就带有丰富的图形供用户在编辑文档时使用；用户还可以使用插入图形文件功能将已有的其他图形文件插入到 Word 文档中；另外，使用 Word 提供的绘图工具自己绘制图形，利用图形处理工具对图形进行缩放、剪裁、修饰和排版等操作。

1．图片插入与编辑

文档中插入的图片有多种来源：Office 2007 自带的剪贴画、计算机中的图片文件来自扫描仪或照相机等。

（1）插入图片：选择“插入”选项卡→单击“插图”组中的“图片”按钮，在弹出的“插入图片”对话框中选择要插入文档的图片即可，如图 4-35（a）所示。

（2）插入剪贴画：选择“插入”选项卡→单击“插图”组中的“剪贴画”按钮，弹出的“剪贴画”任务窗格→单击“搜索”按钮→单击要插入的剪贴画，如图 4-35（b）所示。

（a）“插入图片”对话框　　　　（b）“剪贴画”任务窗格

图 4-35　插入图片/剪贴画

注意：用户也可以在“搜索文字”文本框中输入关键字，并在“搜索范围”和“结果类型”下拉列表框中选择所需的选项，单击“搜索”按钮即可在任务窗格中显示符合条件的图片。

2．图片编辑

插入图片或剪贴画后，可以调整它的大小、亮度、对比度、版式等格式化属性，还可以对它进行裁剪、水平旋转、改变边框线型等操作，其中需要重点掌握的是文字环绕形式设置。

当在文档中插入（或选择）一个剪贴画或图片后，Word 会自动显示“图片”工具的“格式”功能选项卡，包含调整、图片样式、排列和大小四个组，如图 4-36 所示。

注意：图片、剪贴画一旦被选择，则在其周边会出现如图 4-36 所示的 1 个旋转点和 8 个控制点，用户可以通过它们控制被选择的图片、剪贴画旋转或调整大小。

图 4-36　“格式”功能选项卡

1）调整图片对比度、亮度和重新着色

（1）调整图片对比度：选择需要调整的图片，在“格式”功能选项卡→单击 对比度 下拉按钮，在其下拉列表中进行选择。例如，在图 4-37（a）原图的基础上选择 +20 % 选项，其效果如图 4-37（b）所示。

（2）调整图片对亮度：选择需要调整的图片，选择“格式”功能选项卡→单击 亮度 下拉按钮，在其下拉列表中进行选择。例如，在图 4-37（a）原图的基础上选择 +30 % 选项，其效果如图 4-37（c）所示。

（3）图片重新着色：选择“格式”功能选项卡→单击 重新着色 下拉按钮，在其下拉列表中选择要使用的颜色变体。例如，选择“浅色变体”栏中的“强调文字颜色 6 浅色”选项，着色前与着色后的图分别如图 4-37（a）、（b）所示。

另外，单击 压缩图片 按钮，即可对图片进行压缩；单击 更改图片 按钮，即可在不更改图片样式的前提下更换图片；单击 重设图片 按钮，即可取消对图片的应用样式。

（a）原图

（b）选择 +20 % 选项效果

（c）选择 +30 % 选项效果

（d）着色后

图 4-37　调整图片对比度、亮度和重新着色示例

2）调整图片大小

调整图片大小可以采用鼠标、功能区或对话框。

（1）鼠标调整图片大小：选择图片→将光标置于图片的“控制点”上，当光标变成双向箭头时，拖动鼠标即可调整图片大小。

（2）功能区调整图片大小：选择图片→选择“格式”功能选项卡，在“大小”组的 高度: 6.43 厘米 微调框和 宽度: 7.49 厘米 微调框中输入待调整的数字→按 Enter 键。

（3）对话框调整图片大小：选择图片→选择“格式”功能选项卡→单击“大小”组的对话框启动器，在弹出的对话框中进行设置即可。

3）图片旋转

（1）利用鼠标使图片旋转：选择图片→单击对象顶端的旋转句柄，然后按照所需方向拖动。

（2）功能区调整图片大小：选择图片→选择“格式”功能选项卡→单击“排列”组的 旋转 下拉按钮，在图 4-38（a）所示的下拉列表中选择旋转方式。例如，对于图 4-37（a）所示的剪贴画，当选择 向左旋转 90°(L) 选项时，该图向左旋转 90º 的效果如图 4-38（b）所示。

（3）利用对话框使图片旋转：选择图片→选择“格式”功能选项卡→单击“大小”组中的“大小”对话框启动器按钮，即弹出如图 4-38（b）所示的“大小”对话框，按需求进行相关设置即可。

（a）旋转下拉列表　（b）“向左旋转 90º”示例　（c）“大小”对话框

图 4-38　图片旋转示例

4）图片剪裁

选择图片→选择“格式”功能选项卡→单击“大小”组中的“裁剪”按钮，此时图片上出现 8 个裁剪控制柄，拖动任意一个控制柄即可对图片进行裁剪。

3．图片版式设置

图形的版式主要包括文本对于图形的环绕方式和图形在页面中的位置。在 Word 文档中插入剪贴画或图片后，文字与图片经常有不和谐的问题。例如：图片遮住了文字、图片在文档中乱跑、无法绕着图片编排文字等。解决的办法是更改图片位置和图片的环绕方式。

1）更改图片位置

图片在文档中的位置主要包括嵌入文本行与文字环绕两类，其中文字环绕又分为图 4-39 所示的 9 种。“嵌入型”环绕方式的图片与文本在同一个图文层上，这时对它的定位处理与对文字、表格的定位处理一样，即它插入的相对位置不变。浮于文字上方和衬于文字下方是把图片和文本放在不同的图文层上。显然“浮于文字上方”的图片位于文字上面，而“衬于文字下方”的图片位于文字下面。

更改图片位置的方法：选择图片→选择“格式”功能选项卡→单击“排列”组中的“位置”下拉按钮，在图 4-39（a）所示的下拉列表中选择图片的位置。

另外，也可在“位置”下拉列表中单击按钮，在弹出的“高级版式”对话框中的“图片位置”选项卡上进行设置，如图 4-39（b）所示。

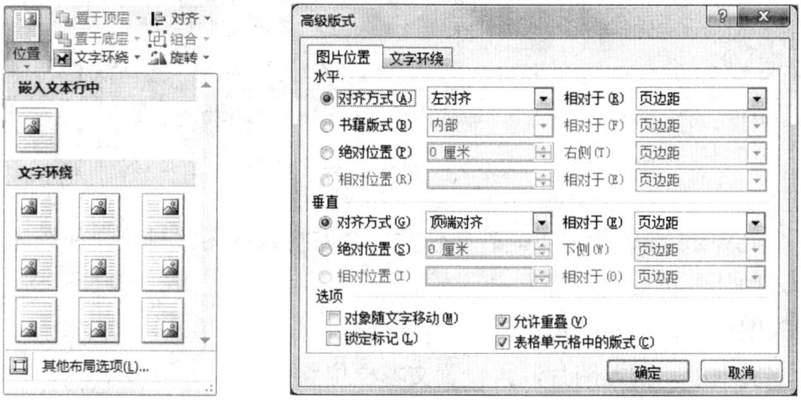

（a）“位置”下拉列表　　（b）“图片位置”选项卡

图 4-39　更改图片位置

2）更改图片环绕方式

Word 内置的环绕方式包括嵌入型、四周型、紧密型、浮于文字上方、衬于文字下方、上下型和穿越型环绕 7 种。其中嵌入型环绕方式的图片是不能进行旋转和拖动的。

四周型和紧密型是把图片和文本放在同一层上，但是还是将图片与文本分开来对待，图片会挤占文本的位置，使文本在页面上重新排列。四周型和紧密型之间的区别不大，仅仅是挤占文本的程度不同而已。

浮于文字上方和衬于文字下方是把图片和文本放在不同的图文层上。显然“浮于文字上方”的图片位于文字上面，而“衬于文字下方”的图片位于文字下面。

更改图片环绕方式的方法：选择图片→选择“格式”功能选项卡→单击“排列”组中的“文字环绕”下拉按钮，在图 4-40（a）所示的下拉列表中选择图片的环绕方式。

需要说明的是，如果将图片设为“衬于文字下方”环绕方式，则会产生水印效果。此后若要对其修改，直接通过单击选取是不行的，必须在“开始”功能选项卡上的“编辑”组中选择 选择 下拉按钮，在下拉列表中选择 选择对象(O) 按钮，然后单击选取图片，再进行修改。

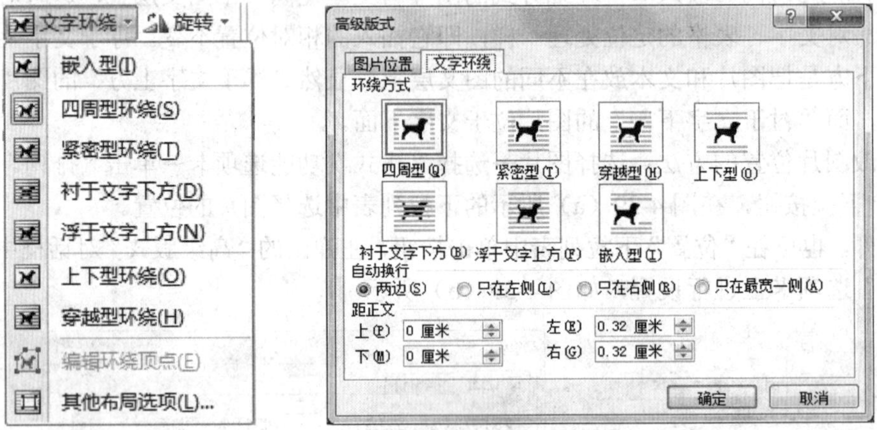

（a）“环绕方式”下拉列表　　（b）“文字环绕”选项卡

图 4-40　更改环绕方式

例 4.7　在 Word 编辑状态下，若要使文字绕着插入的图片排列，应该先_____。

A．插入图片，再设置环绕方式

B．插入图片，再调整图形比例

C．建立文本框，插入图片，再设置文本框位置

D．插入图片，再设置叠放次序

分析：本题选项 A 是正确的。为了使文字绕着插入的图片排列，应该在插入图片后，设置环绕方式为四周型或紧密型。

4.3.2　绘制图形

为了使文字之间的关联和层次关系表示的更加清晰，经常采用的是在文档中配有插图。对于普通的文档，只要绘制几何图形并在其中添加文字就可以到达一般的要求。但要制作出具有专业设计师水平的插图，就需要借助 Word 2007 新增的功能 SmartAtr 图形。

1．绘制形状

在 Word 文档中，系统为用户提供了线条、矩形、多边形、椭圆、箭头、流程图、标注等基本几何形状，用户只需通过鼠标拖动来完成绘制。

1）绘制形状

选择“插入”选项卡→单击“插图”组上的“形状”下拉按钮，在如图 4-41（a）所示的下拉列表中选择所需选项→鼠标指针变为“+”状，并在编辑区拖曳鼠标即可绘制所需的形状。

注意：若在绘制矩形或椭圆时按住 Shift 键，则绘制出的是正方形或者正圆；若在绘制直线时按住 Shift 键，则绘制出的是水平、竖直直线或与水平成 15º、30º、45º、60º、75º、90º 的直线。若按住 Ctrl 键，可绘制出从中心向外扩散的形状。

2）设置形状格式

当用户绘制好形状后即可设置自选形状的格式在 Word 文档中，系统为用户提供了投影、透视等多种类型的阴影样式，用户可以设置阴影的颜色以及阴影与形状的距离。

为形状设置阴影效果的过程：选择形状→选择“格式”选项卡→单击如图 4-41（b）所示的“阴影效果”组上的“阴影效果”下拉按钮，在如图 4-41（c）所示的下拉列表中选择所需选项，并进行颜色方面的相关设置。

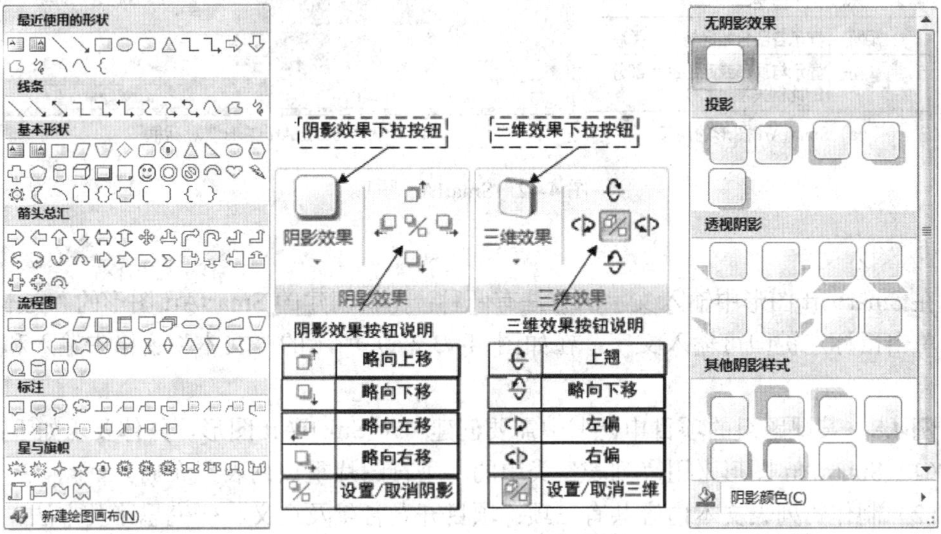

（a）“形状”下拉列表　（b）“阴影/三维效果”组　（c）“阴影效果”下拉列表

图 4-41　绘制图形

为形状设置三维效果的过程：选择形状→选择“格式”选项卡→单击如图 4-41（b）所示的“三维效果”组上的“三维效果”下拉按钮，在下拉列表中选择所需选项。

用户还可以根据自己的需求进行颜色、方向、深度光照效果及表面材质效果等方面的相关设置，设置方法同阴影或三维效果，故不再赘述。

2．创建 SmartArt 图形

SmartArt 图形是信息和观点的视觉表示形式。可以通过从多种不同布局中进行选择来创建 SmartArt 图形，从而快速、轻松、有效地传达信息。SmartAtr 图形分为列表、流程、循环、层次结构、关系、矩阵和凌锥图七类，各类图形的主要用途如图 4-42（a）所示。

1）创建 SmartArt 图形

选择“插入”选项卡→单击“插图”组上的“SmartArt”按钮，弹出如图 4-42（b）所示的“选择 SmartArt 图形”对话框→选择所需的类型及布局，在右侧的预览框中显示所选择的 SmartArt 图形的效果→单击“确定”按钮完成创建操作。

类型	图形的用途
列表	显示无序信息
流程	在流程或日程表中显示步骤
循环	显示连续的流程
层次结构	显示决策树/创建组织结构图
关系	图示连接
矩阵	显示各部分如何与整体关联
棱锥图	显示与顶部或底部最大部分的比例关系

（a）SmartArt 图形的用途

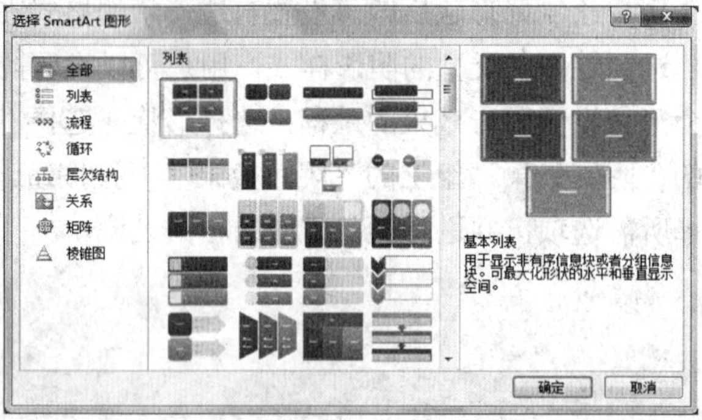

（b）“选择 SmartArt 图形”对话框

图 4-42　SmartArt 图形

2）输入文字

在 SmartArt 图形中输入文字的方法有两种：在新创建的 SmartArt 图形的“文本”字样处单击鼠标左键即可输入文字；在如图 4-43（a）所示的“文本”窗格中输入和编辑文字。

例 4.8　某课题组的项目申请书中需要创建一个 SmartArt 图形，具体要求如下：

（1）SmartArt 图形采用“列表”类中的“垂直图片重点列表”布局。

（2）制作的列表文本内容共有三项：项目开发背景及意义、研究思路及方法、预期成果。

（3）插入图片自选。

制作步骤如下：

步骤 1：单击“插图”组上的“SmartArt”按钮。

步骤 2：在“选择 SmartArt 图形”对话框中选择 “列表”类中的“垂直图片重点列表”布局。

步骤 3：单击“确定”按钮，显示图 4-43（a）所示的“文本”窗格和“垂直图片重点列表”。

步骤 4：在“垂直图片重点列表”中的“文本”字样处单击鼠标左键输入文字，或者在“文本”窗格输入文字。

步骤 5：双击图标，在弹出的“插入图片”窗口中选择待插入的图片，单击插入(S)按钮即可。输入文字及插入图片后的效果如图 4-43（b）所示。

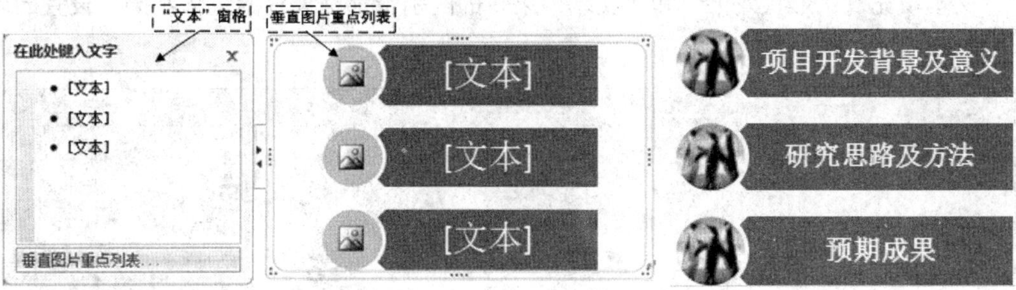

（a）“文本”窗格和“垂直图片重点列表”　（b）输入文字、插入图片后的效果

图 4-43　“SmartArt 图形”举例

需要说明的是，在某些 SmartArt 图形中只显示“文本”窗格中的部分文字，这是因为 SmartArt 图形包含的形状个数是固定的。未显示的文字、图片或其他内容在“文本”窗格中用一个红色的 X 来标识。如果切换到另一种布局，则未显示的内容仍然可用；但如果保持并关闭当前的同一个布局，则不保存未显示的内容。

3．编辑 SmartArt 图形

用户创建或选择一个 SmartArt 图形后，系统会自动打开 SmartAr 工具“设计”及“格式”两个选项卡，通过这两个选项卡中的各个按钮或列表框来对 SmartArt 图形的布局、颜色和样式等进行编辑与设置。

在如图 4-44 所示的“设计”选项卡中，“添加形状”按钮的下拉列表中可以选择 SmartArt 图形添加形状的位置；“布局”功能组区中的按钮可以为 SmartArt 图形重新定义布局样式；“SmartArt 样式”功能组区中的“更改颜色”按钮的下拉列表中可以为 SmartArt 图形重新设置颜色，“SmartArt 样式”功能组区中的其他按钮用来设置 SmartArt 图形的样式，使用“重设图形”按钮将取消所有对 SmartArt 图形的设置，使 SmartArt 图形恢复到刚插入式的初始状态。

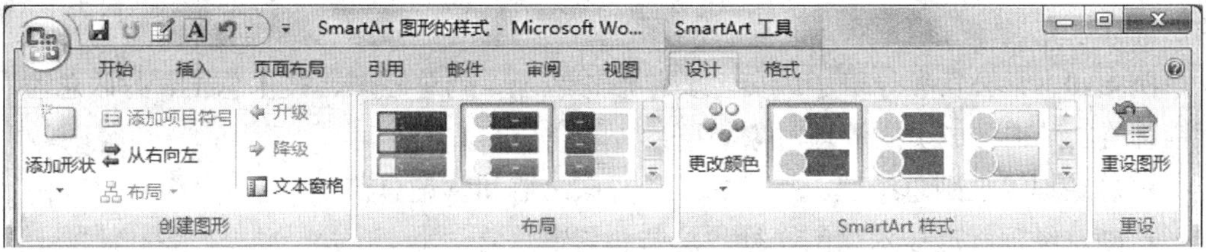

图 4-44　SmartArt 工具“设计”选项卡

在如图 4-45 所示的“格式”功能选项卡中，“形状样式”功能组区中的按钮用来改变 SmartArt 图形中每个框体的外观样式，“形状填充”和“文本填充”的区别仅仅是填充的对象一个是 SmartArt 图形中每个框体，另一个是框体中文字的填充，而“形状填充”和“文本填充”、“形状效果”和“文本效果”的区别也都是设置的主体不同，设置的效果是一样的。

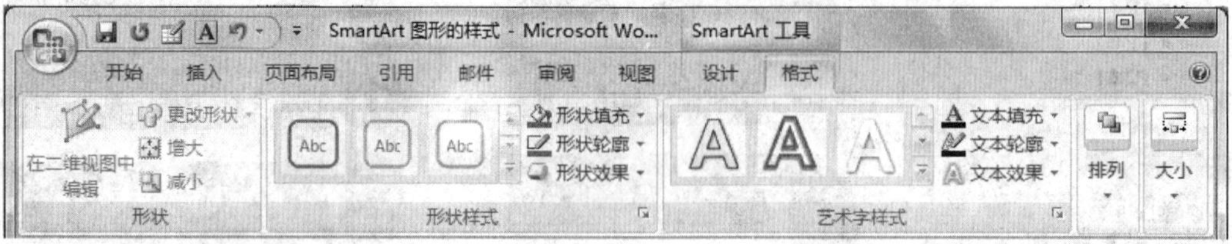

图 4-45　SmartArt 工具“格式”选项卡

例 4.9　使用 Word 2007“插入”功能选项卡上的“形状”下拉按钮可以绘制多种形状，椭圆就是其中的一种。如果想绘制一个标准的正圆，应该在点击“椭圆”形状后再按住＿（1）＿键进行绘制；若希望画好的图形呈“红”色，应该按下＿（2）＿功能按钮。

（1）A．Alt　　B．Ctrl　　C．Shift　　D．Tab

（2）A．形状填充　　B．形状轮廓　　C．形状效果　　D．文本填充

分析：空（1）正确答案为 C。使用 Word 2007“插入”功能选项卡上的“形状”下拉按钮可以绘制多种形状，椭圆就是其中的一种。如果想绘制一个标准的正圆，应该在点击“椭圆”按钮后再按住 Shift 键进行绘制。

空（2）正确答案为 A。单击形状填充下拉按钮，在下拉列表框中选择所需颜色为形状填充；单击形状轮廓下拉按钮，在下拉框中选择颜色即可改变轮廓的颜色；形状效果下拉列表框如图 4-46 所示，从图中不难看出形状效果主要是指对形状阴影、映像、发光、等方面进行修饰；文本填充与形状填充的本质区别是设置的主体不同，前者是对文本进行填充，后者是对图形进行填充。

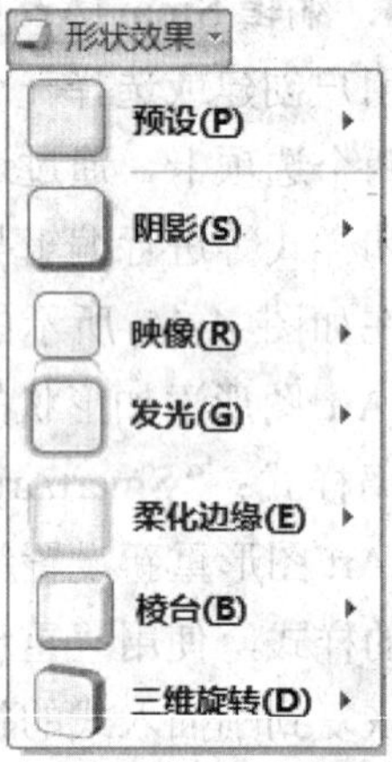

图 4-46　“形状效果”下拉列表框

例 4.10　某公司领导班子成员主要包括总经理、副总经理、技术总工、行政总监和营销总监，其中各成员的管理对象如下：

- 总经理管理副总经理、技术总工、行政总监和营销总监；
- 副总经理管理技术总工、行政总监和营销总监；
- 技术总工负责管理研发部、技术部、生产部和质检部；

- 行政总监负责管理综管办（即综合管理办公室）、人事部及财务部；
- 营销总监负责管理销售部和市场部。

请选用合适的图示类型画出该公司的管理结构关系图。

分析：根据题意应选择组织结构图可以清晰地描述该公司的管理结构关系。具体操作方法如下：

（1）先将插入点定位，选择“插入”选项卡→单击“插图”组上的“SmartArt”按钮，弹出如图 4-42（b）所示的“选择 SmartArt 图形”对话框；

（2）在该对话框中选择“层次结构”类型中的“组织结构图”；

（3）单击“确定”按钮，显示如图 4-47（a）所示的“文本”窗格以及图 4-47（b）所示的“组织结构图”布局；

（4）单击“组织结构图”中的[文本]即可在各子框中添加文字。用户也可在“文本”窗格中添加文字，如图 4-47（c）所示。

本题的参考答案如图 4-47（d）所示。

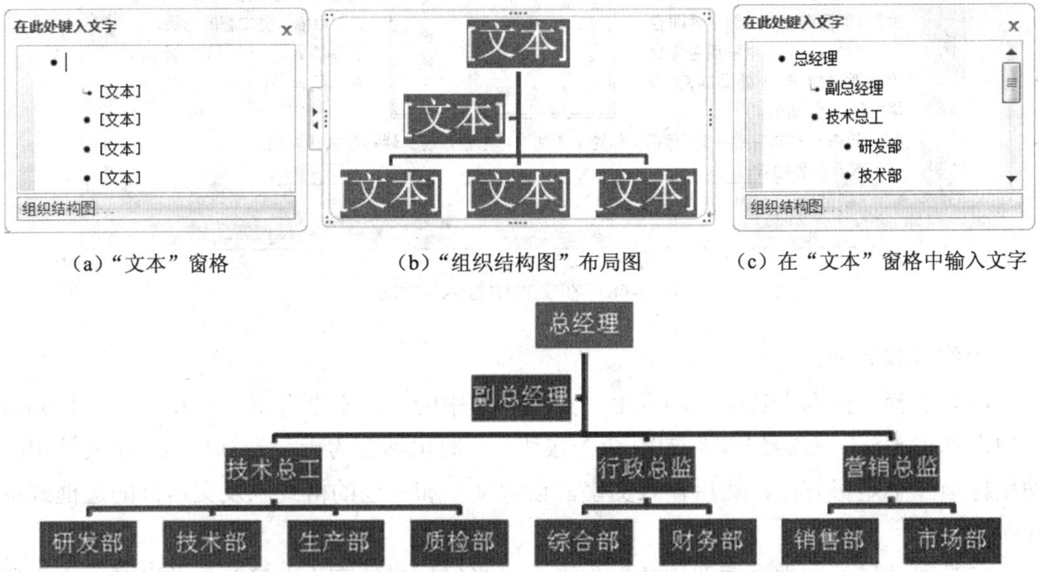

（a）“文本”窗格　（b）“组织结构图”布局图　（c）在“文本”窗格中输入文字

（d）参考答案

图 4-47　SmartArt 应用举例

注意：组织结构图子框分为同事子框、下属子框和助理子框三类。其中，同事子框也称同级组织结构子框，如本题技术总工与行政总监和营销总监之间属于同级组织结构子框；下属子框即下级子框，如本题技术总工管理的研发部、技术部、生产部和质检部属于下属子框；助理子框如本题副总经理。

4.3.3 使用文本框

文本框是 Word 提供的一种特殊绘制对象，是一种可以移动、大小可调的文本或图形容器。使用文本框可以将文字、表格或图形精确定位到文档中任意位置。下面通过一个例子说明在文档中插入文本框的方法：

例如，在文档中采用竖排文本框插入孟浩然诗《春晓》“春眠不觉晓，处处闻啼鸟。夜来风雨声，花落知多少。”，要求：文字格式小 5、行楷、标题小 4 加黑，边框线型为双线 3 磅，版式四周型。效果如图 4-48 所示。

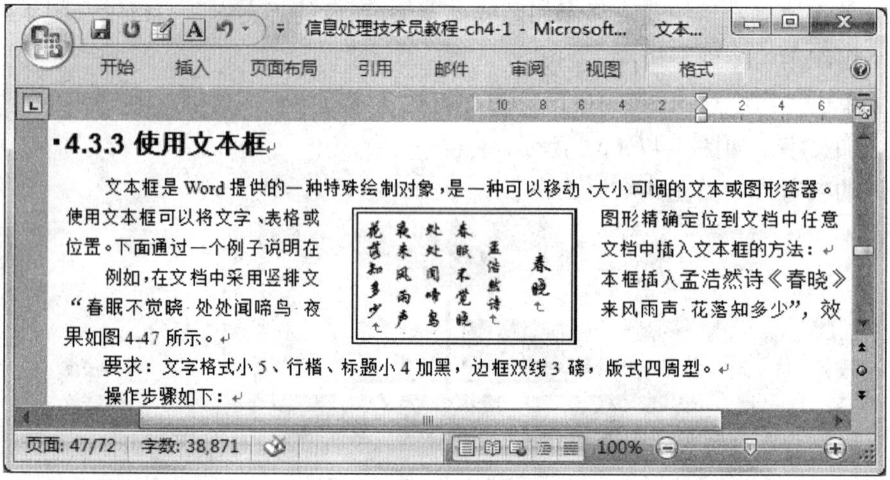

图 4-48 在文档中插入文本框

操作步骤如下：

（1）选择“插入”功能选项卡上“文本”组中的“文本框”下拉按钮，在下拉列表框中选择单击 绘制竖排文本框(V) 命令按钮，此时鼠标变为十字光标形状；在文档中拖动鼠标画一个矩形方框，然后输入文字，设置文字和标题的格式以及文本框的边框线形和颜色。

（2）移动鼠标到文本框四周的操作点上，当鼠标指针变为双箭头形状时，拖动鼠标调整文本框的大小。

（3）选择“格式”功能选项卡上“排列”组中的 文字环绕 下拉按钮，在下拉列表框中选择 四周型环绕(S)。或者单击“格式”功能选项卡上“文本框样式”功能组区的对话框启动器，弹出“设置文本框格式”对话框，在“设置文本框格式”对话框中可以设置文本框的边框线型与颜色、文本框的大小和文本框的文字环绕等格式设置。

（4）将鼠标移到文本框边上，待光标变为交叉的双向箭头形状时，拖动鼠标，使文本框位于文档的合适位置上。

4.3.4　插入艺术字

使用 Word 2007 的“艺术字”功能可创建特殊的文字效果，操作方法如下：

（1）选择“插入”功能选项卡→单击“文本”组上的“艺术字”下拉按钮，在如图 4-49（a）所示的“艺术字”下拉框中选择一种艺术字型，系统打开如图 4-49（b）所示的“编辑艺术字文字”对话框。

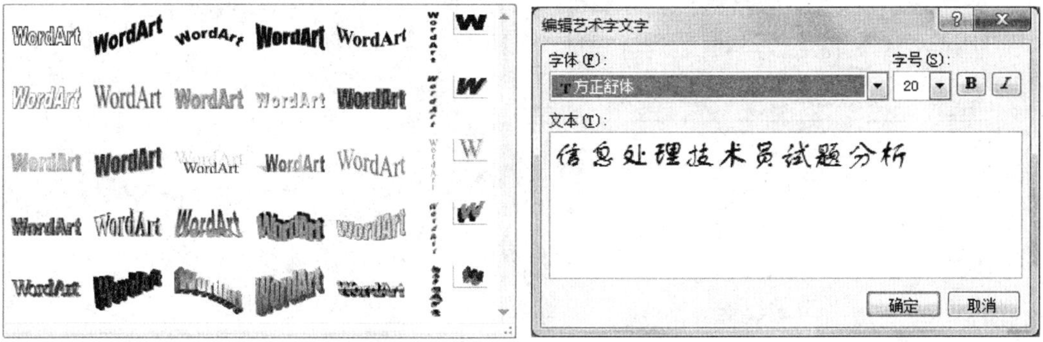

（a）“艺术字”下拉框　　（b）“编辑艺术字文字”对话框

图 4-49　插入艺术字

（2）在该对话框中用户可以设置文字格式，如：字体、字号、加黑、倾斜；然后输入文字，单击 确定 按钮关闭对话框。

注意：当用户单击艺术字时，系统同时也打开了艺术字工具“格式”功能选项卡。通过“格式”功能选项卡上的各种功能按钮进行艺术字设置，例如，单击“文字环绕”按钮设置环绕形式等。通过拖动艺术字边上的控制块，调整艺术字的大小；通过拖动艺术字侧面的黄色菱形小方块，可调整艺术字字形。

4.3.5　插入公式

（1）插入常用的数学公式：选择 “插入”功能选项卡中“符号”组→单击“公式”下拉按钮，在如图 4-50（a）所示的下拉列表中选择要插入的数学公式→编辑公式即可。

（2）插入特殊公式：单击图 4-50（a）中的 π 插入新公式(I) 选项。在“设计”功能选项卡中的“工具”组、“符号”组和“结构”组完成操作，如图 4-50（b）、（c）和（d）所示。

需要说明的是，假设新公式 $f(x)$ 以后需要使用，为了避免再次编辑新公式 $f(x)$ 所花费的代价，可以在新公式编辑完毕之后，单击新公式右下角的“公式选项”按钮把这个新公式存入系统公式列表中。以后再要使用该公式时就可以直接从系统常用公式中查找并使用。

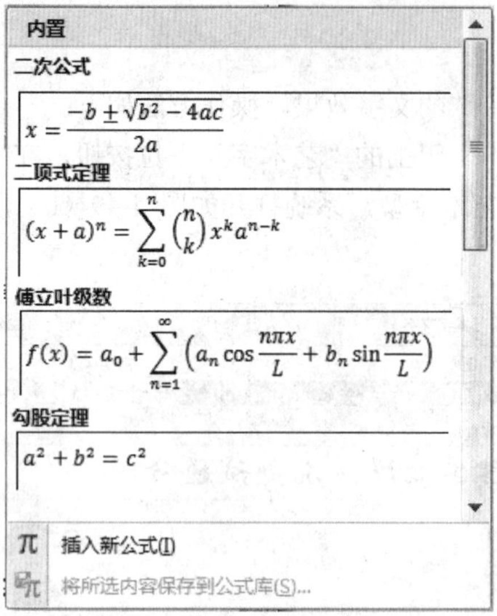

（a）“公式”下拉框

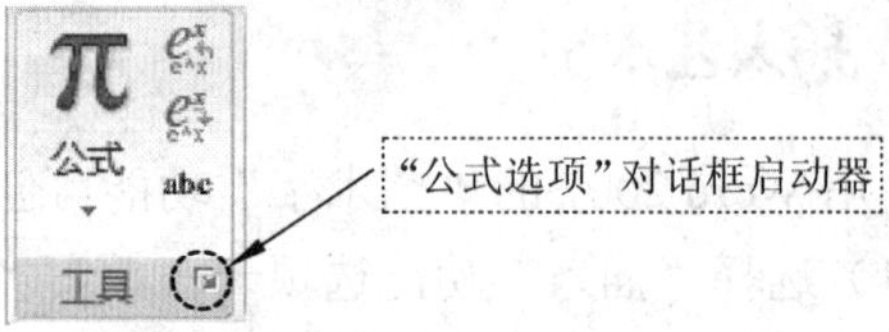

（b）“工具”组

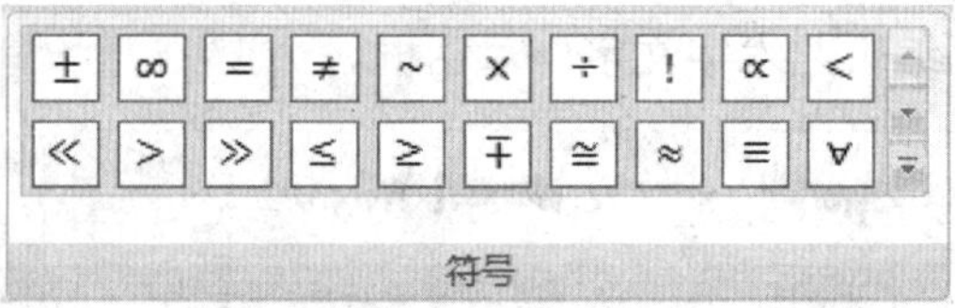

（c）“符号”组

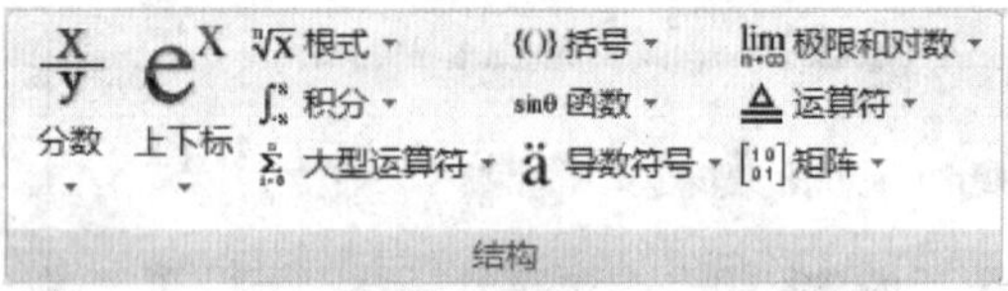

（d）“结构”组

图 4-50　插入公式

注意： Microsoft Office Word 2007 包含写入和更改公式的内置支持功能。但是，如果已使用 Word 早期版本中的 Microsoft 公式 3.0 写入了公式，则需使用公式 3.0 来更改该公式。

4.3.6　对象的链接和嵌入

对象的链接与嵌入（Object Linking and Embedding）技术简称 OLE。在 Word 2007 文档中，通过链接对象和嵌入对象，可以在文档中插入利用其他应用程序创建的对象，从而达到了程序间共享数据和信息的目的。

1．基本概念

对象：指文字、图表、图形、数学公式、数据库或其他形式的信息。例如在一个 Word 文档中创建一个 Excel 表格对象，使得双击该对象便可以用 Excel 对该表进行修改。

源文件：提供信息（对象）的文件称为源文件。

目标文件：接受信息（对象）的文件称为目标文件。

链接：在目标文件中仅存放链接文件的地址，并显示链接对象的外观。若更新源文件，则等价目标文件中的链接对象也得到更新。故链接方式适合于随时变化的共享数据。断开链接对象是指切断源文件与目标文件之间的关联。断开后的链接对象形成图文，将按图文方式处理。

嵌入：将对象嵌入（复制）到目标文件中。一旦嵌入，该对象成为目标文件的一部分。在目标文件中，用鼠标双击嵌入对象可对该对象内容进行修改，但源文件内容不会发生变化。对源文件内容进行编辑修改，目标文件中嵌入对象的内容不会发生变化。

2．建立对象链接、编辑和更新链接对象

1）建立对象链接

操作方法：将光标移到需要插入链接对象的文本区，选择“插入”功能选项卡→单击 对象 下拉按钮→在下拉列表框中单击 对象(J)... 按钮，弹出“对象”链接对话框→选择“由文件创建”选项卡，如图 4-51 所示。确定链接对象的文件名，在“对象”对话框中，单击“浏览”按钮，在弹出的“浏览”对话框中，选择链接对象（源）文件名后，单击“插入”按钮；在“对象”对话框中复选 链接到文件(K) 项，单击“确定”按钮。

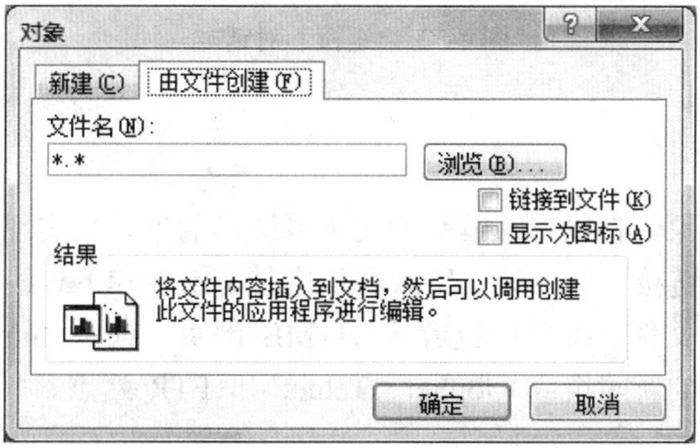

图 4-51　“对象”对话框

2）编辑链接对象

操作方法：双击链接对象视图区，进入源应用程序窗口；在源应用程序窗口中编辑源文件内容；结束编辑时，单击源应用程序窗口外任意处。

3）更新/阻止更新链接对象

默认情况下，链接的对象自动更新。这意味着，每次打开 Word 文件或在 Word 文件打开的情况下更改源 Excel 文件的任何时候，Word 都会更新链接的信息。但是用户可以通过更改单个链接对象的设置，使得不更新链接的对象，或仅在文档读者选择手动更新链接的对象时才对其进行更新。

（1）手动更新链接的对象：选择链接的对象→单击 Office 按钮→指向“准备”→单击“编辑指向文件的链接”，打开如图 4-52 所示的“链接”对话框。在“所选链接的更新方式”下，单击 手动更新(M)，或者按 Ctrl+Shift+F7 组合键。

（2）阻止 Word 自动更新所有文档中的链接：单击 Office 菜单中的 Word 选项(I) 按钮，系统显示 Word 选项对话框。选择 高级 选项卡并向下滚动到“常规”类选项，将复选框 打开时更新自动链接(U) 清除，即不勾选复选框 打开时更新自动链接(U)。

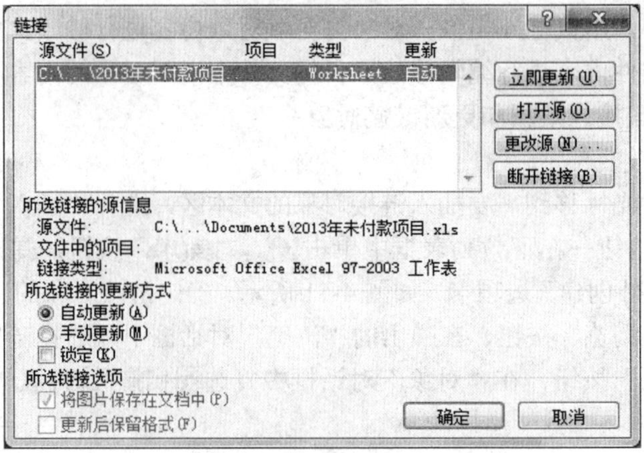

图4-52 “链接”对话框

4.3.7 超链接

超链接是一种对象，它以特殊编码的文本或图形的形式来实现链接。注意：如果对文字或图形建立了超链接，那么该文字或图形应带有颜色和下划线；若单击该链接，则可以转向万维网中的文件、文件的位置或 HTML 网页，或是 Intranet 上的 HTML 网页。超链接还可以转到新闻组或 Gopher、Telnet 和 FTP 站点。

1．创建超链接

在原有文件或 Web 页中创建超链接的操作方法如下。

（1）选择想要显示为超链接的文字或图片，例如，www.xaiu.edu.cn。

（2）在“插入”功能选项上单击插入超链接按钮，弹出如图4-53所示的“插入超链接”对话框。

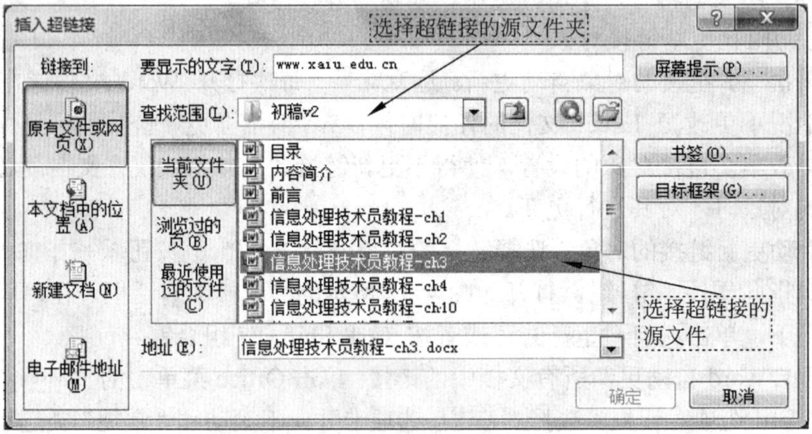

图4-53 “插入超链接”对话框

（3）在“插入超链接”对话框的“查找范围”栏选择超链接源文件夹，在“当前文件夹”栏中选择超链接源文件名，单击“确定”按钮。

注意：在目标文档中要插入的源文件可以是“本文档中的位置”、“新建文档”或“电子邮件地址”，通过在“插入超链接”对话框的左边单击鼠标左键进行源文件位置的选择。

2．修改超链接

选择被超链接的文字或图片，单击“插入”功能选项卡上“链接”组中的超链接按钮（或右击打开快捷菜单，再单击“编辑超链接”选项），打开“编辑超链接”对话框，在该对话框中重新进行设置。

3．删除超链接

选择被超链接的文字或图片，单击超链接按钮（或右击打开快捷菜单，再单击“编辑超链接”选项），打开“编辑超级链接”对话框，单击右下角的“删除链接”按钮，可删除该超链接。

4.4　表格设计与应用

4.4.1　创建表格

在 Word 2007 的表格中，一行和一列的交叉位置称为一个单元格，表格的信息包含在各个单元格中，可以在单元格中输入文本和图形。单元格结束标记标识出单元格中内容的结束位置，而行结束标记标识出每一行的结束位置。这些标记的作用和“段落标记”一样，都具有存储设置的功能。创建表格有使用菜单插入表格、利用对话框插入表格和绘制表格三种方法。

1．使用菜单插入表格

将插入点定位到要创建表格的位置，选择“插入”功能选项卡→单击“表格”组中的“表格”下拉按钮，在“表格”下拉列表中出现一个的网格面板，如图 4-54（a）所示。

在网格内拖动鼠标直到深色网格的大小符合要求后松开鼠标，即可在屏幕上创建一个所需行数和列数的表格。图 4-54（a）中鼠标拖过 4×3 个方格，故将创建一个 4 列 3 行的表格。

在文档中插入表格后，将鼠标移到表格内，表格左上角会出现一个内嵌十字箭头（表格移动控制点）、右下角出现一个空心方块（表格尺寸控制点），如图 4-54（b）所示；将鼠标移到表格移动控制点上时，鼠标变为交叉的双向箭头形状，此时拖动鼠标可以移动表格到任意的位置上；将鼠标指针停留在表格尺寸控点上，出现一个呈 45° 角双向箭头，此时拖动鼠标可将表格的边框拖到所需尺寸。

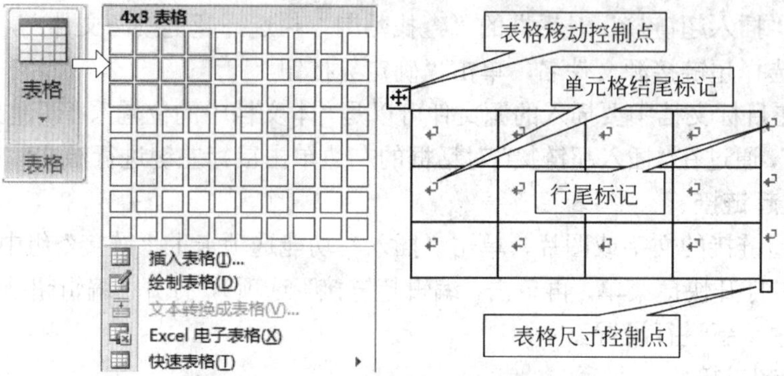

（a）“表格”下拉列表　　　　（b）示例说明

图 4-54　使用菜单插入表格

2．利用“插入表格”对话框创建表格

可以使用“表格”菜单中“插入”子菜单下的“表格”命令创建表格，操作步骤：

（1）将光标移到要插入表格的位置上，选择“插入”功能选项卡→单击“表格”组中的“表格”下拉按钮→在“表格”下拉列表中单击 插入表格(I)... 按钮，弹出如图 4-55 所示的“插入表格”对话框→输入或选择表格的列数和行数。

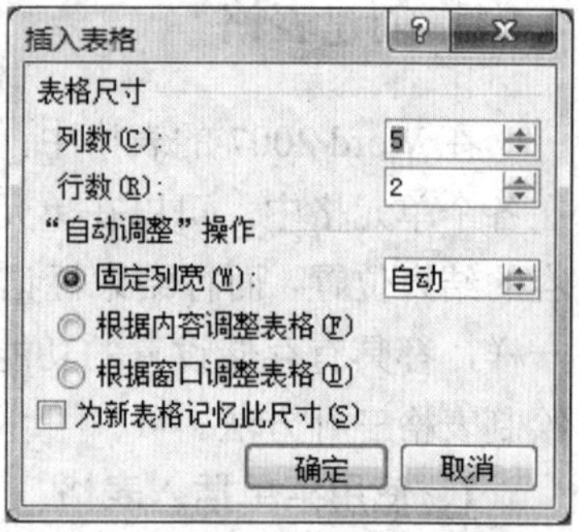

图 4-55　“插入表格”对话框

（2）在“自动调整操作”区域选择需要的选项，其中，选择“固定列宽”表示表格的列宽是一个确切的值（可以任意指定）；选择“根据窗口调整表格”表示表格的总宽度总是与页面的宽度相同，其中列宽等于页面宽度除以列数；选择“根据内容调整表格”表示列宽自动适应内容的宽度。

（3）如果选中“为新表格记忆此尺寸”复选框，则该设置将成为以后新创建表格的默认设置。

（4）单击“确定”按钮即可在文档中插入所需格式的空表格。

3．“绘制表格”命令创建表格

可以使用“表格”菜单中“插入”子菜单下的“表格”下拉命令列表框中“绘制表格”命令创建表格，使用起来就像用一支笔绘制表格一样方便，操作步骤如下：

（1）选择“插入”功能选项卡→单击“表格”组中的“表格”下拉按钮→在“表格”下拉列表中单击 绘制表格(D) 按钮，此时鼠标指针变为铅笔的形状。

（2）在需要插入表格的地方，按住鼠标左键从左上角沿对角线方向拖动鼠标，直到适当位置后松开鼠标，画出表格外框，然后拖动鼠标画表格内的行列线段。

（3）绘制完成后，再次单击“设计”功能选项卡上的“绘制表格”按钮，使鼠标呈正常显示。

另外，使用“设计”功能选项卡上的工具，可以对表格进行一些修改操作。例如：如果要取消一条单元格线，可以单击“设计”功能选项卡上的“绘图边框”组上的“擦除”按钮，待光标变成橡皮状后，在擦除的线上单击鼠标，该线就被擦除了（再次单击该按钮结束擦除操作）。

4.4.2　表格的编辑修改

1．在表格中输入信息

在表格中可以输入各种文本、数据，还可以在表格的单元格中插入各种图片。对单元格内容进行编辑时，也可使用删除、剪切、复制、粘贴等操作。当输入的内容到达单元格的行尾时，Word 会自动换行；当表格项目的内容占满整个单元格时，Word 会改变这一行的高度。

在表格中输入信息的方法：首先移动鼠标到某个单元格，然后单击鼠标将插入点移到该单元格中，输入内容即可。在表格中移动插入点时，可按 Tab 键从一个单元格跳到下一个单元格，按 Shift + Tab 组合键可以从一个单元格跳到上一个单元格。

2．选定单元格、行、列、整个表格

要对表格进行编辑操作时，通常需要首先选择操作的对象。可以使用“表格”菜单“选定”子菜单中的命令，选定单元格、行、列、整个表格，也可使用以下方法选择这些对象。

（1）选择一个单元格：把鼠标放置在该单元格的左侧，当指针呈现指向右侧的黑色实心箭头时单击鼠标。

（2）选择连续的单元格：把鼠标放置在该单元格左侧，当指针呈现指向右侧的黑色实心箭头时拖曳即可。

（3）选择整行：把鼠标放置在文本选择区，单击鼠标即可。

（4）选择整列：把鼠标放置在表格某列的上方，当指针呈现指向下方的黑色实心箭头时，单击鼠标即可。

（5）整个表格：先把插入点定位到表格中的任意一个单元格中，此刻表格的左上方会出现一个“田”字图标。用鼠标指针对准该图标单击即可。

（6）要选定多个单元格、多行或多列，可在要选定的单元格、行或列上拖动鼠标；或者先选定某个单元格、行或列，然后在按下 Shift 键的同时单击其他单元格、行或列。

（7）选择多个不连续的单元格：Ctrl+鼠标拖曳。

3．插入与删除

（1）插入行或列的方法是：选定与要插入的行或列数目相同的行或列；选择“布局”

功能选项卡上“行和列”组，用户可以根据需要单击如图 4-56（a）所示的“在上方插入”、“在下方插入”、“在左侧插入”或“在右侧插入”命令按钮。如果要快速添加一行的方法是：在表格某行的行结束标记前按回车键。

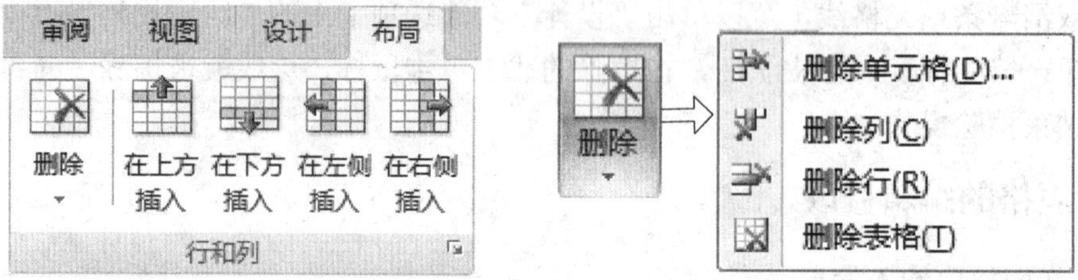

（a）“行和列”组　　（b）删除操作列表

图 4-56　表格插入与删除

（2）删除表格中的单元格、行、列或表格：选定与要删除的单元格、行或列→选择“布局”功能选项卡→单击“行和列”组中的“删除”下拉命令按钮，在如图 4-56（b）所示的删除操作列表中选择相应的删除命令。

（3）删除表格内容：选定要删除的表格项（单元格、行、列或整张表格），按下 Delete 键。

4．合并、拆分单元格

1）合并表格单元格

可将同一行或同一列中的两个或多个单元格合并为一个单元格。例如，可以横向合并单元格以创建横跨多列的表格标题；或者纵向合并单元格以创建纵向表格标题。合并表格单元的常用方法如下。

方法 1：选中待合并的单元格→单击鼠标右键→从快捷菜单中选择“”合并单元格命令。

方法 2：选中待合并的单元格→选择“布局”功能选项卡→单击“合并”组的“合并单元格”命令按钮。

方法 3：选择“布局”功能选项卡→单击“绘图边框”组的“”擦除按钮，在要删除的分隔线上拖动。

2）拆分单元格

选择需要拆分的单元格→选择“布局”功能选项卡→在如图 4-57（a）所示的“对齐方式”组中单击“拆分单元格”按钮，系统弹出“拆分单元格”对话框，如图 4-57（b）所示，在列数框内指定拆成几列，在行数框内指定拆成几行。

用户也可以单击常用工具栏上绘制表格边框命令按钮，直接在要拆分的单元格中画出分隔线。

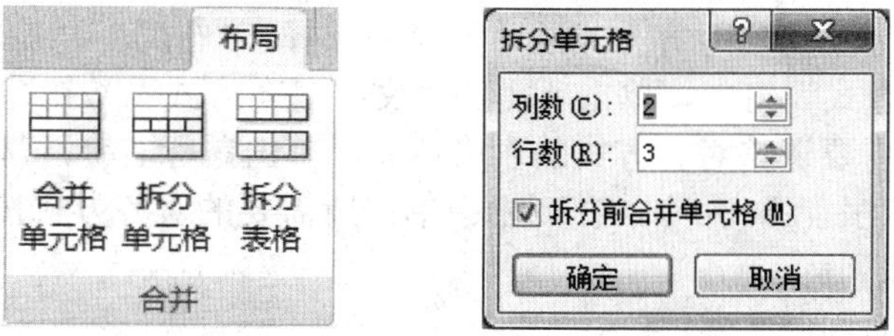

(a)“合并”组　　(b)“拆分单元格”对话框

图 4-57　拆分单元格

5. 文字的方向及对齐方式

1）表格内文字方向

默认情况下，Word 横向排列表格单元格中的文字，可以更改文字的方向使文字垂直显示，其操作方法有如下两种。

方法一：选择待更改文字方向的单元格，单击如图 4-58（a）所示的“布局”功能选项卡上“对齐方式”组中的“文字方向”切换命令按钮。

方法二：选择待更改文字方向的单元格，单击鼠标右键，从弹出的快捷菜单中选择执行 文字方向(X)... 命令，在弹出的 “文字方向-表格单元格”对话框中进行选择，单击确定按钮，如图 4-58（b）所示。

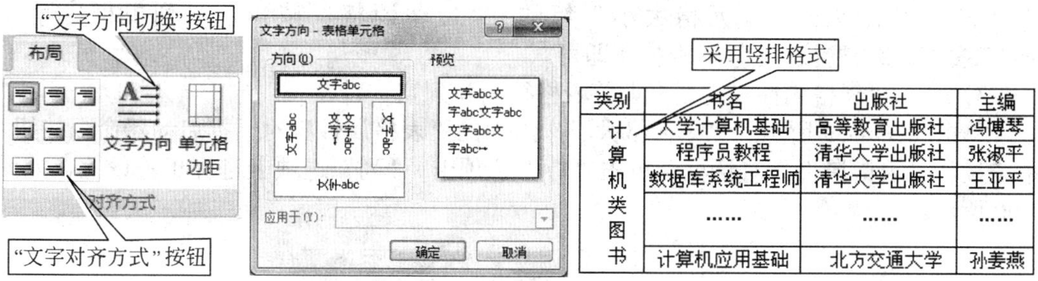

(a)“对齐方式”组　(b)“文字方向-表格单元格”对话框　(b) 纵向表格标题示例

图 4-58　表格内文字方向及对齐方式

例如，设置纵向表格标题，如图 4-58（c）所示。本例题是将同一列中的若干单元格合并，然后设置成纵跨若干行的纵向表格标题。其操作步骤：选择合并单元格，选择“布局”功能选项卡→在“对齐方式”组中单击更改文字方向切换按钮，即将“计算机类图书”改变为纵向表格标题。

2）表格中文字的位置

默认情况下，Word 将文字与单元格的左上角对齐。可以更改单元格中文字的对齐方式：垂直对齐（顶端对齐、居中或底端对齐）和水平对齐（左对齐、居中或右对齐）。

方法一：选择需要调整对齐方式的单元格→选择“布局”功能选项卡→在图 4-58（a）所示的“对齐方式”组中，单击所需的“文字对齐方式”按钮即可。

方法二：选择需要调整对齐方式的表格单元，单击鼠标右键，从弹出的快捷菜单中选择执行单元格对齐方式(G)▸命令，在列表中单击所需要的对齐方式按钮即可。

5．调整行高和列宽

1）调整表格的行高

简单操作方法：将指针停留在要更改其高度的行的边框上，直到指针变为“≑”，然后拖动表格线，即可调整表格的行高。

精确调整行高的操作方法：单击行中的某个单元格→选择“格式”功能选项卡，在如图 4-59 所示的“单元格大小”组的 高度: 0.82 厘米 微调框中输入待调整的数字→按 Enter 键。

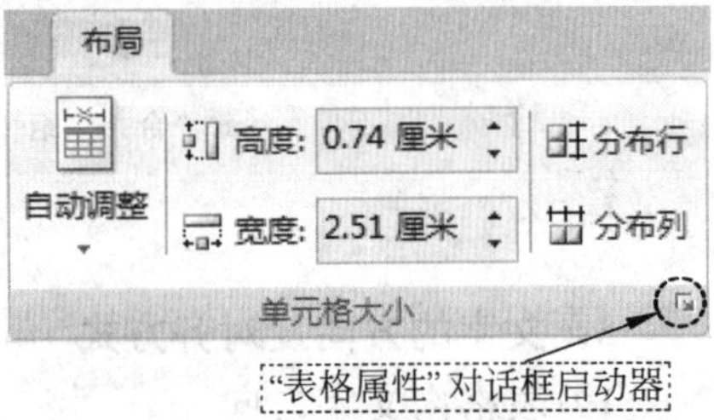

图 4-59 “单元格大小”组

2）调整表格列宽

简单操作方法：将指针停留在要更改其宽度的列的边框上，直到指针变为“⇹”，然后拖动边框，直到得到所需的列宽为止。

精确调整列宽的操作方法：单击列中的任意单元格→选择“格式”功能选项卡，在“单元格大小”组的 宽度: 2.51 厘米 微调框中输入待调整的数字→按 Enter 键。

需要说明的是，如果要使表格中的列根据内容自动调整宽度，可选择“格式”功能选项卡，然后单击“单元格大小”组的“自动调整”按钮，在列表框中单击 根据内容自动调整表格(C) 命令按钮即可。

3）利用“表格属性”对话框调整表格行高和列宽

单击如图 4-59 所示的“单元格大小”组中的“表格属性”对话框启动器命令按钮，系统显示“表格属性”对话框；单击“行”选项卡、“列”选项卡进行相关设置，如图 4-60 所示。

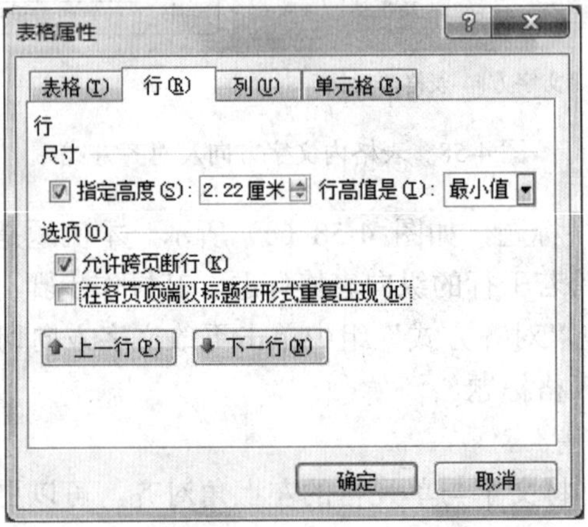

图 4-60 “表格属性”对话框

6．跨页断行、标题行重复

当表格某行的高度太高时，会导致该行显示在两页上的问题；有时由于表格太长，需要显示多页，会造成后续页上无标题的问题。Word 2007 提供了设置跨页断行、设置标题行重复的方法，解决这些问题。

（1）设置表格“跨页断行”的方法：选择表格，单击如图 4-59 所示的“单元格大小”组中的“表格属性”对话框启动器命令按钮，在“表格属性”对话框的“行”选项卡中，选择“允许跨页断行”复选框，如图 4-60 所示，单击确定按钮。

（2）设置表格“标题行重复”的方法：选定要作为表格标题的一行或多行（选定内容必须包括表格的第一行）→选择“布局”功能选项卡上的“数据”组→单击 重复标题行 命令按钮；或者单击“单元格大小”组中的“表格属性”对话框启动器命令按钮，在图 4-60 所示的“表格属性”对话框的“行”选项卡中，选择“在各页顶端以标题行形式重复出现”复选框，单击“确定”按钮。

7．绘制斜线表头

设置斜线表头的操作方法：选定表格或将插入点置于表格中，选择“格式”功能选项卡，然后单击“表”组的“绘制斜线表头”按钮，弹出“插入斜线表头”对话框如图 4-61（a）所示，在其中设置各种表头的样式和行、列标题后，单击“确定”按钮。示例如图 4-61（b）所示。

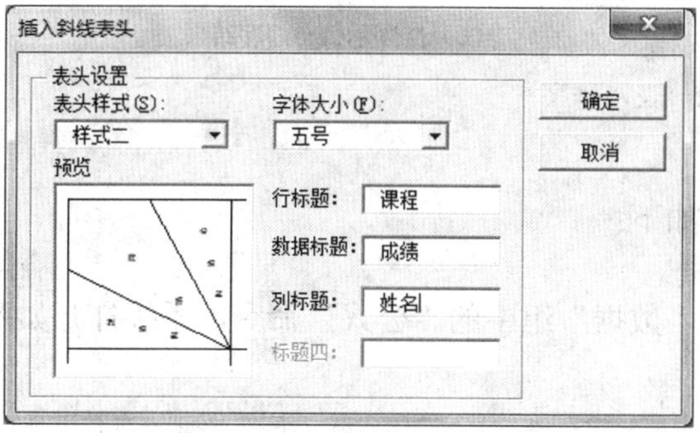

（a）“绘制斜线表头”对话框

成绩 \ 课程 / 姓名	数学	英语	计算机
黎明远	82	76	90
张晓华	72	60	88
吴晓敏	95	80	92
王黎明	72	60	88

（b）斜线表头示例

图 4-61　绘制斜线表头示例

4.4.3　表格的排序、计算、文字环绕、边框和底纹

1．对表格中的数据进行排序

对表格中的数据进行排序的操作方法如下：

（1）选定表格中需要进行排序的数据，单击“布局”功能选项卡上“数据”组中的“排序”命令按钮，系统弹出如图 4-62（a）所示的“排序”对话框。

（2）在主要关键字、次要关键字和第三关键字区域的下拉列表中选择合适的选项（最多可以对 3 列进行排序）。

（3）单击“确定”按钮。

例如，对图 4-62（b）上面所示的学生课程成绩表进行排序。要求：先将学生的“数学成绩”按降序排列，若该项数据相同再按“英文”的数据降序排列。

从图 4-61（b）上面的表可以看出按“数学”成绩排序为：吴晓敏 96→黎明远 82→张晓华 72、王黎明 72，学生张晓华与王黎明数学成绩相同都为 72 分。又由于张晓华的英语成绩为 60，王黎明的英语成绩为 69，故按第二关键字“英语”排序王黎明应在张晓华的前面。最终排序后的结果如图 4-62（b）下面的表所示。

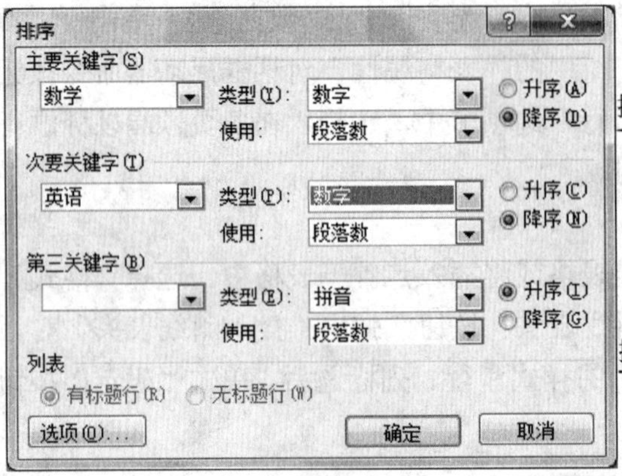

（a）“排序”对话框

排序前

成绩 课程 姓名	数学	英语	计算机
黎明远	82	76	90
张晓华	72	60	88
吴晓敏	95	80	92
王黎明	72	69	88

排序后

成绩 课程 姓名	数学	英语	计算机
吴晓敏	95	80	92
黎明远	82	76	90
王黎明	72	69	88
张晓华	72	60	88

（b）排序示例与排序结果

图 4-62　表格排序

2．对表格中的数据进行计算

对表格中的数据进行计算的操作方法如下：

（1）单击要放置计算结果的单元格；

（2）选择“布局”功能选项卡，单击“数据”组中的“公式”命令，系统打开如图 4-63（a）所示的对话框；

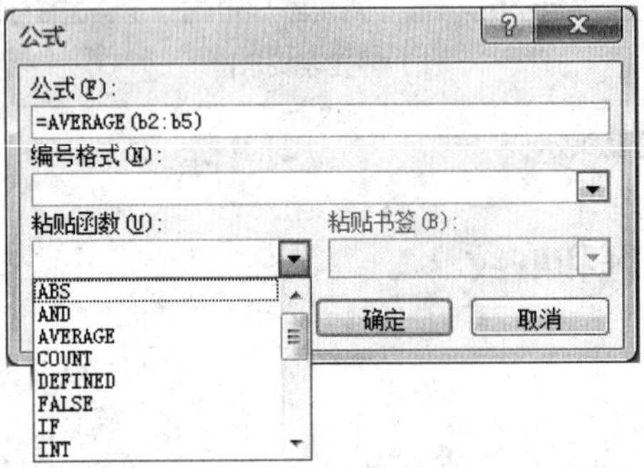

（a）“公式”对话框

成绩 课程 姓名	数学	英语	计算机	总分
黎明远	82	76	90	248
张晓华	72	60	88	220
吴晓敏	95	80	92	267
王黎明	72	69	88	229
平均分	80.25	71.25	89.5	241

=SUM(LEFT)

AVERAGE(b2: b5)　=AVERAGE(c2: c5)　=AVERAGE(d2: d5)　=AVERAGE(c2: c5)

（b）示例

图 4-63　表格数据计算

（3）在“公式”框中输入函数，或者在粘贴函数的列表框里选择相应的函数，并输入相关参数，单击“确定”按钮即可得到求和结果。

说明：若选定的单元格位于一行数值的右端，则 Word 将自动在“公式”框中显示 =SUM(LEFT)，其含义是对其左边的数值求和；若选定的单元格位于一列数值的底端，则 Word 将自动在“公式”框中显示 =SUM(ABOVE)，其含义是对其上的数值求和。

例如：求学生的平均成绩及总分。计算平均成绩使用 AVERAGE 函数，计算总分使用 SUM 函数。平均成绩及总分单元格中函数的使用格式见图 4-63（b）中虚框标注。

在计算时，规定表格中的“列”用英文大写字母 A、B、C…表示，“行”用阿拉伯数字 1、2、3…表示，单元格用列、行标记混合表示，比如 C5 表示第三列第五行的单元格。例如：

=MAX（C5:G5）　　　　求 C5 到 G5 单元格中的最大值
=MIN（B3:F3）　　　　求 C5 到 G5 单元格中的最小值
=AVERAGE（B3:F3）　　求 B3 到 F3 所有的单元格数据的平均值
=SUM（C4，D2，E3）　　求 C4，D2，E3 三个单元中数据的和

3．表格的边框和底纹

1）设置表格的边框或底纹

可以设置表格的边框或底纹，使表格呈现出不同的风格，设置边框或底纹的方法是：将光标置于要设置边框的表格或单元格中，选择“设计”功能选项卡→单击“绘图边框”组右下角的“边框和底纹”对话框启动器按钮，打开“边框和底纹”对话框，如图 4-64 所示，选择“边框”或“底纹”选项卡，设置需要的选项。

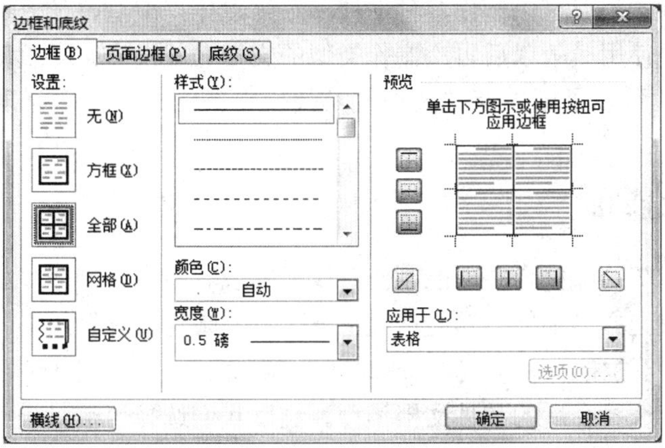

图 4-64　“边框和底纹”对话框

2）虚框表格及应用

虚框表格是一种特殊形式的表格。其主要特点是虚框表格的表格线只能显示在屏幕

上而不会被打印出来。

虚框表格的设置方法：在“边框和底纹”对话框中选择“无边框”来将表格的边框设置为虚框，可以通过表格下拉菜单中的“显示虚框”、“隐藏虚框”命令来控制虚框的显示和隐藏。

利用虚框表格可以将图片和文字有规则地组合在一起，图4-65是关于设置表格边框和底纹、表格文字格式以及虚框表格的应用示例。

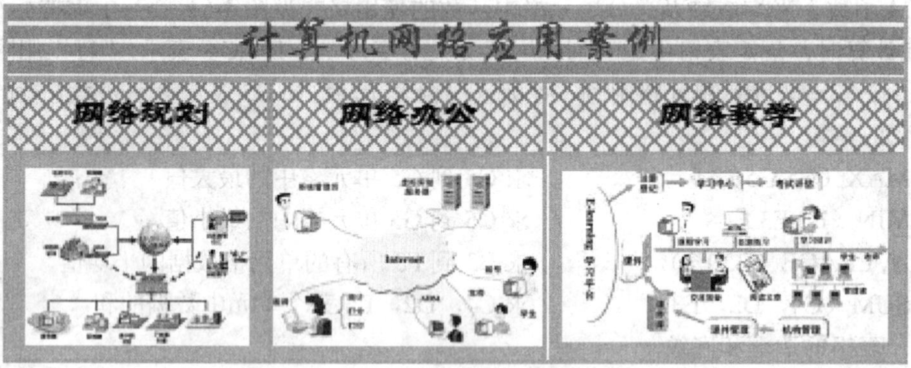

图4-65　虚框表格应用示例

4.5　文字处理应用

利用Word 2007不仅可以制作各种文档，还可以先把编制好的具有一定格式的文档保存为模板，这样使用模版以后再次制作类似的文档时就没有必要重新编辑，只需修改其中的具体内容就可以了。本节主要通过具体操作案例介绍文字处理应用方面的技术内容。

4.5.1　制作会议通知

使用Word 2007的邮件合并功能制作会议通知或者请柬的操作步如下：

步骤1：依次选择“邮件”功能选项空→“开始邮件合并”组→“开始邮件合并”下拉命令按钮，在下拉框中单击 邮件合并分步向导(W)... 按钮，在任务窗口显示如图4-66所示的内容，从中选择合适的某种文档类型。这里我们选择“信函”类型，并单击“下一步：正在启动文档”。

步骤2：使用当前正在编辑的文档，或使用模板编辑这个会议通知。如果使用正在编辑的文档，那就要在文档的某些位置预留适当的空白区域；若使用的是模板，则不要轻易删除或修改模板原有的格式，如图4-67所示。单击“下一步：选取收件人”。

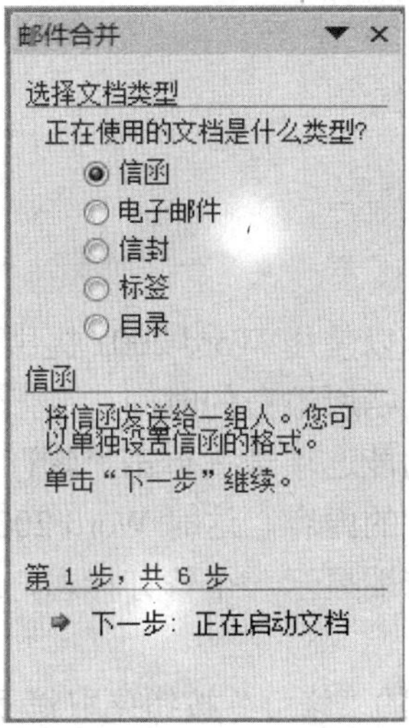

图 4-66　邮件合并步骤 1

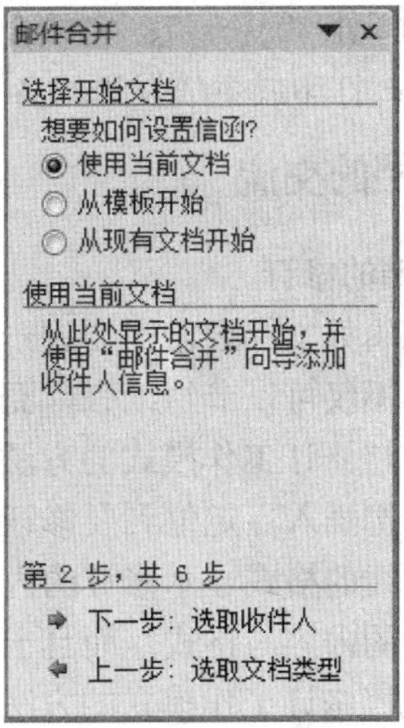

图 4-67　邮件合并步骤 2

步骤 3：为该会议通知选取收件人。这个收件人列表要事先编辑好，或者直接使用 Outlook 中的联系人列表，如图 4-68 所示。在这一步还可以在列表中选择部分收件人，以及重新编辑收件人的信息，然后单击“下一步：撰写信函”。

步骤 4： 在选择了收件人之后便可以进一步编辑会议通知了。并在模板的指定位置插入，满足一定格式的内容，如图 4-69 所示。例如：收信人的称谓、问候语，以及其他一些内容。然后点击“下一步：预览信函”。

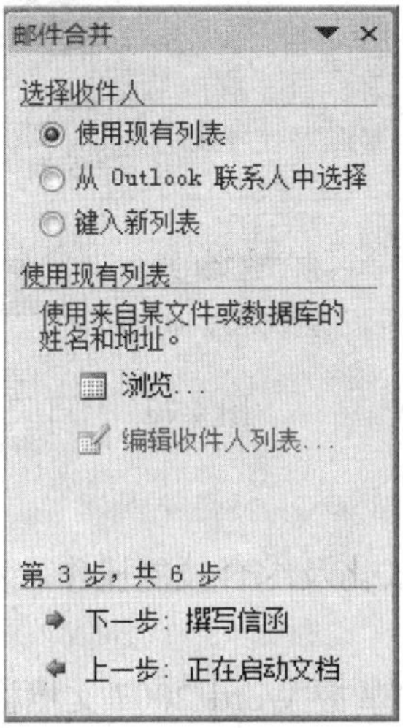

图 4-68　邮件合并步骤 3

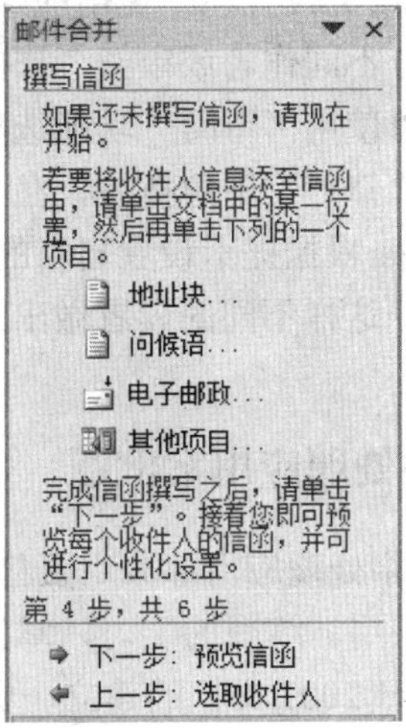

图 4-69　邮件合并步骤 4

步骤 5：预览后若还存在着问题，可以使用上一步按钮，回到前面的任意步骤处。

没有问题则单击“下一步：完成合并”。

步骤6：打印或生成发送给各个收件人的会议通知。

4.5.2 文档的交流

1. 文档的修订

对于编辑好文档通常需要进一步推敲和修改，可以使用Word 2007提供的文档修订功能。这样不仅可以节约纸张，而且可以减少打印文档所浪费的时间。

设置文档修订工作模式的方法：选择“审阅”功能选项卡→单击“修订”组的“修订”按钮，把插入点定位到要修订的地方，输入修订的内容。这时Word 2007会自动以红色带下划线的格式显示修订的内容，并在该行的前端显示一个修订标志，这样不仅不影响源文档的内容与格式，而且十分醒目。

删除文档修订工作模式的方法：单击“修订”组的“修订”按钮便取消了修订功能。

2. 批注

1）添加批注

批注是指作者或审阅者为文档添加的注释或批注。Microsoft Word 在文档的页边距或“审阅窗格”中显示批注。插入到文档的页边距处出现的批注框中。使用这些批注框可以方便地查看审阅者的修订和批注，并对其做出反应。添加批注的操作步骤如下。

步骤1：选择要对其进行批注的文本或项目。

步骤2：选择“审阅”功能选项卡，单击“批注”组的“新建批注”按钮。

步骤3：在批注框中输入批注文本。

2）添加或更改批注中使用的姓名

为了区分不同作者或审阅者作的批注，作者或审阅者可以使用“审阅”功能选项卡上的“修订”组中的“修订”下拉按钮，在列表框中单击更改用户名(U)...根据提示设置自己的个人信息，如图4-70所示。这样不同的读者做出的批注就可以进行区分。

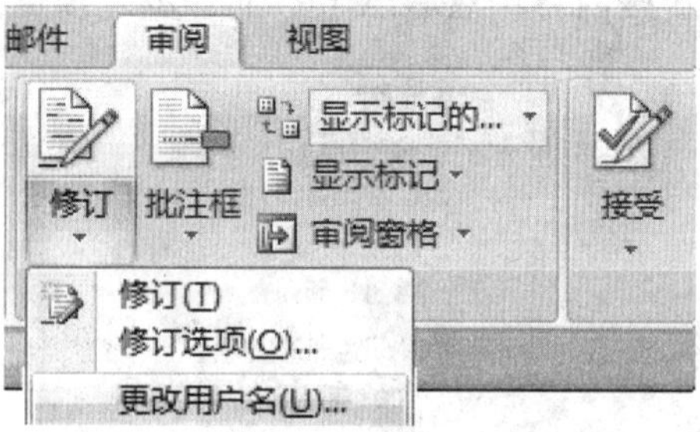

图4-70 “修订”组

4.5.3 文字处理应用案例题

Word文字处理应用部分主要包括文档录入、格式化及综合技能操作。读者通过对本节文字处理应用训练题的学习，掌握如下内容：

（1）Word 2007文档的建立、保存等基本操作；掌握Word 2007文档格式设置、目录生成等基本方法和步骤；学会常见中文标点符号的输入方式。

（2）熟练掌握在Word 2007文档中插入文本框、图片、表格、对象，以及编辑修改等基本操作。

（3）掌握 Word 2007 文档中表格中数据排序、计算，以及表格的对齐、文字环绕、边框和底纹格式设置的基本方法和操作步骤。

案例 1：用 Word 软件录入以下文字（如图 4-71 所示），按照题目要求排版后，用 Word 的保存功能直接存盘。

> 版面编排方法↵
>
> 一篇高质量的文档，应做到层次、重点突出、布局合理、美观大方。当完成文档的输入、编辑后，应对其进行版面编排，以体现文档的特点和风格。↵
>
> 版面编排通常涉及到【字体】选用、【字符间距】调整、设置【文字效果】及【字符格式】等方法。↵

图 4-71　案例 1 文字内容

要求：

（1）设定纸张大小为 21 厘米（宽度）×12 厘米（高度），上、下、左、右的页边距分别为 1 厘米、3 厘米、6 厘米、6 厘米。

（2）标题为黑体、三号字、居中，正文为楷体、小四号字。

（3）将正文段落中所有括号【 】内的文本设置斜体、下划线。

（4）把正文所在段落分为等宽的 3 栏，栏间距为 0 厘米，并添加分隔线。

（5）设置页眉内容为“版面编排方法”，字体为“方正舒体”四号字、居中对齐。

操作要点分析：

（1）字符级排版：字体、字号、加粗、倾斜、下划线。操作的关键步骤：通过 “格式”菜单中的“字体”命令的相关操作（或常用工具栏上的“宋体”字体、“五号”字号、“*I*”倾斜、“U” 下划线命令按钮）进行字符格式设置。

（2）页面设计：纸张大小、页边距、页眉页脚、页码、以及分栏排版。操作的关键步骤：通过 “文件”菜单中的“页面设置”命令进行纸张大小、页边距设置；通过 “视图”菜单中的“页眉页脚”命令进行页眉“版面编排方法”的插入，并对页眉进行格式设置；通过“格式”菜单中的“分栏(C)...”命令，在弹出的“分栏”对话框中进行分栏设置。

参考答案，如图 4-72 所示。

> 版面编排方法↵
>
> **版面编排方法**↵
>
> 一篇高质量的文档，应做到层次、重点突出、布局合理、美观大方。当完成文档的输入、编辑后，应对其进行版面编排，以体现文档的特点和风格。↵
>
> 版面编排通常涉及到【*<u>字体</u>*】选用、【*<u>字符间距</u>*】调整、设置【*<u>文字效果</u>*】及【*<u>字符格式</u>*】等方法。↵

图 4-72　案例 1 参考答案

案例2 用Word软件制作如图4-73所示的“光照图”，按照要求完成后用Word的保存功能直接存盘。

要求：

（1）利用自选图形制作如图4-73所示的光照图。

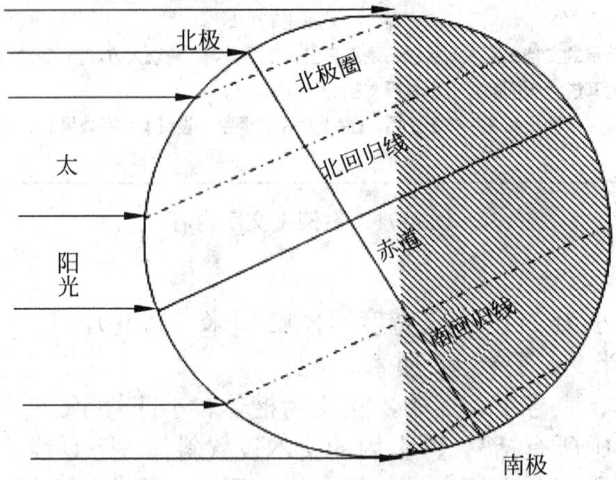

图4-73 训练题2光照图

（2）录入图片中的文字，并将文字设置为宋体、五号。

（3）利用“编辑”菜单下的“选择性粘贴”命令将赤道、北回归线、北极圈、南回归线文字旋转到与其对应的线条相平行。

（4）制作完成的光照图样式与图示的基本一致。

操作要点分析：

（1）阴阳圆的制作：需要选择两个大小相同的圆和一个矩形，并且进行自选图形格式设置。操作的关键步骤如下：

第一个圆的自选图形格式设置：通过“格式”菜单中的“自选图形(O)...”命令，在弹出的“自选图形格式设置”对话框中的填充“颜色”列表框中选择“填充效果”，在弹出的“填充效果”对话框中选择“图案”选项卡中选择斜纹图案，效果如图4-74（a）所示。

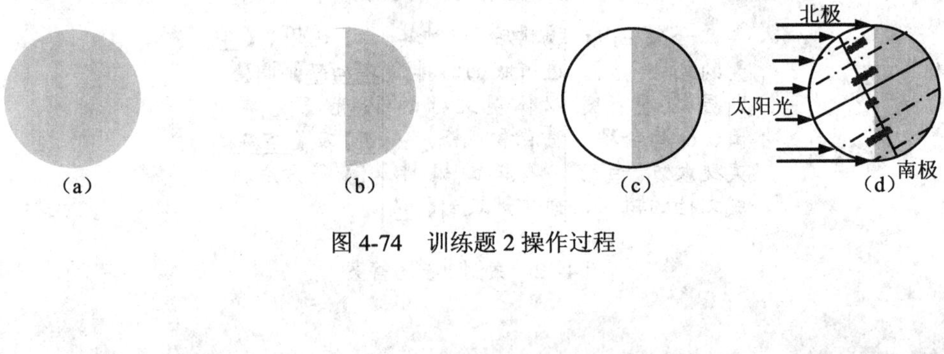

图4-74 训练题2操作过程

矩形的图形格式设置及与第一个圆组合："自选图形格式设置"对话框中的填充"颜色"列表框中选择白色，线条"颜色"列表框中选择无颜色；将圆与矩形组合，注意圆要置于底层，其效果如图 4-74（b）所示。

第二个圆的自选图形格式设置并与图 4-74（b）组合：只需要在填充"颜色"列表框中选择"无填充色"，线条"颜色"列表框中选择黑色即可；调整其位置并与图 4-74（b）组合的效果如图 4-74（c）所示。

（2）按照题目要求画线。此步比较简单，故不赘述。

（3）文字输入。水平文字输入只需创建文本框并输入题目中要求的文字即可；非水平文字的输入可以通过插入艺术字，并通过"艺术字"工具栏进行调整。结果如图 4-74（d）所示。

参考答案：如图 4-73 所示。

案例 3　制作如图 4-75 所示的版面，并以 Word 文件存盘。

要求：

（1）利用表格输入文字，并制作如图 4-75 所示的版面效果。

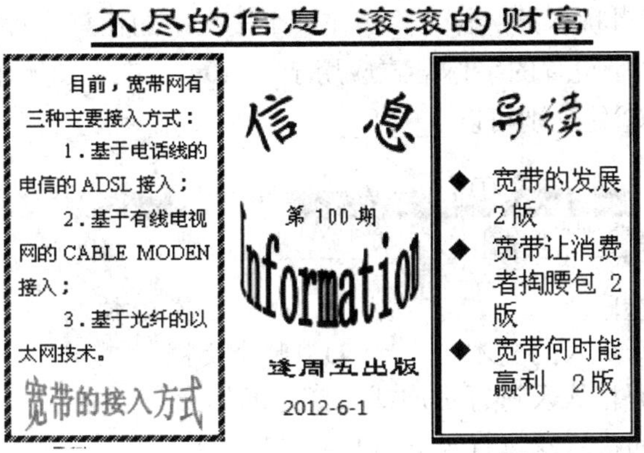

图 4-75　案例 3

（2）表格标题栏"不尽的信息 滚滚的财富"文字设置为隶书、二号、加下划线。其余文字格式设置与图示的基本一致。

操作要点分析：

（1）表格创建：需要创建一个三行三列的表格，并且合并第一行的单元格。进行表格的边框、虚框设置。创建、合并、设置后的效果如下：

<table>
<tr><td colspan="3"></td></tr>
<tr><td></td><td></td><td></td></tr>
<tr><td></td><td></td><td></td></tr>
</table>

（2）进行表格的边框、虚框设置，并将第二行的行高设为 0.1 创建、合并、设置后的效果如下：

（3）进行标题文字的输入和字符格式的设置，效果如下：

（4）进行其他单元格文字的输入和字符格式的设置，以及艺术字插入，完成试题。

参考答案：如图 4-75 所示。

4.6　习题

1．在 Word 的编辑状态下，若光标停在某个段落中的任意位置时，用户设置字体格式为“幼圆小三”，则所设置的字体格式应用于__（1）__；在下图所示的 Word“页眉和页脚”对话框中，①和②处分别可以__（2）__。

（1）A．光标所在段落　　B．光标后的文本

C．光标处新输入的文本　　D．整个文档

（2）A．设置页码格式及进行页眉或页脚之间切换

B．设置页面格式及进行页眉或页脚之间切换

C．进行页眉或页脚之间切换及设置页码格式

D．进行页眉或页脚之间切换及设置页面格式

2．新建一个 Word 文档，做如下操作：1）在文档中插入一个 3 行 2 列的表格；2）选中第 2 列的第 1、2 行，单击“表格”菜单的“合并单元格”命令；3）选中第 3 行，单击“表格”菜单“拆分单元格”命令，将“拆分前合并单元格”前面的勾去掉，“列数”填写 4，“行数”填写 2，单击确定。最终生成的表格样式是________。

A.

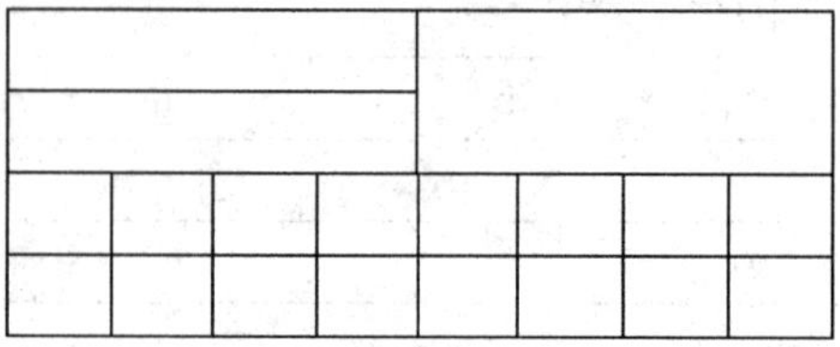

B.

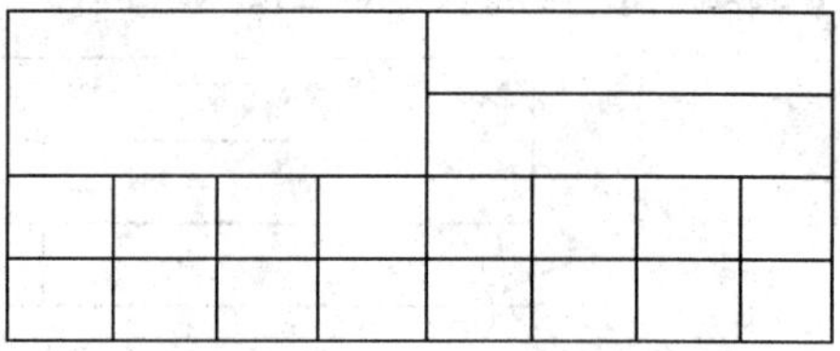

C.

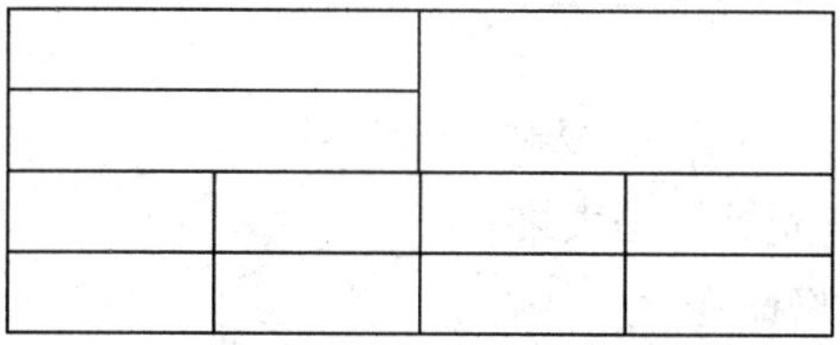

D.

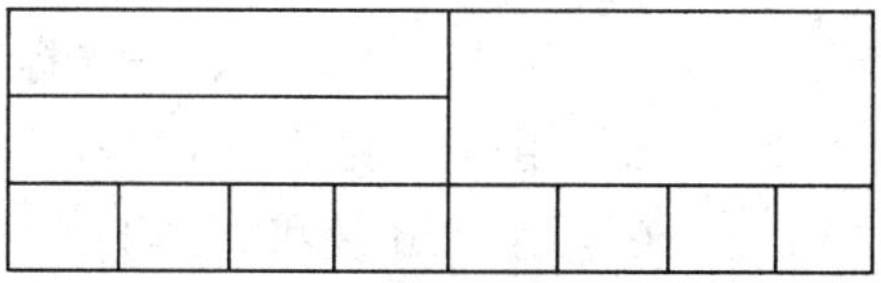

3．在 Word 2007 编辑状态下，若要将另一个文档的内容全部添加到当前文档的光标所在处，其操作是＿（1）＿；若要将文档中选定的文字移动到文档的另一个位置上，应该按下＿（2）＿，将选定的文字拖曳至该位置上。

（1）A．在“插入”功能卡上选择“超链接”命令

B．在“插入”功能卡上选择“文件”命令

C．在“开始”功能卡上选择“超链接”命令

D．在“开始”功能卡上选择“新建”命令

（2）A．Ctrl 键　　B．Alt 键　　C．鼠标左键　　D．鼠标右键

4．使用 Delete 键会删除光标＿（1）＿字符；若移动鼠标至某段左侧，当鼠标光标变成箭头时连击左键三下，结果会选中文档的＿（2）＿。

（1）A．前的一个　　B．后的一个　　C．前的全部　　D．后的全部

（2）A．一个句子　　B．一行　　C．一段　　D．整篇文档

5．在 Word 中，下列关于插入页码的叙述不正确的是＿（1）＿。如果要打印文档的第 3、第 8 和第 10 至 14 页，则在打印对话框中的“页码范围”的文本框中应输入＿（2）＿。

（1）A．可以将页码插入到页面的右下方

B．可以将页码插入到页面顶端居中的地方

C．页码的插入只能从文档的首页开始

D．页码的数字格式可以选用Ⅰ、Ⅱ、Ⅲ、…

（2）A．3/8/10-14　　B．3/8/10~14　　C．3,8,10-14　　D．3,8,10~14

6．在 Word 中打开英文文档或者在文档中输入英文信息时，系统会自动对拼写和语法进行检查，如果出现红色波形下划线则表示存在＿（1）＿。在打印预览中，发现文档的最后一页只有一行，若要把这一行提到上一页，可行的办法是＿（2）＿。

（1）A．可能的语法问题　　B．可能的拼写问题

C．可能的页面错误　　D．可能的版式错误

（2）A．增大行间距　　B．增大页边距

C．减小页边距　　D．将页面方向改为横向

7．在 Word 2007 中要建立一个表格，操作方法是＿（1）＿。如果要使 Word 2007 编

辑的文档可以用 Word 2003 打开，正确的方法是＿（2）＿。

（1）A．用↑、↓、→、←光标键画表格

B．用 ATL 键、Ctrl 键和↑、↓、→、←光标键画表格

C．用 Shift 键和↑、↓、→、←光标键画表格

D．选择“插入”选项卡中的表格命令

（2）A．执行操作“另存为”→“word97-2003 文档”

B．将文件后缀名直接改为“.doc”

C．将文档直接保存即可

D．按“Alt+Ctrl+S”组合键进行保存

第 5 章　电子表格基础知识

电子表格应用软件可以帮助用户制作普通的表格，又可以在实现简单的加、减、乘、除、逻辑运算的同时，帮助用户排序、筛选和分类汇总数据信息，并可以将相关数据用各种统计图的形式直观地展现在用户面前。本章以 Excel 2007 电子表格处理软件的操作为例进行介绍，主要涉及电子表格的基本概念与操作方法、常用数据格式和函数应用、数据管理和统计、图表制作及电子表格应用技术五个部分内容。

5.1　电子表格的基本概念

Microsoft Excel 2007 以其面向结果的全新的用户界面、出色的计算功能和图表工具使其成为个人计算机比较流行的电子表格软件之一。用户使用该软件可以制作普通的表格，还可以在实现简单的加、减、乘、除逻辑运算的同时，对数据进行排序、筛选和分类汇总等操作。本节重点介绍 Excel 的基本概念。

5.1.1　基本概念

在 Excel 中，工作簿、工作表、单元格是非常的重要概念。一个工作簿就是一个 Excel 文件，而一个工作簿是由多个工作表组成的，工作表又由许多单元格组成，并且单元格是组成工作簿的最小单位。工作簿与工作表之间的关系类似于财务工作中账簿和账页之间的关系。

1．工作簿

工作簿是计算和存储数据的文件，一个工作簿就是一个 Excel 文件。一个工作簿可由若干张工作表和图表构成，Excel 2007 最多可包含工作表的张数受内存的限制，但最少必须有 1 张表。当用户启动 Excel 2007 时，系统会自动地创建一个新的默认文件名为“Book1.xlsx”空白工作簿，如图 5-1 所示。

2．工作表

工作表是用于输入、编辑、显示和分析数据的表格，它由行和列组成，存储在工作簿中。一个工作簿可由多个工作表组成，每一个工作表都用一个工作表名称（标签）来标识。新建工作簿时，系统默认的工作表有三个，其工作表名称分别为“Sheet1”、“Sheet2”和“Sheet3”，位于工作簿的底部并以标签形式出现。Excel 允许用户重新命名工作表名称，也允许用户根据实际需要增加新的工作表。

5.1.2 工作界面

工作界面也称用户界面（User Interface），是用户在使用计算机的过程中，将自己想让计算机干什么的意图通过界面告诉计算机，同样计算机应将执行的结果以适当的形式传递给用户。通常将用户与计算机互相传递消息给对方称之为人-机交互（Human-Computer Interaction）。交互是通过界面进行的，这种界面既存在于用户与计算机硬件之间，也存在于用户与一切软件（包括系统软件与应用软件）之间。

Excel 2007 工作界面也称应用程序窗口，主要由标题栏、功能选项卡、功能选项卡组区、快速访问工具栏、编辑栏、工作簿窗口、状态栏等组成，如图 5-1 所示。

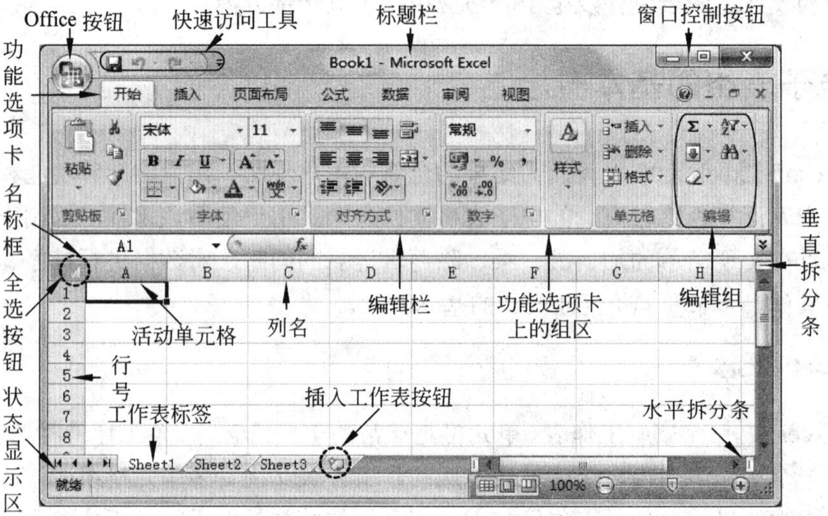

图 5-1 Excel 工作界面

（1）编辑栏：用来显示当前活动单元格中的数据或公式。选中某单元格后，可在编辑栏中对该单元输入或编辑数据或公式。

（2）名称框：位于编辑栏左侧。用来显示当前活动单元格的位置。可以利用名字框对单个或多个单元格进行命名，以使操作更加简单明了。

（3）单元格：工作表中行列交叉处的长方形格称为单元格。单元格是 Excel 文件中的最小单位，用于存储用户输入的数据，这些数据可是字符串、数字、日期时间、公式等内容。把鼠标放到行列分割处拖动，可改变单元格大小。

（4）活动单元格：用户可以在活动单元格输入数据，其内容显示在编辑栏里。活动单元格的地址显示在编辑栏左端的名称框里。

（5）单元格地址：用来表示一个单元格的位置，地址编号由列号和行号组成，列号在前、行号在后。其中行号从 1，2，3，4，…，编号列 1048576，列标用 A，B，C，…

Y，Z，AA，AB，…，XFD 表示。例如：第 3 列第 6 行的单元格的地址为 C3。

（6）单元格区域：由工作表中相关的多个单元格组成，并可对其命名。系统默认的单元格区域名由该区域左上角单元格名和右下角单元格名，中间加冒号组成。例如："A1:C8" 表示从左上角为 A1 的单元格到右下角为 C8 的单元格所组成的单元格区域。又如单元格 B3、B4、C3、C4、D4、D5、D6、D7 组成的区域可以用 B3：C4、D4：D7 来表示，因为 B3：C4 区域包括 B3、B4、C3、C4 单元格，D4：D7 区域包括 D4、D5、D6、D7 单元格。

（7）工作表：由单元格按行列方式排列组成，其大小＝1048576 行×16384 列。工作表中放置的对象可以是：字符、数字、公式或图表。

（8）工作表区域：占据屏幕最大、用以记录数据的区域，所有数据都将存放在这个区域中。

（9）工作表标签：用于显示工作表的名称，单击工作表标签将激活相应工作表，还可以通过标签滚动按钮来显示不在当前屏幕内的标签。

5.2　电子表格的基本操作

5.2.1　工作簿基本操作

工作簿基本操作包括新建工作簿、打开工作簿、保存工作薄和关闭工作簿。

1．新建工作簿

当启动 Excel 2007 时，系统会自动建立一个名为"Book1"的新工作簿，此时用户可根据需要输入工作表的内容。若 Excel 已处于工作状态，而用户需要新建一个空白的工作簿，则可采用如下两种方法新建工作簿。

方法 1：单击 Office 按钮→选择执行 新建(N) 命令。

方法 2：按 Ctrl+N 组合键。

2．打开工作簿

如果需要对旧工作簿进行编辑，可采用以下三种方法打开工作簿：

方法 1：单击 Office 按钮→选择执行 打开(O) 命令，弹出"打开"对话框→选择待打开的文件，单击 打开(O) 按钮。

方法 2：单击快速工具栏上的按钮，系统会弹出"打开"对话框→选择待打开的文件，单击 打开(O) 按钮。

方法 3：使用 Ctrl+O 组合键，系统会弹出"打开"对话框→选择待打开的文件，单击 打开(O) 按钮。

注意：若用户要同时打开多个工作簿，则可在"打开"对话框中选择多个文件。

3．保存工作簿

要保存一个正在编辑的Excel工作簿，可以使用以下三种方法。

方法1：单击Office按钮→“保存”命令。

方法2：单击快速工具栏上的保存按钮。

方法3：使用Ctrl+S组合键。

注意：Excel 2003默认的文件扩展名为.xls，Excel 2007默认的文件扩展名为.xlsx。Excel允许将文件保存为其他格式，如Excel 2007允许将文件保存为XML表格或数据（*.xml）、网页（*.html）、模板（*.xlt）等等。

4．关闭工作簿

若要关闭当前打开的工作簿，可以采用以下3种方法。

方法1：单击Office按钮→“关闭”命令。

方法2：使用Ctrl+F4组合键。

方法3：使用Ctrl+W组合键。

注意：关闭工作簿窗口操作与退出Excel 2007的操作的区别是关闭工作簿窗口仍然会保留Excel应用程序窗口，而退出Excel 2007则不保留Excel应用程序窗口。

5.2.2 数据输入

在Excel 2007中，既可以输入数字，也可以输入汉字、英文、标点、特殊符号和公式等。输入单元格数据的方法有如下三种。

方法1：单击要输入数据的单元格，输入数据，按Enter键确认。

方法2：先单击选定单元格，再单击“编辑栏”的内容框，输入数据，通过单击“编辑栏”的输入按钮☑或取消按钮☒完成操作。

方法3：双击要输入数据的单元格，此单元格内会出现插入点，输入数据，按Enter键确认。（此方法主要用于单元格中数据的修改）

1．输入文本

在Excel 2007中的文本是指字符集或数字和字符的组合，默认情况下文本向左对齐。当输入文本过长时，由于列宽所限，往往不能显示所有数据，可在单元格行或列的分界线处双击，Excel会自动调整行高或列宽，以最合适的宽度显示数据。若要在一个单元格内输入多行文本，可用Alt+Enter组合键换行。若要输入数字字符串，如身份证号、电话号码和邮政编码等，要在所输内容前加单引号“’”，避免被系统误认为是数值型数据。

2．输入数字

数值型数据是最常见且最重要的数据类型，默认情况下数字向右对齐。当输入分数时，前面必须加0和空格，例如要输入“3/5”，应输入“0 3/5”，如果直接输入“3/5”，Excel会误认为是日期“3月5日”。输入负数时，可加“-”或（），例如要输入“负5”，可输入“-5”或“(5)”。

3．输入日期和时间

当在单元格中输入系统可识别的时间和日期数据时，单元格的格式会自动转换为相应的“时间”和“日期”格式，无需再次设定，默认情况下向右对齐。输入日期时用‘/’或‘-’分隔，如 2015 年 6 月 1 日的输入形式是“15/6/1”或“15-6-1”（也可输入 4 位年份，如“2015/6/1”），如要输入当前日期，可按 Ctrl+；(分号)。输入时间时用“：(冒号)”分隔时分秒，有 12 小时制，也有 24 小时制，若输 12 小时制，其后需加空格和 A（上午）或 P（下午），不加 A 或 P 时默认为上午，如要输入下午 2:23:45，则输入“14:23:45”或“2:23:45 P”。

4．导入、连接外部数据

Excel 2007 的兼容性很强，可以从很多外部来源导入数据，避免重复输入。连接到外部数据的主要好处是可以在 Microsoft Office Excel 中定期分析此数据，而不用重复复制数据，复制操作不仅耗时而且容易出错。连接到外部数据之后，还可以自动刷新（或更新）来自原始数据源的 Excel 工作簿，而不论该数据源是否用新信息进行了更新。

操作方法：在工作表中选定要导入数据的单元格→选择“数据”功能选项卡上的“获取外部数据”组，如图 5-2 所示。选择导入 Microsoft Office Access、网站、文本文件数据库、SQL Server 等地方的数据。

图 5-2 “获取外部数据”对话框

5．填充与自动填充数据

在 Excel 中对具有规律性的数据可采用填充和自动填充的功能，避免逐个手动输入，提高输入效率，减少输入错误。例如在相邻的几个单元格中输入序列数字：一、二、三……或星期一、星期二等序列。Excel 内置的序列数据有日期序列、时间序列和数值序列，用户可以根据需要创建自定义序列。

填充时要注意鼠标的形状，鼠标有三种形状。

- 空心十字形✚：鼠标呈空心十字形拖曳鼠标结果是选定区域；
- 实心十字形+：鼠标呈实心十字形拖曳鼠标结果是自动填充；
- 空心箭头形↖：鼠标呈空心箭头形拖曳鼠标结果是移动对象。

填充：选中单元格，在“编辑”菜单上的“填充”命令，可按向上填充、向下填充、向左填充、向右填充等方式填充。

例 5-1　假设在单元格区域 B2：B6 输入“软件开发部”，其操作方法是：首先在 B2 单元格中输入“软件开发部”；然后选定单元格区域 B2：B6，如图 5-3（a）所示；最后选择“编辑”组中的 “填充”下拉按钮→在如图 5-3（b）所示的下拉列表框中单击“向下”填充菜单命令，填充结果如图 5-3（c）所示。

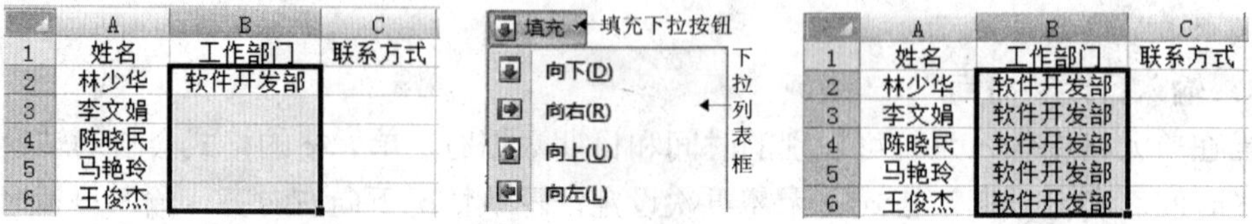

（a）填充前　　（b）下拉列表框　　（c）填充后

图 5-3　填充举例

可使用填充柄来自动填充数据。填充柄是指活动单元格或单元格区域右下角的黑色四方块。使用时选中已有数据的单元格，如图 5-4（a）所示的 A1；用鼠标拖动填充柄可将已有数据填充至拖动位置复制单元格，如图 5-4（b）所示；如要按序列填充，可在拖动完成后单击拖动区域右下角的“自动填充选项”按钮，选中“以序列方式填充”选项，如图 5-4（c）所示。

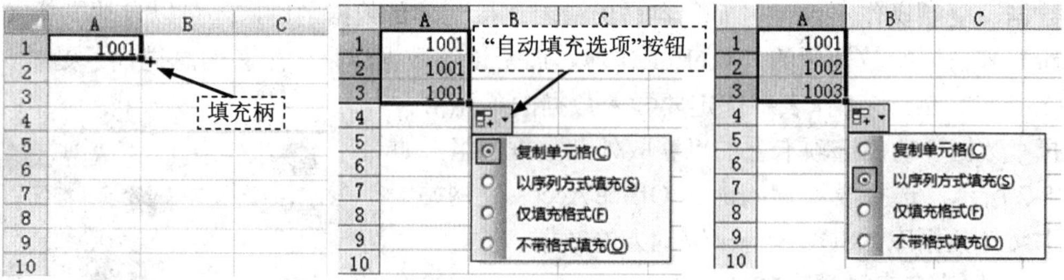

（a）　　（b）　　（c）

图 5-4　自动填充

注意：进行数字填充时，如果要使数字按升序排列，则从上向下拖动填充；如果要按降序排列，则从下向上拖动填充。

例 5-2　在 A1 单元格中输入“2015 年 3 月 3 日”，在 B1 单元格中输入“星期二”，如图 5-5（a）所示。

（a）　　（b）　　（c）

图 5-5　自动填充举例

用鼠标拖动选定 A1、B1 单元格，在填充柄处拖动鼠标到 B7，释放鼠标，我们可以看到日期随着填充的进行在改变，星期也在改变，结果如图 5-5(b)所示。此功能在 Excel 中用得很多，也很方便，可以减少很多的输入工作。例如某高校的“学位”输入序列有“学士，硕士，博士，博士后”，利用自动填充即快捷又方便，如图 5-5（c）所示。拖动填充柄之后，会出现“自动填充选项”按钮以便用户选择如何填充所选内容。例如可以选择通过单击“仅填充格式”只填充单元格格式，也可以选择通过单击“不带格式填充”只填充单元格的内容。

注意：进行数字序列填充时，其步长默认值为 1。如果要改变步长值可以选择“开始”功能选项卡上的“编辑”组→“填充”下拉按钮→“序列”菜单命令，打开“序列”对话框，如图 5-6 所示。在“步长值”文本框中输入具体步长值，单击“确定”按钮即可完成步长的设置。

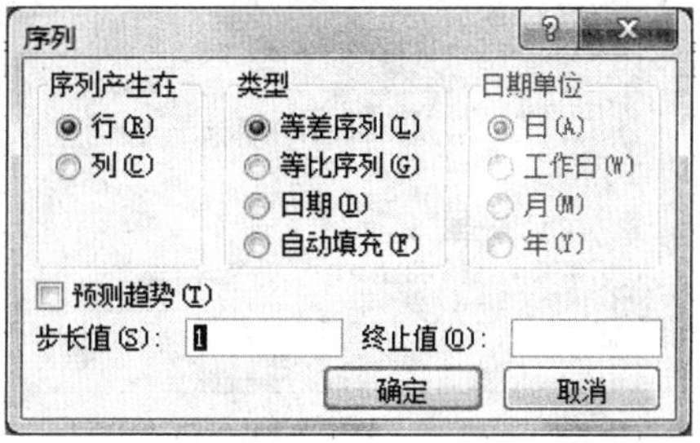

图 5-6　“序列”对话框

6. 使用自定义序列

在 Excel 中保存有系统内置的序列，用户只需在某单元格输入系统中存有序列的某一项，然后用鼠标向水平方向或垂直方向拖动填充柄就可以自动完成按序列形式填充内容的操作。

例 5-3　某公司需要用 Excel 制作商品销售表如表 5-1 所示。由于系统内置的序列中含有“一月至十二月”，用户只要在某单元格（如 B1）输入“一月”，然后用鼠标向水平方向拖动填充柄至 M1，即可完成按序列形式填充内容的操作。其结果如图 5-7 所示。

表 5-1　商品销售表

商品	一月	二月	三月	四月	五月	六月	七月	八月	九月	十月	十一月	十二月
冰箱												
彩电												
笔记本电脑												
洗衣机												
电话												
手机												

图 5-7　自动填充举例

7．定义新序列

用户可以根据需要定义一个新序列，定义一个新序列操作方步骤如下。

步骤1：单击Office按钮→单击 Excel 选项(I) →单击“常用”选项卡，在“使用 Excel 时采用的首选项”下单击“编辑自定义列表”，弹出“自定义序列”对话框，如图5-8（a）所示。

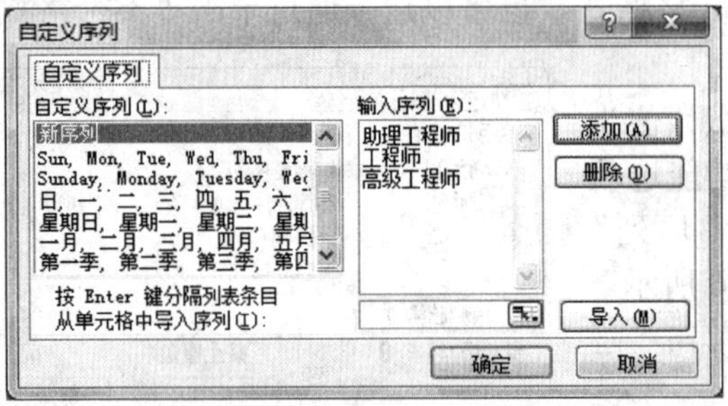

（a）“自定义序列”选项卡

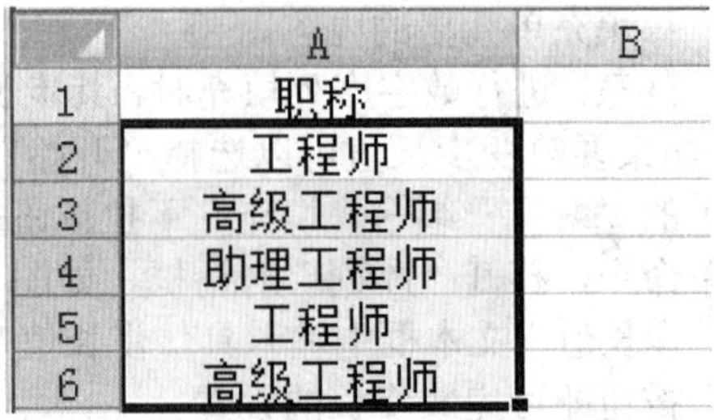

（b）示例

图5-8 自定义序列

步骤2：在“输入序列”文本框中依次输入序列内容，例如输入“助理工程师，工程师，高级工程师”，并以Enter键分隔各项内容；

步骤3：单击“添加”按钮完成新序列的定义。

假如公司人力资源部经常需要输入“助理工程师，工程师，高级工程师”序列，那么可以在系统中添加该新序列。一旦添加了“助理工程师，工程师，高级工程师”序列，用户如果在某单元格中输入序列中的任意一项，并用鼠标向垂直方向或水平方向拖动填充柄就可以完成按新序列形式填充内容的操作。例如用户在单元格A2中输入“工程师”，用鼠标向垂直方向拖动填充柄，完成的填充效果如图5-8（b）所示。

5.2.3 单元格编辑

单元格编辑包括对单元格内容进行删除、更改、移动和复制等操作。由于单元格是Excel的最小工作单位及使用Excel的基础，因此需要认真理解并掌握，以便为后续学习奠定基础。

1．单元格区域选定与命名

在对单元格中数据进行编辑之前，首先选定所需单元格，使其变为活动单元格再进行相关操作。下面主要介绍单元格区域选定、命名及快速定位。

1）选择单元格区域

单元格区域选定包括单个单元格、多个连续单元格和多个不连续单元格的选取。

（1）选取单个单元格

选取单个单元格就是单元格的激活。操作方法：用鼠标单击或使用键盘上的方向键；也可以在如图 5-1 所示的名称框中输入单元格地址（如输入 B2）的方法选取单个单元格。

（2）选取多个连续单元格

选取多个连续单元格包括选取连续多个单元格、选择整行或整列、选择相邻行或列以及选择整个工作表，操作方法如下。

- 选取多个连续的单元格：直接拖曳鼠标即可选取多个连续的单元格；或用鼠标单击要选区域的左上角单元格，按住 Shift 键再单击右下角单元格。
- 选择整行或整列：用鼠标单击某行或某列号，即可选中该行或列。
- 选择相邻行或列：鼠标拖曳行号或列号。
- 选择整个工作表：单击图 5-1 所示的行、列交叉处的“全选”按钮。

（3）选择多个不连续单元格

选择多个不连续单元格的操作步骤：选择第一个单元格区域后，按住 Ctrl 键不放，再选择第二个区域；继续选择第三个区域、第四个区域……。

（4）清除所选的单元格区域

清除所选的单元格区域的操作步骤非常简单，只需要在工作表中任意一个单元格单击即可清除所选取的单元格区域。

2）单元格或单元格区域命名

用户可以为单元格或单元格区域设置一个名称。命名的好处主要有三个方面：可以实现在工作表内的快速定位；对特殊单元格或单元格区域也便于记忆；在公式中使用名字更易于对公式的理解。

例 5-4　学生成绩表如图 5-9（a）所示，请将单元格区域 B2:D8，命名为“成绩”。

具体操作步骤如下：

（1）选择区域 B2:D8。

（2）单击名称框

，输入“成绩”。

（3）单击 Enter 键，效果如图 5-9（b）所示。

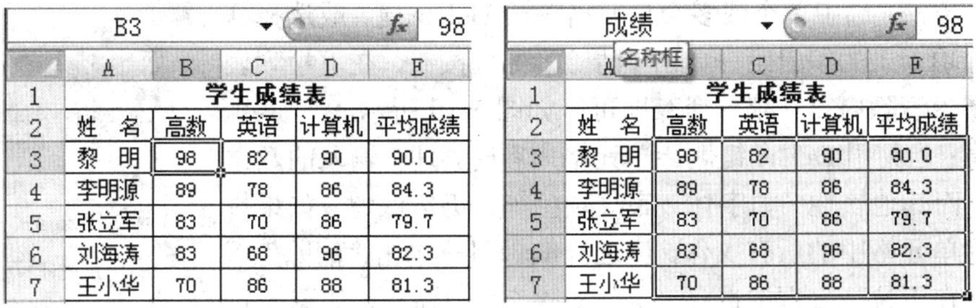

（a）学生成绩表　　（b）命名后的效果

图 5-9　单元格区域命名

3）快速定位

不管是否在工作表中定义了命名的单元格或区域，用户都可以使用名称框通过输入它们的名称或单元格引用快速定位和选择它们。还可以通过使用“定位”命令选择命名的或未命名的单元格或区域。定义命名的单元格或区域，单击“名称框”右边的“▼”按钮，从下拉列表框中选择已命名的单元格或区域的名称，则可以快速定位到该单元格或区域。

Excel 2007 工作表最多可达 1048576 行、16384 列，用键盘也可以实现快速定位，具体使用如表 5-2 所示。

表 5-2 快速定位键

键盘操作	作　用
Tab 键	右侧单元格为当前单元格
Shift+Tab 键	左侧单元格为当前单元格
Enter 键	下方单元格为当前单元格
Shift+Enter 键	上方单元格为当前单元格
PageUp 键	向上翻，使相距一屏的单元格成为当前单元格
PageDown 键	向下翻，使相距一屏的单元格成为当前单元格
Alt+PgUp 键	向右翻屏
Alt+PgDn 键	向左翻屏
Ctrl+Home 键	使单元格 A1 成为当前单元格
Ctrl+End 键	使当前数据区的最后一行的最后一个单元格成为当前单元格
Ctrl+←→↑↓键	使当前数据区的第一列、最后一列、第一行、最后一行成为当前单元格

注意：做以上操作前，如果光标定位在表格数据区域内，则光标只会在表格区域内移动，而不是在整个工作表内。

2．单元格编辑

单元格编辑主要包括单元格内容进行删除、更改、移动和复制等操作。

1）删除单元格内容

操作方法：选中单个或多个单元格→按 Delete 键；或选择开始功能选项卡上的编辑组→单击“清除”下拉按钮，在下拉列表框中选择“清除内容”菜单命令即可，如图 5-10 所示。

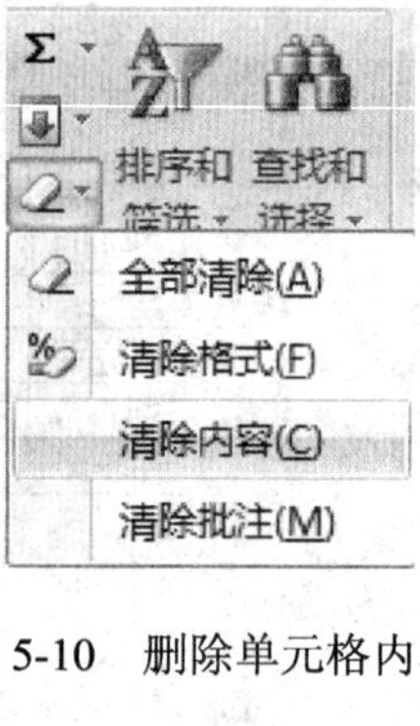

图 5-10 删除单元格内容

注意：当使用 Delete 键删除单元格内容时，只有输入的数据被删除，而其他属性（如字体、底纹颜色等）仍然保留。如果想彻底删除单元格中的所有操作，应选择编辑组→单击“清除”下拉按钮→在下拉列表框中选择“全部清除”菜单命令，如图 5-10 所示。

2）更改单元格内容

在使用中，如果要更改单元格中的全部内容，应单击该单元格使其处于选中状态，再输入新内容，原有内容将被替换。如果只想更改单元格中的部分内容，可以通过下列方法进行。

方法 1：双击单元格，当出现插入点后再重新编辑单元格内容。

方法 2：先单击单元格，按 F2 键出现插入点后再重新编辑单元格内容。

方法 3：先单击单元格，再单击编辑栏，在该栏中进行编辑。

3）插入行、列和单元格

要想对现有表格的内容进行特定位置的增补，就要在此表格中插入一些行、列或单元格。

操作方法：选中待插入位置的单元格→在“开始”功能选项卡中的“单元格”组中按下“插入”下拉命令按钮→在如图 5-11（a）所示的插入下拉列表框中选择执行“插入单元格/插入工作表行、插入工作表列”菜单命令。

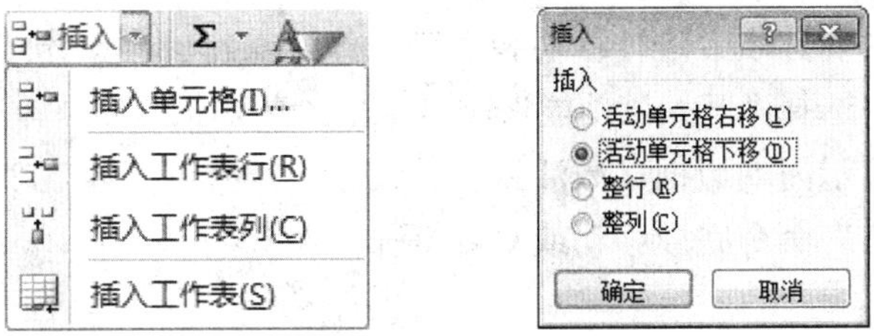

（a）“插入”下拉列表框　　（b）“插入”对话框

图 5-11　插入行、列、单元格和工作表

注意：如果选择的是“插入单元格”，系统会弹出如图 5-11（b）所示的“插入”对话框，插入的新行在当前行上方，插入的新列在当前列的左侧，插入单元格时取决于对“插入”对话框的设置。

4）删除行、列和单元格

对于工作表中不再需要的行、列或单元格都可以进行删除。

操作方法：选中要删除的行、列或单元格区域→在“开始”功能选项卡中的“单元格”组中按下“删除”下拉命令按钮→在如图 5-12（a）所示的“插入”下拉列表框中选择执行“删除单元格、删除工作表行、删除工作表列”命令。

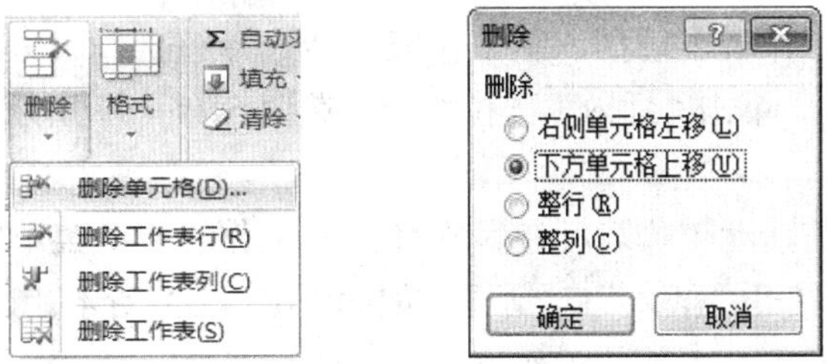

（a）“删除”下拉列表框　　（b）“删除”对话框

图 5-12　删除行、列、单元格和工作表

注意：如果选择的是“删除单元格”，系统会弹出如图 5-12(b)所示的“删除”对话框，在系统弹出“删除”对话框进行相关选择即可。

5）移动和复制单元格内容

移动单元格内容是将某些单元格中的内容转移到其他单元格中；复制单元格内容是将某些单元格中的内容放置到其他位置，而原位置的内容依旧存在。操作方法有鼠标拖动和功能选项卡两种。

方法 1：鼠标拖动。鼠标拖动适用于小范围内进行移动和复制操作。操作步骤：先选定要操作的单元格区域，若要移动单元格或单元格区域，则将鼠标移动至所选区域的黑色边框上，当指针变成移动指针时，将单元格或单元格区域拖到另一个位置。若要复制单元格或单元格区域，则在按下 Ctrl 键的同时指向选定区域的边框，当指针变成复制指针时，将单元格或单元格区域拖到另一个位置。

方法 2：使用功能选项卡进行移动和复制操作。操作步骤：先选定需要进行移动和复制的单元格区域→选择“开始”功能选项卡上的“剪贴板”组→单击“剪切”、“复制”命令，所选区域会显示闪动边框，激活目标单元格→选择“开始”功能选项卡上“剪贴板”组→单击“粘贴”命令完成移动或复制操作。

5.2.4 工作表编辑

工作表编辑包括添加、删除、复制、移动和重命名工作表，调整工作表的行高和列宽、隐藏和显示工作表等操作。

1．插入、删除工作表

1）插入工作表

（1）插入新工作表

在 Excel 新建的工作簿中，默认有 3 张工作表。若要插入新工作表，可选择如下方法之一。

方法 1：在现有工作表的末尾快速插入新工作表。单击 Excel 工作界面底部的插入工作表按钮。

方法 2：在现有工作表之前插入新工作表。请选择该工作表→在“开始”功能选项卡上的“单元格”组中，单击“插入”下拉按钮，在图 5-11（a）所示下拉列表中单击“插入工作表”。

方法 3：右击当前活动工作表标签，在弹出的工作表快捷菜单中选“插入”命令，如图 5-13（a）所示。打开“插入”对话框，如图 5-13（b）所示。选中“工作表”图标，单击“确认”按钮，即可插入新的工作表。

（2）插入多张工作表

操作步骤如下：

（a）工作表快捷菜单　　（b）“插入”对话框

图 5-13　插入工作表

步骤 1：按住 Shift 键，然后在打开的工作簿中选择与要插入的工作表数目相同的现有工作表标签。例如如果要添加工作表，可以选择现有工作表的工作表标签。

步骤 2：在“开始”功能选项卡上的“单元格”组中，单击“插入”下拉按钮，在图 5-11（a）所示的“插入”下拉列表中单击“插入工作表”即可。

2）删除工作表

若要删除工作表，可选择如下方法之一。

方法 1：选定待删除的工作表，在“开始”功能选项卡上的“单元格”组中，单击“删除”下拉按钮，在图 5-12（a）所示的“删除”下拉列表中单击“删除工作表”即可。

方法 2：右键单击要删除的工作表的工作表标签（如果要删除一个工作表，请右键单击该工作表的工作表标签；如果要删除多个工作表，请右键单击选定的多个工作表中任一工作表的工作表标签），在弹出的工作表快捷菜单中单击“删除”命令，如图 5-13（a）所示。

2．移动和复制工作表

移动和复制工作表有两种方法：鼠标拖动法和菜单法。

方法 1：鼠标拖动法。如果要在当前工作簿中移动工作表的位置，只需沿工作表标签栏拖动选定的工作表标签到目的位置即可；如果在拖动工作表的同时按住 Ctrl 键，则会在当前工作簿中复制一个工作表。

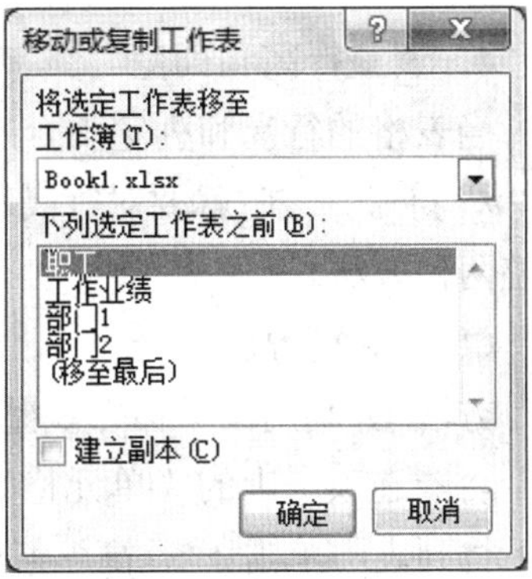

图 5-14　“移动或复制工作表”对话框

方法 2：菜单法。选定要移动或要复制的工作表，在选定的工作表标签上单击右键，在弹出的如图 5-13（a）所示的工作表快捷菜单中选择“移动或复制工作表”命令，弹出“移动或复制工作表”对话框，如图 5-14 所示。在此对话框中先选择被移动或复制的工作表要放置的位置，再单击“确定”按钮。如果选定对话框下方的“建立副本”复选项为复制操作，否则为移动操作。

以上操作是在同一个工作簿中进行的，若要移动或复制工作表到另一个工作簿中，在“移动或复制工作表”对话框中，先在“工作簿”下拉列表框中选择目标工作簿，再选择工作表的位置。

3．重命名工作表

方法 1：选择“开始”功能选项卡上的“单元格”组→单击格式下拉命令按钮，在下拉列表中单击“重命名”菜单命令，如图 5-15 所示。

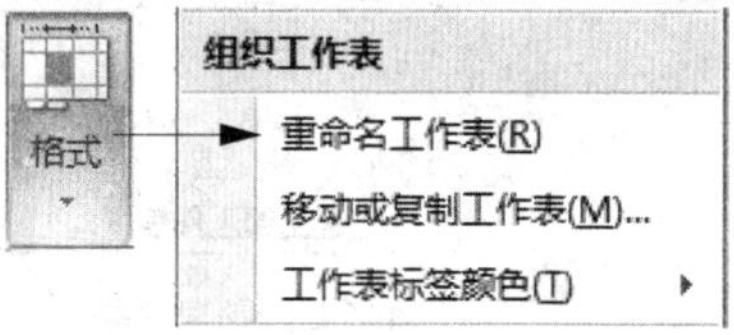

图 5-15 “格式”下拉列表

方法 2：右击当前活动工作表，在弹出的快捷菜单中选“重命名”命令，输入新名。

方法 3：双击工作表标签，在标签上输入新的工作表名。

例如：将图 5-16（a）工作表标签“Sheet2”重命名为“成绩表”，结果如图 5-16（b）所示。

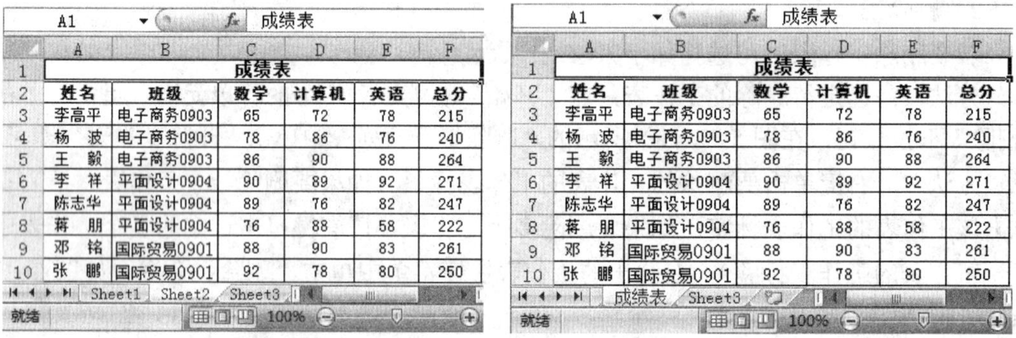

	A	B	C	D	E	F
1	成绩表					
2	姓名	班级	数学	计算机	英语	总分
3	李高平	电子商务0903	65	72	78	215
4	杨　波	电子商务0903	78	86	76	240
5	王　毅	电子商务0903	86	90	88	264
6	李　祥	平面设计0904	90	89	92	271
7	陈志华	平面设计0904	89	76	82	247
8	蒋　朋	平面设计0904	76	88	58	222
9	邓　铭	国际贸易0901	88	90	83	261
10	张　鹏	国际贸易0901	92	78	80	250

（a）重命名前

	A	B	C	D	E	F
1	成绩表					
2	姓名	班级	数学	计算机	英语	总分
3	李高平	电子商务0903	65	72	78	215
4	杨　波	电子商务0903	78	86	76	240
5	王　毅	电子商务0903	86	90	88	264
6	李　祥	平面设计0904	90	89	92	271
7	陈志华	平面设计0904	89	76	82	247
8	蒋　朋	平面设计0904	76	88	58	222
9	邓　铭	国际贸易0901	88	90	83	261
10	张　鹏	国际贸易0901	92	78	80	250

（b）重命名后

图 5-16 重命名工作表

4．调整行高和列宽

当表格的行高和列宽不合适时，表格中单元格内有的内容显示了一半，有的显示一串“#”符号，这时就要对行高和列宽进行调整。调整行高和列宽有菜单命令和使用鼠标调整两种方法。

（1）调整行高

方法 1：利用菜单命令调整行高。操作步骤：先选择需要调整行高的行→再选择“开始”功能选项卡上的“单元格”组→单击“格式”下拉命令按钮，在如图 5-17（a）所示下拉列表中单击 “行高”菜单命令→在弹出的“行高”对话框中输入行高，如图 5-17（b）所示→单击“确定”按钮。

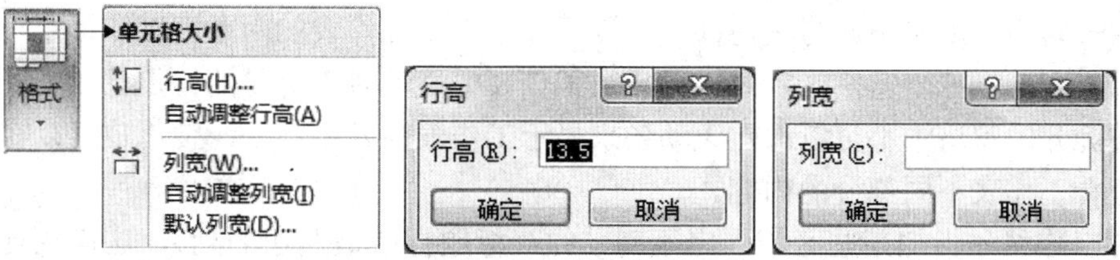

（a）“格式”菜单“行”子菜单　（b）“行高”对话框　（c）“列宽”对话框

图 5-17　调整行高

方法 2：使用鼠标调整行高。操作步骤：先选择需要调整行高的行；将鼠标指向所选行标题之一下面的边界上，鼠标形状变为调整行高的双向箭头“↕”，然后拖动鼠标至合适位置；或在此处双击，也可以调整行高。

（2）调整列宽

方法 1：利用菜单命令调整列宽。操作步骤：先选择需要调整列宽的列→再选择“开始”功能选项卡上的“单元格”组→单击“格式”下拉命令按钮，在如图 5-17（a）所示下拉列表中单击 “列宽”菜单命令→在弹出的“列宽”对话框中输入列宽，如图 5-17（c）所示→单击“确定”按钮。

方法 2：使用鼠标调整列宽。操作步骤：先选择需要调整列宽的列；将鼠标指向所选列标题的右侧的边界上，鼠标形状变为调整列宽的双向箭头“↔”，然后拖动鼠标至合适列宽；或在此处双击，也可以调整列宽。

5．隐藏或显示行、列及工作表

在 Excel 工作簿中，允许有选择的显示或隐藏行、列及整个工作表。如果用户在分发的工作簿副本包含隐藏行、列或工作表，其他人可以对这些行、列或工作表取消隐藏并查看它们包含的数据。

（1）隐藏行、列及工作表。操作步骤：先选定要隐藏的行、列或工作表→选择“开始”功能选项卡上的“单元格”组→单击“格式”下拉命令按钮，在下拉列表中单击 “隐藏和取消隐藏”命令→在子菜单中单击隐藏行（或列或工作表），如图 5-18 所示。

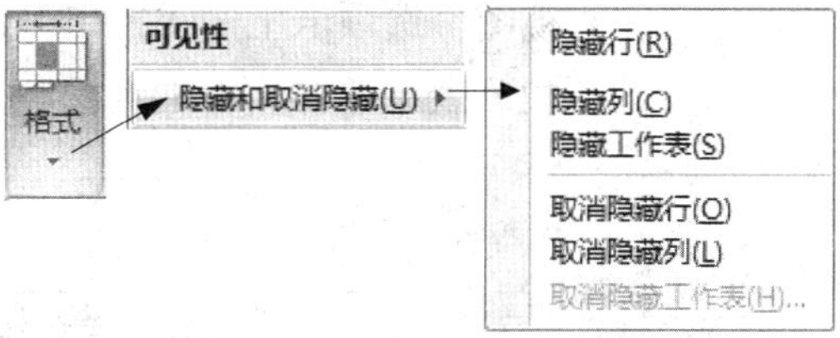

图 5-18　隐藏行/列/工作表

（2）显示行、列及工作表。操作步骤：单击“格式”下拉命令按钮，在下拉列表中单击 “隐藏和取消隐藏”命令→在子菜单中单击取消隐藏行（或列或工作表），如图 5-18 所示。

6．拆分与冻结窗格

若工作表中的数据量很大时，则在编辑或浏览数据时造成标题行和标题列不可见，导致操作不便的问题。此时可以通过冻结或拆分窗格 （窗格：文档窗口的一部分，以垂直或水平条为界限并由此与其他部分分隔开。)来查看工作表的两个区域和锁定一个区域中的行或列。当冻结窗格时，可以选择在工作表中滚动时仍可见的特定行或列，并且在每个被拆分的窗格中都可以通过滚动条来显示工作表的各个部分，使用户可以在一个窗口中查看工作表不同部分的内容。

窗口冻结是指把某些区域固定不动（如：标题行或最左边的列），这样在处理数据时标题行或最左边的列不会跟着滚动，以区分行或列数据对应的标题，便于编辑或浏览数据。

工作表拆分一般分为水平拆分、垂直拆分和水平垂直拆分 3 种。

1）拆分窗格

（1）拆分窗格操作方法：鼠标指向垂直滚动条顶端或水平滚动条右端的拆分框，当指针变为拆分指针≑或⇹时，将拆分框向下或向左拖至所需的位置。

拆分后会在目标单元格的左上角十字形成拆分位置，如图 5-19 所示。拆分后的多个窗口都可以独自控制显示内容。

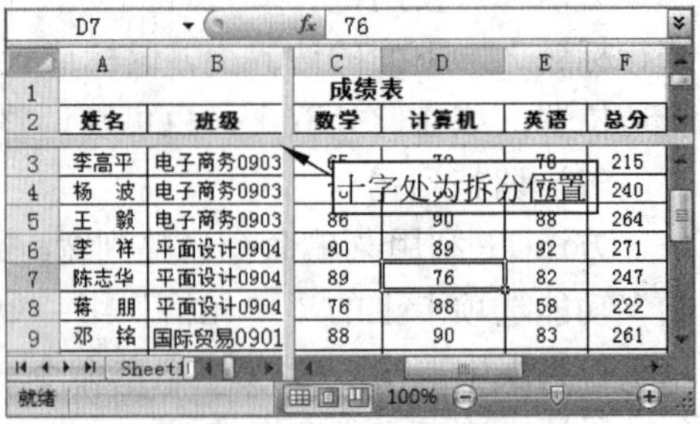

图 5-19 拆分窗格

（2）取消拆分窗格操作方法：双击分割窗格的拆分条的任何部分。

2）冻结窗格

冻结窗格的操作步骤如下：

（1）要锁定行应选择其下方要出现拆分的行；要锁定列应选择其右侧要出现拆分的列；要同时锁定行和列应单击其下方和右侧要出现拆分的单元格。

（2）在“视图”选项卡上的“窗口”组中，单击“冻结窗格”下拉命令按钮，在图 5-20 所示的下拉列表中单击所需的选项。

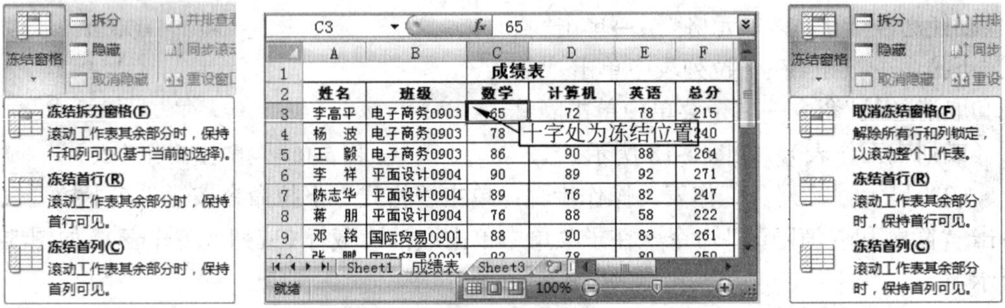

（a）冻结前下拉列表　　（b）冻结窗格示例　　（c）冻结后下拉列表

图 5-20 冻结窗格

例如：给定如图 4-16（b）所示的“成绩表”，要求同时锁定 2 行 2 列。

操作步骤：单击 2 行下方和 2 列的右侧的单元格 C3→单击“冻结窗格”下拉命令按钮，显示图 5-20 所示的下拉列表→单击“冻结拆分窗格”菜单命令。冻结后的效果如图 5-20（b）所示。

注意：用户一旦选择“冻结拆分窗格”菜单命令，会在目标单元格的左上角形成十字冻结位置，如图 5-20（b）所示。另外，“冻结拆分窗格”菜单命令自动变成“取消冻结窗格”菜单命令，如图 5-20（c）所示。如果用户需要撤销冻结窗格，只需单击“取消冻结窗格”菜单命令即可。

5.2.5　工作表格式设置

对创建好的工作表进行格式设置，包括单元格格式、条件格式、自动套用格式设置。通过设置可使表格更加美观，重点更加突出。

1）单元格格式设置

单元格格式设置可以通过使用选项组或使用对话框来完成。

（1）使用选项组：选择“开始”功能选项卡→选择“字体”组（或“对齐方式”组或“数字”组→单击选项组上的命令按钮来完成单元格设置，如图 5-21 所示。

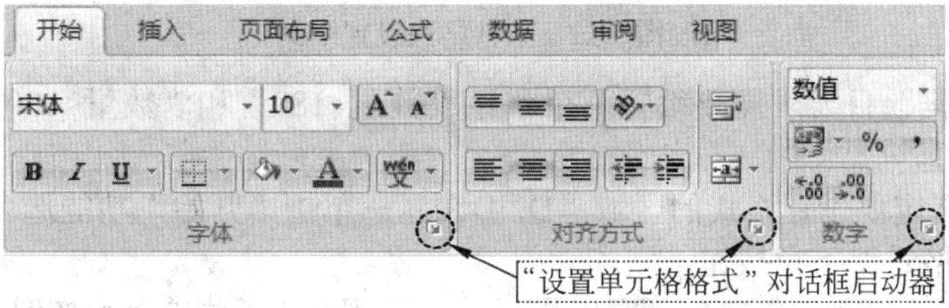

图 5-21　“字体”组、“对齐方式”组和“数字”组

（2）使用对话框：选择“开始”功能选项卡→单击“设置单元格格式”对话框启动器，弹出“单元格格式”对话框来完成单元格设置。“单元格格式”对话框中有六个选项卡，其功能如下所述。

（1）数字：可在“分类”列表框中选择数值类型，并对显示格式作进一步设置，如设置小数位数、日期的显示方式等。

（2）对齐：可对单元格中的数据对齐方式、文本方向等进行控制。

（3）字体：可对数据的字体、字型、字号、颜色等进行设置。

（4）边框：可对单元格区域的内、外边框进行设置，操作时，先选择线条的样式和颜色，再选择边框的类型。

（5）填充：可对单元格底纹的颜色和图案进行设置。

（6）保护：可对单元格的保护与隐藏进行设置。但单元格的保护与工作表的保护是联系在一起的，只有工作表处于保护状态时，单元格才能处于保护状态。

2）条件格式设置

条件格式设置的作用是根据指定的公式或数值来确定搜索条件，并将格式应用到符合条件的单元格区域中，目的是突出显示重点数据。

设置方法：选定单元格区域，选择“开始”功能选项卡→单击“版式”组中的“条件格式”下拉按钮→在下拉列表框中单击“突出显示单元格规则”子菜单命令按钮，根据要求选择相关选项并按照系统提示进行设置。

例 5-5 某公司销售情况表如图 5-22（a）所示，将销售数量大于 180 的单元格底纹设置成“绿色”，销售业绩小于 100 的单元格底纹设置成“点状”，设置后的效果如图 5-22（a）所示。

	A	B	C	D
1	产品	销售日期	地点	数量
2	冰箱	2015年3月9日	南京	180
3	冰箱	2015年3月9日	西安	156
4	冰箱	2015年3月9日	北京	198
5	电视	2015年3月9日	南京	98
6	电视	2015年3月9日	西安	165
7	电视	2015年3月9日	北京	136
8	冰箱	2015年3月10日	南京	176
9	冰箱	2015年3月10日	西安	100
10	冰箱	2015年3月10日	北京	168

（a）销售情况表（设置前）

	A	B	C	D
1	产品	销售日期	地点	数量
2	冰箱	2015年3月9日	南京	180
3	冰箱	2015年3月9日	西安	156
4	冰箱	2015年3月9日	北京	198
5	电视	2015年3月9日	南京	98
6	电视	2015年3月9日	西安	165
7	电视	2015年3月9日	北京	136
8	冰箱	2015年3月10日	南京	176
9	冰箱	2015年3月10日	西安	100
10	冰箱	2015年3月10日	北京	168

（b）销售情况表（设置后）

图 5-22　条件格式设置举例

分析：根据题目要求需要设置两个条件“数量>180”和“数量<100”，具体操作步骤如下。

步骤 1：选定要设置格式的区域“D2:D10”→单击“开始”功能选项卡上“版式”组中的“条件格式”下拉按钮。

步骤 2：在下拉列表框中的“突出显示单元格规则”子菜单命令按钮，系统显示“突出显示单元格规则”子菜单，如图 5-23 所示。

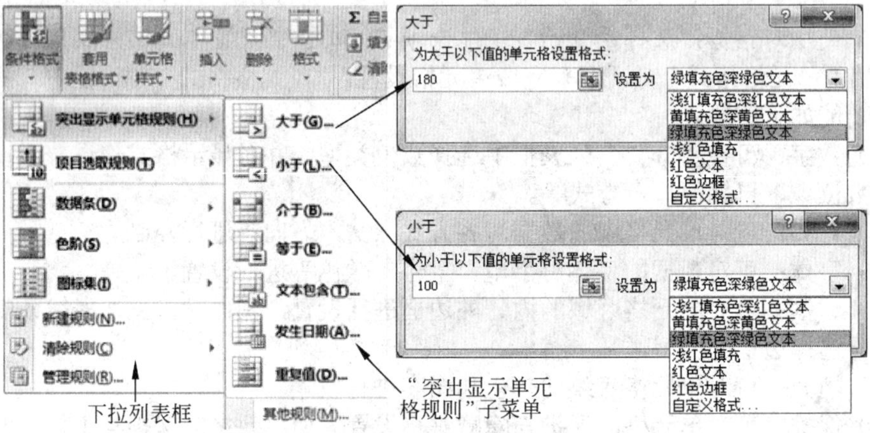

图 5-23　条件格式设置

步骤 3：单击“大于”，系统显示“大于”对话框，在文本框中输入“180”，然后在“设置为”下拉列表框中选择“绿填充色深绿色文本”选项，如图 5-23 右上部分所示，单击“确定”按钮完成设置。

步骤 4：单击“小于”，系统显示“小于”对话框，在文本框中输入“100”，然后在“设置为”下拉列表框中选择“自定义格式”选项，打开的“单元格格式”对话框，如图 5-24 所示。选择“填充”选项卡中的“图案样式”下拉列表框中选择单元格底纹为“点状”，单击对话框中的“确定”按钮完成设置。

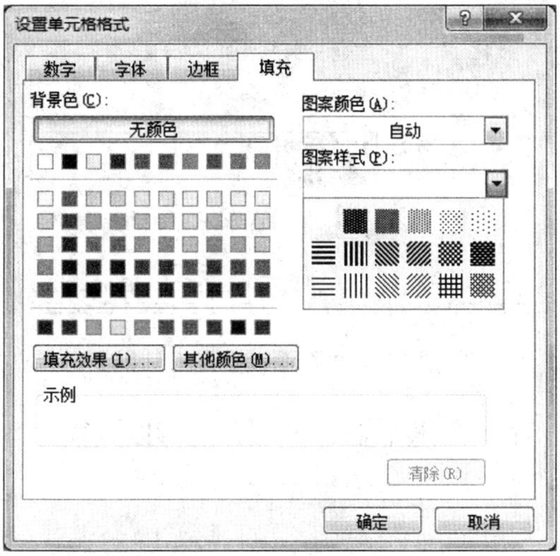

图 5-24 “设置单元格格式”对话框

5.2.6 打印工作表

工作表在打印前通常需要进行页面设置，页面设置包括纸张大小、页面方向、页边距、页眉页脚及是否打印标题等内容，有关页面设置方法与 Word 操作方法一致，故不再赘述。

1）设置打印区域

打印区域是指 Excel 工作表中需要打印的数据范围。若未指定打印区域，Excel 将自动选取包含数据的最大的行与列作为打印区域。设置打印区域有利用命令按钮和对话框两种方法。

方法 1：利用命令按钮。选定要打印的单元格区域→单击“页面设置”组上的“打印区域”下拉命令按钮→执行“设置打印区域”命令即可。

方法 2：利用对话框。选择“页面布局”功能选项卡上的“页面设置”组→单击“页面设置”对话框启动器按钮→选择“页面设置”对话框中的“工作表”选项卡（如图 5-26

所示），将光标置于该选项卡上的打印区域文本框中→在工作表中，利用鼠标拖动方式选择要打印的区域→单击“确定”按钮完成设置。

图 5-25 “页面设置”对话框

注意：利用对话框不仅可以设置打印区域，还可以设置打印标题、打印效果及打印顺序等内容。

2）打印工作表

计算机是可以连接多种打印机的，因此进行工作表打印输出前，首先要选择有效的打印机，其次是进行打印的范围、打印的内容和打印的份数等内容的设置，最后才进行打印。

操作步骤：单击 Office 按钮→选择“打印”选项卡→执行“打印”命令，打开如图 5-26 所示的“打印内容”对话框→进行相关设置→单击“确定”按钮。

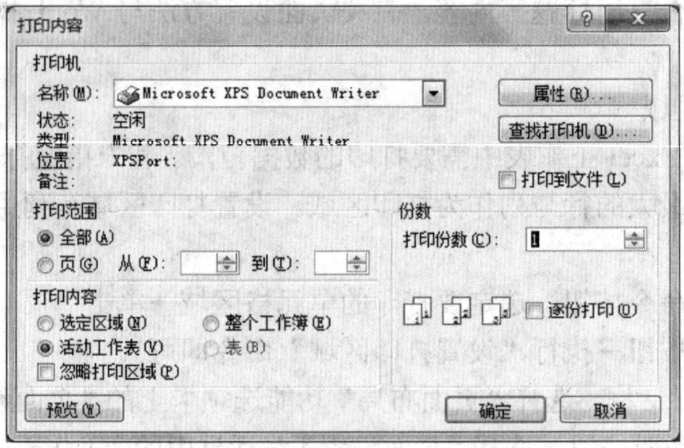

图 5-26 “打印内容”对话框

注意：在“打印范围”栏中，若单选“全部”则打印所有页面；若单选“页”则还需要设置打印工作表中页的范围。在“打印内容”栏，通过 3 个单选项来确定打印当前工作表的“选定区域”、“选定工作表”和“整个工作簿”。

5.2.7　工作簿与工作表的保护

Excel 提供了多层安全和保护，用于控制哪些用户可以访问和更改 Excel 数据。要保护工作簿中的数据，请注意如下问题。

如果为了获得最佳安全性，应使用密码保护整个工作簿文件，从而只允许授权用户查看或修改数据。访问时必须输入正确的密码后，系统才允许访问或修改工作簿，否则不允许。

如果要对特定数据实施额外的保护，可以保护特定工作表或工作簿元素，使用或不使用密码均可。保护工作表或工作簿元素可以帮助防止用户意外或恶意更改、移动或删除重要数据。

有关工作簿密码设置方法与 Word 文档密码设置操作方法一致，故不再赘述。

1．保护工作簿结构及窗口

如果不允许对工作簿中的工作表进行移动、插入、删除、重命名等操作，或禁止对工作簿窗口进行移动、缩放、隐藏，则可通过设置保护工作簿结构及窗口实现，其操作步骤如下。

步骤 1：打开要保护的工作簿。

步骤 2：选择“审阅”功能选项卡→单击“更改”组上的“保护工作簿”下拉菜单命令，在下拉菜单中执行“保护结构和窗口”命令，打开“保护结构和窗口”对话框，如图 5-27 所示。

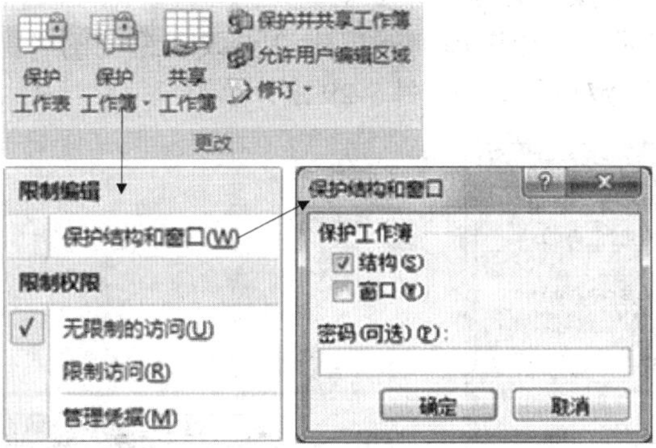

图 5-27　“保护工作簿”对话框

步骤 3：选择保护工作簿结构和窗口→进行密码设置（可选）→单击“确定”按钮。

注意：若选择“结构”复选框，则表示保护工作簿的结构，工作簿中的工作表将不能进行移动、删除、插入、重命名等操作；若选择“窗口”复选框，则表示每次打开工作簿是保持窗口的固定位置和大小，工作簿窗口不能被移动、缩放、隐藏。

2．工作簿和工作表元素保护

与其他用户共享工作簿以协作使用数据时，可以通过保护特定工作表或工作簿元素中的数据来禁止其他用户对其进行更改。还可以指定一个密码，用户需要输入该密码才能修改受保护的特定工作簿和工作表元素。

注意：不应将工作簿和工作表元素保护与工作簿级别的密码安全相混淆。元素保护无法保护工作簿不受恶意用户的破坏。

（1）设置工作表元素保护

保护工作表时，默认情况下该工作表中的所有单元格都会被锁定，用户不能对锁定的单元格做任何更改。例如用户不能在锁定的单元格中插入、修改、删除数据或者设置数据格式。但是可以在保护工作表时指定允许用户更改的元素。可通过如下操作步骤进行设置。

步骤 1：打开要保护的工作簿。

步骤 2：选择“审阅”功能选项卡→单击“更改”组上的“保护工作表”命令，打开“保护工作表”对话框，如图 5-28 所示。

步骤 3：在“允许此工作表的所有用户进行”列表框中，勾选允许其他用户更改的任何单元格或区域，以解除锁定。

步骤 4：在“取消工作表保护时使用的密码”文本框中设置工作表保护密码，单击“确定”按钮，打开“确认密码”对话框。

步骤 5：再次输入密码，以确认密码输入是否正确，单击“确定”按钮完成密码设置操作单击“确定”按钮。

（2）撤销对工作表的保护

撤销对工作表保护的操作方法如下。

步骤 1：选择“审阅”功能选项卡→单击“更改”组上的“撤销工作表保护”命令，打开“撤销工作表保护”对话框，如图 5-29 所示。

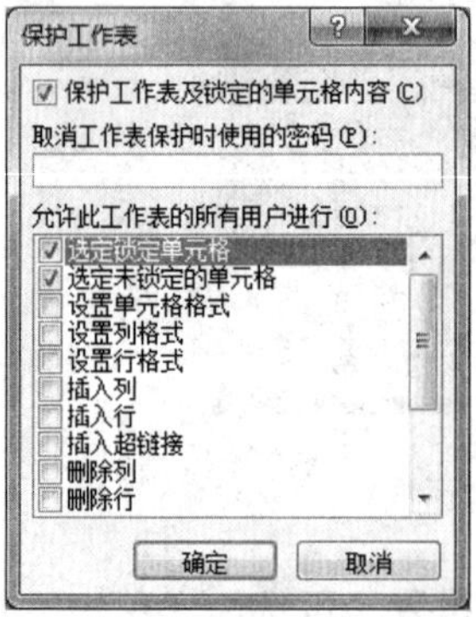

图 5-28 “保护工作表”对话框

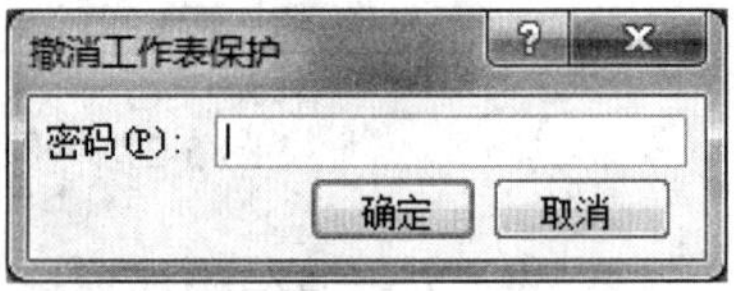

图 5-29 “撤销工作表保护”对话框

步骤 2：在“密码”文本框中输入工作表保护密码，单击“确定”完成操作。

例 5-6　在 Excel 中，A1 单元格的值为 3.14E+05，则与 A1 单元格中的值等价的是＿（1）＿；在某一个单元格中输入了一个位数较多的数字，但该单元格却显示######，原因是＿（2）＿；若单元格 C5=1000、D5=50、C6=6000、D6=40，在单元格 E5 中输入公式“=C5*D5”，再将此公式复制到 E6 单元格中，则 E6 单元格的值为＿（3）＿。

（1）A. 3.19　B. 8.14　C. 314000　D. 31405

（2）A. 系统故障　B. 输入错误　C. 使用了科学计数法　D. 单元格宽不够

（3）A. 50000　B. 2000　C. 240000　D. 300000

分析：空（1）正确的选项是 C。这是用科学计数法表示数据。科学记数是用指数表示法显示数字，以 E+n 替换部分数字，其中 E（代表指数）表示将前面的数字乘以 10 的 n 次幂。本题 3.14E+05 是用 2 位小数的“科学记数”格式，意为 3.14 乘以 10 的 5 次幂，表示 314000。又如用 2 位小数的“科学记数”格式表示 45678901，结果应为 4.57E+07，即 4.57 乘以 10 的 7 次幂。

空（2）正确的选项是 D。在 Excel 中，若单元格宽度显示不下数据时，则系统显示一排与单元格等宽的“#”。

空（3）正确的选项是 C。根据题意公式“=C5*D5”中的 C5 和 D5 均为相对地址，再将此公式复制到 E6 单元格中，则 E6 内容为“=C6*D6”，其值为 6000*40=240000。

5.3　电子表格中的数据运算

公式与函数的使用是电子表格最重要的内容之一，灵活的运用公式和函数可以简化数据计算，实现数据处理的自动化。在 Excel 中，公式也是一种数据的表示形式，它可以像数值、文字及日期一样存放在表格中；使用公式有助于分析工作表中的数据。

5.3.1　公式中运算符和运算次序

公式中可以进行加、减、乘、除、乘方等算术运算，字符的连接运算以及比较运算。公式是由运算符、数据、单元格引用位置、函数及名字等组成。在 Excel 中，公式必须以等号“=”开头，系统将“=”号后面的字符串识别为公式。

Excel 公式中有四类运算符：算术运算符、文本运算符、比较运算符、引用运算符。表 5-3 给出了上述四种运算符所包含的运算符及其示例。

表 5-3　Excel 公式中的运算符

类　型	运算符	含　义	示　例
算术运算符	+	加	89+56.3
	－	减	B2－C2
	＊	乘	3＊A1
	/	除	A1 / 5
	%	百分比	30%
	∧	乘方	5∧2

续表

类　型	运算符	含　义	示　例
比较运算符	=	等于	(A1+B1)=C1
	>	大于	A1>B1
	<	小于	A1<B1
	>=	大于等于	A1>=B1
	<=	小于等于	A1<=B1
	<>	不等于	A1<>B1
文本运算符	&	连接两个或多个字符串	“古城”&“西安”得到“古城西安”
引用运算符	:	区域运算符	引用两个操作数内的所有单元格
	,	联合运算符	引用多个不连续的区域
	空格	交叉运算符	对两个区域中共有单元格进行引用

注意：如果在公式中同时使用多个运算符，优先级为：引用运算符→算术运算符→文本运算符→比较运算符。优先级相同的运算符，按从左到右进行计算；若要改变优先顺序，可使用圆括号。

例 5-7 在 Excel 的 A1 单元格中输入：__（1）__，则 A1 单元格中显示数字 8；若在 A1 单元格中输入：=1=2，则显示的结果是__（2）__；若 A2 单元格的值为“李凌”，B2 单元格的值为 100，要使 C2 单元格的值为“李凌成绩为 100”，则应在 C2 单元格输入的公式是__（3）__。

（1）A. ="160/20 "　B. =160/20　C. "160/20"　D. 160/20

（2）A. =1=2　B. =12　C. TRUE　D. FALSE

（3）A. =A2&"成绩为"&B2　B. =A2+"成绩为"+B2

C. =A2+成绩为+B2　D. =&A2"成绩为"&B2

分析：空（1）正确的选项是 D。公式必须以等号“=”开头，故可排除选项 C 和选项 D；又因为选项 A 等号后的“160/20”不是一个算术表达式，故可排除选项 A。

空（2）正确的选项是 D。“=1=2”是一个逻辑表达式，成立系统显示“TRUE”，不成立系统显示“FALSE”，而该表达式不成立，因此结果为 FALSE。

空（3）正确的选项是 A。在 Excel 中的文本运算符为“&”，其作用为连接两个或多个字符串，本题 A2 单元格的值为“李凌”，B2 单元格的值为 100，要使 C2 单元格的值为“李凌成绩为 100”，则应在 C2 单元格输入的公式是=A2&"成绩为"&B2。

5.3.2　公式中单元格的引用

1．相对引用

Excel 中默认的单元格引用为相对引用，如 A1、B1、C1 等。相对引用是指公式在复制或移动时，Excel 会根据移动的位置自动调节公式中引用单元格的地址。

例如在图 5-30 中，如果要计算每个学生的总成绩，只需要在 D2 单元格中输入公式“=B2+C2”，结果 D2=180；然后将公式“=B2+C2”复制到 D3 和 D4，则 D3=156、D4=151。

从上例可见，总成绩计算采用相对引用能有效提高工作效率。导致这种结果的根本原因是复制公式的相对地址发生了变化。因为如果将公式“=B2+C2”复制到 E4，则编辑栏中显示公式为“=C4+D4”，E4=219。

2．绝对引用

绝对引用指公式和函数中的单元格地址是固定不变的，使用时无论公式被复制到哪个单元格，公式的结果都固定不变。绝对引用需要在行号和列号前均加“$”符号。例如在图 5-30 中，如果将 D2 的公式改为“=$B$2+$C$2”，并将公式复制到 D3 和 D4，则 D3 和 D4 的值仍为 180，D3 和 D4 单元格的公式也仍为“=$B$2+$C$2”，如图 5-31 所示。

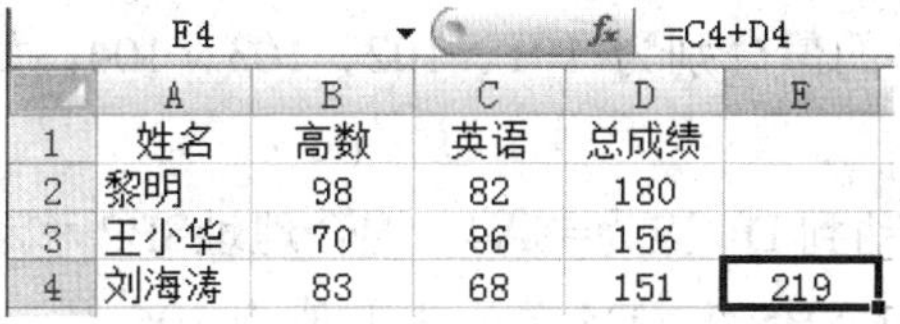

	A	B	C	D	E
1	姓名	高数	英语	总成绩	
2	黎明	98	82	180	
3	王小华	70	86	156	
4	刘海涛	83	68	151	219

图 5-30　含相对引用公式的粘贴

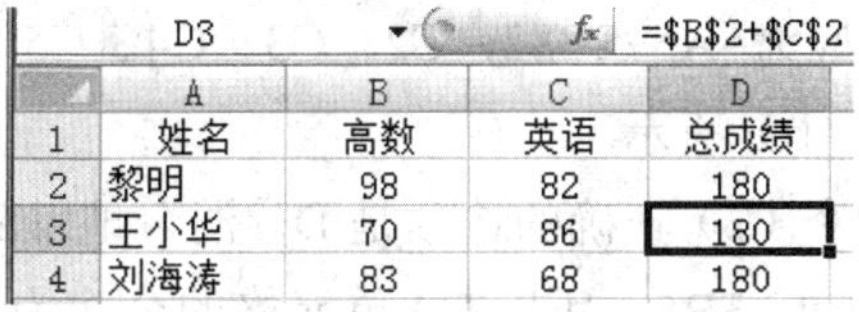

	A	B	C	D
1	姓名	高数	英语	总成绩
2	黎明	98	82	180
3	王小华	70	86	180
4	刘海涛	83	68	180

图 5-31　含绝对引用公式的粘贴

从上可见，绝对地址在被复制或移动到其他单元格时，其单元格地址不会改变。

3．混合引用

混合引用是指单元格地址的行号或列号前加上“$”符号，如$A1 或 B$2。当公式单元因为复制或插入而引起行列变化时，公式的相对地址部分会随位置变化，而绝对地址部分仍不变化。

4．三维公式

在实际工作中，常常需要把不同工作表甚至是不同工作簿中的数据应用于同一个公式中进行计算处理，这类公式被形象地称为三维公式。三维公式的构成规则如下。

（1）不同工作表中的数据所在单元格地址表示方法：工作表名称!单元格引用地址。

（2）不同工作簿中的数据所在单元格地址表示方法：[工作簿名称]工作表名称!单元格引用地址。

例如：如果将 Sheet2 中的 B9 单元格内容与 Sheet1 的 A2 单元格内容相加，其结果放入 Sheet1 的 A4 单元格，则在 Sheet1 的 A4 单元格中应输入的三维公式为=Sheet2!B9+Sheet1!A2，或者输入=Sheet2!B9+A2。

又如，对于“Sheet1!$A$1:$E$1,Sheet1!$B$3:$D$3,Sheet1!$C$5”所表示的单元格区域，共选定了几个单元格？共选择了 9 个单元格。分析：Sheet1!$A$1:$E$1 表示选定了 Sheet1 工作表的 A1、B1、C1、D1、E1 五个单元格；Sheet1!$B$3:$D$3 表示选定了 Sheet1 工作表的 B3、C3、D3 三个单元格；Sheet1!$C$5 表示选定了 Sheet1 工作表的 C5 单元格。

例 5-8 在图 5-32（a）所示的 Excel 表中，若在 C1 单元格输入公式“=A1+$B$2”，并将其复制到 C2、C3、C4、C5 单元格中，则 C2、C3、C4、C5 单元格的值分别为__(1)__；若在 D1 单元格输入公式“=$A1+$B2”，并将其移动到 D4 单元格，则 D4 单元格的值为__(2)__。

（1）A．101、103、105、107　　B．101、102、103、104
　　C．102、103、105、107　　D．102、101、102、103

（2）A．101　　B．103　　C．105　　D．106

分析：空（1）正确的选项是 B。根据题意在 C1 单元格输入公式“=A1+$B$2”，由于 A1 为相对地址，$B$2 为绝对地址，若将 C1 复制到 C2、C3、C4、C5 单元格，则 C2 单元格应为=A2+$B$2、C3 单元格应为=A3+$B$2、C4 单元格应为=A4+$B$2、C5 单元格应为=A5+$B$2，C2、C3、C4、C5 单元格的值分别为 101、102、103、104，如图 5-32（b）所示。

空（2）正确的选项是 D。混合地址$A1 移动到 D4 应为=$A4，混合地址$B2 移动到 D4 应为=$B5，所以 D4 单元格的公式为“=$A4+$B5”，D4 单元格的值为 106。

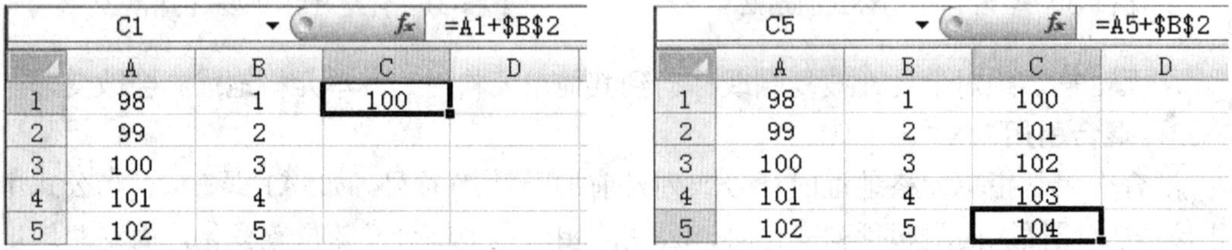

C1　=A1+$B$2

	A	B	C	D
1	98	1	100	
2	99	2		
3	100	3		
4	101	4		
5	102	5		

（a）

C5　=A5+$B$2

	A	B	C	D
1	98	1	100	
2	99	2	101	
3	100	3	102	
4	101	4	103	
5	102	5	104	

（b）

图 5-32　例 5-8

5.3.3 函数应用

1．函数类型

Excel 2007 提供了多种功能强大的函数，如统计函数、财务函数、数学函数、日期与数据函数等，利用这些函数可提高数据处理能力，同时减少错误的发生。各类函数用途如下。

（1）数学与三角函数：用于处理简单和复杂的数学计算。如计算某个区域的数值总和、对数字取整处理等。

（2）统计函数：完成对数据区域的统计分析。例如可使用 COUNTIF 函数统计出满足特定条件的数据个数。

（3）信息函数：用于确定存储在单元格中的数据的类型。

（4）财务函数：可进行一般的财务计算，比如用以确定贷款的支付额、投资的未来值或净现值，以及债券价值等。

（5）数据库函数：使用此类型函数，可完成数据清单中数值是否符合某特定条件的分析工作。比如样例中的 DCOUNT 函数用于计算某门课程考试成绩的各个分数段情况。

（6）文本函数：利用它们可以在公式中处理文字信息。

（7）查找与引用函数：如果需要在数据清单或表格中查找特定数值，可以使用这类函数。

（8）日期和时间函数：用以在公式中分析和处理日期值和时间值。例如使用 TODAY 函数可获得基于计算机系统时钟的当前日期。

（9）逻辑函数：使用逻辑函数进行真假值判断等。

2．输入函数

函数的输入可以采用手工输入和使用函数向导输入两种方法。手工输入比较简单，但要记住函数的名称、参数和作用。使用函数向导输入虽然过程复杂，但无需记住函数的名称和参数。下面通过求学生课程平均成绩为例，介绍使用函数向导输入函数的方法。

例如学生成绩表如图 5-33 所示，计算学生的各课程的平均成绩。本例需要使用求平均值函数 AVERAGE，操作步骤如下。

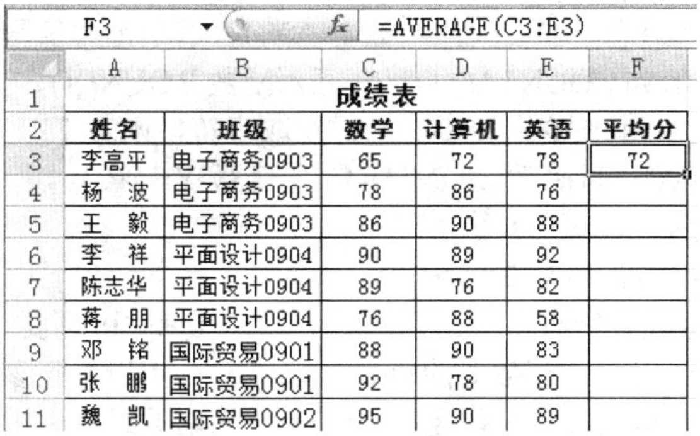

F3　fx　=AVERAGE(C3:E3)

	A	B	C	D	E	F
1	成绩表					
2	姓名	班级	数学	计算机	英语	平均分
3	李高平	电子商务0903	65	72	78	72
4	杨　波	电子商务0903	78	86	76	
5	王　毅	电子商务0903	86	90	88	
6	李　祥	平面设计0904	90	89	92	
7	陈志华	平面设计0904	89	76	82	
8	蒋　朋	平面设计0904	76	88	58	
9	邓　铭	国际贸易0901	88	90	83	
10	张　鹏	国际贸易0901	92	78	80	
11	魏　凯	国际贸易0902	95	90	89	

图 5-33　函数应用示例

步骤 1：选择要输入函数的单元格，如：E3。

步骤 2：选择“公式”功能选项卡→单击“函数库”组上的插入函数按钮 fx，弹出“插入函数”对话框，如图 5-34（a）所示。

步骤 3：在“选择类别”列表框中选择相应函数类别，然后在“选择函数”列表框中选择所需函数 AVERAGE。

步骤 4：单击“确定”按钮，弹出“函数参数”对话框，如图 5-34（b）所示。在该对话框中设置函数的参数，如：C3:E3。

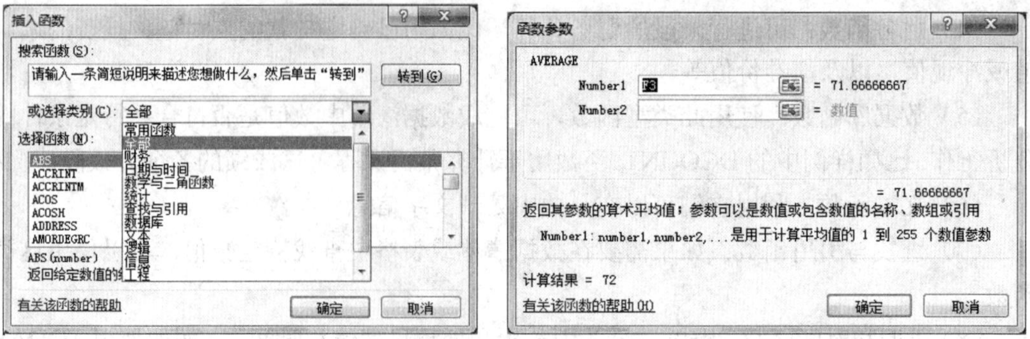

（a）“插入函数”对话框　　（b）“函数参数”对话框

图 5-34　函数示例

步骤 5：单击“确定”按钮，在所选单元格 F3 中显示结果为 72，如图 5-33 所示。

注意：在“插入函数”对话框中，其列表框下方有对选中函数的说明，通过这些说明可以了解所选函数的作用；在“函数类别”列表框中，最上方的是“常用函数”，选中该项，函数列表框中列出最常用的 10 个函数；在“常用函数”下方的是“全部函数”，选中该项，函数列表框中将按字母顺序列出 Excel 的所有函数。

3．常用函数

在 Excel 2007 中经常使用的函数主要有：求和函数 SUM()、条件求和函数 SUMIF()、求平均值函数 AVERAGE()、求最大值函数 MAX()、求最小大值函数 MIN()、计数函数 COUNT()、非空计数函数 COUNTA()、四舍五入函数 ROUND()、排名次函数 RANK()、取整函数 INT()、求字符串长度函数 LEN()、左取字符串函数 LEFT()和右取字符串函数 RIGHT()、日函数 DAY()、月函数 MONTH()、年函数 YEAR()、星期函数 WEEKDAY()。

（1）求和函数：SUM()

格式：SUM（参数 1，参数 2，……）

功能：求单元格区域中所有数值的和。参数 1，参数 2……是要对其求和的 1 到 255 个参数。参数可以是数值或含有数值的单元格引用，直接键入到参数表中的数字、逻辑值及数字的文本表达式将被计算。但是 SUM 函数忽略数组或引用中的空白单元格、逻辑值、文本。如果参数为数组或引用，只有其中的数字将被计算，若为错误值或不能转换成数字的文本，将会导致错误。具体示例见表 5-4，其中数据引用区域参看图 5-35（a）。

表 5-4　SUM 函数应用

例　子	说　明
SUM(3,4)	计算数字 3 和 4 的总和等于 7
SUM(“6”,16,TRUE)	等于 23，因为文本值被转换成数字，逻辑值 TRUE 被转换成数字 1
SUM(B3:D3)	将 B3、C3 和 D3 单元格内容相加等于 137，对因为非数值型单元格 B3 的内容“电子商务 0903”引用不能被转换成数值
SUM(C3,D4)	将 C3 和 D4 单元格内容 65 和 85 相加等于 150
SUM(C3:C5,12)	将 C3、C4、C5 单元格内容 65、78、86 和 12 相加等于 241

例 5-9 使用函数向导，计算“成绩表”中所有学生的总分，如图 5-35（a）所示。

操作步骤如下：

步骤 1：选中“成绩表”中的单元格 F3。

步骤 2：选择“公式”功能选项卡→单击“函数库”组上的插入函数按钮 *fx*，弹出图 5-34(a) 所示“插入函数”对话框，在“选择函数”列表框中选择 SUM 函数。

步骤 3：单击“确定”按钮，弹出如图 5-34(b)所示“函数参数”对话框，在该对话框中设置函数的参数：C2:E2，单击“确定”按钮，第一位同学的总分就计算出来了。

步骤 4：使用填充柄将其他同学的总分一并计算出来，结果如图 5-35（b）所示。

F3 *fx*

	A	B	C	D	E	F
1	成绩表					
2	姓名	班级	数学	计算机	英语	总分
3	李高平	电子商务0903	65	72	78	
4	杨 波	电子商务0903	78	86	76	
5	王 毅	电子商务0903	86	90	88	
6	李 祥	平面设计0904	90	89	92	
7	陈志华	平面设计0904	89	76	82	
8	蒋 朋	平面设计0904	76	88	58	
9	邓 铭	国际贸易0901	88	90	83	
10	张 鹏	国际贸易0901	92	78	80	

（a）学生成绩示例

F3 *fx* =SUM(C3:E3)

	A	B	C	D	E	F
1	成绩表					
2	姓名	班级	数学	计算机	英语	总分
3	李高平	电子商务0903	65	72	78	215
4	杨 波	电子商务0903	78	86	76	240
5	王 毅	电子商务0903	86	90	88	264
6	李 祥	平面设计0904	90	89	92	271
7	陈志华	平面设计0904	89	76	82	247
8	蒋 朋	平面设计0904	76	88	58	222
9	邓 铭	国际贸易0901	88	90	83	261
10	张 鹏	国际贸易0901	92	78	80	250

（b）函数运算结果

图 5-35 例 5-9

（2）求平均值函数：AVERAGE()

格式：AVERAGE（参数 1，参数 2，……）

功能：求各参数的平均值。参数可以是数值或含有数值的单元格引用。

例 5-10 通过 AVERAGE()函数求“成绩表”中每名学生三门课程的平均成绩。

操作步骤如下：

步骤 1：选中要输入函数的单元格 G2。

步骤 2：选择“公式”功能选项卡→单击“函数库”组上的插入函数按钮 *fx*，弹出“插入函数”对话框，选择 AVERAGE 函数。

步骤 3：单击“确定”按钮，弹出“函数参数”对话框，在该对话框中设置函数的参数：C2:E2。

步骤 4：单击“确定”按钮，在所选单元格中显示结果，如图 5-36（a）所示。

步骤 5：使用填充柄将其他学生的平均分一并计算出来，结果如图 5-36（b）所示。

（3）求最大值函数：MAX()

格式：MAX（参数 1，参数 2，……）

功能：求各参数中的最大值。

G3 =AVERAGE(C3:E3)

	A	B	C	D	E	F	G
1	成绩表						
2	姓名	班级	数学	计算机	英语	总分	平均分
3	李高平	电子商务0903	65	72	78	215	71.7
4	杨 波	电子商务0903	78	86	76	240	
5	王 毅	电子商务0903	86	90	88	264	
6	李 祥	平面设计0904	90	89	92	271	
7	陈志华	平面设计0904	89	76	82	247	
8	蒋 朋	平面设计0904	76	88	58	222	
9	邓 铭	国际贸易0901	88	90	83	261	
10	张 鹏	国际贸易0901	92	78	80	250	

（a）

G3 =AVERAGE(C3:E3)

	A	B	C	D	E	F	G
1	成绩表						
2	姓名	班级	数学	计算机	英语	总分	平均分
3	李高平	电子商务0903	65	72	78	215	71.7
4	杨 波	电子商务0903	78	86	76	240	80.0
5	王 毅	电子商务0903	86	90	88	264	88.0
6	李 祥	平面设计0904	90	89	92	271	90.3
7	陈志华	平面设计0904	89	76	82	247	82.3
8	蒋 朋	平面设计0904	76	88	58	222	74.0
9	邓 铭	国际贸易0901	88	90	83	261	87.0
10	张 鹏	国际贸易0901	92	78	80	250	83.3

（b）

图 5-36 AVERAGE 函数示例

其中参数为需要找出最大值的 1～30 个数值。参数可以是单个值或者范围，范围包括数字、单元格引用及包含数字的数组。MAX 函数忽略文本、逻辑值和空单元格，只考虑数字类型的数据大小。如果参数不包含数字，MAX 函数将返回 0。

例 5-11 使用函数计算“成绩表”中每门课程的最高分。

操作步骤如下：

步骤 1：选中要输入函数的单元格 C13；选择“公式”功能选项卡→单击“函数库”组上的插入函数按钮 f_x，弹出“插入函数”对话框，选择 MAX 函数。

步骤 2：在弹出的“函数参数”对话框中设置函数的参数：C3:C12。

步骤 3：单击“确定”按钮，在所选单元格中显示结果，再使用填充柄将其他课程的最高分计算出来，结果如图 5-37 所示。

C13 =MAX(C3:C12)

	A	B	C	D	E	F	G
1	成绩表						
2	姓名	班级	数学	计算机	英语	总分	平均分
3	李高平	电子商务0903	65	72	78	215	71.7
4	杨 波	电子商务0903	78	86	76	240	80.0
5	王 毅	电子商务0903	86	90	88	264	88.0
6	李 祥	平面设计0904	90	89	92	271	90.3
7	陈志华	平面设计0904	89	76	82	247	82.3
8	蒋 朋	平面设计0904	76	88	58	222	74.0
9	邓 铭	国际贸易0901	88	90	83	261	87.0
10	张 鹏	国际贸易0901	92	78	80	250	83.3
11	魏 凯	国际贸易0902	95	90	89	274	91.3
12	杨庆福	国际贸易0902	58	79	65	202	67.3
13		最高分	95	90	92	274	91

图 5-37 求最大值

（4）求最小值函数：MIN()

格式：MIN（参数 1，参数 2，……）

功能：求各参数中的最小值。

其中参数为需要找出最小值的 1～30 个数值。参数可以是单个值或者范围，范围包括数字、单元格引用及包含数字的数组。MIN 函数忽略文本、逻辑值和空单元格，只考虑数字类型的数据大小。如果参数不包含数字，MIN 函数将返回 0。

例 5-12　使用函数计算“成绩表”中每门课程的最低分。操作方法同最大值计算，计算结果如图 5-38 所示。

C14　　f_x　=MIN(C3:C12)

	A	B	C	D	E	F	G
1	成绩表						
2	姓名	班级	数学	计算机	英语	总分	平均分
3	李高平	电子商务0903	65	72	78	215	71.7
4	杨　波	电子商务0903	78	86	76	240	80.0
5	王　毅	电子商务0903	86	90	88	264	88.0
6	李　祥	平面设计0904	90	89	92	271	90.3
7	陈志华	平面设计0904	89	76	82	247	82.3
8	蒋　朋	平面设计0904	76	88	58	222	74.0
9	邓　铭	国际贸易0901	88	90	83	261	87.0
10	张　鹏	国际贸易0901	92	78	80	250	83.3
11	魏　凯	国际贸易0902	95	90	89	274	91.3
12	杨庆福	国际贸易0902	58	79	65	202	67.3
13		最高分	95	90	92	274	91
14		最低分	58	72	58	202	67

图 5-38　求最小值

（5）非空计数函数：COUNTA()

格式：COUNTA（参数 1，参数 2，……）

功能：计算参数列表中非空白值的单元格个数。COUNTA 函数忽略数组或者单元格引用中的空单元格。

例 5-13　使用函数统计“成绩表”中学生的总人数。

操作步骤：

步骤 1：单击“成绩表”中的单元格 B15。

步骤 2：选择“公式”功能选项卡→单击“函数库”组上的插入函数按钮 f_x，弹出“插入函数”对话框，选择 COUNTA 函数。

步骤 3：在弹出的“函数参数”对话框中设置函数的参数：A3:A14，单击“确定”，结果如图 5-39 所示。

B15　　f_x　=COUNTA(A3:A12)

	A	B	C	D	E	F	G
1	成绩表						
2	姓名	班级	数学	计算机	英语	总分	平均分
3	李高平	电子商务0903	65	72	78	215	71.7
4	杨　波	电子商务0903	78	86	76	240	80.0
5	王　毅	电子商务0903	86	90	88	264	88.0
6	李　祥	平面设计0904	90	89	92	271	90.3
7	陈志华	平面设计0904	89	76	82	247	82.3
8	蒋　朋	平面设计0904	76	88	58	222	74.0
9	邓　铭	国际贸易0901	88	90	83	261	87.0
10	张　鹏	国际贸易0901	92	78	80	250	83.3
11	魏　凯	国际贸易0902	95	90	89	274	91.3
12	杨庆福	国际贸易0902	58	79	65	202	67.3
13		最高分	95	90	92	274	91
14		最低分	58	72	58	202	67
15	总人数	10					

图 5-39　求非空单元格数

注意：本题选的单元格区域为 A3:A14，共 12 个单元，但计算结果为 10，关键是 A13 和 A14 为空，故 COUNTA 函数未计入总人数中。

（6）计数函数：COUNT()

格式：COUNT（参数 1，参数 2，……）

功能：计算包含数字的单元格以及参数列表中的数字个数。参数可以是单个数值或含有数值的单元格引用及数组。COUNT 函数忽略文本、逻辑值或空白单元格，只计算各参数中数值型参数和包含数值的单元格个数。

例 5-14 使用函数统计图 5-37 单元格区域 A1: C4 中数值型参数和包含数值的单元格个数存放在单元格 C5 中。

操作步骤：

步骤 1：单击表格中的单元格 C5。

步骤 2：可直接在单元格 C5 中输入公式“=COUNT(A1:C4)”，按下回车。

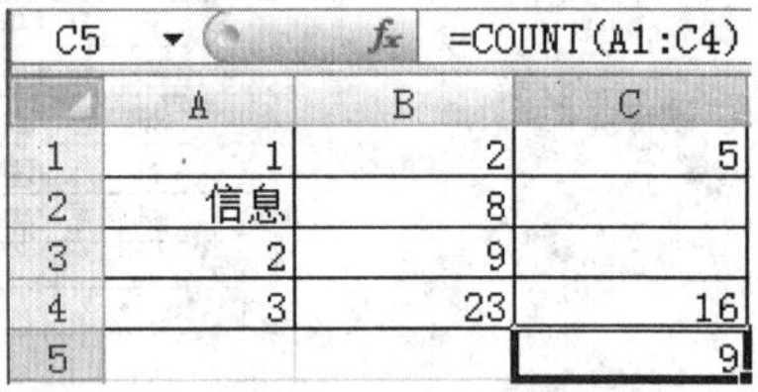

图 5-40 COUNT()应用举例

从图 5-40 可以看出，单元格区域 A1:C4 共 12 格单元格，计算结果为 9。因为单元格 A2 为文本“信息”，单元格 C2 和 C3 均为空，故 COUNT(A1:C4)的计算结果为 9。

（7）四舍五入函数：ROUND()

格式：ROUND（数值，位数）

功能：将参数引用的数值项舍入到指定的小数位数。

若位数>0，表示保留位数指定的小数；位数=0，表示保留整数；位数<0，表示从个位向左对第几位进行舍入。

例：ROUND（123.456，2），结果为 123.46

ROUND（123.456，0），结果为 123

ROUND（123.456，-2），结果为 100

（8）取整函数：INT()

格式：INT（实数参数）

功能：取不大于该实数参数的最大整数。

例如：INT（9.99）结果为 9

INT（-9.99）结果为-10

（9）条件判断函数：IF()

格式：IF（条件式，值 1，值 2）

功能：执行真假值判断，根据逻辑测试的真假值，返回不同的结果。

IF 函数判断条件式，若满足条件，则结果返回值 1；否则，返回值 2。IF 函数可以嵌套使用，最多可嵌套 7 层。

例如：若单元格 C1=38、C2=20、D1=信息技术处理、D2=信息技术处理，则执行下列 IF 函数的结果如下。

IF（C1>C2，“正确”，“不正确”）则结果为“正确”；

IF（C1<C2，“正确”，“不正确”）则结果为“不正确”；

IF（D1= D2，“匹配”，“不匹配”）则结果为“匹配”。

例 5-15　使用函数评定学生的成绩等级，总分大于 240 分的为合格，否则为不合格。

操作步骤：

步骤 1：单击“学生成绩表”中的单元格 H3。

步骤 2：选择“公式”功能选项卡→单击“函数库”组上的插入函数按钮 fx，弹出“插入函数”对话框，选择 IF 函数。

步骤 3：在弹出的“函数参数”对话框中设置函数的参数，如图 5-41（a）所示。

步骤 4：单击“确定”按钮，在所选单元格 H3 中显示结果，再使用填充柄将其他学生的等级计算出来，结果如图 5-41（b）所示。

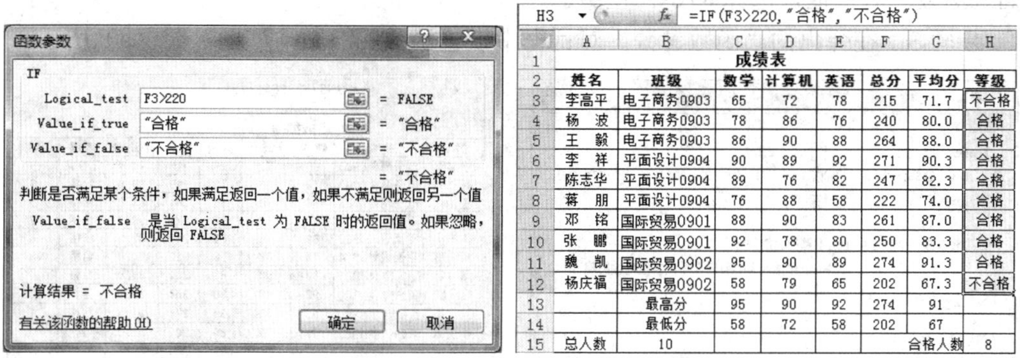

	A	B	C	D	E	F	G	H
1	成绩表							
2	姓名	班级	数学	计算机	英语	总分	平均分	等级
3	李高平	电子商务0903	65	72	78	215	71.7	不合格
4	杨　波	电子商务0903	78	86	76	240	80.0	合格
5	王　毅	电子商务0903	86	90	88	264	88.0	合格
6	李　祥	平面设计0904	90	89	92	271	90.3	合格
7	陈志华	平面设计0904	89	76	82	247	82.3	合格
8	蒋　朋	平面设计0904	76	88	58	222	74.0	合格
9	邓　铭	国际贸易0901	88	90	83	261	87.0	合格
10	张　鹏	国际贸易0901	92	78	80	250	83.3	合格
11	魏　凯	国际贸易0902	95	90	89	274	91.3	合格
12	杨庆福	国际贸易0902	58	79	65	202	67.3	不合格
13		最高分	95	90	92	274	91	
14		最低分	58	72	58	202	67	
15	总人数	10					合格人数	8

（a）“函数参数”对话框　　（b）应用示例

图 5-41　条件判断函数

（10）条件计数函数：COUNTIF()

格式：COUNTIF（取值范围，条件式）

功能：计算某区域内满足条件的单元格个数。

例 5-16　使用函数统计学生成绩等级为“合格”的学生人数。

操作步骤：

步骤 1：单击“学生成绩表”中的单元格 H15。

步骤 2：选择“公式”功能选项卡→单击“函数库”组上的插入函数按钮 fx，弹出“插入函数”对话框，弹出“插入函数”对话框，选择 COUNTIF 函数。

步骤 3：在弹出的“函数参数”对话框中设置函数的参数，如图 5-42 所示，然后单击“确定”按钮即可。计算结果如图 5-41（b）单元格 H15 所示。

（11）排名次函数：RANK()

格式：RANK（Number, Ref，Order）

功能：判断参数在数字列表区域中相对于其他数值的大小排位。Number 指定要比较的数字；Ref 指定比较范围，可以是一组数或对一个数据列表的引用；Order 指定排位的方式，如果填写 0 或忽略表示降序，若填写非零值表示升序。

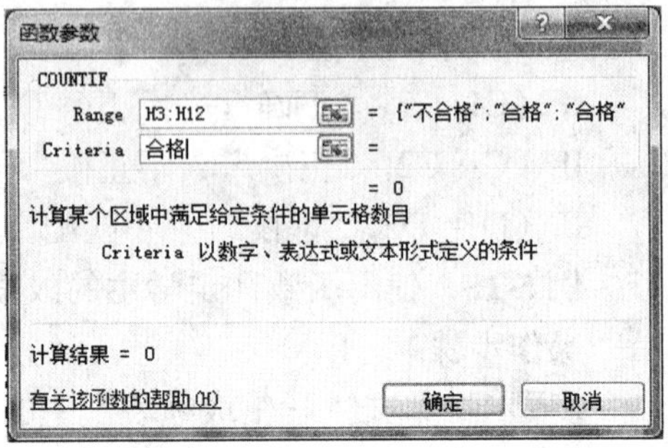

图 5-42 条件计数函数“函数参数”对话框

例 5-17 使用函数对“成绩表”中所有学生按总分由高到低进行排名。

操作步骤：

步骤 1：单击“成绩表”中单元格 I3。

步骤 2：选择“公式”功能选项卡→单击“函数库”组上的插入函数按钮 fx，弹出“插入函数”对话框，选择 RANK 函数。

步骤 3：在弹出的“函数参数”对话框中设置函数的参数，如图 5-43（a）所示。

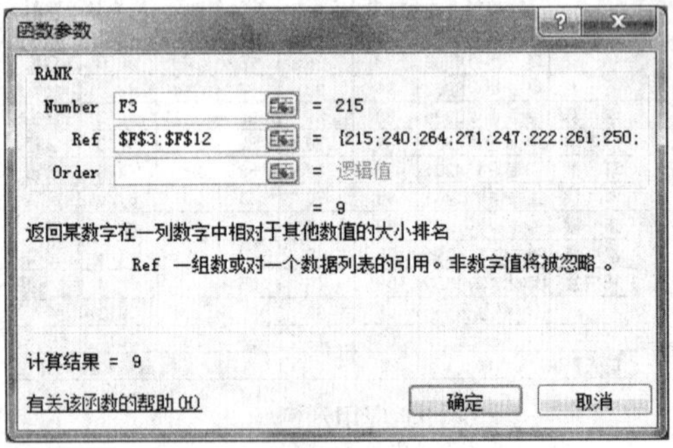

（a）“函数参数”对话框

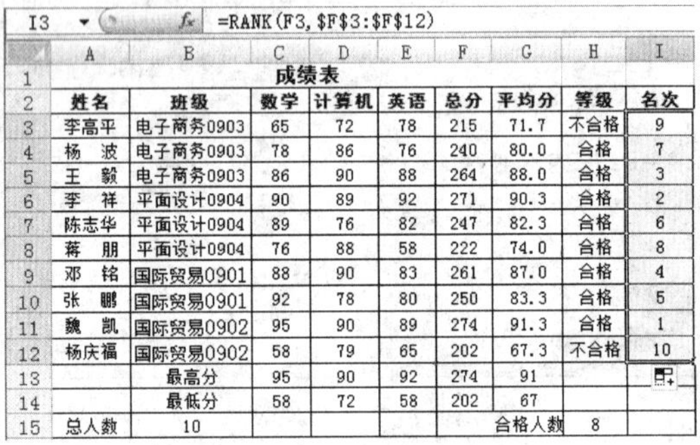

I3 fx =RANK(F3,$F$3:$F$12)

	A	B	C	D	E	F	G	H	I
1				成绩表					
2	姓名	班级	数学	计算机	英语	总分	平均分	等级	名次
3	李高平	电子商务0903	65	72	78	215	71.7	不合格	9
4	杨 波	电子商务0903	78	86	76	240	80.0	合格	7
5	王 毅	电子商务0903	86	90	88	264	88.0	合格	3
6	李 祥	平面设计0904	90	89	92	271	90.3	合格	2
7	陈志华	平面设计0904	89	76	82	247	82.3	合格	6
8	蒋 朋	平面设计0904	76	88	58	222	74.0	合格	8
9	邓 铭	国际贸易0901	88	90	83	261	87.0	合格	4
10	张 鹏	国际贸易0901	92	78	80	250	83.3	合格	5
11	魏 凯	国际贸易0902	95	90	89	274	91.3	合格	1
12	杨庆福	国际贸易0902	58	79	65	202	67.3	不合格	10
13		最高分	95	90	92	274	91		
14		最低分	58	72	58	202	67		
15	总人数	10					合格人数	8	

（b）应用示例

图 5-43 排名次函数

步骤 4：单击“确定”按钮，在所选单元格 I3 中显示该学生的名次，此时通过使用填充柄将其他学生的排名计算出来。但会发现排名出错，此时需要更改“REF”参数，将引用区域改为绝对引用（$F$3:$F$12）。结果如图 5-43(b)所示。

注意：在进行自动填充复制公式后，由于每一个排名都是在总分区域 F3:F12 中判断是第几名，所以此区域必须使用绝对地址，以确保引用范围不变，即$F$3:$F$12。但本题由于列 F 没有发生改变，故也可以采用混合引用 F$3:F$13。

（12）条件求和函数：SUMIF()

格式：SUMIF（range ,criteria ,sum_range）

功能：根据指定条件对若干单元格求和。Range 为用于条件判断的单元格区域；criteria 为确定哪些单元格将被相加求和的条件，其形式可以为数字、表达式或文本；

sum_range 为需要求和的实际单元格区域。

例 5-18　假设在 Excel 中的工作表中有如下图的数据，如在 A3 单元格里输入公式=SUMIF(A 1:D2,">25",A2:D2)，那么回车后在 A3 中显示的数值是＿（1）＿；假设在 A3 单元格里输入公式=SUMIF(A 1:D2,">25",A1:D2)，那么回车后在 A3 中显示的数值是＿（2）＿。

（1）A.100　　B.70　　C.200　　D.140

（2）A.100　　B.70　　C.200　　D.140

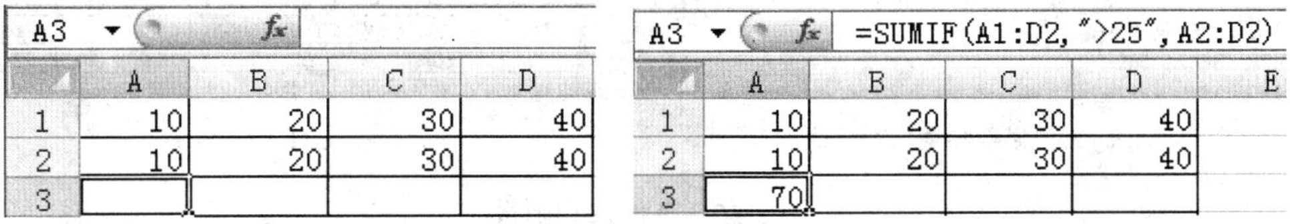

（a）运算前　　（b）运算后

图 5-44　例 5-18

分析：本题空（1）的正确答案为 B。公式 SUMIF(A1:D2,">25",A2:D2)的功能是求区域 A2：D2 内的所有大于 25 的数的总和，即 30＋40，所以结果为 70。空（2）的正确答案为 D。公式 SUMIF(A1:D2,">25",A1:D2)的功能是求区域 A1:D2 内的所有大于 25 的数的总和，即 30＋40+30＋40，所以结果为 140。

例 5-19　使用函数计算“成绩表”中所有男同学的数学成绩总和，保存在单元格 C13 中。

操作步骤：

步骤 1：单击“成绩表”中的单元格 C13。

步骤 2：选择“公式”功能选项卡→单击“函数库”组上的插入函数按钮 fx，弹出“插入函数”对话框，选择 SUMIF 函数。

步骤 3：在弹出的“函数参数”对话框中设置函数的参数，如图 5-45（a）所示。Range 为条件判断区域，性别列(B3:B12)；criteria 为条件，性别要求为“男”；sum_range 为需要求和的实际单元格区域，数学列(C3:C12)。

步骤 4：单击“确定”按钮，在所选单元格 D13 中显示出结果，如图 5-45（b）所示。

（13）从左侧截取字符串函数：LEFT()

格式：LEFT(文本,数值)

功能：根据所指定的字符数返回文本字符串中的第一个或前几个字符。其中“文本”是包含要提取字符的文本字符串。“数值”指定要由 LEFT 函数所提取的字符个数，“数值”必须大于或等于 0；如果“数值”大于文本长度，则 LEFT 返回所有文本；如果省略“数值”，则默认其值为 1。

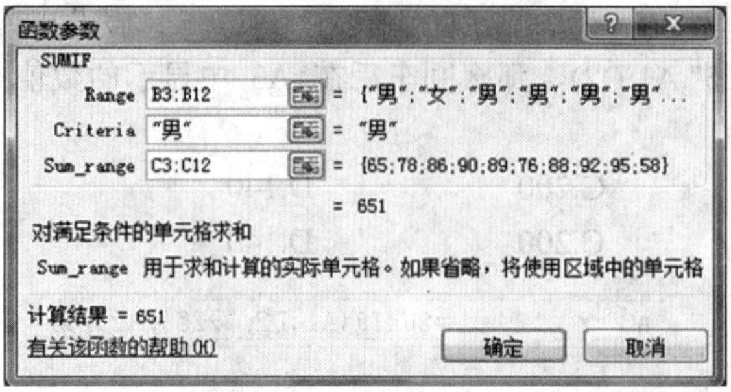

（a）“函数参数”对话框

C13 =SUMIF(B3:B12,"男",C3:C12)

	A	B	C	D	E	F	G
1	成绩表						
2	姓名	性别	数学	计算机	英语	总分	平均分
3	李高平	男	65	72	78	215	71.7
4	杨 波	女	78	86	76	240	80.0
5	王 毅	男	86	90	88	264	88.0
6	李 祥	男	90	89	92	271	90.3
7	陈志华	男	89	76	82	247	82.3
8	蒋 朋	男	76	88	58	222	74.0
9	邓 铭	女	88	90	83	261	87.0
10	张 鹏	男	92	78	80	250	83.3
11	魏 凯	男	95	90	89	274	91.3
12	杨庆福	男	58	79	65	202	67.3
13	男生数学总成绩		651				

（b）例 5-18

图 5-45 条件求和函数

例：LEFT("ABCDEF ") 结果为“A”

LEFT(" ABCDEF ",3) 结果为“ABC”

LEFT("信息处理",2) 结果为“信息”

（14）从右侧截取字符串函数：RIGHT()

格式：RIGHT(文本，数值)

功能：根据所指定的字符数返回文本字符串中最后一个或多个字符。其中“文本”是包含要提取字符的文本字符串。“数值”指定希望由 RIGHT 函数所提取的字符数，“数值”必须大于或等于 0，如果“数值”大于文本长度，则 RIGHT 函数返回所有文本；如果省略“数值”，则假设其值为 1。

例：RIGHT("ABCDEF ") 结果为“F”

RIGHT("ABCDEF ",3) 结果为“DEF”

RIGHT ("信息处理",2) 结果为“处理”

LEFT(RIGHT("ABCDEF123",6),2) 结果为“DE”。

分析：先计算内部嵌套函数 RIGHT("ABCDEF123", 6)，其结果为字符串“DEF123”，再使用 LEFT 函数从左侧取子串，相当于 LEFT("DEF123"，2)，最终结果为“DE”。

（15）求字符串长度函数：LEN()

格式：LEN(文本)

功能：计算文本字符串中的字符个数。空格也作为字符计算在内。

例：LEN("ABCDEF") 结果为 6

LEN("西安外事学院") 结果为 6

（16）日函数：DAY()

格式：DAY(日期)

功能：返回该日期中一个月内第几天的数值。用整数 1 到 31 表示。

例：DAY("2015-3-16")　　　　结果为 16

（17）月函数：MONTH()

格式：　MONTH(日期)

功能：返回该日期中的月份。用整数 1 到 12 表示。

例：MONTH("2015-3-16")　　　结果为 3

（18）年函数：YEAR()

格式：YEAR(日期)

功能：返回该日期中的年份。返回值为 1900 到 9999 之间的整数。

例：YEAR("2015-3-16")　　　结果为 2015

（19）星期函数：WEEKDAY()

格式：WEEKDAY(日期，类型)

功能：返回该日期代表一周中的第几天的数值。其值为 1 到 7 之间的整数。其中参数“类型”为可选项，用以确定一星期从那天开始。类型=1 或缺省时，由星期日开始为 1，到星期六为 7；类型=2 时，由星期一开始为 1，到星期日为 7；类型=3 时，由星期一开始为 0，到星期日为 6。

例：WEEKDAY("2015-3-16")　　　结果为 2

WEEKDAY("2015-3-16"，2)　　结果为 1

WEEKDAY("2015-3-16"，3)　　结果为 0

5.4　数据管理和统计

在 Excel 2007 中，可以通过增加、删除和移动等操作来管理数据，还能对数据清单进行排序、筛选、汇总和分级显示。

5.4.1　创建 Excel 表

在 Excel 中，为了便于管理和分析相关数据，可以将单元格区域转换为 Excel 表（简称表）。Excel 对表的管理如同管理一个数据库，其中表的行等价于数据库的记录，行标题等价于记录名；表的列相当于数据库的字段，列标题相当于字段名。默认情况下，表中的每一列都在标题行中启用了筛选功能，以便用户可以快速筛选表数据或对其进行排序。用户可以将总计行添加到为每个总计行单元格提供聚合函数下拉列表的表中。

Excel 2007 提供了大量功能，可方便地管理和分析数据表中的数据。但应用时应该遵循如下准则：

（1）在数据表的第一行创建列标题，其字体、格式、图案等应与下面的数据相区别；

（2）在数据表与其他数据间至少留出一个空行和空列；

（3）避免将关键数据放在数据表的左右两侧；

（4）避免在数据表中放置空白行和列；

（5）同一列数据的类型应一致；

（6）尽量减少多余的空格。

1．创建 Excel 表

在 Excel 2007 中创建表的操作步骤如下。

步骤 1：在工作表上，选择要转换为表格的空单元格或数据的区域。

步骤 2：在“插入”选项卡上的“表”组中，单击“表”命令按钮，弹出“创建表”对话框。如果选择的区域包含要显示为表格标题的数据，请选中“表格包含标题”复选框。

步骤 3：单击“确定”按钮。

注意：创建表格后，“表工具”变得可用，并会显示“设计”选项卡。可以使用“设计”选项卡上的工具自定义或编辑表格。

例 5-20 学生成绩表如图 5-45（b）所示，请为其创建一个数据表。

操作步骤：选择 A2:G12 数据区→在“插入”选项卡上的“表”组中，单击“表”命令按钮，弹出“创建表”对话框如图 5-46 所示，单击“确定”按钮，创建好的结果如图 5-47 所示。

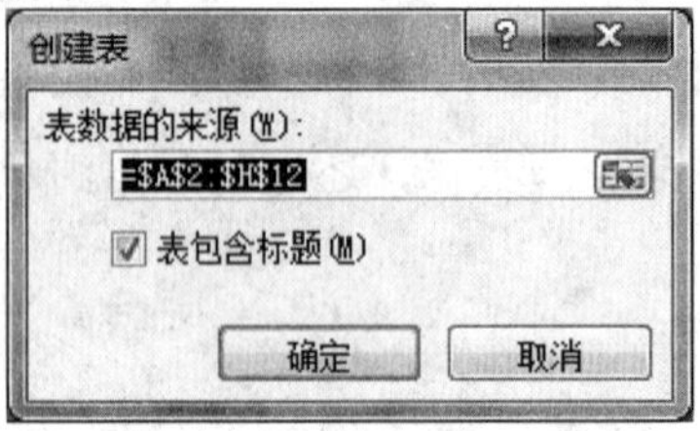

图 5-46 “创建表”对话框

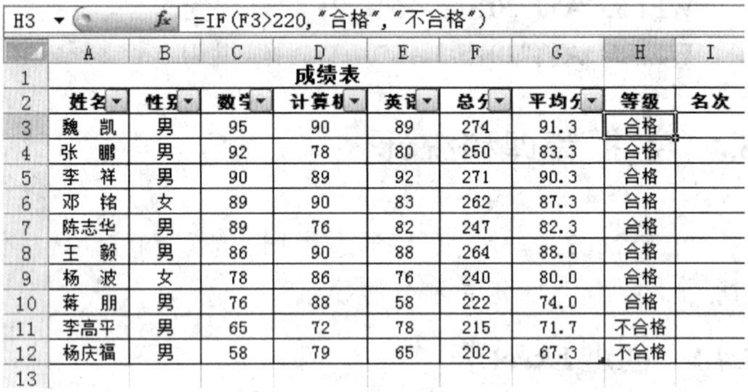

	A	B	C	D	E	F	G	H	I
1	成绩表								
2	姓名	性别	数学	计算机	英语	总分	平均分	等级	名次
3	魏　凯	男	95	90	89	274	91.3	合格	
4	张　鹏	男	92	78	80	250	83.3	合格	
5	李　祥	男	90	89	92	271	90.3	合格	
6	邓　铭	女	89	90	83	262	87.3	合格	
7	陈志华	男	89	76	82	247	82.3	合格	
8	王　毅	男	86	90	88	264	88.0	合格	
9	杨　波	女	78	86	76	240	80.0	合格	
10	蒋　朋	男	76	88	58	222	74.0	合格	
11	李高平	男	65	72	78	215	71.7	不合格	
12	杨庆福	男	58	79	65	202	67.3	不合格	
13									

图 5-47 创建数据表示例

2．Excel 表转换为数据区域

用户可以通过将 Excel 表格转换成数据区域来删除该表格。操作方法有如下两种。

方法 1：单击表格中的任意位置→在如图 5-48 所示的“设计”选项卡上的“工具”组中，单击“转换为区域”。

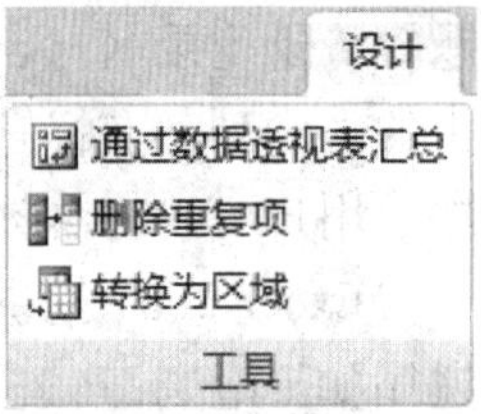

图 5-48 “工具”组

方法 2：右键单击表格→在弹出的菜单中指向“表格”，单击“转换为区域”。

5.4.2　数据排序

数据排序是指按一定规则对数据进行排序。Excel 2007 提供了多种数据排列方法，可按升序和降序排列，也可由用户自定义排序。如果按照单独一列的数据进行排序，可直接使用“常用”工具栏中的升序和降序按钮进行快速排序；如果要对多列数据进行排序，则需使用“数据”功能选项卡上的“排序和筛选”组中的“排序”命令。

例 5-21　学生成绩表图 5-49（a）所示，要求先按“数学”成绩的降序排列，若数学成绩相同，在按“计算机”成绩的降序排列。

操作步骤如下：

步骤 1：选定数据表中的任意一个单元格，如图 5-49（a）所示。

步骤 2：选择“数据”功能选项卡上的“排序和筛选”组中的“排序”命令，弹出如图 5-49（b）所示的“排序”对话框。

步骤 3：在对话框的“主要关键字”下拉列表中选择“数学”字段作为主关键字，在“排序依据”下拉列表中选择“数值”，然后在“次序”下拉列表中选择“降序”，如图 5-49（b）所示。

	A	B	C	D	E	F
1	成绩表					
2	姓名	性别	数学	计算机	英语	总分
3	李高平	男	65	72	78	215
4	杨　波	女	78	86	76	240
5	王　毅	男	86	90	88	264
6	李　祥	男	90	89	92	271
7	陈志华	男	89	76	82	247
8	蒋　朋	男	76	88	58	222
9	邓　铭	女	89	90	83	262
10	张　鹏	男	92	78	80	250
11	魏　凯	男	95	90	89	274
12	杨庆福	男	58	79	65	202

（a）示例

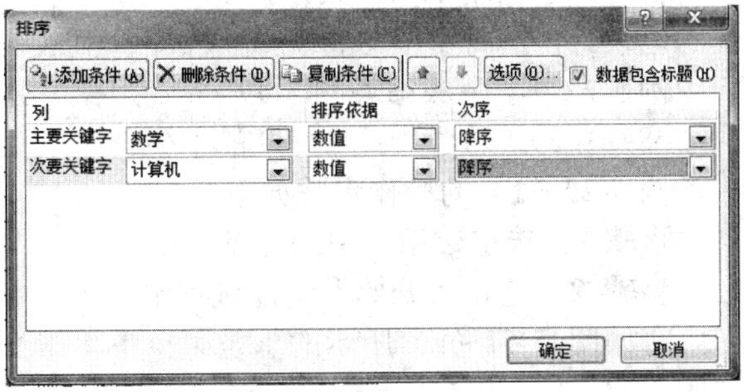

（b）“排序”对话框

图 5-49　排序

步骤 4：单击“排序”对话框左上角的“添加条件”按钮，然后根据需要选择“次要关键字”，方法同步骤 3。

步骤 5：单击“确定”按钮，数据表将按数学成绩由高到低排列，对数学成绩相同的记录，将按计算机成绩由高到低排列。如图 5-50 所示。例如表中陈志华和邓铭数学成绩都为 89 分，Excel 将按陈志华和邓铭的计算机成绩排列。由于邓铭计算机成绩为 90，陈志华计算机成绩为 76，故邓铭排在陈志华前面。

注意：对数据表的排序是以记录为单位，改变的只是数据表中数据行的顺序，其值是不会发生变化的。

	A	B	C	D	E	F
1	成绩表					
2	姓名	性别	数学	计算机	英语	总分
3	魏　凯	男	95	90	89	274
4	张　鹏	男	92	78	80	250
5	李　祥	男	90	89	92	271
6	邓　铭	女	89	90	83	262
7	陈志华	男	89	76	82	247
8	王　毅	男	86	90	88	264
9	杨　波	女	78	86	76	240
10	蒋　朋	男	76	88	58	222
11	李高平	男	65	72	78	215
12	杨庆福	男	58	79	65	202

图 5-50　排序结果

5.4.3　数据筛选

数据筛选目的是在数据表中提取出满足条件的记录。经过筛选后的数据表只显示满足条件的数据行，以供用户浏览和分析。它与排序不同，筛选不重排行顺序，只是将不满足条件的行隐藏起来。Excel 2007 提供了自动筛选和高级筛选两种方法。

1．自动筛选

自动筛选适用于简单条件，可使用户在含有大量数据的数据表中快速查找到符合条件的记录。使用时字段名将变成一个下拉列表的名称框，参与筛选的列标题变为蓝色。

例 5-22　学生成绩表图 5-49（a）所示，要求：（1）使用自动筛选功能选出“数学”成绩=89；（2）“数学”成绩>89 的学生。

例 5-22（1）的操作步骤如下。

步骤 1：选定数据表中的任意一个单元格。

步骤 2：选择“开始”功能选项卡上的“编辑”组中的“排序和筛选”下拉命令按钮，在如图 5-51（a）所示的下拉菜单中单击“筛选”命令，成绩表的列标题全部变成如图 5-51（b）所示的下拉列表框。

步骤 3：单击“数学”下拉列表按钮▼，在下拉列表框中选择 89，则数据表中只显示数学成绩为 89 的记录，其余记录被隐藏，如图 5-51（c）所示。

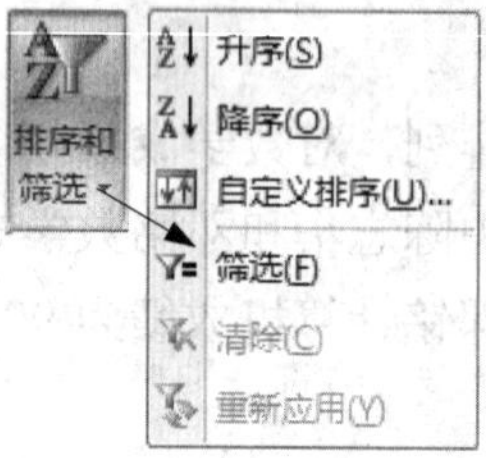

（a）下拉菜单

	A	B	C	D	E
1	成绩表				
2	姓名▼	性别▼	数学▼	计算机▼	英语▼
3	魏　凯	男	95	90	89
4	张　鹏	男	92	78	80
5	李　祥	男	90	89	92
6	邓　铭	女	89	90	83
7	陈志华	男	89	76	82
8	王　毅	男	86	90	88
9	杨　波	女	78	86	76
10	蒋　朋	男	76	88	58
11	李高平	男	65	72	78
12	杨庆福	男	58	79	65

（b）执行“筛选”命令的结果

	A	B	C	D	E
1	成绩表				
2	姓名▼	性别▼	数学▼	计算机▼	英语▼
6	邓　铭	女	89	90	83
7	陈志华	男	89	76	82
13					
14					
15					
16					
17					

（c）数学成绩=83 的筛选结果

图 5-51　自动筛选示例

例 5-22（2）的操作步骤如下。

步骤 1：同例 5-22（1）步骤 1 和步骤 2。

步骤 2：单击“数学”下拉列表按钮▼，在下拉列表框中指向“数字筛选”子菜单命令，选择“自定义筛选”，打开如图 5-52（a）所示的“自定义自动筛选方式”对话框，在“数学”第一个下拉列表框选择“大于”，第二个下拉列表框选择“89”。

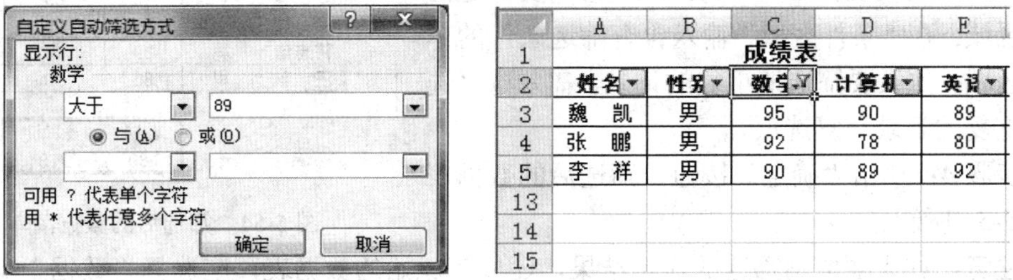

（a）“自定义自动筛选方式”对话框　　（b）数学成绩>89 的筛选结果

图 5-52　自定义筛选示例

步骤 3：单击“确定”按钮，筛选后的数据表如图 5-52（b）所示。

注意：如果要取消某一个筛选效果，可在其下拉列表框中选择“（全部）”选项。

2．高级筛选

如果数据表中要进行筛选的字段较多，筛选条件较复杂，自定义筛选就显得很不方便，此时可以使用高级筛选功能来进行。

使用高级筛选必须先建立一个条件区域，用来指定数据筛选条件。条件区域的第一行是所有筛选条件的行标题，该行标题必须与数据表中的行标题完全一致，其他行用来输入筛选条件。注意：条件区域与数据表不能连接，至少用 1 个空白行或列将其隔开。

例 5-23　学生成绩表图 5-49（a）所示，要求：选出“数学”成绩>80 并且“计算机”成绩>70 的学生。高级筛选操作步骤如下。

步骤 1：在数据表所在的工作表中选定一块条件区域，输入筛选条件，如图 5-53（a）所示。

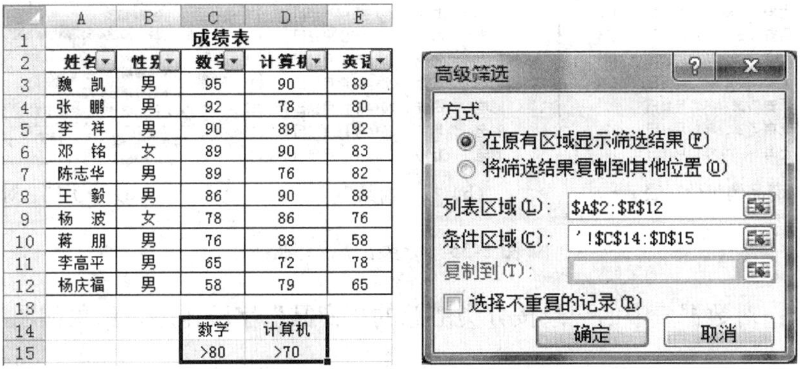

（a）“高级筛选”条件的输入　　（b）“高级筛选”对话框

图 5-53　高级筛选示例

步骤 2：选定数据表中的任意一个单元格，再选择选择“数据”菜单中“筛选”子菜单上的“高级筛选”命令，打开如图 5-53（b）所示的“高级筛选”对话框。

步骤 3：在对话框的“方式”选项区中确定筛选结果显示的位置；在“列表区域”输入要筛选的数据区域；在“条件区域”输入含有筛选条件的单元格区域。如果要筛选掉重复的记录，需勾选“选择不重复的记录”复选项。

步骤 4：单击“确定”按钮，筛选后的数据表如图 5-54 所示。

	A	B	C	D	E
1			成绩表		
2	姓名	性别	数学	计算机	英语
3	魏 凯	男	95	90	89
4	张 鹏	男	92	78	80
5	李 祥	男	90	89	92
6	邓 铭	女	89	90	83
7	陈志华	男	89	76	82
8	王 毅	男	86	90	88
13					
14			数学	计算机	
15			>80	>70	

图 5-54　筛选后的数据清单

注意：如果要取消筛选的显示结果，还原到原始的数据表，应选择“数据”菜单中“筛选”子菜单上的“全部显示”命令。

5.4.4　数据分类汇总

分类汇总是对数据表进行数据分析的一种方法，可对工作表中的某一项数据进行分类，并对每类数据的相关信息进行统计计算。统计的内容可由用户确定，也可统计同类记录的记录条数，或对某些数值字段求和、求平均值以及求极值等。

例 5-24　商品销售情况表如图 5-55（a）所示，请按产品类别不同进行汇总。

分析：若按产品类别不同（或各分公司）来累计销售量，可使用分类汇总命令。操作步骤如下。

	A	B	C	D
1	商品	分公司	销售时间	销售量
2	冰箱	西安	2014年12月15日	196
3	冰箱	北京	2014年12月15日	136
4	冰箱	上海	2014年12月15日	158
5	彩电	西安	2014年12月15日	196
6	彩电	北京	2014年12月15日	146
7	彩电	上海	2014年12月15日	125
8	冰箱	西安	2014年12月16日	136
9	冰箱	北京	2014年12月16日	139
10	冰箱	上海	2014年12月16日	158
11	彩电	西安	2014年12月16日	212
12	彩电	北京	2014年12月16日	116
13	彩电	上海	2014年12月16日	147

（a）商品销售情况表

	A	B	C	D
1	商品	分公司	销售时间	销售量
2	冰箱	西安	2014年12月15日	196
3	冰箱	北京	2014年12月15日	136
4	冰箱	上海	2014年12月15日	158
5	冰箱	西安	2014年12月16日	136
6	冰箱	北京	2014年12月16日	139
7	冰箱	上海	2014年12月16日	158
8	彩电	西安	2014年12月15日	196
9	彩电	北京	2014年12月15日	146
10	彩电	上海	2014年12月15日	125
11	彩电	西安	2014年12月16日	212
12	彩电	北京	2014年12月16日	116
13	彩电	上海	2014年12月16日	147

（b）按“商品”排序

（c）分类汇总对话框

图 5-55　分类汇总示例

步骤 1：对数据表中的记录按分类汇总的“商品”字段排序，结果如图 5-55（b）所示。

步骤 2：在数据表中选定任意一个单元格→单击“数据”功能选项卡上的“分级显

示”组上的“分类汇总”命令按钮，弹出如图 5-55（c）所示的“分类汇总”对话框。

步骤 3：在“分类字段”下拉列表框中，选择进行分类的字段名，如商品。

步骤 4：在“汇总方式”下拉列表框中，选择分类汇总的方式，如求和。

步骤 5：在“选定汇总项”列表框中，选择要进行汇总的数值字段（可以是一个或多个），如销售量。

步骤 6：单击“确定”按钮，按“产品”汇总的结果如图 5-56 所示。

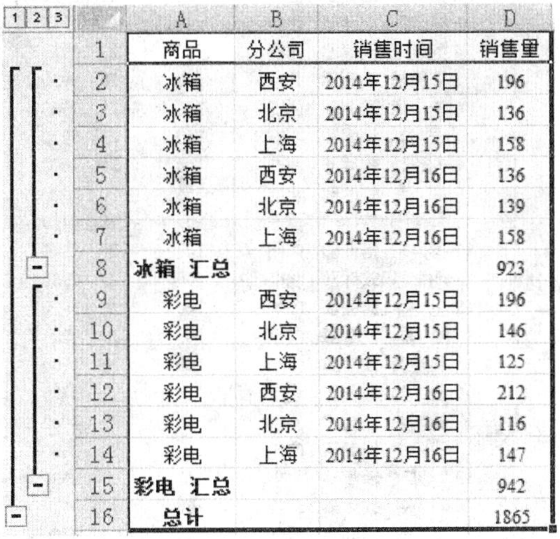

	A	B	C	D
1	商品	分公司	销售时间	销售量
2	冰箱	西安	2014年12月15日	196
3	冰箱	北京	2014年12月15日	136
4	冰箱	上海	2014年12月15日	158
5	冰箱	西安	2014年12月16日	136
6	冰箱	北京	2014年12月16日	139
7	冰箱	上海	2014年12月16日	158
8	冰箱 汇总			923
9	彩电	西安	2014年12月15日	196
10	彩电	北京	2014年12月15日	146
11	彩电	上海	2014年12月15日	125
12	彩电	西安	2014年12月16日	212
13	彩电	北京	2014年12月16日	116
14	彩电	上海	2014年12月16日	147
15	彩电 汇总			942
16	总计			1865

图 5-56　按“商品”汇总结果

注意：如果要删除分类汇总和分级显示，可在“分类汇总”对话框中单击“全部删除”按钮。如果要替换当前的分类汇总，可以打开“分类汇总”对话框并确保“替换当前分类汇总”复选框被选中。

5.4.5　数据透视表

数据透视表是一种对大量数据快速汇总和建立交叉列表的交互式报表。它不仅可以快速合并和比较大量的数据，也可以随时更改布局和显示用户需要的区域明细数据。

1．创建数据透视表

要创建数据透视表或数据透视图，首先需要连接到一个数据源，并输入报表的位置。

建立数据透视表之前，必须先建立数据表。所建立的数据表要求如下：

（1）每一列都必须包含列标题，即每个字段都要有字段名。

（2）选取数据时，不要选择数据表中的合计或小计部分。

（3）在建立过程中，数据表所有的筛选自动失效。

数据透视表共由行、列、数据和页四个字段组成。建立数据透视表时，必须指定以数据表中的哪些字段作为行、列、数据和页字段，系统根据用户的设置形成最终的数据透视表。

例 5-25 “员工薪水表”如图 5-57 所示，创建分公司各部门的员工薪水的数据透视表。

	A	B	C	D	E	F	G
1	员工薪水表						
2	序号	姓 名	部 门	分公司	工作时数	小时报酬	薪 水
3	1	王传华	销售部	西安	140	28	3920
4	2	殷 泳	培训部	西安	140	21	2940
5	3	段 楠	软件部	北京	140	31	4340
6	4	刘朝阳	销售部	西安	140	23	3220
7	5	陈勇强	销售部	北京	140	28	3920
8	6	朱小梅	培训部	西安	140	21	2940
9	7	于 洋	销售部	西安	140	23	3220
10	8	赵玲玲	软件部	西安	160	25	4000
11	9	郑 丽	软件部	北京	160	30	4800
12	10	孟晓姗	软件部	西安	160	28	4480
13	11	廖 东	培训部	广州	140	21	2940
14	12	明章静	软件部	北京	160	33	5280
15	13	王 蕾	培训部	广州	140	28	3920
16	14	吴 昊	销售部	广州	140	23	3220
17	15	许宏涛	软件部	广州	160	26	4160
18	16	吕 为	培训部	北京	140	27	3780
19	17	杨明明	销售部	北京	140	29	4060
20	18	王一夫	培训部	广州	140	20	2800
21	19	刘鹏飞	销售部	北京	140	25	3500
22	20	石 垒	软件部	北京	160	32	5120
23	21	王 元	培训部	西安	140	24	3360
24	22	靳玉静	销售部	广州	140	22	3080

图 5-57 员工薪水表

具体操作步骤如下：

步骤 1：单击数据表中的任意单元格，如图 5-57 所示。

步骤 2：选择“插入”功能选项卡→“表”组→“数据透视表”命令，打开“创建数据透视表”对话框，如图 5-58（a）所示。

步骤 3：在对话框“请选择要分析的数据”中选择“选择一个表或区域”（默认），或者使用外部数据源；在“选择放置数据透视表的位置”中选择“新工作表”（默认），如图 5-58（a）所示。若选择“现有工作表”，则需要在工作表中选择放置数据透视表的单元格位置。

步骤 4：单击“确定”按钮，系统在新建的工作表中弹出了一个空的数据透视表，如图 5-58（b）所示。

步骤 5：在“选择要添加到报表的字段”中选定某字段名称拖到下方“在以下区域间拖动字段”的“报表筛选”、“列标签”，“行标签”、“数值”栏内，构成所需结构。

本例将分公司、姓名添加到行标签，部门添加到列标签，其效果如图 5-59 所示。

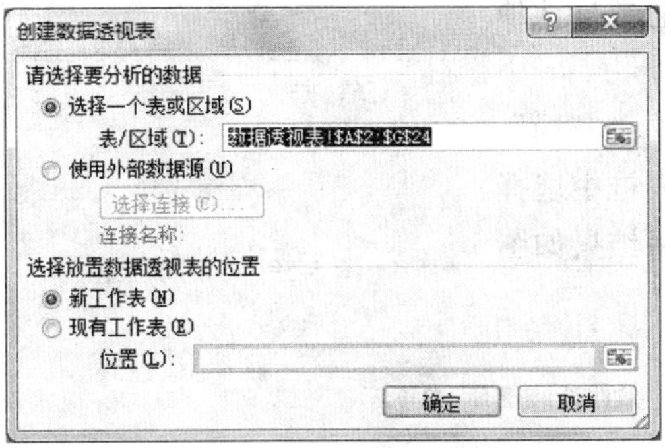

（a）“创建数据透视表”对话框

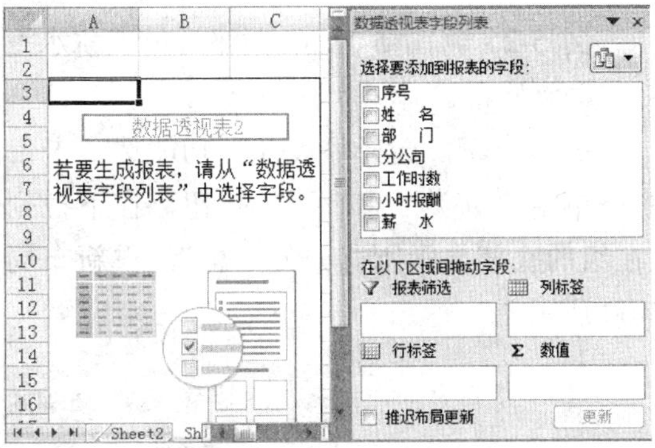

（b）空数据透视表

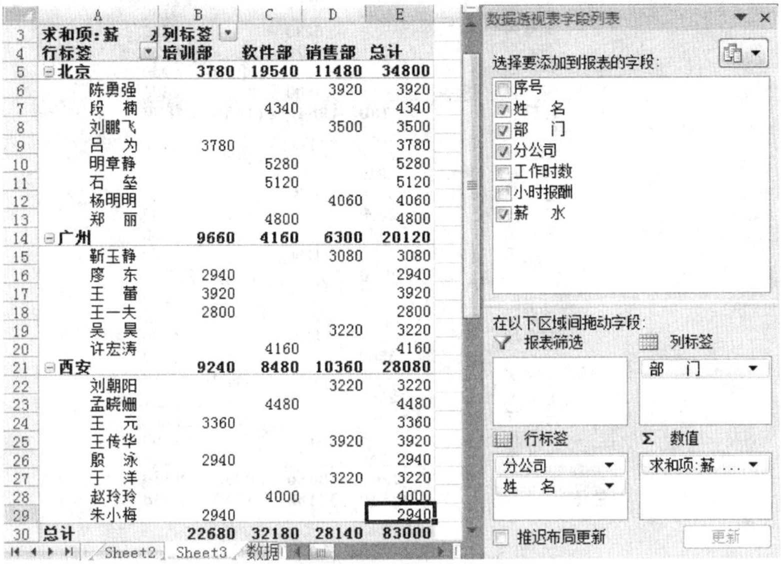

（c）分公司各部门的员工薪水的数据透视表

图 5-58　数据透视表应用

2．编辑数据透视表

数据透视表建好后可能不符合实际需要，可以对它的版式和格式等进行更改。例如若要对报表的布局和格式进行重大更改，可以通过单击“布局”组中的“报表布局”下拉命令按钮，将整个报表组织为压缩、大纲或表格这三种形式。用户还可以使用“数据透视表字段列表”添加、重新组织和删除字段，以获得所需的最终结果。

（1）更改布局

数据透视表的布局可以通过使用“数据透视表字段列表” 拖动字段按钮进行更改，也可以使用如图 5-59 所示的“设计”功能选项卡上的“布局”组中的进行更改。

例 5-25 将图 5-58（c）部门员工薪水汇总数据从顶部移动到底部。

操作步骤：选择“设计”功能选项卡上的“布局”组→单击“分类汇总”下拉按钮，在下拉列表框中选择“在组的底部显示所有分类汇总”，重新布局后结果如图 5-60 所示。

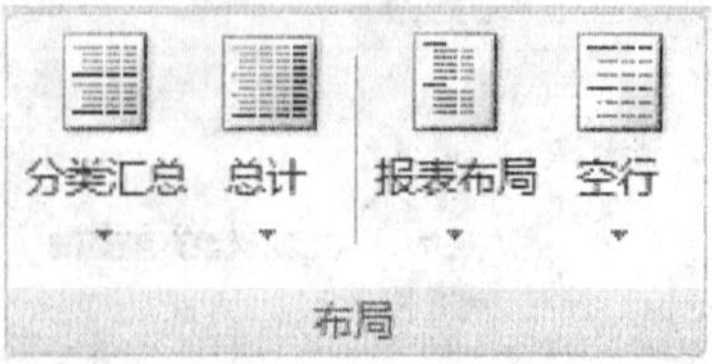

图 5-59 “布局”组

	A	B	C	D	E
4	行标签	培训部	软件部	销售部	总计
5	⊟北京				
6	陈勇强			3920	3920
7	段　楠		4340		4340
8	刘鹏飞			3500	3500
9	吕　为	3780			3780
10	明章静		5280		5280
11	石　垒		5120		5120
12	杨明明			4060	4060
13	郑　丽		4800		4800
14	北京 汇总	3780	19540	11480	34800
15	⊟广州				
16	靳玉静			3080	3080
17	廖　东	2940			2940
18	王　蕾	3920			3920
19	王一夫	2800			2800
20	吴　昊			3220	3220
21	许宏涛		4160		4160
22	广州 汇总	9660	4160	6300	20120
23	⊟西安				
24	刘朝阳			3220	3220
25	孟晓姗		4480		4480
26	王　元	3360			3360
27	王传华			3920	3920
28	殷　泳	2940			2940
29	于　洋			3220	3220
30	赵玲玲		4000		4000
31	朱小梅	2940			2940
32	西安 汇总	9240	8480	10360	28080
33	总计	22680	32180	28140	83000

图 5-60 重新布局后的结果

（2）自动套用格式设置

自动套用格式的操作步骤如下。

步骤 1：选定数据透视表→选择“设计”功能选项卡上的“数据透视表样式”组。

步骤 2：单击所选的样式即可完成设置。

3．删除数据透视表

删除数据透视表时，对源数据没有任何影响。删除数据透视表的操作步骤如下。

步骤 1：单击数据透视表。

步骤 2：在“选项”选项卡上的“操作”组中，单击“选定”，然后单击“整个数据透视表”。

步骤 3：按 Delete 键，完成删除操作。

5.5　图表制作

Excel 提供了柱形图、条形图、折形图、饼图、散点图和面积图等 11 种类型的图表。图表制作的目的是将表格中的数字数据图形化，以此来改善工作表的视觉效果，增加了数据的可读性，使其更直观、更形象地表现出工作表中数字之间的关系和变化趋势。

5.5.1　创建图表

创建图表是基于一个已存在数据工作表的基础上进行的，创建图表可以利用功能选项卡或利用对话框进行。

方法 1：利用功能选项卡。选择要创建图表的数据区域→选择"插入"功能选项卡上的"图表"组→单击图 5-61 所示的图表类型下拉按钮→在下拉列表中选择所需的子图表类型即可。

图 5-61　"图表"组

方法 2：利用对话框。选择要创建图表的数据区域→选择"插入"功能选项卡上的"图表"组→单击"插入图表"对话框启动器按钮，弹出如图 5-62 所示的"插入图表"对话框，选择所需的子图表类型即可。

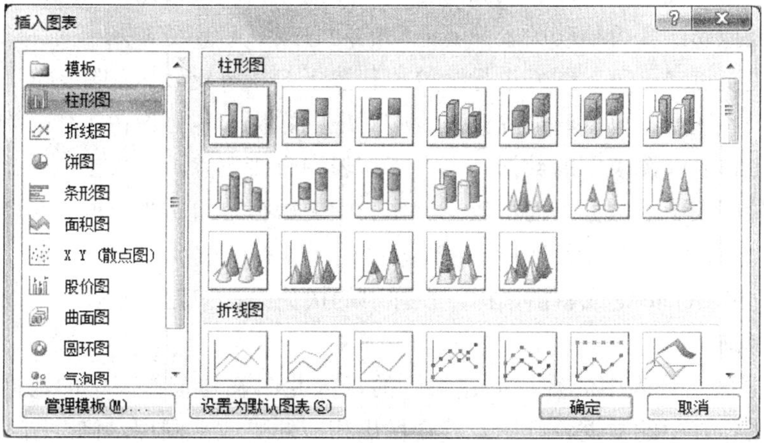

图 5-62　"插入图表"对话框

例 5-26　将图 5-63（a）学生成绩表生成"簇状柱形图"图表。

具体操作步骤如下。

步骤 1：选定的区域如图 5-63（a）所示。本例选定了 A2：A12 和 C2：F12 两个区域。

步骤 2：选择"插入"功能选项卡上的"图表"组，单击"柱形图"下拉按钮，在下拉列表中选择“簇状柱形图”，生成的图表如图5-63（b）所示。

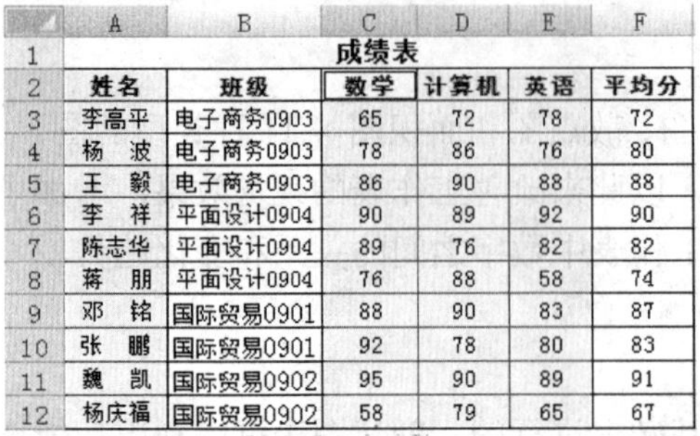

	A	B	C	D	E	F
1	成绩表					
2	姓名	班级	数学	计算机	英语	平均分
3	李高平	电子商务0903	65	72	78	72
4	杨 波	电子商务0903	78	86	76	80
5	王 毅	电子商务0903	86	90	88	88
6	李 祥	平面设计0904	90	89	92	90
7	陈志华	平面设计0904	89	76	82	82
8	蒋 朋	平面设计0904	76	88	58	74
9	邓 铭	国际贸易0901	88	90	83	87
10	张 鹏	国际贸易0901	92	78	80	83
11	魏 凯	国际贸易0902	95	90	89	91
12	杨庆福	国际贸易0902	58	79	65	67

（a）学生成绩表

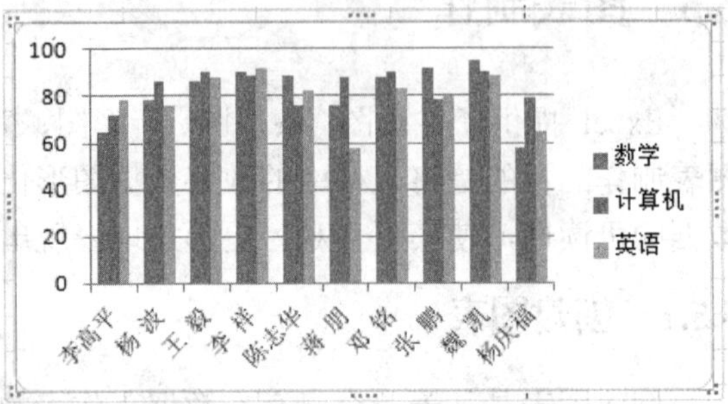

（b）生成的“簇状柱形图”图表

图5-63 创建图表示例

注意：在Excel中，使用工作表中的数据建立图表后，改变工作表的内容时，图表将立刻随之改变。

5.5.2 编辑图表

1．图表的移动、复制、缩放和删除

图表的移动、复制、缩放和删除与普通图形操作相同，首先需要选定图表，若直接按下鼠标左键拖动，则可移动图表；若拖动的同时按下Ctrl键，则可对图表进行复制；若拖动尺寸控制点，则可对图表进行缩放；若按下Delete键，则删除图表。

删除图表中的数据可同时删除工作表中对应的数据，也可保留工作表中的数据。若要同时删除工作表和图表中的数据，可在工作表中直接删除，图表中的数据就会自动更新。若只删除图表中的数据，而不改变工作表中的数据，可按如下操作步骤进行。

步骤1：在图表上单击所要删除的数据系列（如英语成绩）。

步骤2：按Delete键或右击鼠标，在弹出的快捷菜单中选“删除”命令。

2．图表编辑

图表是根据工作表中的数据创建得到的，因此图表与工作表中的数据是相互关联的，若更改工作表中的数据，则图表就会做出相应的更改；同理，修改图表也会改变工作表中的数据。

向图表工作表中添加数据的方法：将工作表中的数据复制到图表中，下面学生成绩表为例说明添加“平均成绩”的操作过程。

例5-27 将例5-26生成“簇状柱形图”图表添加“平均成绩”。操作步骤如下：

步骤1：选择要添加数据的单元格区域，如图5-64（a）所示的平均成绩。

步骤2：单击 “开始”功能选项卡上的“剪贴板”组中的“复制”命令按钮；或单

击右键在弹出的菜单中选择“复制”命令。

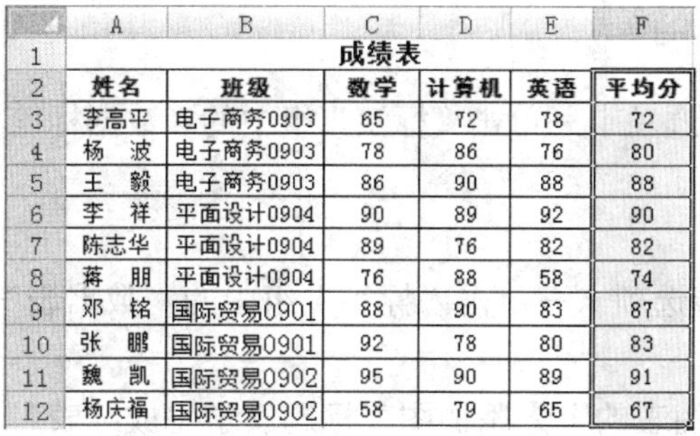

	A	B	C	D	E	F
1	成绩表					
2	姓名	班级	数学	计算机	英语	平均分
3	李高平	电子商务0903	65	72	78	72
4	杨　波	电子商务0903	78	86	76	80
5	王　毅	电子商务0903	86	90	88	88
6	李　祥	平面设计0904	90	89	92	90
7	陈志华	平面设计0904	89	76	82	82
8	蒋　朋	平面设计0904	76	88	58	74
9	邓　铭	国际贸易0901	88	90	83	87
10	张　鹏	国际贸易0901	92	78	80	83
11	魏　凯	国际贸易0902	95	90	89	91
12	杨庆福	国际贸易0902	58	79	65	67

（a）学生成绩表

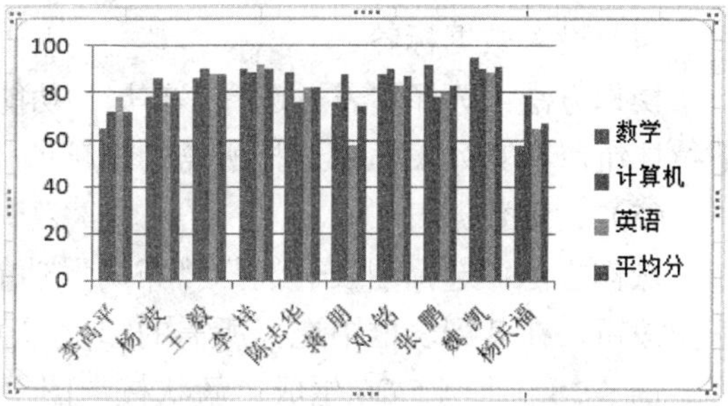

（b）添加“平均成绩”后的图表

图 5-64　图表编辑

步骤 3：选定图表工作表，执行“粘贴”命令，添加的结果如图 5-64（b）所示。

5.5.3　更改图表布局

创建图表后，用户可以立即更改它的外观。可以快速将一个预定义布局和样式应用到图表，而无需手动添加或更改图表元素或设置图表格式。

1．应用预设布局方案

Excel 2007 针对各种图表类型都提供了多种布局方式，以供用户快速设置图表的布局方式。

若要应用预设的布局方案，其操作过程：选择图表→选择“设计”功能选项卡→单击如图 6-65 所示的“图表布局”组中的“其他”下拉按钮，在其列表框中选择所需的布局方案即可。

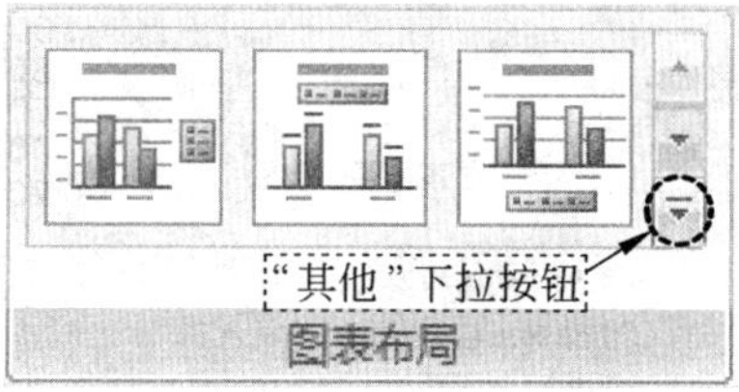

图 5-65　“图表布局”组

2．手动更改图表布局

如果系统预设的布局方案不能满足需求时，则可以通过设置图表的标签选项，更改图表的布局方案。

（1）设置图表标题

操作方法：选择图表→选择“布局”功能选项卡→单击“标签”组中的“图表标题”下拉按钮，在其列表框中选择所需的选项，并输入标题文字即可。

（2）设置坐标轴标题

操作方法：选择图表→选择“布局”功能选项卡→单击“标签”组中的“坐标轴标题”下拉按钮→在下拉列表框中选择“主要横坐标轴标题”或“主要纵坐标轴标题”下拉菜单命令→在下拉菜单中选择所需的选项即可。

（3）设置图例

操作方法：选择图表→选择“布局”功能选项卡→单击“标签”组中的“图例”下拉按钮，在其列表框中选择所需的选项即可。

（4）设置数据标签

操作方法：选择图表→选择“布局”功能选项卡→单击“标签”组中的“数据标签”下拉按钮，在其列表框中选择所需的选项即可。

（5）设置数据表

操作方法：选择图表→选择“布局”功能选项卡→单击“标签”组中的“数据表”下拉按钮，在其列表框中选择所需的选项即可。

例 5-28　将例 5-26 生成“簇状柱形图”图表的上方添加图表标题“学生成绩表”，要求该标题采用黑体 12 号字；在图表的下方添加数据表，并调整图表使其美观。

操作步骤如下：

步骤 1：选择图表→选择“布局”功能选项卡→单击“标签”组中的“图表标题”下拉按钮，在其列表框中选择“图表上方”选项，如图 5-66（a）所示。

步骤 2：单击图表上方的“图表标题”处→输入标题文字“学生成绩表”，并将字体设置为黑体，字号设置为 12 号。

步骤 3：单击“标签”组中的“数据表”下拉按钮，在其列表框中选择“显示数据表”，并调整图表的显示效果。更改后的图表布局效果如图 5-66（b）所示

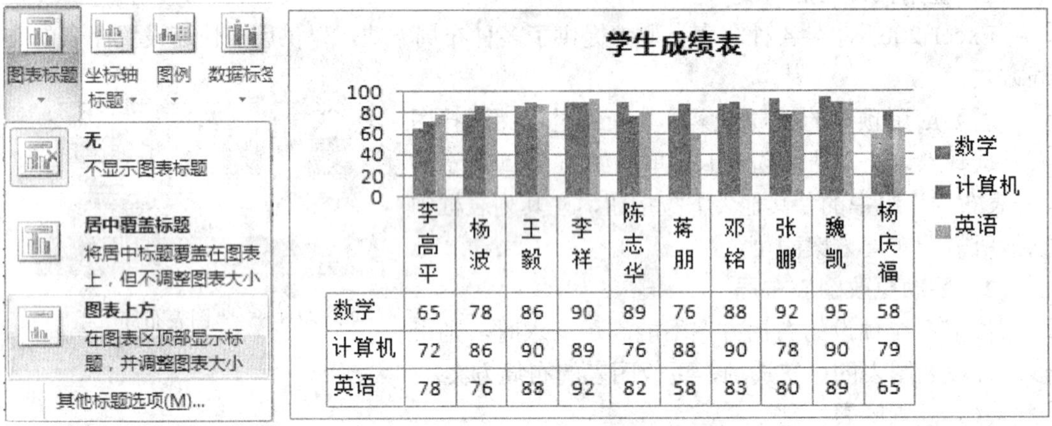

（a）“图表标题”下拉列表　　（b）设置后的效果图

图 5-66　更改图表布局

5.5.4　格式化图表

格式化图表是指对图表中的各对象的格式进行设置，包括文字和数值的格式、字体、字号、颜色、坐标轴、网格线、绘图区底纹、图表区边线和图例等设置。

1. 应用图表样式

操作方法：选择图表→选择“设计”功能选项卡→单击如图 5-67 所示的“图表样式”组中的“其他”下拉按钮，在其列表中选择所需的应用样式即可。

2. 设置图表格式

操作方法：

（1）选择图表→选择“格式”功能选项卡→单击“当前所选内容”组中的“图表元素”下拉按钮，在其列表中选择要设置格式的图表元素。例如选择“图表区”，如图 5-68 所示。

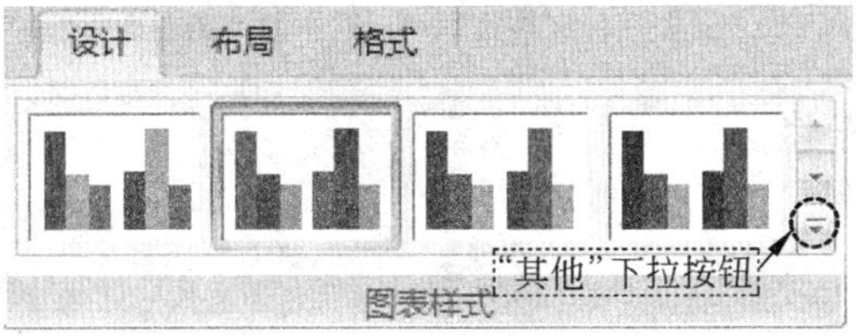

图 5-67 “图表样式”组

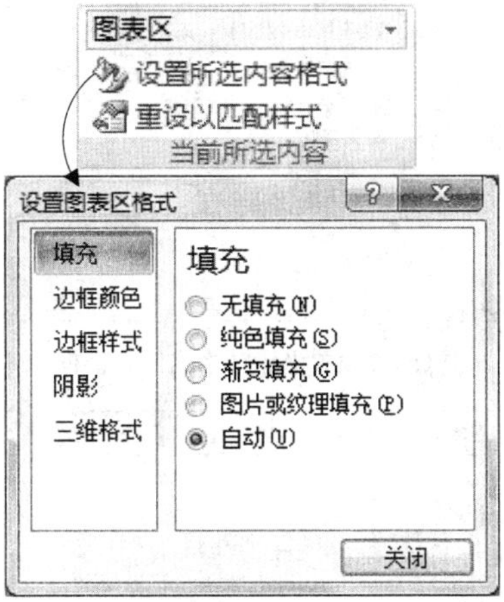

图 5-68 设置图表格式

（2）单击“当前所选内容”组中的“设置所选内容格式”按钮，弹出用于设置“图表元素”格式的对话框。例如弹出“设置图表区格式”对话框，如图 5-67（b）所示。

（3）进行相关设置，设置完毕后单击“关闭”按钮。

使用技巧：用户也可以右击图表元素（如右击图表区），在弹出的菜单中执行“设置图表区格式”命令，打开“设置图表区格式”对话框进行设置。

例 5-28 将例 5-28 生成如图 5-66（b）所示的学生成绩图表进行如下格式化。

（1）将垂直数轴的最小值设为 20。操作方法：单击数值轴，单击“当前所选内容”组中的“设置所选内容格式”按钮，弹出用于设置“设置坐标轴格式”对话框，在坐标轴选项的最小值中选择“固定”，并在其文本框中输入 20，如图 5-69（a）所示。

（2）将边框宽度设为 2 磅，线端类型和连接类型设为圆形，并且设置阴影为外部“右下斜偏移”。操作方法：选择图表区，单击“当前所选内容”组中的“设置所选内容格式”按钮，弹出用于设置“设置图表区格式”对话框，选择“边框样式”选项卡，在线端类型和连接类型设为圆形，如图 5-69（b）所示；选择“阴影”选项卡，进行“右下斜偏移”设置，如图 5-69（c）所示，单击“关闭”。

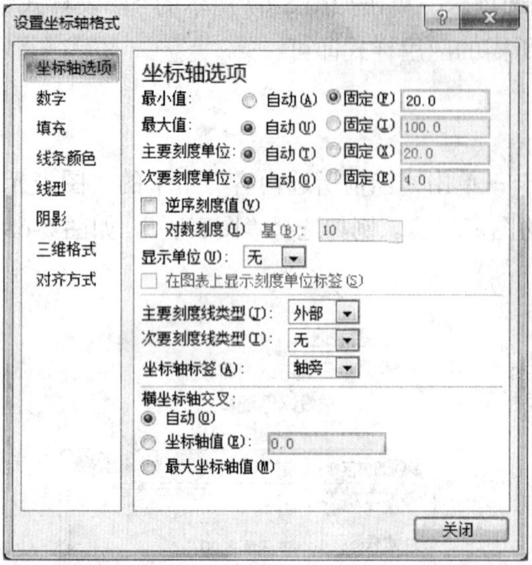

（a）“设置坐标轴格式”对话框

（b）“设置图标区格式”对话框中的“图表样式”选项卡

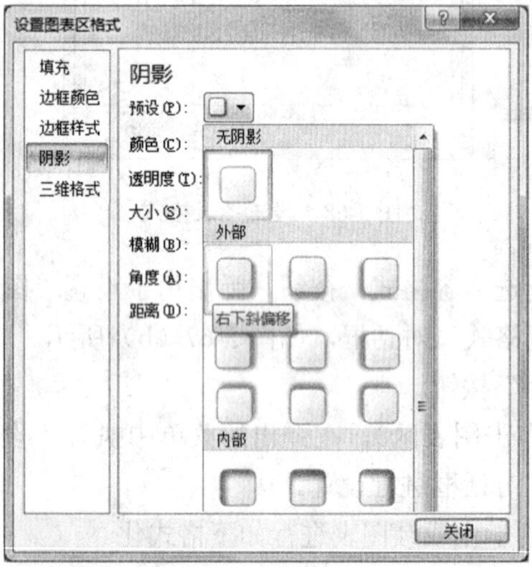

（c）“设置坐标轴格式”对话框中的“阴影”选项卡

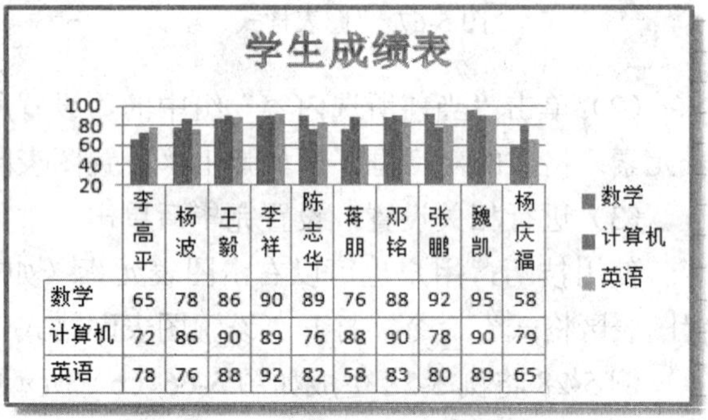

	李高平	杨波	王毅	李祥	陈志华	蒋朋	邓铭	张鹏	魏凯	杨庆福
数学	65	78	86	90	89	76	88	92	95	58
计算机	72	86	90	89	76	88	90	78	90	79
英语	78	76	88	92	82	58	83	80	89	65

（d）设置后的图表效果图

图 5-69 设置图表效果

（3）将图表标题“学生成绩表”设置为渐变填充强调文字颜色 1。操作步骤：单击图表标题“学生成绩表”→选择“格式”功能选项卡上的“艺术字”组中的“其他”下拉按钮，在其列表中选择所需的文本样式“渐变填充强调文字颜色 1”即可。设置后的图表效果图如图 5-69（d）所示。

5.6　电子表格应用技术

Excel 电子表格应用技术部分的主要内容是电子表格创建、数据格式化、函数应用、图表生成。下面通过综合应用案例介绍电子表格应用技术。

案例 1　创建名字为“教材销售统计表”的工作表（见图 6-70（a）），并作出标题为“教材销售统计图”的三维簇形图，然后按照要求，用 Excel 的保存功能直接存盘。

教材销售统计表(单位:册)

教材名称	一季度	二季度	三季度	四季度	销售统计
信息处理技术员	368	1129	894	789	3180
计算机应用基础	560	894	460	876	2790
微型计算机原理	1022	869	554	689	3134
程序员教程	256	956	589	1560	3361

（a）原始数据

（b）参考答案

图 5-70　案例 1

要求：

（1）全部单元格的行高、列宽设为最合适的高度和宽度，表格要有可视的黑双线外边框和黑虚线内部边框。

（2）表格内容水平居中。

（3）用公式计算每种教材销售统计结果。如仅填充人工计算的统计结果则本项无分。

（4）根据统计表制作一季度到四季度图名为“教材销售统计图”三维簇形独立图。

（5）图中要有图例，分类轴标题为“季度”，数值轴标题为“册”。

要点分析：

本题的要点是创建 Excel 工作表、文字及格式设置、公式及函数应用。目的是通过本题学习使读者掌握如何创建 Excel 工作表、单元格设置、有关统计函数应用及图表制作的操作技能。

操作的关键步骤如下：

（1）选择“开始”功能选项卡的“单元格”组→单击“格式”下拉按钮，在下拉列表中选择“设置单元格格式”，弹出“设置单元格格式”对话框，此时可以进行单元格文字格式、及单元格底纹设置。

（2）在 F3 单元格中输入=SUM(B3+E3)计算书的销售统计值，将鼠标移至 F3 单元格的右下角，向垂直方向拖至 F6 单元格，Excel 将自动计算其他书的销售统计值。

（3）选择 A2:E6 单元格区域，选择“插入”功能选项卡上的“图表”组→单击“柱形图”下拉列表命令，在“三维柱形图”选项中选择“三维簇状柱形图”。然后按系统提示及案例要求完成图表制作。

参考答案如图 5-70（b）所示。

案例 2 用 Excel 创建“年度考核表”（见图 5-71（a）），按照题目的要求完成后，用 Excel 的保存功能直接存盘。

要求：

（1）表格绘制为双实线。

（2）用函数计算年度考核总成绩。

（3）用 RANK 函数计算排名。

（4）用函数计算是否获年终奖金，其中年终奖金是否获得的判定标准是年度考核总成绩是否大于等于 355。

（5）用函数计算年度考核平均成绩。

要点分析：

本题的要点是 Excel 的基本操作及函数应用。目的通过该案例的学习掌握如何进行单元格格式设置、利用各种函数，进行数据运算等的操作技能。

操作的关键步骤如下：

（1）选择“开始”功能选项卡的“单元格”组→单击“格式”下拉按钮，在下拉列表中选择“设置单元格格式”，弹出“设置单元格格式”对话框，选择“边框”选项卡进行表格双实线设置。

（2）在 F3 单元格中输入=SUM(B3:E3)函数，将鼠标移至 F3 单元格的右下角，向垂直方向拖至 F7 单元格。这样 Excel 将自动计算其他人的年度考核总成绩。

（3）在 G3 单元格中输入=RANK (F3,$F$3:$F$7)函数计算排名，将鼠标移至 G3 单元格的右下角，向垂直方向拖至 G7 单元格。这样 Excel 将自动计算其他人的排名。

（4）在 H3 单元格中输入=IF(F3>=355,"是","否")确定是否应获年终奖金，将鼠标移至 H3 单元格的右下角，向垂直方向拖至 H7 单元格。这样 Excel 将自动确定其他人是否应获年终奖金。

（5）在 B8 单元格中输入=AVERAGE(B3:B7)计算第一季度的考核平均成绩，将鼠标移至 B8 单元格的右下角，向水平方向拖至 F8 单元格。这样 Excel 将自动确定其他季度及年度考核平均成绩。

参考答案如图 5-71（b）所示。

年度考核表							
姓名	第一季度考核成绩	第二季度考核成绩	第三季度考核成绩	第四季度考核成绩	年度考核总成绩	排名	是否应获年终奖金
方大为	94.5	97.5	92	96			
王小毅	83	82	94.6	83.6			
高敏	90	88	96	87.4			
李栋梁	83	90	93.4	84.6			
姚平	100	98	99	100			
年度考核平均成绩							

（a）原始数据

H3　=IF(F3>=355,"是","否")

	A	B	C	D	E	F	G	H
1	年度考核表							
2	姓名	第一季度考核成绩	第二季度考核成绩	第三季度考核成绩	第四季度考核成绩	年度考核总成绩	排名	是否应获年终奖金
3	方大为	94.5	97.5	92	96	380	2	是
4	王小毅	83	82	94.6	83.6	343.2	5	否
5	高敏	90	88	96	87.4	361.4	3	是
6	李栋梁	83	90	93.4	84.6	351	4	否
7	姚平	100	98	99	100	397	1	是
8	年度考核平均成绩	90.1	91.1	95	90.32	366.52		

（b）参考答案

图 5-71　案例 2

案例 3　创建名字为“表格”的工作表（见图 6-72（a）），然后按照要求在同一个 Excel 工作簿中创建名字为“排序”的工作表，用 Excel 的保存功能直接存盘。

要求：

（1）全部单元格的行高设为 20，列宽设为 10，表格要有可视的外边框和内部边框（格式任意）。

（2）表格中文字部分（标题、行名称、列名称）设非红色底纹，数字部分中不及格的设红色底纹。

（3）表格内容水平居中。

（4）表中“总分”，“平均分”内容要用公式计算，保留二位小数。

（5）在“排序”工作表中，按“英语”成绩进行递增排序。

要点分析：

本案例的要点是 Excel 的格式设置基本操作及函数应用。目的是通过本案例的学习掌握如何进行单元格格式设置、利用相关函数进行数据运算等的操作技能。

操作的关键步骤如下：

（1）选择“开始”功能选项卡的“单元格”组→单击“格式”下拉按钮，在下拉列表中选择执行“行高”命令，在弹出的“行高”对话框中设置行高为 20；在下拉列表中选择执行“列宽”命令，在弹出的“列宽”对话框中设置列宽为 10。

（2）选择“开始”功能选项卡的“单元格”组→单击“格式”下拉按钮，在下拉列表中选择“设置单元格格式”，弹出“设置单元格格式”对话框，选择“边框”选项卡进行表格边框的设置；选择“填充”选项卡进行表格中文字部分（标题、行名称、列名称）非红色底纹设置，数字部分中不及格的设为红色底纹。

（3）在 F3 单元格中输入=SUM(B3:E3)函数，将鼠标移至 F3 单元格的右下角，向垂直方向拖至 F6 单元格。这样 Excel 将自动计算其他人的总分。

（4）在 G3 单元格中输入=AVERAGE(B3:E3)函数，将鼠标移至 G3 单元格的右下角，向垂直方向拖至 G6 单元格。这样 Excel 将自动计算其他人的平均分，设置单元格数值格式并保留两位小数。结果如图 5-72（b）所示。

（5）在图 5-72（b）所示的工作表中，按“英语”成绩进行递增排序。排序后的结果如图 5-72 (c)所示。

参考答案如图 5-72（c）所示。

学生成绩表

	语文	数学	物理	英语	总分	平均分
李 力	80	92	88	97		
张 扬	95	68	76	81		
郝 明	78	76	89	95		
陈 晨	68	78	58	90		

（a）原始数据

G3 =AVERAGE(B3:E3)

	A	B	C	D	E	F	G
1	学生成绩表						
2	姓名	语文	数学	物理	英语	总分	平均分
3	李 力	80	92	88	97	357	89.25
4	张 扬	95	68	76	81	320	80.00
5	郝 明	78	76	89	95	338	84.50
6	陈 晨	68	78	58	90	294	73.50

（b）排序前的结果

G3 =AVERAGE(B3:E3)

	A	B	C	D	E	F	G
1	学生成绩表						
2	姓名	语文	数学	物理	英语	总分	平均分
3	张 扬	95	68	76	81	320	80.00
4	陈 晨	68	78	58	90	294	73.50
5	郝 明	78	76	89	95	338	84.50
6	李 力	80	92	88	97	357	89.25

（c）按“英语”成绩进行递增排序

图 6-72　案例 3

案例 4　创建名字为“统计表”的工作表（见表 5-5），并按照要求创建“排序”、“筛选”和“屏幕图”工作表，保存在同一个 Excel 工作簿文件中。

表 5-5　冰箱销售统计表　单位：千台

商场	一季度	二季度	三季度	四季度	合计
三百	1.5	2.4	1.5	3.7	
大岛	1.2	3.2	1.8	4.0	
盛华	0.9	2.0	2.7	2.0	
商海	2.0	1.9	1.6	1.6	

要求：

（1）全部单元格的行高为 15，列宽为 6；表格要有可视的外边框和内部边框（格式任意）。

（2）表格标题跨列居中；表格内的文字水平、垂直方向均居中。

（3）“合计”要用公式计算，并保留一位小数。

（4）“合计”大于 10 的数字设红色底纹，其他“合计”数字用绿色底纹。输入的数字要求能自动拒绝负数键入，用截取的“设置拒绝负数”屏幕图来说明，该图存放于“屏幕图”工作表中。

（5）按“一季度”进行递增排序，排序结果保存于“排序”工作表中。

（6）将“三季度” 销售中大于 1.5（千台）的记录显示出来，结果保存于“筛选”工作表中。

要点分析：

本案例要点是 Excel 的格式设置基本操作及统计方面的函数应用。目的通过本案例学习掌握何进行单元格格式设置、利用相关函数进行数据运算及统计等方面的操作技能。

操作的关键步骤如下：

（1）选择“开始”功能选项卡的“单元格”组→单击“格式”下拉按钮，在下拉列表中选择执行“行高”命令，在弹出的“行高”对话框中设置行高为 15；在下拉列表中选择执行“列宽”命令，在弹出的“列宽”对话框中设置列宽为 6。

（2）进行表格标题跨列居中；表格内的文字水平、垂直方向均居中。

（3）在 F3 单元格中输入=SUM(B3:E3)函数，将鼠标移至 F3 单元格的右下角，向垂直方向拖至 F6 单元格。这样 Excel 将自动统计其商场的合计。

（4）输入的数字要求能自动拒绝负数键入。操作方法：选中待输入的数字的单元区域 B3：E6→选择“数据”功能选项卡上的“数据工具”组中的“数据有效性”下拉列表命令→在下拉列表框中单击“数据有效性”命令按钮，系统弹出“数据有效性”对话框→在有效性条件的“允许”下拉列表中选择“整数”，在有效性条件的“数据”下拉列表中选择“大于或等于”，在有效性条件的“最小值”输入框中输入 0。此时，若在单元格区域 B3：E6 输入小于 0 的数，则系统显示“输入值非法”的对话框，如图 5-73 所示。

（5）按“一季度”进行递增排序，将“三季度”销售中大于 1.5（千台）的记录显示出来。

参考答案：如图 5-74 所示。

图 5-73　输入非法值提示信息

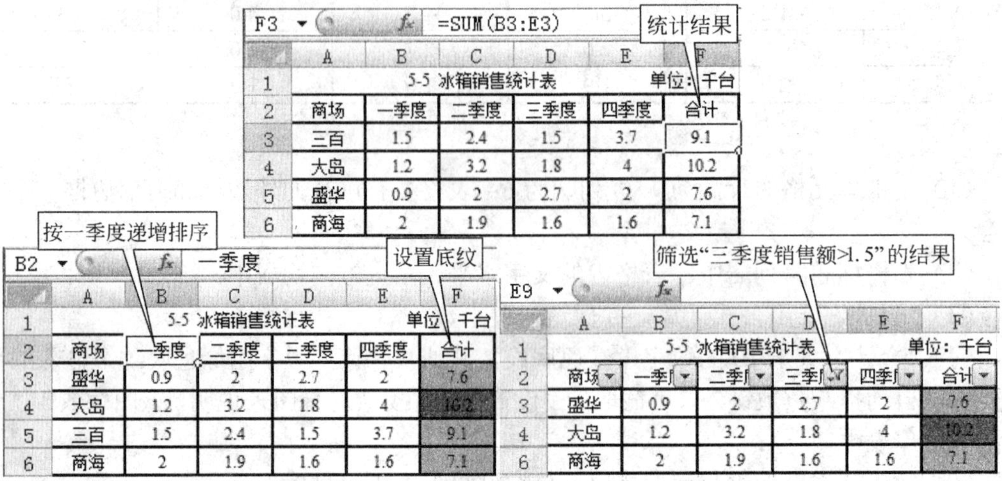

图 5-74　案例 4 参考答案

案例 5　创建如下所示内容的工作表并做出标题为“学生成绩统计图”的柱形图，并以 Excel 工作簿文件存盘。

要求：

（1）全部单元格的行高设为 20，列宽设为 10，表格要有可视的外边框和内部边框（格式任意）。

（2）表格标题、行、列名称设置底纹，数字部分中不及格的设置红色底纹。

（3）表格内容水平居中，数字部分右对齐。

（4）表中“总分”，“平均分”内容要用公式计算。所有数字保留一位小数。

（5）柱形图有标题，水平轴为学生姓名，垂直轴为成绩，图例在左侧。

要点分析：

本案例要点是 Excel 的格式设置基本操作、统计函数及图表方面的应用。目的通过本案例学习掌握如何进行单元格格式设置、利用相关函数进行统计以及图表制作等方面的操作技能。

操作的关键步骤：

（1）选择“格式”菜单上的“行”或“列”子菜单下的“行高”或“列宽”命令，在弹出的“行高”或“列宽”对话框中设置行高或列宽。

（2）选择“格式”菜单上的“单元格”命令，进行表格中文字部分（标题、行名称、列名称）底纹设置，数字部分中不及格的设为红色底纹。进行表格内容居中，数字部分右对齐。

（3）在 F3 单元格中输入=SUM(B3:E3)函数，将鼠标移至 F3 单元格的右下角，向垂直方向拖至 F6 单元格。这样 Excel 将自动统计其他学生的总分。在 G3 单元格中输入=AVERAGE (B3:E3)函数，将鼠标移至 G3 单元格的右下角，向垂直方向拖至 G6 单元格。这样 Excel 将自动计算其他人的平均分，设置单元格数值格式并保留一位小数。结果如图 5-75 所示。

（4）选择 A2:E6 单元格区域，在“插入”菜单上选择“图表”命令，系统显示“图表”对话框，在“图表类型”列表中选择“柱形图”，然后按系统提示完成图表制作。

参考答案如图 5-75 所示。

学生成绩表

	语文	数学	物理	英语	总分	平均分
李 力	80.0	92.0	88.0	97.0		
张 扬	95.0	58.0	76.0	81.0		
郝 明	78.0	76.0	89.0	95.0		
陈 晨	68.0	78.0	58.0	90.0		

（a）原始数据

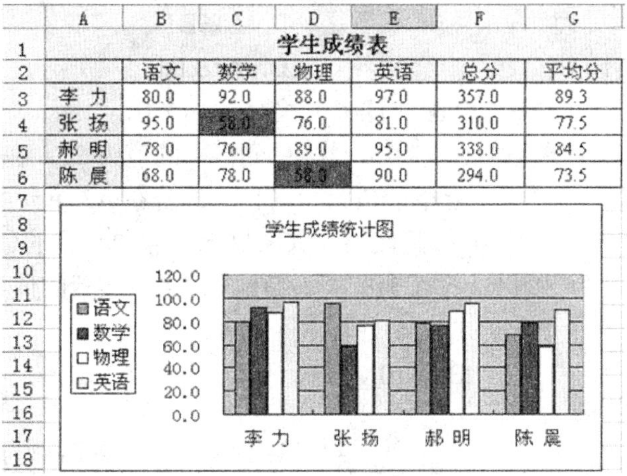

（b）参考答案

图 5-75　案例

5.7　习题

1．在 Excel 中，A1,A2,B1,B2,C1,C2 单元格的值分别为 1、2、3、4、3、5，在 D1 单元格中输入函数“=SUM(A1:B2，B1:C2)”，按回车键后，D1 单元格中显示的值为

（1）____；若在D2单元格中输入公式“=SUM（1,4,5）”，则显示的值为__（2）__；若在D3单元格输入函数“= A1-10”，则D3单元格的值为__（3）__。

（1）A．25　B．18　C．11　D．7

（2）A．7　B．10　C．16　D．20

（3）A．9　B．-9　C．7　D．-7

2．在Excel中，A1单元格中的值为57.25，在B1单元格中输入函数“=ROUND（A1，0）”，按回车键后，B1单元格中的值为__（1）__；若修改了Excel工作表中的某个数据，与该数据有关的图表__（2）__。

（1）A．57　B．57.3　C．57.25　D．57.250

（2）A．也会作相应改变　B．出现错误　C．不会变化　D．被删除

3．在Excel中，用“&”运算符进行运算时，其运算对象的类型应为__（1）__。已知Excel工作表中A1单元格和B1单元格的值分别为“信息处理”、“技术员”，要求在C1单元格显示“信息处理技术员”，则在C1单元格中应键入的正确公式为__（2）__。若A1单元格中的内容为“全国计算机技术与软件专业技术资格（水平）考试”，在A2单元格中输入函数=LEFT（A1，2），则A2单元格显示的内容是__（3）__。

（1）A．公式型　B．数值型　C．逻辑型　D．文本型

（2）A．=“信息处理”＋“技术员”　B.=A1$B1

C．=A1＋B1　D.=A1&B1

（3）A．考试　B．全国计算机考试　C．全国　D．水平

4．在Excel中，A1单元格的值为-5，A2单元格中的值为20，在B1单元格输入函数“=ABS（A1）-10”，则B1单元格的值为__（1）__；若在A3单元格中输入“A2-A1”，则A3单元格中的值为__（2）__；假设A1：C3区域中各单元格的值都为10，如果在D1单元格中输入公式“=SUM(A1，C3)”，则D1单元格中显示的值为__（3）__。

（1）A．-15　B．-5　C．5　D．15

（2）A．10　B．-10　C．A2-A1　D．######

（3）A．20　B．30　C．60　D．90

5．在Excel中，在C3单元格输入公式“=C2+$C$2”，则C3单元格的值为__（1）__；如果在C3单元格中输入公式“=MAX(A1：B3)”，则D1单元格中显示的值为__（2）__。

	A	B	C
1	8	9	10
2	11	12	13
3	14	15	

（1）A．22　B．24　C．26　D．28

（2）A．12　B．13　C．14　D．15

6．在Excel中，__（1）__函数用来计算某个区域中空单元格的数量。如果B1～B5

单元格的内容为如下图所示，如果在F1单元格输入公式“=COUNT(A1:E1)”，那么，F1单元格显示的内容应为＿（2）＿。

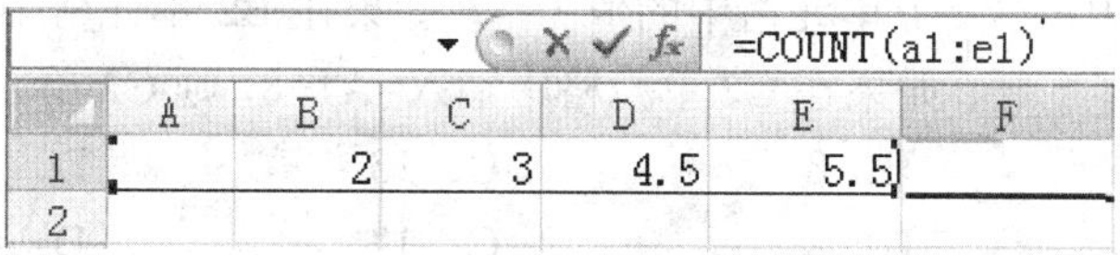

（1）A．COUNT　　B．COUNTA　　C．COUNTBLANK　　D．COUNTIF

（2）A．1　　B．4　　C．5　　D．15

7．在Excel中，如果某单元格的右上角有一个红色三角形，那么说明这个单元格＿（1）＿；若某个单元格的内容由公式计算得出，如果该单元格显示为#DIV/0!，说明计算公式的＿（2）＿。

（1）A．已插入批注　　B．已插入函数　　C．已被保护　　D．已被关联

（2）A．格式错误　　B．分子值为字符　　C．分母值为字符　　D．分母值为0

8．在Excel中，若A1单元格中的值为16.24，B1单元格中的值为28.589，在B2单元格中输入=SUM（INT（A1）+INT（B1）），则B2单元格中的值为＿（1）＿；若在A1单元格中输入＿（2）＿，则A1单元格中显示数字8；若在A1单元格中输入字符型数据0123，下列输入中正确的是＿（3）＿。

（1）A．44　　B．45　　C．46　　D．#VALUE!

（2）A．="160/20"　　B．=160/20　　C．160/20　　D．"160/20"

（3）A．'0123　　B．"0123"　　C．'0123'　　D．"0123

9．在Excel中，若单元格B2的内容为2011-5-21，则函数=year(B2)的值为＿（1）＿；若A1单元格中的值为–100，B1单元格中的值为80，C1单元格中的值为–50，在B2单元格中输入=SUM（A1+ B1+ABS（C1）），则B2单元格中的值为＿（2）＿；若A1单元格的值为1.8，如果在B1单元格中输入函数“=TEXT(A1,"￥0.00")”，则B1单元格的值为＿（3）＿。

（1）A．2011　　B．5　　C．21　　D．1900

（2）A．–70　　B．30　　C．130　　D．–230

（3）A．￥1.8　　B．#VALUE　　C．￥1.80　　D．0.00

10．某学生要进行数据结构、操作系统和计算机组成原理三门课的考试。已知数据结构成绩是85分、操作系统成绩是87分，希望总分达到240分，需要求出计算机组成原理应考的分数。此类问题可以使用Excel中的＿（1）＿功能来解决。在Excel中，单元格地址绝对引用的方法是＿（2）＿。

（1）A．自动求和　　B．公式求解　　C．单变量求解　　D．双变量求解

（2）A．在单元格地址前加“$”

B．在单元格地址后加“$”

C．在构成单元格地址的行标号和列标号前分别加“$”

D．在构成单元格地址的行标号和列标号之间加“$”

11．在 Excel 中，若 A1 单元格中的值为 5，如果在 B2 单元格中输入="A1"+8，则 B2 单元格显示__（1）__；如果在 C2 单元格中输入=A1+8，则 C2 单元格显示__（2）__。

（1）A．5　　B．8　　C．13　　D．#VALUE！

（2）A．5　　B．8　　C．13　　D．#VALUE！

12．在 Excel 中，将某学生各科成绩放在 A1:A9 单元格中，判断 A1 单元格中成绩等级的函数正确的是______。（判断的依据是：成绩大于等于 85 为优良、大于等于 60 为及格，否则不及格）

A．=IF（A1>=85,“优良”，IF（A1>=60，“及格”，IF（A1<60，“不及格”)))

B．=IF（A1>=85,“优良”，85>A1>=60，“及格”，A1<60，“不及格”)

C．=IF（A1>=85,“优良”)，IF（A1>=60，“及格”)，IF（A1<60，“不及格”)

D．=IF（A1>=85,“优良”，IF（A1>=60，“及格”，“不及格”))

13．在 Excel 中，设单元格 A1 中的值为 100，B1 中的值为 200，A2 中的值为 300，B2 中的值为 400，若在 A3 单元格中输入函数“=SUM（A1:B2）”,按回车键后，A3 单元格中的值为_____。

A．100　　B．200　　C．500　　D．1000

14．在 Excel 中，设单元格 A1 中的值为 0，B1 中的值为 60，若在 C1 单元格中常规格式下输入函数“=ROUND(AVERAGE(A1:B1),2)”，按回车键后，C1 单元格中的值为_______。

A．30　　B．30.00　　C．70　　D．70.00

第 6 章　演示文稿基础知识

演示文稿软件主要有 PowerPoint、WPS 演示和 OpenOffice Impress。PowerPoint 是 Microsoft Office 办公软件系列的重要组件之一，是功能强大的图形制作软件。利用 PowerPoint 2007 不仅可以制作演示文稿、在网络上展示演示文稿，而且还可以在互联网上召开面对面会议、远程会议。本章主要介绍 PowerPoint 2007 的基本操作，为进一步深入学习奠定良好的基础。

6.1　演示文稿的基本概念

6.1.1　PowerPoint 基本概念

随着 IT 技术的飞速发展，演示文稿已成为人们日常工作和生活中的重要组成部分，其应用水平不断提高，广泛应用在工作汇报、企业宣传、产品推介、婚礼庆典、项目竞标、管理咨询等领域。利用 PowerPoint 软件制作的文稿不仅可以在投影仪或计算机上进行演示，也可以在幻灯片放映过程中播放音频流或视频流；还可以将演示文稿打印出来，制作成胶片，以便应用到更广泛的领域中。

1. PowerPoint 2007 窗口

PowerPoint 2007 窗口与 Word 2007 非常相似，如图 6-1 所示。

（1）标题栏：显示软件的名称（Microsoft PowerPoint）和当前文档名称，新建时系统默认的文档名为“演示文稿 1.pptx”；在其右侧是常见的“最小化、最大化、还原、关闭”按钮。注意，PowerPoint 2007 及之后的版本其文件的扩展名为.pptx，PowerPoint 2003 及之前的版本其文件的扩展名为.ppt。

（2）Office 按钮位于窗口左上角，单击按钮可以打开 Office 菜单。选择其中相应的命令可以执行对应的操作。该菜单的右侧显示最近所编辑过的文档列表，右下角有对 PowerPoint 2007 进行设置的 [PowerPoint 选项(I)] 按钮和退出 PowerPoint 2007 的 [✕ 退出 PowerPoint(X)] 按钮。

（3）快速访问工具栏：默认情况下，快速访问工具栏位于 PowerPoint 窗口的顶部，使用它可以快速访问用户频繁使用的工具。用户可以按照自己的工作习惯对其进行自定义。具体操作方法可参考 Word 2007。

（4）功能选项卡：利用功能选项卡可以帮助用户快速找到完成某一任务所需的命令。默认情况下提供开始、插入、设计、动画、幻灯片放映、审阅和视图七个功能选项卡，每个选项卡中包含若干个组，每个组中又包含若干个命令。

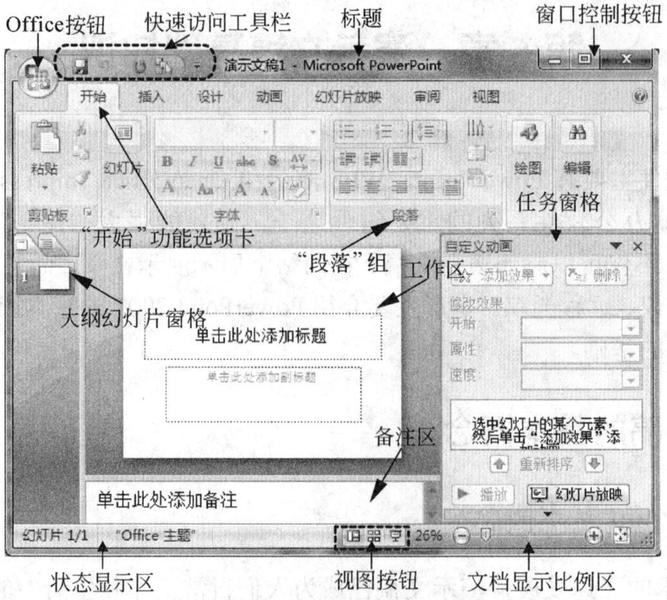

图 6-1 PowerPoint 2007 窗口

（5）任务窗格：Office 2007 与 2010 版本取消了原来的任务窗格而使用了功能选项卡。PowerPoint 2007 只保留了自定义动画任务窗格。

（6）工作区与备注区：工作区用于编辑幻灯片，备注区用于编辑幻灯片的一些备注文本。

（7）大纲/幻灯片窗格：包括“大纲”标签和“幻灯片”标签。单击“大纲”标签，用户可以方便地输入演示文稿要介绍的一系列主题，并把主题自动设置为幻灯片的标题，适合编辑演示文稿的全部文本内容。单击“幻灯片”标签，可以使演示文稿中的每个幻灯片按照缩略图的方式，纵向整齐地排列在该窗格中，以显示演示文稿的总体效果。

（8）状态栏：在此处显示当前文档相应的某些状态要素。

2. 视图

幻灯片视图功能为用户提供了各种适应不同使用情况的操作界面。其中包括普通视图、幻灯片浏览视图、幻灯片放映视图和备注页视图。当启动 PowerPoint 时，系统默认的是普通视图工作方式。

1）普通视图

普通视图也称为编辑视图。在该视图工作方式下，可进行演示文稿的编辑和制作，如：输入文字、绘制图形和插入图片、插入声音和视频、设置动画及切换效果，设置超链接等。普通视图有 4 个工作区域，如图 6-1 所示。

（1）大纲/幻灯片工作区：位于窗口的左侧，其中大纲工作区是以大纲形式显示幻灯片文本，是用户撰写内容的理想场所；幻灯片工作区不仅可以缩略图的形式观看幻灯片，还可以轻松地重新排列、添加或删除幻灯片。

（2）主工作区：位于窗口的中部，用于显示和编辑当前幻灯片。

（3）任务窗格：位于窗口的右侧，主要是用于自定义动画。

（4）备注区：位于窗口的下方，用户可以添加备注信息。

2）幻灯片放映视图

“幻灯片放映视图”占据整个计算机屏幕，就像实际的演示一样。在该视图中，作者所看到的演示文稿就是观众将看到的效果。作者可以看到在实际演示中，图形、计时、影片、动画效果和切换效果的状态。例如使文本项目符号点逐字从左侧飞入，或在显示图片时播放音乐都能体验到。

3）幻灯片浏览视图

幻灯片浏览视图是以缩略图形式显示幻灯片的视图。在该方式下，可以观察演示文稿的全局并了解演示文稿的风格，还可以调整演示文稿的顺序；可以对幻灯片进行选择、拷贝、删除、隐藏等操作，设置幻灯片的切换效果；但是在 PowerPoint 的幻灯片浏览视图下，不能完成对指定幻灯片的内容进行编辑的操作。

4）备注页视图

备注页视图用于输入和编辑作者的备注信息。如果在备注页视图中无法看清输入的备注文字，可选择“视图”菜单中的“显示比例”命令，并在打开的“显示比例”对话框中选择一个合适的显示比例。

3. 演示文稿与幻灯片

一个演示文稿是由若干张幻灯片组成的，一张幻灯片对应演示文稿中的一页。实际上制作一个演示文稿的过程是依次制作一组幻灯片的过程。每一张幻灯片是由若干个对象组成的，对象是幻灯片重要的组成元素。对象可以是文本框、表格、图表、图形、图像、组织结构图等。

在幻灯片中插入文字、图表、组织结构图和其他可插入元素时，它们都是以一个个的对象的形式出现在幻灯片中。可以选择对象，修改对象的内容或大小，移动、复制或删除对象；还可以改变对象的属性，如颜色、阴影、边框等。所以制作一张幻灯片的过程，实际上是制作其中每一个被指定的对象的过程。

4. 幻灯片版式与占位符

幻灯片版式是 PowerPoint 软件中的一种常规排版的格式，通过幻灯片版式的应用可以对文字、图片等更加合理简洁地完成布局，轻松完成幻灯片制作和运用。

幻灯片版式实际上是幻灯片上各种对象的布局，是一张幻灯片上的各种对象（如：文本、表格、图表等）的格式和排列形式。在创建幻灯片时，若用户选择一种非空的自动版式，则该幻灯片中会自动给出相应的标题区域、文本区域和其他对象区域，它们分别用一个虚框表示，该虚框被称为占位符，单击占位符可以添加文字，或单击图标添加指定的对象。

例如：图 6-2 所示幻灯片版式的上方虚框为“标题”占位符，左侧虚框为“文本”占位符，右侧虚框为“表格、图表、SmartArt 图形、图片、剪贴画、媒体剪辑”占位符。注意：假设用户单击右侧虚框上的不同图标，则可以在该占位符上添加不同的内容，例如用户单击图标可以在该占位符上添加表格。

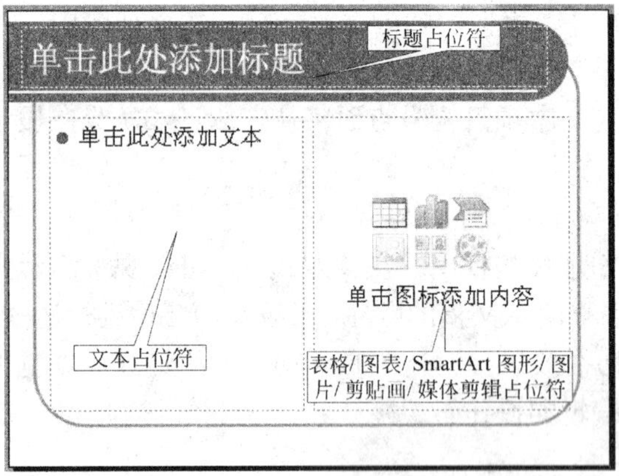

图 6-2　幻灯片版式

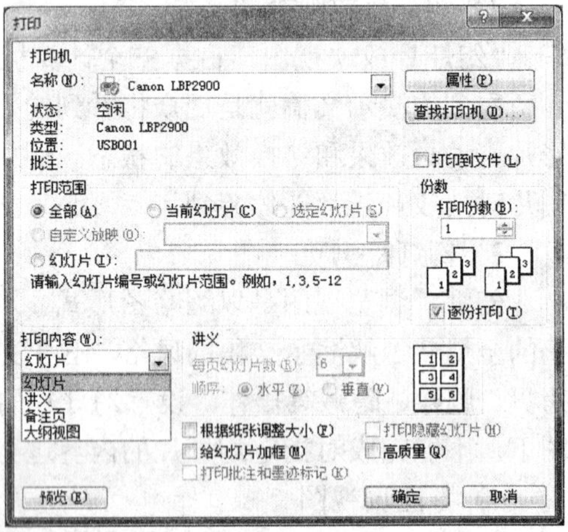

图 6-3　“打印”对话框

占位符实际上是 PowerPoint 提供的带有输入的提示信息。因此，占位符的编辑（如复制、移动、设置背景和边框等等操作）与普通文本框的编辑完全一样，详细操作方法可参考 Word 章节的相关内容。当然，用户还可以通过改变幻灯片版式来更改幻灯片中占位符的类型和数量。

5. 演示文稿打印

PowerPoint 演示文稿可以采用幻灯片、讲义、备注页和大纲的形式打印输出。具体操作方法：单击 Office 按钮→选择“打印”→单击子菜单中的“打印”命令，弹出“打印”对话框，进行相关设置，如图 6-3 所示。从图中的“打印内容”下拉列表中可以看出，用户不仅可以选择打印幻灯片，还可以选择打印讲义、备注页和大纲视图。单击“确定”按钮。

6.1.2　PowerPoint 制作过程

演示文稿的设计与制作过程因人而异，但通常其设计与制作过程如图 6-4 所示。主要分为基本操作、格式操作以及放映操作 3 个部分。由于动画效果和动作设置效果一般都在放映时才能显现出来，所以将这两部分归于放映操作而非格式操作。

创建新的演示文稿有多种方法：根据“设计模板”创建演示文稿来创建新的演示文稿；使用从其他应用程序导入的大纲来创建演示文稿；使用空白幻灯片从头制作演示文稿。PowerPoint 2007 中未提供“内容提示向导”，用户可以使用模板。

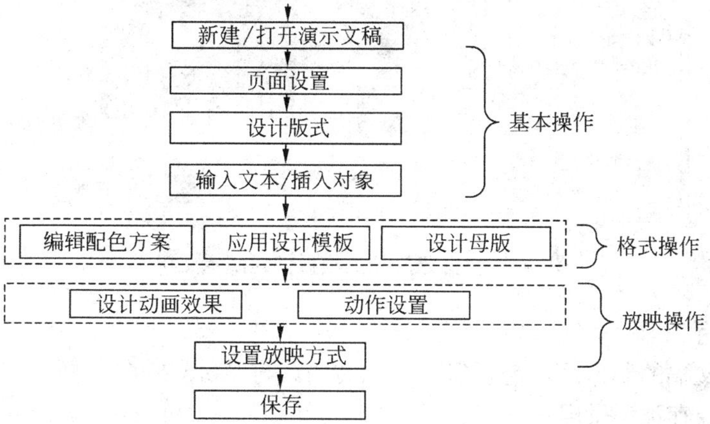

图 6-4　演示文稿的设计与制作过程

1. 创建空白演示文稿

单击 Office 按钮按钮→执行“新建”命令，在弹出的“新建演示文稿”对话框中，选择“空白演示文稿”图标，如图 6-5 所示。单击“创建”按钮即可。

2. 根据“模板”创建演示文稿

在“新建演示文稿”对话框中，用户可以通过选择系统内置的模板，创建自己所需的文稿。

操作过程：单击 Office 按钮按钮→执行“新建”命令，在弹出的“新建演示文稿”对话框中的模板选项栏中，选择“已安装的模板”选项卡，在“已安装的模板”列表中选择所需的模板（例如，选择“现代型相册”，如图 6-6 所示）→单击“创建”按钮即可。

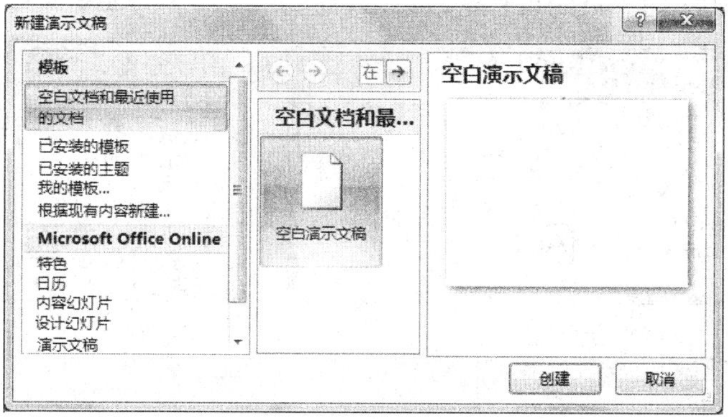

图 6-5　新建空白演示文稿

图 6-6　根据已安装的模板创建演示文稿

3. 保存演示文稿

完成演示文稿的制作后，需要保存演示文稿。与 Word 2007 一样，PowerPoint 2007 也提供了多种保存类型供用户选择。

操作过程：单击 Office 按钮按钮→执行“保存”命令，在弹出的“另存为”对话框中，设置保存位置、文件名称，在“保存类型”下拉列表框中选择保存类型→单击“保存”按钮。

6.2　演示文稿软件的基本功能

6.2.1　页面设置

对于新创建的演示文稿，系统有其默认的大小和页面布局。若需要更改页面的大小和布局，则可按照如下操作方法进行。

（1）选择“设计”功能选项卡上的“页面设置”组中的“页面设置”命令，系统弹出如图 6-7（a）所示的“页面设置”对话框。

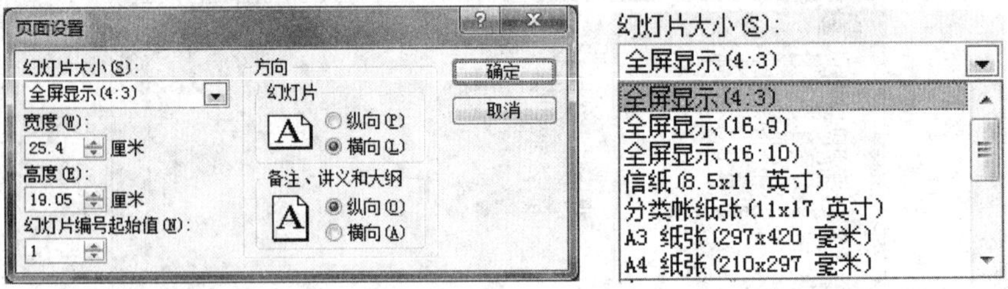

（a）“页面设置”对话框　　（b）“幻灯片大小”下拉列表框

图 6-7　幻灯片页面设置

（2）在“幻灯片大小”下拉列表框中选择一种幻灯片大小，如图 6-7（b）所示。

（3）如果要建立自定义的尺寸，可在“宽度”和“高度”数值框中输入需要的尺寸。

（4）在“幻灯片编号起始值”数值框中，输入幻灯片起始号码。

（5）在“方向”选项组中，设置幻灯片、备注、讲义和大纲等的打印方向。

（6）单击“确定”按钮。

6.2.2　幻灯片版式与设计

版式的设计是幻灯片制作中最重要的环节。创建新幻灯片时，用户可从系统预先设计好的幻灯片版式中进行选择。

操作方法：选择“开始”功能选项卡上的“幻灯片”组→单击“版式”下拉命令按钮，在如图 6-8 所示的下拉列表框中选择所需的版式。

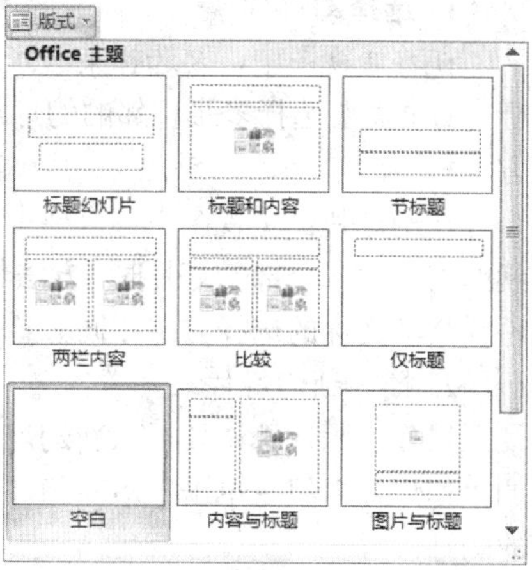

图 6-8　幻灯片版式

在 PowerPoint 中的版式分为：文字版式、内容版式、文字和内容版式以及其他版式。有的版式包含标题、文本和图表占位符，有的版式包含标题和剪贴画占位符等。

标题和文本占位符默认的是演示文稿中的幻灯片母版的格式。但是用户可以移动或重置其大小和格式，或者在创建幻灯片之后修改其版式。

需要注意的是当某张幻灯片应用一个新的版式时，该幻灯片中原有的文本和对象仍保留在幻灯片中，但是可能会重新排列幻灯片中的文本和对象，以适应新版式。

幻灯片版式也称为自动布局格式，它是幻灯片中各对象间的搭配布局，而这种布局是否合理与协调、整洁与清晰，直接影响演示时的视觉效果，一个好的布局自然会有良好的演示效果。因此需要根据需求的不同，选择不同的布局风格。

占位符在 6.1.1 小节介绍过，它是指创建新幻灯片时出现的虚线方框。这些方框作为一些对象（如幻灯片标题、文本、图表、表格、组织结构图和剪贴画）的占位符。单击占位符可以添加文字，或单击图标添加指定的对象。

例 6.1　在 PowerPoint 中用自动版式创建新幻灯片时，下面所示的＿（1）＿属于文本与图表版式；＿（2）＿属于组织结构图版式。

（1）（2）A. 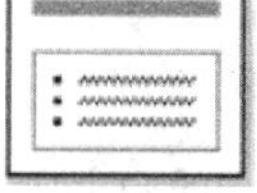　B. 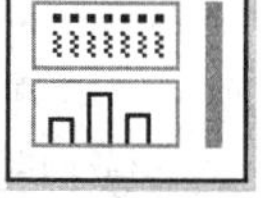　C. 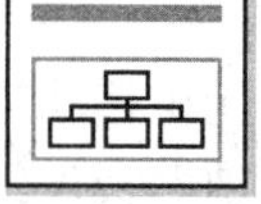　D. 

分析：空（1）的正确选项为 B，空（2）的正确选项为 C。选项 A 是文本版式；选项 B 是文本与图表版式；选项 C 是组织结构图版式；选项 D 是文本与剪贴画版式。

6.2.3 演示文稿布局

演示文稿制作需要精心构思，合理布局，最忌“构思平淡，一马平川”。可以采用项目列表突出讲解要点，通过背景设置、动画效果、动作按钮等技巧来达到演示文稿布局的起伏变化。幻灯片布局涉及组成对象的种类、对象间的相互位置等问题，需要根据演讲的内容进行设计与调整。例如插入一张新的幻灯片、调整幻灯片的顺序、删除不需要的幻灯片等。

1. 选择幻灯片

在普通视图中，要选择某一张幻灯片，可以单击大纲区中它前面的幻灯片编号或图标。如果需要选择多张相邻的幻灯片，其方法与 Windows 资源管理器中多个文件的选择方法相同。

在幻灯片浏览视图中，只要单击就可以选择某一张幻灯片，若选择多张连续或不连续的幻灯片或全部幻灯片时，方法与 Windows 资源管理器中选择多个连续或不连续的文件或全部文件的选择方法相同。

2. 插入新幻灯片

操作步骤：选中要插入新幻灯片位置的前一张幻灯片→选择“开始”功能选项卡上的“幻灯片”组→单击“新建幻灯片”下拉命令按钮，选择幻灯片主题即可插入一张新的幻灯片。

3. 移动幻灯片

用户既可以在幻灯片浏览视图中移动幻灯片来调整幻灯片的顺序，也可以在普通视图中调整幻灯片的顺序。

（1）在幻灯片浏览视图中调整幻灯片的顺序

操作步骤：选中要移动的幻灯片；按住鼠标左键拖动，当拖动出现一个竖直的插入点时表示选中的幻灯片将要放置的位置；确定好位置后，松开鼠标左键，完成移动操作。

（2）在普通视图中调整幻灯片的顺序

操作步骤：将鼠标指针指向“大纲/幻灯片”浏览窗格中要移动的幻灯片图标上，当鼠标变成十字箭头时，按住左键向上或向下移动到新位置后松开鼠标左键。

4. 复制幻灯片

操作步骤：与移动幻灯片的操作类似，所不同的是在拖动鼠标的同时必须按住 Ctrl 键才可复制幻灯片。

需要说明的是无论移动或复制操作，可以在“大纲/幻灯片”浏览窗格中通过“开始”功能选项卡上的“剪贴板”组中剪切、复制和粘贴命令按钮；也可以单击鼠标右键→在弹出的菜单中选择剪切、复制和粘贴命令来实现，方法与 Windows 中文件的操作相同。

5. 删除幻灯片

删除幻灯片可以在“幻灯片浏览视图”或“大纲/幻灯片”浏览窗格中进行。操作方法：选定待删除的幻灯片→选择“开始”功能选项卡上的“幻灯片”组（或单击鼠标右键在弹出的菜单上）→单击“删除”命令，即可删除该幻灯片。

注意：幻灯片布局时需要考虑每张幻灯片中的行数，一般每张幻灯片中的文字最好控制在 13 行内。因为若幻灯片中的文字有 14 行时，则幻灯片中的文字字号设置将小于 20 号，导致观众观看屏幕上的文字很费力。

例 6.2 如果一张幻灯片中的数据比较多，很重要，不能减少，可行的处理方法是______。

A. 用动画分批展示数据　　B. 缩小字号，以容纳全部数据

C. 采用多种颜色展示不同的数据　　D. 采用美观的图案背景

分析：选项为 A 是可行的处理方法。幻灯片中的数据比较多时用动画分批展示数据的优点是可以将数据归类、分批展示，这样使幻灯片上数据的结构层次清晰，观众便于记忆。

选项 B 是不可行的处理方法。“缩小字号，以容纳全部数据”可能会导致播放时观众无法看清屏幕上的数据。

选项 C 是不可行的处理方法。“采用多种颜色展示不同的数据”仍然存在播放时幻灯片上数据的结构层次不清晰，观众不便于记忆，甚至无法看清屏幕上的数据问题。

选项 D 是不可行的处理方法。“采用美观的图案背景”不能解决本题的问题。

6.2.4 添加幻灯片内容

在演示文稿的幻灯片中，用户不仅可以向幻灯片添加文本内容，而且还可以插入图片、剪贴画、形状、SmartArt 图形、图表、插入艺术字和表格等内容。

1. 输入与编辑文本

如果要添加文本，用户可直接将文本输入到幻灯片的文本占位符中，也可以在占位符之外的任何位置使用“插入”功能选项卡上的“文本框”按钮创建文本框再输入文本。在幻灯片中完成文本输入的基本操作之后，就可以对演示文稿的内容进行编辑与格式化操作，使之达到所需要的效果。

在 PowerPoint 中，文本的编辑与格式化操作方法基本与 Word 2007 中的操作方法相同，如果读者能熟练掌握 Word 2007 的操作就一定能掌握 PowerPoint 中的相关操作，因此不在此做详细讲解。

2. 添加对象

在 PowerPoint 2007 中，当用户创建新的演示文稿或幻灯片时，可以在幻灯片中插入图片、剪贴画、形状、SmartArt 图形、图表、插入艺术字和表格等内容，其方法与 Word 2007 基本相同，读者可参阅第四章 4.3 小节。但 PowerPoint 还可以使用带有占位符的幻

灯片版式进行插入。下面以图表为例进行介绍如何利用占位符和插入“对象”命令插入图表。

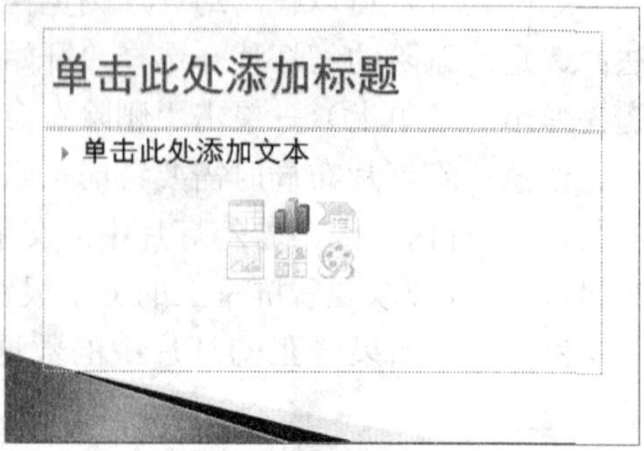

图 6-9 “标题和内容”版式

（1）利用占位符插入图表

操作步骤如下：

步骤 1：选择带有图表占位符的版式，例如图 6-9 所示的“标题和内容”版式。

步骤 2：双击图表占位符，系统弹出“插入图表”对话框，选择所需的图形，单击“确定”按钮，系统显示如图 6-10（a）所示的数据表窗口。

步骤 3：单击数据表上的单元格，输入文本和数据信息，替换数据表中的数据，替换后的数据表如图 6-10（b）所示。单击数据表窗口“关闭”按钮，返回到幻灯片窗格中，此时在幻灯片中显示如图 6-10（c）所示的新插入的图表。

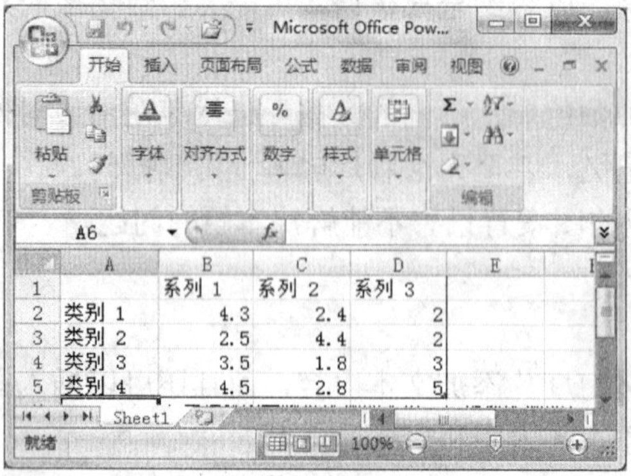

（a）数据表窗口

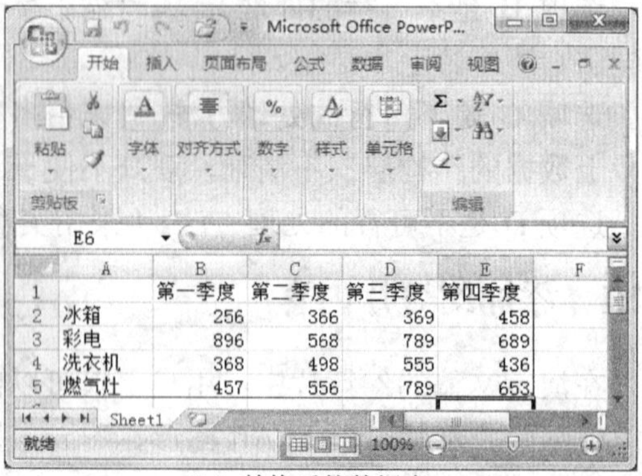

（b）替换后的数据表

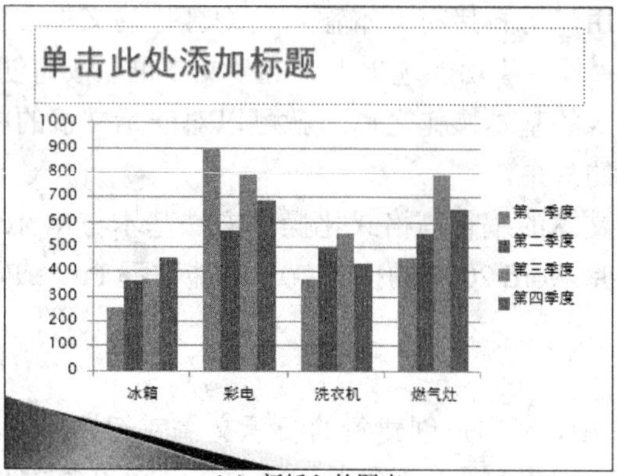

（c）新插入的图表

图 6-10 图表应用

（2）利用“对象”命令插入图表

操作步骤如下：

步骤 1：选择要插入图表的幻灯片→选择“插入”功能选项卡上的“文本”组→单击“对象”下拉命令按钮，选择执行“对象”命令，弹出如图 6-11 所示的“插入对象”对话框。

步骤 2：在“插入对象”对话框的“对象类型”下拉列表中选择“Microsoft Graph 图表”，单击“确定”按钮，即可启动 Microsoft Graph 程序，显示“数据表”窗口，如图 6-12 所示。

步骤 3：单击数据表上的单元格，输入文本和数据信息，替换数据表中的数据。

步骤 4：单击图表以外的区域，退出 Microsoft Graph 程序，返回到幻灯片窗格中，即可在幻灯片中插入图表。

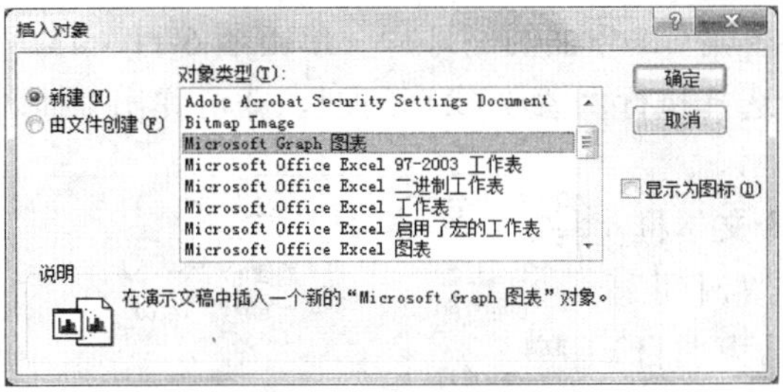

图 6-11　“插入对象”对话框

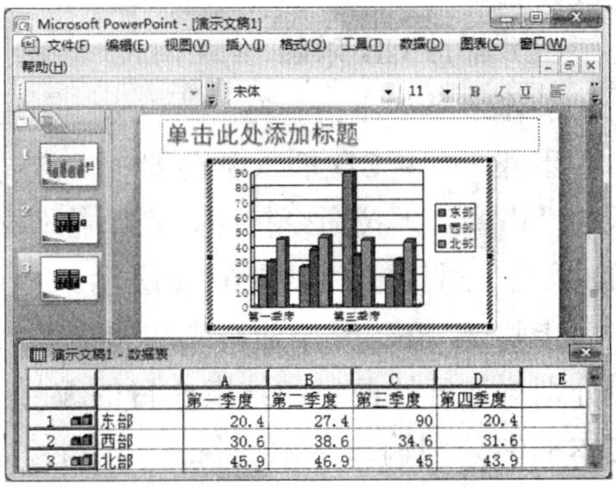

图 6-12　“数据表”窗口

3. 插入及录制声音

为了改善幻灯片放映时的视听效果，可以向幻灯片中插入音乐、声音和影片剪辑等多媒体对象，使演示文稿更具吸引力。

1）插入声音

（1）插入文件或剪辑管理器中的声音

操作步骤如下：

步骤 1：选择要添加声音的幻灯片→选择“插入”功能选项卡上的“媒体剪辑”组中的“声音”下拉命令按钮，系统显示图 6-13（a）所示的下拉列表框，此时有“文件中的声音”和“剪辑管理器中的声音”两种选择。

步骤 2：选择执行“文件中的声音”，系统弹出“插入声音”对话框，找到包含所需文件的文件夹，然后双击要添加的文件。选择执行“剪辑管理器中的声音”，系统自动打开“剪贴画”任务窗格，选择剪辑管理器中列出的声音文件将其插入到幻灯片中。

（a）下拉列表框　　（b）开始播放方式选择对话框

图 6-13　插入声音

步骤 3：插入声音时，系统会自动打开的如图 6-13（b）所示的声音播放方式选择对话框，若单击“自动”按钮，则幻灯片放映时将自动播放声音；若单击“在单击时”按钮，可以设置声音在单击鼠标后开始播放。

注意：在幻灯片上添加了声音后，会出现一个声音图标，其大小和位置可以改变。单击该图标系统会自动添加“格式”和“选项”功能选项卡，用户可以进行几项常规的播放设置。

（2）播放 CD 乐曲

操作步骤如下：

步骤 1：将 CD 插入驱动器中→选择要播放 CD 乐曲的幻灯片→单击图 6-11（a）所示的“声音”下拉命令按钮，在下拉列表中选择执行“播放 CD 乐曲”，即可弹出“插入 CD 乐曲”对话框，如图 6-14 所示。

步骤 2：在“开始曲目”和“结束曲目”文本框中分别输入开始曲目和结束曲目的编号，在“时间”文本框中分别输入开始曲目的开始时间和结束曲目的结束时间。默认情况下开始时间为 0，结束时间为曲目的总分钟数。

注意：用户还可以设置是否循环播放，幻灯片放映时隐藏声音图标等选项。另外，插入 CD 乐曲时，乐曲本身不会被插入幻灯片中，因此用户在演示文稿时，必须将 CD 插入驱动器中。

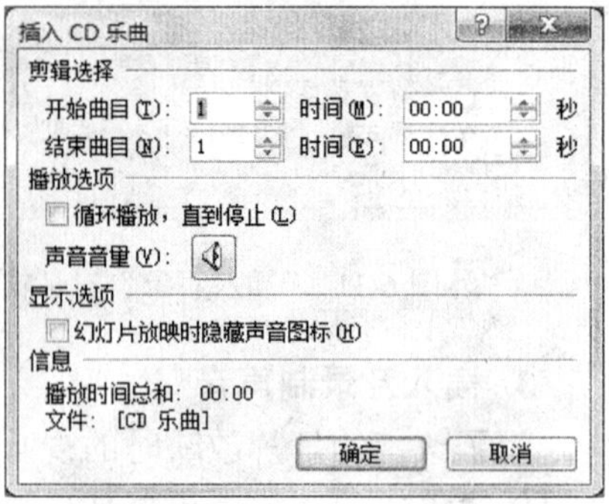

图 6-14 “插入 CD 乐曲”对话框

2）录制声音

操作步骤如下：

步骤 1：选择“插入”功能选项卡上的“媒体剪辑”组中的“声音”下拉命令按钮，选择执行“录制声音”命令，系统弹出“录音”对话框，如图 6-15 所示。

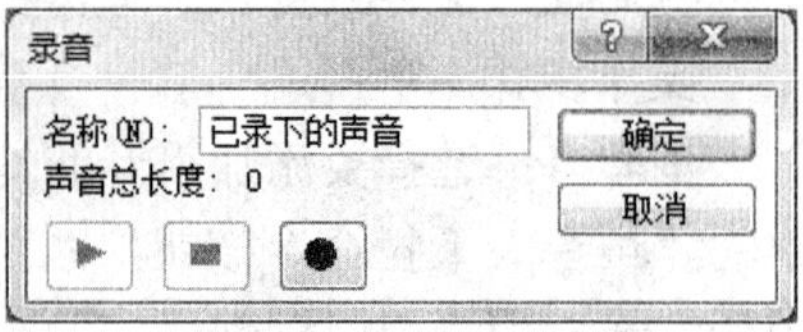

图 6-15 “录音”对话框

步骤 2：单击开始录音按钮●，即可开始录音。

步骤 3：录音完毕，单击停止录音按钮■。

步骤 4：在“名称”文本框中输入文件名，单击“确定”按钮即可。

4. 插入影片

影片属于桌面视频文件，其格式包括 AVI 或 MPEG，文件扩展名包括.avi、.mov、.mpg 和.mpeg。典型的影片可能包含一个演讲者的发言，比如无法亲自参加会议的执行官的讲话。可以使用影片开展培训或进行演示。另外，Microsoft Office 中的“剪贴画”功能将 GIF 文件归为影片剪辑一类，但实际上这些文件并不是数字视频，因此并非所有影片选项都适用于动态 GIF 文件。

操作步骤如下：

步骤 1：在“普通”视图中，单击要添加影片或动态 GIF 文件的幻灯片。

步骤 2：在“插入”选项卡上的“媒体剪辑”组中，单击“影片”下拉按钮，系统显示图 6-16（a）所示的下拉列表框，此时有“文件中的影片”和“剪辑管理器中的影片”两种选择。

步骤 3：选择“文件中的影片”，系统弹出“插入影片”对话框，找到包含所需文件的文件夹，然后双击要添加的文件。选择“剪辑管理器中的影片”，系统自动打开“剪贴画”任务窗格，选择剪辑管理器中列出的影片文件将其插入到幻灯片中。

步骤 4：插入影片时，系统会自动打开的如图 6-16（b）所示的影片播放方式选择对话框，若单击“自动”按钮，则幻灯片放映时将自动播放影片；若单击“在单击时”按钮，可以设置影片在单击鼠标后开始播放。

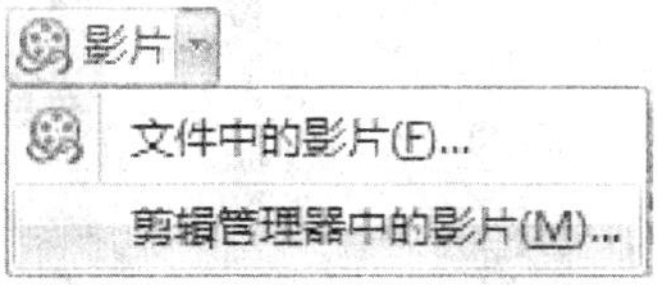

（a）“影片”子菜单

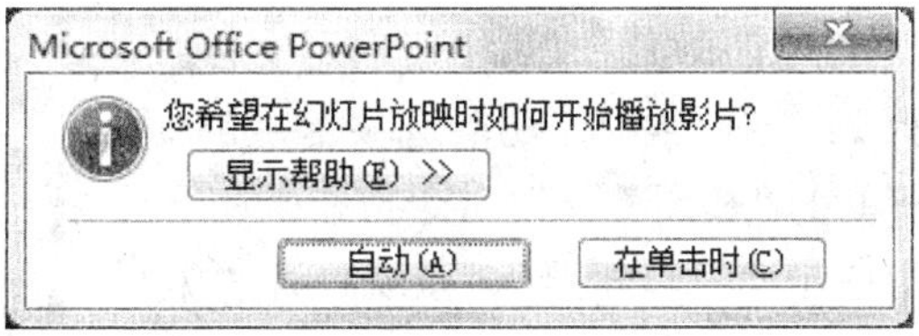

（b）“插入影片”对话框

图 6-16　插入影片

在 PowerPoint 中，还可以使用包含内容占位符或媒体剪辑占位符的版式进行影片的插入，操作方法基本类似，读者可以通过上机练习掌握相关内容，故不再赘述。

5. 创建/编辑相册

在 PowerPoint 2007 中，用户可以通过创建相册，展示个人照片或工作照片。将图片加入相册后，用户可以添加标题，调整顺序和版式，在图片周围添加相框，甚至可以应用主题，以便进一步自定义相册的外观。

（1）创建相册

操作步骤如下：

步骤 1：在“插入”功能选项卡上的“插图”组中，单击“相册”下拉命令按钮，在下拉列表框中单击“新建相册”打开“相册”对话框，如图 6-17（a）所示。

步骤 2：在“相册”对话框中的“插入图片来自”下，单击“文件/磁盘”按钮，打开“插入新图片”对话框，选择所需的图片，单击“插入”按钮。相片插入后可以在“相册中的图片”下，单击要预览的图片的文件名，即可在“预览”窗口中查看该图片，并进行相片对比度、亮度及显示方向的调整。

步骤 3：单击“创建”按钮，即可创建一个新的相册。

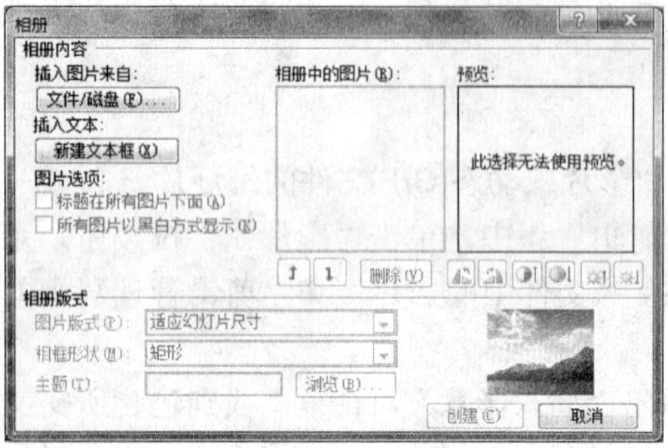

（a）“相册”对话框

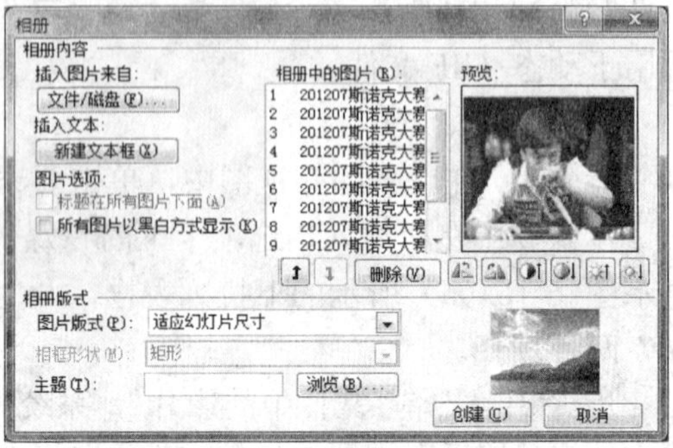

（b）插入相片

图 6-17 创建相册

（2）编辑相册

操作步骤如下：

步骤 1：打开要更改的相册演示文稿。

步骤 2：选择“插入”功能选项卡上的“插图”组→单击“相册”下拉命令按钮，在下拉列表框中单击“编辑相册”，系统打开“编辑相册”对话框，如图 6-18 所示。

步骤 3：在“编辑相册”对话框中，可以根据需要进行黑白方式显示、选择版式、添加相框、选择主题以及添加文本框等方面的操作。

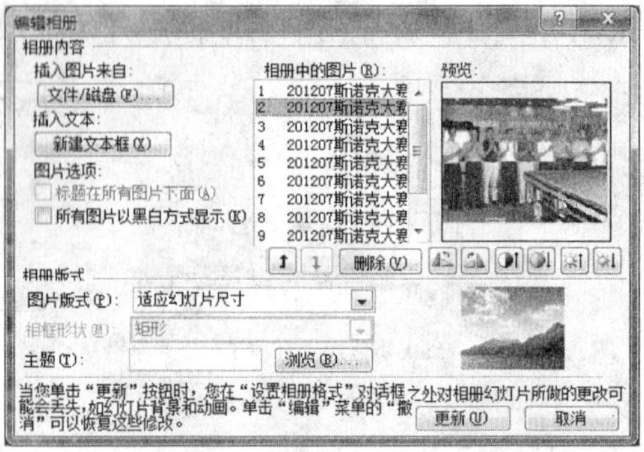

图 6-18 “编辑相册”对话框

步骤 4：单击“更新”按钮。

注意：在“相册”或“编辑相册”对话框中，若要顺时针旋转图片，则单击按钮；若要逆时针旋转图片，则单击按钮；若要提高对比度，则单击按钮；若要为降低对比度，则单击按钮；若要提高亮度，则单击按钮；若要降低亮度，则单击按钮。

6.3 演示文稿设计与制作

6.3.1 设置背景

幻灯片背景色类型：过渡背景、背景图案、背景纹理和背景图片。通过更改幻灯片的颜色、阴影、图案或者纹理，可以改变幻灯片的背景。此外，也可以使用图片作为幻灯片背景，不过在幻灯片或者母版上只能使用一种背景类型。更改背景时，可以将这项改变只应用于当前幻灯片，或者是应用于所有的幻灯片或幻灯片母版。其操作步骤如下所述。

步骤 1：在普通视图中选择要设置背景颜色的幻灯片。

步骤 2：选择“设计”功能选项卡上的“背景”组→单击“背景样式”右侧的下拉按钮，弹出如图 6-19（a）所示的下拉列表，选择执行“设置背景格式”命令。

步骤 3：系统打开如图 6-19（b）所示的“设置背景格式”对话框，用户可在其中设置背景格式。例如单击“颜色”下拉按钮，系统显示如图 6-19（c）所示的“颜色”列表框供选择。

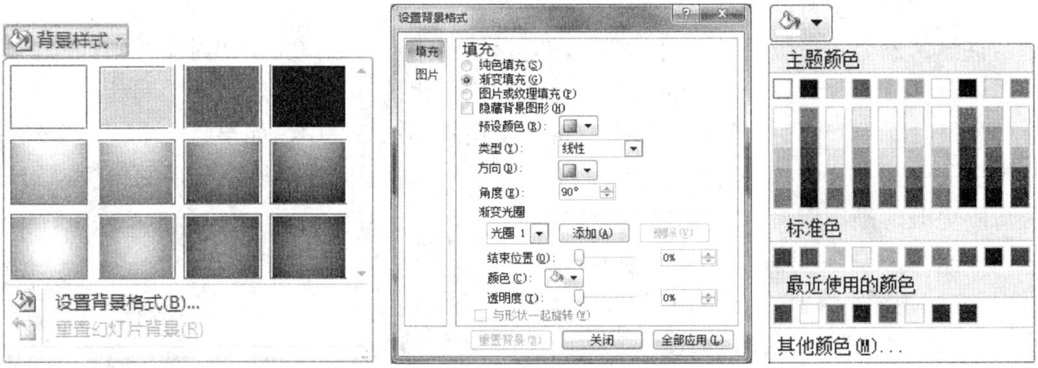

（a）“背景样式”下拉列表　　（b）“设置背景格式”对话框　　（c）“颜色”列表框

图 6-19　设置背景

步骤 4：选择“其他颜色”选项，打开“颜色”对话框，选择更多的其他颜色或者调配自己所需的颜色。

步骤 5：在“背景”对话框中单击“全部应用”按钮，可将更改应用到所有的幻灯片和幻灯片母版中，否则只对当前幻灯片有效。单击“关闭”按钮完成设置。

注意：如果要隐藏单个幻灯片上的背景图形，则可选择“设计”功能选项卡上的“背景”组中的“隐藏背景图形”复选框。

例 6-3　某一个 PowerPoint 文档，共有 8 张幻灯片，现选中第 4 张幻灯片，进行改变幻灯片背景设置后，单击“关闭”按钮，则＿（1）＿幻灯片的背景被改变；若单击“全部应用”按钮，再单击“关闭”按钮，则＿（2）＿幻灯片的背景被改变。

（1）A. 第 4 张　　B. 第 4 张～第 8 张　C. 第 1 张～第 4 张　　D. 第 1 张～第 8 张

（2）A. 第 4 张　　B. 第 4 张～第 8 张　C. 第 1 张～第 4 张　　D. 第 1 张～第 8 张

分析：空（1）的正确选项是 A。选中第 4 张幻灯片，进行改变幻灯片背景设置后，单击“关闭”按钮，则仅仅对第 4 张幻灯片的背景被改变。

空（2）的正确选项是 D。若单击“全部应用”按钮，再单击“关闭”按钮，则第 1～8 张幻灯片的背景均被改变。

6.3.2　母版设计

在 PowerPoint 2007 中的母版包括幻灯片母版、讲义母版和备注母版 3 种类型。其中幻灯片母版是为所有幻灯片设置的默认版式和格式，包括字形、占位符大小和位置、背景设计和配色方案。其目的是使用户进行全局更改（如替换字形），并使该更改应用到演示文稿中的所有幻灯片。通常使用幻灯片母版可以进行下列操作：

（1）更改字体或项目符号；

（2）插入要显示在多个幻灯片上的艺术图片（如徽标）；

（3）更改占位符的位置、大小和格式。

注意：幻灯片母版是模板的一部分，它存储的信息包括：文本和对象在幻灯片上的放置位置、文本和对象占位符的大小、文本样式、背景、颜色主题、效果和动画。用户在“幻灯片母版”中进行的所有操作都将出现在所有幻灯片中，如果将一个或多个幻灯片母版另存为单个模板文件（.potx），将生成一个可用于创建新演示文稿的模板。幻灯片母版更改的操作步骤如下所述。

步骤 1：选择“视图”功能选项卡→执行“演示文稿视图”组上的“幻灯片母版”命令，进入“幻灯片母版”视图，如图 6-20 所示。

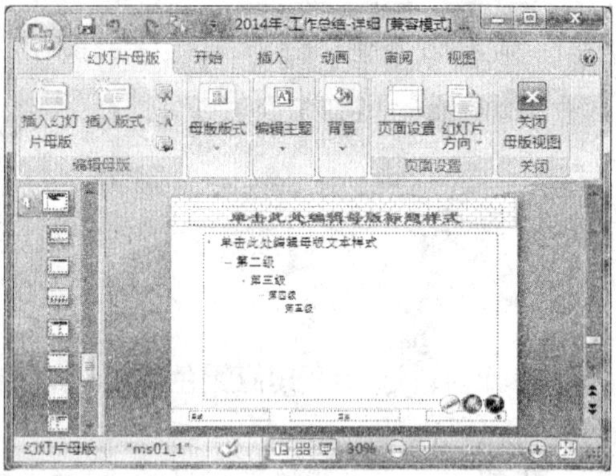

图 6-20　母版

步骤 2：根据需求进行相关操作，方法与在普通幻灯片中的一样，如对占位符、文字格式、图片等操作。

例 6-4　张老师需要利用 PowerPoint 给学生介绍信息处理技术员的岗位技能要求及考试大纲方面的内容。要求每张幻灯片都增加一个“信息处理技术员资格考试”的装饰横幅，字体“行楷”、字号“36”、字颜色“深蓝”、装饰横幅颜色“浅绿”。采用装饰后的母版效果如图 6-21（a）所示，给出利用母版实现的操作步骤。

操作步骤如下：

步骤 1：选择“视图”功能选项卡→执行“演示文稿视图”组上的“幻灯片母版”命令，进入“幻灯片母版”视图。

步骤 2：在母版上绘制装饰横幅，输入“信息处理技术员资格考试”，设置字体“行楷”、字号“36”、字颜色“深蓝”、装饰横幅颜色“浅青绿”，操作方法同 Word。

步骤 3：单击“关闭母版视图”，退出母版。

步骤 4：单击“品”幻灯片浏览按钮，预览效果如图 6-21（b）所示。从图中可以看出每张幻灯片的底部都出现了“信息处理技术员资格考试”的装饰横幅。

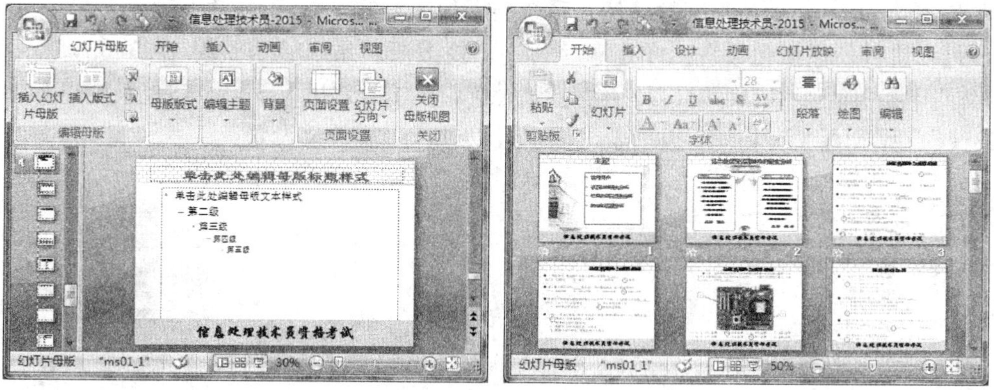

（a）　　　　　　　　　　（b）

图 6-21　母版视图应用

6.3.3　应用文档主题

通过应用文档主题，用户可以快速而轻松地设置整个演示文稿的格式，赋予它专业和时尚的外观。文档主题是一组格式选项，包括一组主题颜色、一组主题字体和一组主题效果。

1. 应用文档主题

操作步骤如下：

步骤 1：打开演示文稿→选择“设计”功能选项卡上的“主题”组，如图 6-22 所示。

图 6-22　“主题”组

步骤 2：单击所需的文档主题，或单击其他下拉按钮▾，在下拉列表框中所需的文档主题即可。

2. 自定义文档主题

自定义文档主题主要从更改已使用的颜色、字体或线条和填充效果开始。对一个或多个这样的主题组件所做的更改将立即影响活动文档中已经应用的样式。如果要将这些更改应用到新文档，可以将它们另存为自定义文档主题。

操作步骤如下：

步骤 1：打开演示文稿→选择“设计”功能选项卡上的“主题”组中的“颜色、字体、效果”下拉按钮。

步骤 2：单击“颜色”下拉按钮，系统显示如图 6-23（a）所示的“颜色”下拉列表，用户可以进行所需颜色设置；单击“字体”下拉按钮，系统显示如图 6-23（b）所示的“字体”下拉列表，用户可以进行所需字体设置；单击“效果”下拉按钮，系统显示如图 6-23（c）所示的“效果”下拉列表，用户可以进行所需效果设置。

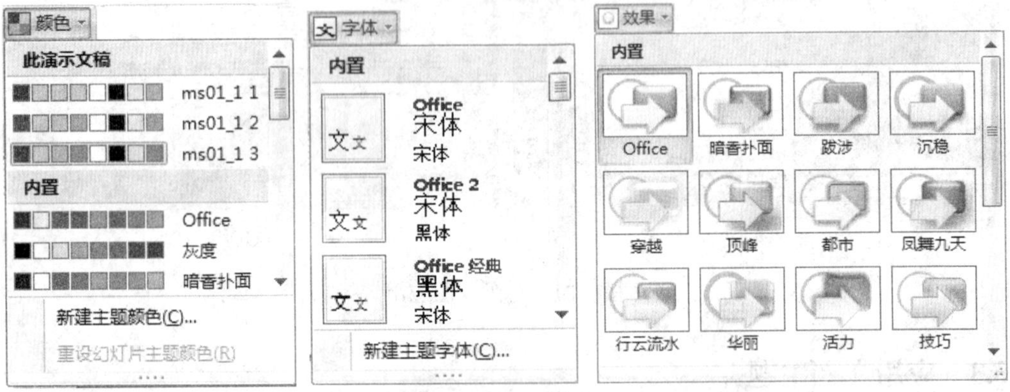

（a）“颜色”下拉列表 （b）“字体”下拉列表 （c）“效果”下拉列表

图 6-23 自定义文档主题

注意：（1）如果系统内置的颜色不能满足需要，用户可以单击图 6-23（a）所示的“新建主题颜色”按钮，打开“新建主题颜色”对话框进行设置，在“名称”文本框输入一个新的主题颜色的名称，单击“保存”。

（2）如果系统内置的字体不能满足需要，用户可以单击图 6-23（b）所示的“新建主题字体”按钮，打开“新建主题颜色”对话框进行设置，在“名称”文本框输入一个新的主题字体名称，单击“保存”。

6.3.4 动画效果

利用 PowerPoint 提供的动画功能可以控制对象进入幻灯片的方式，控制多个对象动画的顺序。关键需要掌握“自定义动画”方式，主要包括设置和取消动画、设定动画顺序、设定动画播放方式和动画播放后的处理。具体操作步骤如下：

步骤 1：选择要添加自定义动画效果的幻灯片对象。

步骤 2：选择“动画”功能选项卡上的“动画”组→单击“自定义动画”命令按钮，打开“自定义动画”任务窗格。

步骤 3：选中幻灯片中的某一对象，单击“添加效果”按钮，弹出下拉列表。选择“进入”、“强调”、“退出”和“动作路径”级联菜单中的效果选项可以设置对象的放映效果，如图 6-24（a）所示。若选择“其他效果”选项，系统将显示更多的动画效果供用户选择。

选择的动画效果会应用于幻灯片对象，同时“自定义动画”任务窗格中的动画效果列表框中会显示出设置的动画效果列表，而且在“幻灯片”选项卡中的所选幻灯片对象上也会显示出动画效果标记。例如选择“进入”动画效果为“擦除”，则将选择的“擦除”显示在任务窗格中，如图 6-24（b）所示。

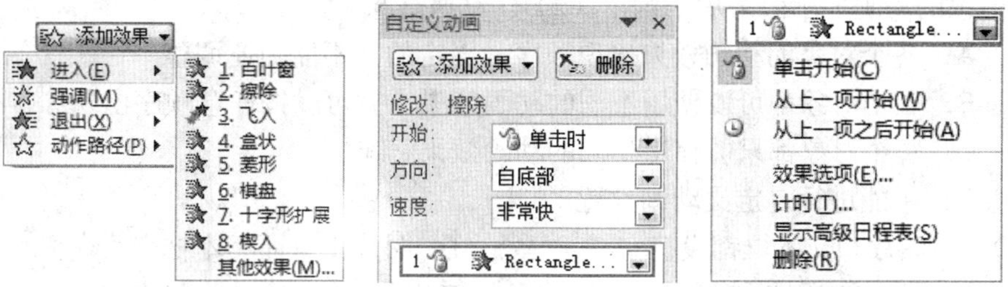

（a）添加效果　（b）动画效果标记　（c）动画效果下拉菜单

图 6-24　自定义动画效果

在图 6-24（b）所示的开始、方向和速度下拉列表框中可以分别设置动画效果的开始方式、运动方向和播放速度，具体说明如下。

- 在“开始”下拉列表中包括“单击时”、“之前”和“之后”选项，若选择“单击时”，则单击鼠标才会播放该动画效果；若选择“之前”，则该动画效果和前一个动画效果同时播放；若选择“之后”，则该动画效果在前一个动画效果播放完后自动开始播放。
- 在“方向”下拉列表中包括“自底部”、“自顶部”、“自左”侧和“自右侧”选项，例如选择“自底部”，则对象从底部向上运动。
- 在“速度”下拉列表中包括“非常快”、“非常慢”、“快速”、“中速”和“慢速”。

如果要对添加的自定义动画效果进行其他的动画效果设置，可按照以下操作步骤进行。

步骤 1：选择要设置的动画效果列表项，单击列表项右边的向下箭头按钮（如选择图 6-24（b）下方的“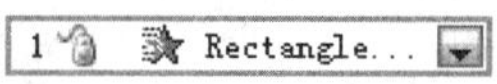

”列表项），弹出如图 6-24（c）所示的下拉菜单。

步骤 2：选择“效果选项”，打开相应的效果选项对话框，该对话框中包括效果、计时和正文文本动画选项卡，具体说明如下：

- “效果”选项卡：除了可以进行一些基本的设置之外，还可以设置增强效果，如动画播放时的声音、动画播放后对象的颜色与显示效果，以及动画文本是以整体、词组还是单个字符的形式表现动画效果等。
- “计时”选项卡：可以设置动画效果的触发和播放时间以及速度等。

- “正文文本动画”选项卡：可以设置选择的文本对象是作为一个整体对象，还是按某级段落划分为多个对象来表现动画效果。

步骤 3：若需要调整动画播放的先后顺序，可以上下拖动相应的动画效果标记，改变标记的排列顺序。

例 6-5 在 PowerPoint 中，幻灯片___（1）___。若将一张幻灯片中的图片及文本框设置成一致的动画显示效果后，则___（2）___动画效果。

（1）A. 各个对象的动画效果出现顺序是固定的，不能随便调整
B. 各个对象都可以使用不同的动画效果，并可以按任意顺序出现
C. 每个对象都只能使用相同的动画效果
D. 不能进行自定义动画设置

（2）A. 图片和文本框都没有　　B. 图片没有而文本框有
C. 图片和文本框都有　　D. 图片有而文本框没有

分析：空（1）的正确选项是 B。在 PowerPoint 中，各个对象都可以根据实际应用要求设置不同的动画效果和播放顺序。幻灯片中的每个对象可以使用相同的动画效果，也可以使用不同的动画效果，而且幻灯片还可以自定义动画。

空（2）的正确选项是 C。在 PowerPoint 中，将一张幻灯片中的图片及文本框设置成一致的动画显示效果后，图片及文本框的动画效果也完全一致。

6.3.5 交互式演示文稿与动作按钮

1. 交互式演示文稿

在 PowerPoint 中，交互的前提技术是超链接，超链接功能可以创建在任何幻灯片对象上，如文本、图形、表格或图片等。利用带有超链接功能的对象，可以制作具有交互功能的演示文稿。为某个幻灯片对象创建超链接功能的操作步骤如下所示。

步骤 1：选择要设置超链接功能的对象，为该对象设置“超链接”，具体设置方法参考第 4 章 4.3.7 小节。

步骤 2：选择“插入”选项卡上的“链接”组→单击“动作”命令按钮，系统显示“动作设置”对话框。

步骤 3：在“动作设置”对话框中，“单击鼠标”选项卡用以设置单击对象来激活超链接功能；“鼠标移过”选项卡用以设置鼠标移过对象来激活超链接功能。大多数情况下，建议采用单击鼠标的方式，如果采用鼠标移过的方式，可能会出现意外的跳转。通常鼠标移过的方式适用于提示、播放声音或影片。

步骤 4：选择“超级链接到”选项，打开下拉列表框并选择跳转目的地；“运行程序”选项可以创建和计算机中其他程序相连的链接；“播放声音”选项，能够实现单击某个对象并发出某种声音。单击“确定”按钮。

说明：只有在“幻灯片放映”时点击超链接才会起作用，在其他视图工作模式下点

击超链接不会起作用。如果给文本对象设置超链接，则被超链接的文本会添加下划线，并显示成配色方案所指定的颜色。一旦从超链接跳转到其他位置后，被超链接的文本的颜色发生变化。

删除超链接的操作方法：选择被超链接的文本或对象，在“动作设置”对话框中选择“无动作”选项即可。

2. 动作按钮

利用 PowerPoint 提供的动作按钮，可以将动作按钮插入到演示文稿并为之定义超级链接，从当前幻灯片中链接到另一张幻灯片，或另一个程序，或互联网上的任何一个地方。动作按钮包括一些形状，例如左箭头和右箭头。通过使用这些常用的易理解符号转到下一张、上一张、第一张和最后一张幻灯片。在幻灯片中插入动作按钮的具体操作步骤如下。

步骤 1：选择要插入动作按钮的幻灯片。

步骤 2：选择“插入”功能选项卡上的“插图”组→单击“形状”下拉命令按钮，在下拉列表中选择“动作按钮”选项，如图 6-25（a）所示。

步骤 3：将鼠标指针移动到按钮选项上时，会出现黄色的提示框，指明按钮的作用。选择一种适合的动作按钮，在幻灯片中想要插入按钮的位置单击鼠标，或按住鼠标左键拖动，可插入一个动作按钮，并打开“动作设置”对话框，如图 6-25（b）所示。

步骤 4：单击“超链接到”单选项，然后在下方的下拉列表框中，选择要链接的目标选项。

- 选择“幻灯片”选项：会打开 “超链接到幻灯片”对话框，选定要链接到的幻灯片后单击“确定”按钮。
- 选择 URL 选项：会打开 “超链接到 URL”对话框，在 URL 文本框中，输入要链接到的 URL 地址后单击“确定”按钮。
- 选择“其他 PowerPoint 演示文稿”选项：会打开“超链接到其他 PowerPoint 演示文稿”对话框，在此对话框中，可以选择其他 PowerPoint 演示文稿的路径和文件名，然后单击“确定”按钮。
- 选择“其他文件”选项：会打开 “超链接到其他文件”对话框，让用户选择要链接到的其他类型文件。

步骤 5：在“动作设置”对话框中，单击“运行程序”单选按钮，再单击“浏览”按钮，会打开“选择一个要运行的程序”对话框。

步骤 6：在对话框中选择一个程序后，单击“确定”按钮，可建立一个用来运行外部程序的动作按钮。

步骤 7：选中“播放声音”复选框，在下方的下拉列表框中，可以设置一种单击动作按钮时的声音效果。

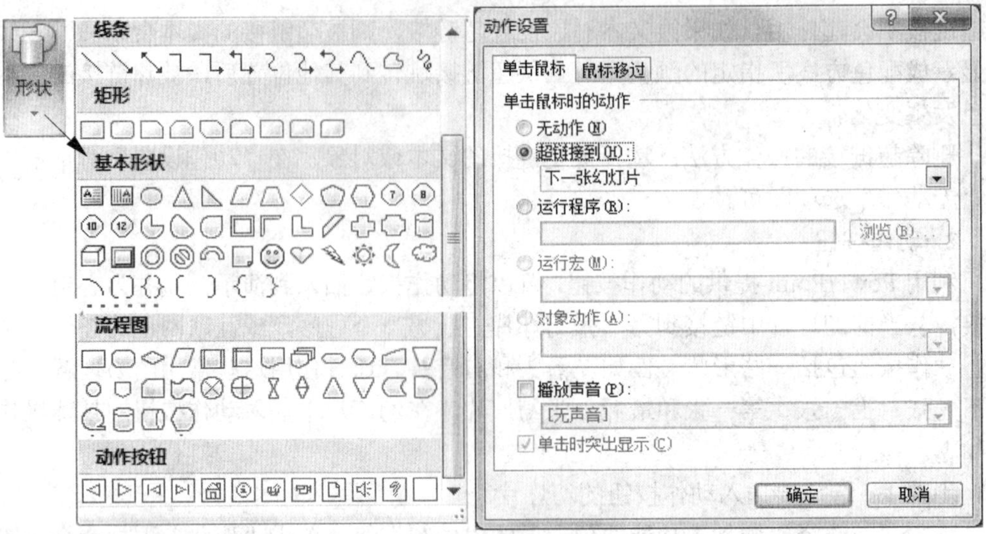

（a）下拉列表框　　（b）“动作设置”对话框

图 6-25　动作按钮设置

步骤 8：全部设置完后，单击“确定”按钮，完成动作按钮的插入。用此方法可以在幻灯片中插入多个链接到不同位置和目标对象的动作按钮。

注意：在 PowerPoint 中，文字、图片等各种对象都可以通过设置其动作，使其具备与动作按钮相同的功能。方法：选中对象后，选择“幻灯片放映”菜单上的“动作设置”命令。

例 6.6　在 PowerPoint 中，如果要从第二张幻灯片跳转到第八张幻灯片，可以通过选择第二张幻灯片上的动作按钮，然后单击“插入”功能选项卡上的“链接”组中的__（1）__命令按钮进行设置。“链接”组中的“动作”命令不能实现__（2）__动作。

（1）A. 动作　　B. 幻灯片放映　　C. 预设动画　　D. 自定义动画

（2）A. 执行指定应用程序　　B. 跳转到某张幻灯片

　　C. 删除指定文件　　D. 跳转到其他 PowerPoint 文件的某张幻灯片

分析：空（1）的正确选项是 A。要从第二张幻灯片跳转到第八张幻灯片，可以通过选择第二张幻灯片上的动作按钮，然后单击“插入”功能选项卡上的“链接”组中的“动作”命令按钮，系统显示图 6-25（b）所示的“动作设置”对话框，在该对话框中的“超链接到”下拉列表中选择“幻灯片...”选项，如图 6-26（a）所示。单击“确认”，系统显示“超链接到幻灯片”对话框；选择第八张幻灯片，如图 6-26（b）所示，单击“确定”按钮。这样当放映幻灯片时，点击设置的超链接按钮即可从第二张幻灯片跳转到第八张幻灯片。

空（2）的正确选项是 C。在 PowerPoint 中，选择执行“链接”组中的“动作”命令，在弹出如图 6-25（b）所示的“动作设置”对话框中没有实现删除指定文件动作。

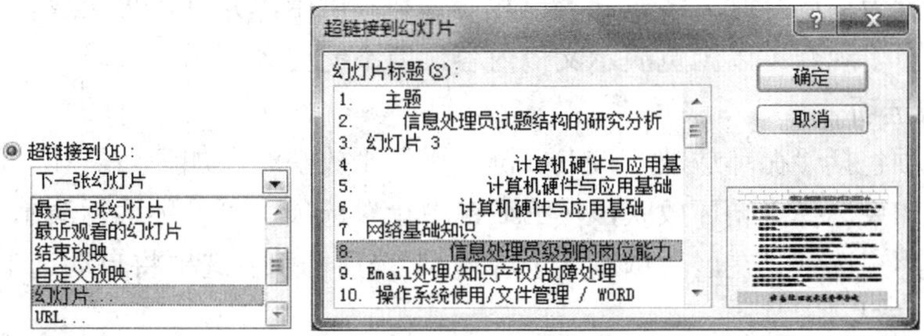

（a）“动作设置”对话框　　（b）“超链接到幻灯片”对话框

图 6-26　例 6.6

6.3.6　设置放映方式

幻灯片放映方式有演讲者放映、观众自行浏览和在展台浏览三种。设置方法：选择“幻灯片放映”功能选项卡上的“设置”组→单击“设置放映方式”命令，系统显示如图 6-27 所示的对话框，可以进行放映类型、放映选项、换片方式、绘图笔颜色等参数设置，具体说明如下。

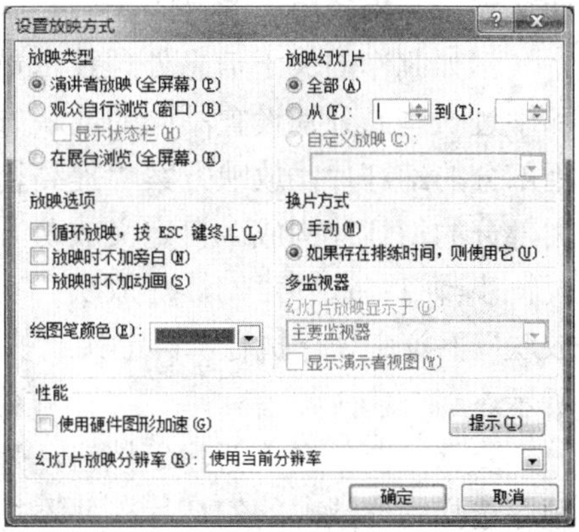

图 6-27　“设置放映方式”对话框

1. 放映类型

放映类型包括演讲者放映（全屏幕）、观众自行浏览（窗口）和在展台浏览（全屏幕）三种方式。放映类型是单选项，点击单选按钮选中。

（1）“演讲者放映（全屏幕）”选项是最常用的方式，通常用于演讲者指导演示幻灯片。在该方式下，演讲者具有对放映的完全控制权，并可用自动或人工方式运行幻灯片放映；演讲者可以暂停幻灯片放映，以添加会议细节或即席反应；还可以在放映过程中录下旁白。也可以使用此方式，将幻灯片放映投射到大屏幕上、主持联机会议或广播演示文稿。

（2）“观众自行浏览（窗口）”选项可运行小屏幕的演示文稿。例如个人通过公司网络或全球广域网浏览的演示文稿。演示文稿会出现在小型窗口内，并提供在放映时移动、编辑、复制和打印幻灯片的命令。在该方式下可以使用滚动条或 Page Up 和 Page Down 键从一张幻灯片移到另一张幻灯片。注意：当选择了“观众自行浏览”选项后，可选择“显示状态栏”选项。

（3）“在展台浏览（全屏幕）”选项可自动运行演示文稿。例如在展览会场或会议中播放演示文稿。如果摊位、展台或其他地点需要运行无人值守的幻灯片放映，可以将幻灯片放映设置为：运行时大多数的菜单和命令都不可用，并且在每次放映完毕后自动地重新开始。对于观众可以浏览演示文稿内容，但不能更改演示文稿。

2. 放映选项

放映选项包括“循环放映，按 Esc 键中止”、“放映时不加旁白”和“放映时不加动画”选项。如果选择“循环放映，按 Esc 键中止”选项，可循环运行演示文稿。需要说明的是如果用户选中“在展台浏览（全屏幕）”选项，此复选框将自动选中。

3. 换片方式

“换片方式”选项区域主要可进行“手动”或者“如果存在排练时间，则使用它”设置。

4. 绘图笔颜色

绘图笔颜色设置是选择放映幻灯片时绘图笔的颜色，便于用户在幻灯片上书写。

6.3.7 自定义放映方式

采用自定义放映方式，可以将不同的幻灯片组合起来，并加以命名，然后在演示过程中跳转到这些幻灯片上，不必针对不同的听众创建多个几乎完全相同的演示文稿，从而达到“一稿多用”的目的。

例如制作的关于信息处理技术员考试介绍的演示文稿，可针对两组听众（没有基础和学过一些）分别设置不同的放映方案。放映方案“基础篇”略去了演示文稿中高级应用部分的幻灯片，放映方案“提高篇”则简略组织基础部分中的一些内容，外加高级应用部分的幻灯片构成。自定义放映方式的操作步骤如下。

步骤 1：选择“幻灯片放映”功能选项卡上的“开始放映幻灯片”组中的“自定义放映”下拉命令→执行“自定义放映”命令，弹出“自定义放映”对话框，如图 6-28（a）所示。

步骤 2：单击“新建”按钮，弹出“定义自定义放映”对话框，在左侧列表框中按顺序选择需要放映的幻灯片，并添加至右侧列表框中，如图 6-28（c）所示。

步骤 3：在“幻灯片放映名称”文本框中输入自定义放映名称，例如输入名称为信息处理技术员基础篇，单击“确定”。此时，“信息处理技术员-基础篇” 已放入“自定义放映”对话框中。同理，可以通过选择高级应用部分的幻灯片，定义“信息处理技术员-提高篇”的放映内容。定义后“自定义放映”对话框如图 6-28（b）所示。

步骤 4：点击“放映”按钮即可放映。

6.3.8 放映时间

使用排练计时，可以利用预演的方式，为每张幻灯片设置放映时间，使幻灯片能够按照设置的排练计时时间自动进行放映。具体操作步骤如下。

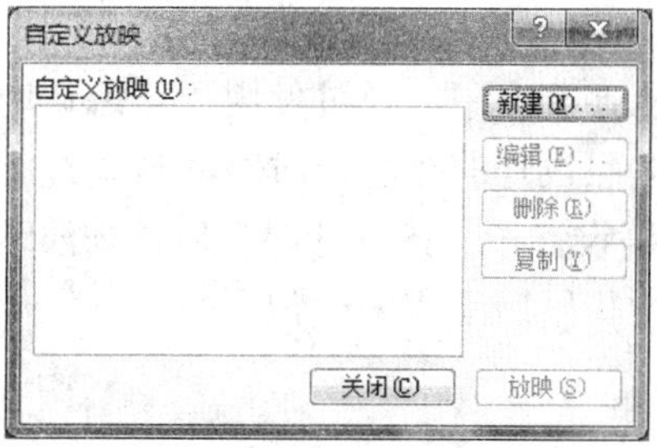

（a）“自定义放映”对话框

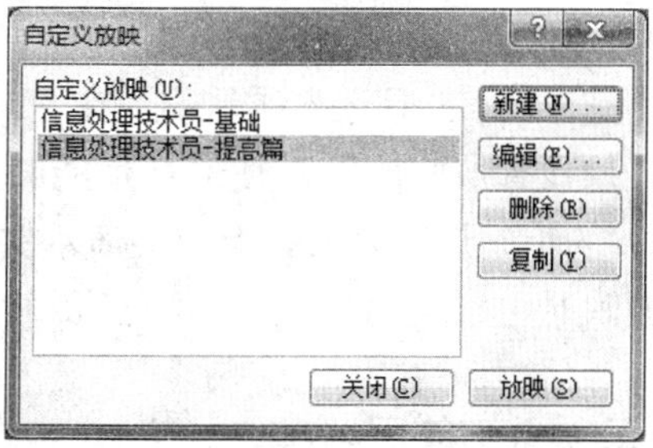

（b）定义后的“自定义放映”对话框

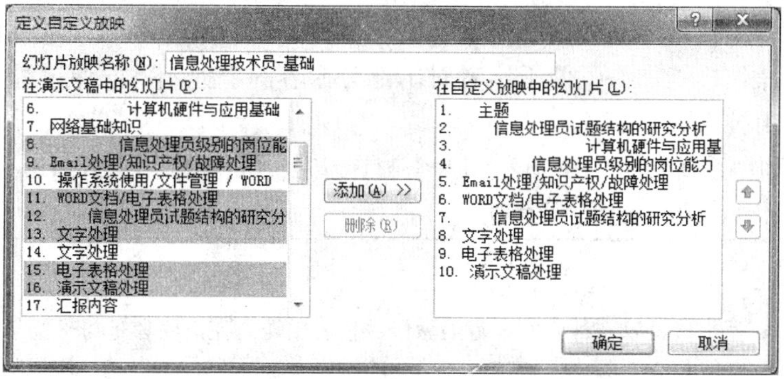

（c）“定义自定义放映”对话框

图 6-28　自定义放映方式

步骤 1：打开演示文稿，选择“幻灯片放映”功能选项卡上的“设置”组→单击“排练计时”命令按钮，进入“预演幻灯片”模式，在屏幕上将会显示预演工具栏，如图 6-29 所示。

图 6-29　预演工具栏

步骤 2：在“预演”工具栏上单击“下一项”按钮，可排练下一张幻灯片的时间（时间的长短由用户自己定），单击“暂停”按钮，可以暂停计时，再单击可继续计时。单击“重复”按钮，将重新计时。

步骤 3：排练结束时，会出现一个对话框，询问是否保留新的幻灯片排练时间，单击“是”按钮，则会在每张幻灯片的左下角显示该幻灯片的放映时间。

例 6-7　下列关于 PowerPoint 排练计时的叙述，正确的是__（1）__；在为某演示文稿设置了__（2）__后，演示文稿中的幻灯片就可以在放映能够自动播放，而不需要键盘和鼠标动作的干预。

（1）A．必须通过“排练计时”命令，设定演示时幻灯片具有定时播放时间长短

B．可以设定演示文稿中的部分幻灯片具有定时播放效果

C．只能通过排练计时来修改设置好的自动演示时间

D．可以通过“设置放映方式”对话框来更改自动演示时间

（2）A．超级链接 B．动作按钮 C．排练计时 D．录制旁白

分析：空（1）的正确选项是B。在PowerPoint中，通过使用“排练计时”命令，为每张幻灯片设置放映时间，使幻灯片能够按照设置的排练计时时间自动进行放映。

空（2）的正确选项是C。当为某演示文稿设置了“排练计时”后，则演示文稿中的幻灯片在放映时可以自动播放，而不需要键盘和鼠标动作的干预。

6.4 演示文稿应用技术

演示文稿应用技术主要需要掌握演示文稿创建、幻灯片布局、背景设置、动画效果设置等方面的操作技能。为了便于读者对本部分内容的掌握，下面通过综合应用案例介绍演示文稿应用技术。

案例1 利用系统提供的资料和图片素材，按照题目要求用PowerPoint创意制作演示文稿，直接用PowerPoint的保存功能存盘。

> 资料一：嫦娥工程
>
> 资料二：绕月探测工程五大系统
>
> 2007年，中国将以一种前所未有的激情派使者出访月亮，使者是与一位与月宫仙女同名的新星——嫦娥一号，出发点是有“月亮女儿”美誉的西昌发射场。托举她的是中国航天人精心挑选的大力士长征三号甲运载火箭，护驾的还有为中国载人航天工程立下赫赫战功的航天测控网和国家天文台的观天“巨眼”。在北京一座布满计算机的宫殿里，人们将会查到嫦娥一号送回的探测数据。所有这些共同组成了嫦娥一号出访月亮的团队——绕月探测工程五大系统。

要求：

（1）第一页演示文稿：用资料一内容。

（2）第二页演示文稿：用资料二内容。

（3）演示文稿的模板、版式、图片、配色方案、动画方案等自行选择。

（4）制作完成的演示文稿美观、大方。

要点分析：

本题的要点是PowerPoint的基本操作。目的通过本题学习使读者掌握如何利用模板制作演示文稿，并对文稿进行对象插入、动画效果设置等操作的掌握程度。

操作的关键步骤如下：

（1）创建演示文稿幻灯片。

（2）选择“插入”功能选项卡上的“插图”组中的“图片”命令插入图片；选择“文本”组中的“艺术字”命令插入艺术字；输入文本、格式设置等。

（3）选择“动画”功能选项卡上的“动画”组中的“自定义动画”命令进行动画设置。

（4）应用“幻灯片放映”功能选项卡上的“开始放映幻灯片”组中的“从头开始放映”或“从当前幻灯片开始放映”命令查看制作完成的演示文稿的整体效果。

参考答案如图 6-30 所示。

图 6-30　案例 1 参考答案

案例 2　创意制作如图 6-31 所示的演示文稿，并以 PowerPoint 文件存盘。

要求：

（1）模板、图等自行选择或设计。

（2）对幻灯片中的对象图、文字等设置动画。

要点分析：

本题要点是 PowerPoint 的基本操作。通过本题使读者掌握如何利用模板制作演示文稿，并对文稿进行对象插入、动画效果设置等操作。

图 6-31　案例 2

操作的关键步骤如下：

（1）创建演示文稿幻灯片。

（2）选择“插入”功能选项卡上的“插图”组中的“图片”命令插入图片；选择“文本”组中的“艺术字”命令插入艺术字；输入文本、格式设置等。

（3）选择“动画”功能选项卡上的“动画”组中的“自定义动画”命令进行动画设置。

（4）应用“幻灯片放映”功能选项卡上的“开始放映幻灯片”组中的“从头开始放映”或“从当前幻灯片开始放映”命令查看制作完成的演示文稿的整体效果。

参考答案如图 6-32 所示。

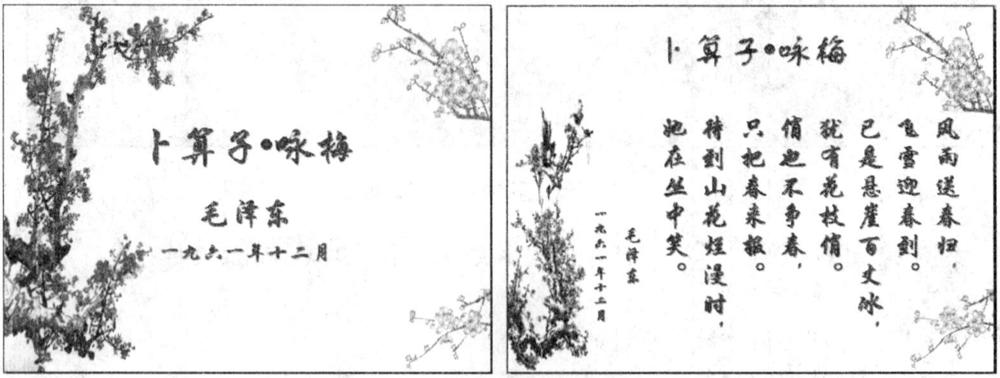

图 6-32 案例 2 参考答案

案例 3 利用图 6-33 提供的图片资料，图片资料素材以文件形式存放在“神舟素材”文件夹中。用 PowerPoint 创意制作“神舟飞船大记事（中国百年飞天梦）”演示文稿，直接用 PowerPoint 的保存功能存盘。

要求：

（1）模板、文字格式、插入的图片等可自行选择。

（2）对每张幻灯片中的对象设置动画。

要点分析：

本题要点是 PowerPoint 的基本操作。通过本题使读者掌握如何利用模板制作演示文稿，并对文稿进行对象插入、动画效果设置等操作。

操作的关键步骤如下：

（1）创建演示文稿及 PowerPoint 的基本操作，并进行页面布局设计。

（2）选择“插入”功能选项卡上的“插图”组中的“图片”命令插入图片；选择“文本”组中的“艺术字”命令插入艺术字；输入文本、格式设置等。

（3）选择“动画”功能选项卡上的“动画”组中的“自定义动画”命令进行动画设置。

（4）应用“幻灯片放映”功能选项卡上的“开始放映幻灯片”组中的“从头开始放映”或“从当前幻灯片开始放映”命令查看制作完成的演示文稿的整体效果。

参考答案如图 6-34 所示。

“神舟”一号飞船于 1999 年 11 月 20 日发射，飞船返回舱于次日成功着陆。

“神舟”二号飞船于 2001 年 1 月 10 日发射，在轨飞行 7 天后成功返回地面。

“神舟”三号飞船于 2002 年 3 月 25 日发射，“神舟”三号轨道舱在太空留轨运行 180 多天

“神舟”四号飞船于 2002 年 12 月 30 日发射，于 1 月 5 日成功着陆。

“神舟”五号第一艘载人飞船于 2003 年 10 月 15 日发射，16 日成功着陆。

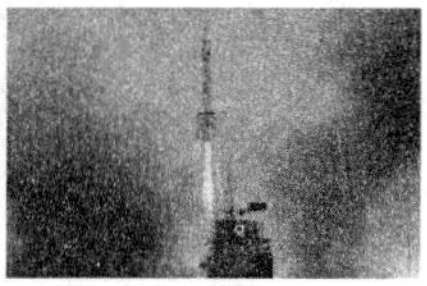

“神舟”六号于 2005 年 10 月 12 日发射，10 月 17 日飞船返回舱成功着陆。

航天英雄榜

扬利伟

费俊龙

聂胜海

飞天图

图 6-33　案例 3 素材

图 6-34　案例 3 参考答案

6.5　习题

1. 打开一个命名为“1.pptx”的文件，修改后另存为“2.pptx”，则＿（1）＿；若在

一张幻灯片中对一幅图片及文本框设置成一致的动画显示效果时，则图片__（2）__；若对母版进行修改将直接反映在__（3）__幻灯片上。

（1）A．当前文件是 1.pptx　　B．当前文件是 2.pptx
　　C．当前文件是 1.pptx 和 2.pptx　　D．两个文件均自动关闭

（2）A．有动画效果，文本框没有动画效果
　　B．没有动画效果，文本框有动画效果
　　C．有动画效果，文本框也有动画效果
　　D．没有动画效果，文本框也没有动画效果

（3）A. 每张　　B. 当前幻灯片之后的所有
　　C. 当前　　D. 当前幻灯片之前的所有

2. 关于 PowerPoint 的叙述中，__（1）__是不正确的；在美化演示文稿版面时，下列叙述不正确的是__（2）__。

（1）A．PowerPoint 可以调整全部幻灯片的配色方案
　　B．PowerPoint 可以更改动画对象的出现顺序
　　C．在放映幻灯片时可以修改动画效果
　　D．PowerPoint 可以设置幻灯片切换效果

（2）A．套用模板后将使整套演示文稿有统一的风格
　　B．可以对某张幻灯片的背景进行设置
　　C．可以对某张幻灯片修改配色方法
　　D．套用模版、修改配色方案、设置背景，都只能使各张幻灯片风格统一

3. 在 PowerPoint 中放映幻灯片时，如果在屏幕顶端出现了下图所示的窗口，则说明当前正在采用__（1）__功能；如果要更改幻灯片放映时对象出现的先后顺序，应在“自定义动画”中设置__（2）__；放映幻灯片时，按__（3）__方法无法使幻灯片跳至下一页。

（1）A．录制旁白　　B．幻灯片放映　　C．排练计时　　D．幻灯片切换

（2）A. 顺序和时间　　B. 效果　　C. 多媒体设置　　D. 图表效果

（3）A．鼠标左键　　B．Enter 键　　C．↑键　　D．N 键

4. 用 PowerPoint 2007 打开一个具有十张幻灯片的演示文稿，在“幻灯片浏览”视图下，将第 6 张幻灯片拖曳到第 4 张与第 5 张之间，则__（1）__。在使用 PowerPoint 中制作幻灯片时，选中一个已存在的图片对象，__（2）__不能完成复制此对象的目的。

（1）A．第 4 张幻灯片被第 6 张幻灯片覆盖
　　B．第 5 张幻灯片被第 6 张幻灯片覆盖
　　C．第 6 张幻灯片被复制到第 4 张幻灯片和第 5 张幻灯片之间

D. 第 5 张幻灯片与第 6 张幻灯片互相交换位置

（2）A. 在按下 Ctrl 键的同时用鼠标拖动此图片

B. 单击鼠标右键执行“复制”命令，再在目标位置单击右键执行“粘贴”命令

C. 执行“开始”功能选项卡中的“剪贴板”组上的“复制”命令，再在目标位置执行“剪贴板”组上的“粘贴”命令

D. 按下快捷键组合“Ctrl+X”再按“Ctrl+V”

5. 在 PowerPoint 中，使用快捷键__（1）__可以使选定的文本添加下划线；将一张幻灯片上的所有内容全部选定的命令快捷键是__（2）__；PowerPoint 在“大纲视图”工作方式下，与“大纲”工具栏上的“降级”按钮功能等价的键是__（3）__。

（1）A. Alt+O　B. Ctrl+O　C. Ctrl+U　D. Alt+U

（2）A. Ctrl+C　B. Alt+C　C. Alt+A　D. Ctrl+A

（3）A. BackSpace　B. Tab　C. Ctrl+J　D. Ctrl+I

6. PowerPoint 内置的动画效果中，不包括__（1）__。若演示文稿在演示时，需要从第一张幻灯片直接跳转到第五张幻灯片，则应在第一张幻灯片上添加__（2）__，并对其进行相关设置。

（1）A. 百叶窗　B. 溶解　C. 蛇形排列　D. 渐变

（2）A. 动作按钮　B. 预设动画　C. 幻灯片切换　D. 自定义动画

7. PowerPoint 2007 演示文稿文件默认的扩展名为__（1）__，如果要对当前幻灯片的标题文本占位符添加边框线，首先要__（2）__。

（1）A. pptx　B. Docx　C. Ppt　D. doc

（2）A. 使用“颜色和线条”命令　B. 选中标题文本占位符

C. 切换至标题母版　D. 切换至幻灯片母版

8. 若要使制作的幻灯片能够在放映时自动播放，应该为其设置__（1）__。

（1）A. 超级链接　B. 动作按钮　C. 排练计时　D. 录制旁白

9. 演示文稿中的每一张演示的单页称为__（1）__，它是演示文稿的核心。PowerPoint 提供了多种__（2）__，它包含了相应的母版和字体样式等，可供用户快速生成风格统一的演示文稿。

（1）A. 版式　B. 模板　C. 母版　D. 幻灯片

（2）A. 版式　B. 模板　C. 母版　D. 幻灯片

10. 可以通过选择版式、向图片中添加框架、选择主题、插入文本框并执行其他操作来更改相册中图片的外观。若要提高或降低图片的亮度，则在“相册中的图片”列表中，单击要提高或降低亮度的图片，然后执行__（1）__操作；若要旋转图片，则应单击要旋转的图片，然后执行__（2）__操作。

（1）A. 或　B. 或　C. 或　D. 或或

（2）A. 或　B. 或　C. 或　D. 或　或

第 7 章　数据库应用基础知识

随着社会信息化的快速普及，人们在日常工作和生活中需要对大量的信息（数据）进行处理，如数据的保存、维护、查询、统计、打印、交流和发布等。利用数据库软件可以方便地完成这些工作。在众多数据库软件中，Access 2007 以其系统小、功能强和使用方便等优点深受欢迎。本章重点介绍数据库的基本概念，Access 2007 数据库软件的基本功能、表的基本操作、查询的设计、窗体的设计和使用、报表的设计和使用及客户端应用程序接口应用方面的知识。

7.1　数据库应用的基本概念

7.1.1　数据、信息与数据处理

数据（Data）是客观事物的属性值，用来描述事物的特性、事实、概念或指令的一种表达形式，是计算机加工处理的对象。就人类活动而言，常规意义下的数字、文字、图形、声音、图像（静态和活动图像）等，经编码后都被视为数据。

信息（Information）英文原意为通知或消息。信息是客观世界各种事物变化和特征的反映，是人们行为和决策的依据。在日常生活中，信息也常被理解为消息或者是具有新内容、新知识的消息。从计算机科学的角度考虑，信息是被加工处理的特定形式的数据。

数据是信息的符号表示，信息是数据的内涵，是数据的语义解释。信息与数据是密切关联的，因此在某些不需要严格区分的场合，对两者不加区别地使用，例如信息处理也称为数据处理。例如 5000～5500 是数据，而每年学生入学人数是信息。

数据库（DataBase，DB）是统一管理的、长期储存在计算机内的，有组织的相关数据的集合。其特点是数据间联系密切、冗余度小、独立性较高、易扩展，并且可为各类用户共享。

数据库系统（DataBase System，DBS）是一个采用了数据库技术，有组织地、动态地存储大量相关联数据，方便多用户访问的计算机系统。广义上讲，数据库系统由数据库、硬件、软件和人员组成。

数据处理（data processing）是利用计算机对各种形式的数据进行搜索、整理、存储、分类、排序、检索、统计、加工等过程。数据处理的基本目的是从大量的、杂乱无章的、难以理解的数据中抽取并推导出对于某些特定的人们来说是有价值、有意义的信息。数

据处理的过程就是将数据转换成信息的过程。其处理活动的基本环节如图 7-1 所示。

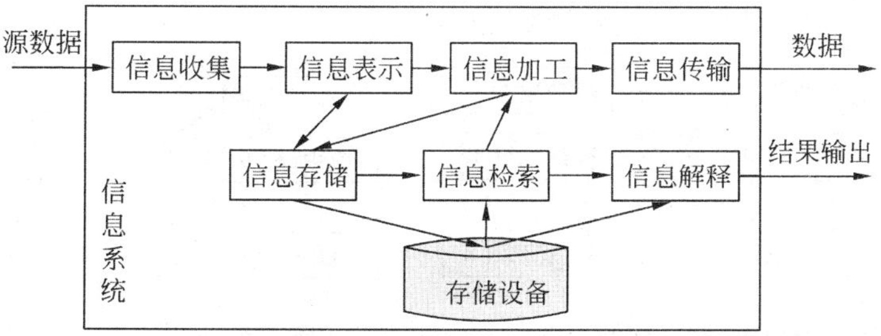

图 7-1　信息处理的基本环节

信息是有价值的，信息的价值与它的准确性、及时性、完整性和可靠性有关。因为信息的价值必须通过使用信息的决策者的行为结果来体现，所以为了提高信息的价值，就要用科学的方法来管理信息，这种科学的方法就是数据库技术。

7.1.2　数据库系统的发展与分类

1. 数据库系统的发展

计算机对数据的管理是指如何对数据分类、组织、编码、存储、检索和维护。计算机在数据管理方面也经历了由低级到高级的发展过程。计算机数据管理随着计算机硬件、软件技术和计算机应用范围的发展而发展，经历了人工管理、文件系统、数据库管理三个阶段。

1）人工管理阶段

20 世纪 50 年代中期以前，计算机主要用于科学计算。没有专门管理数据的软件，数据管理任务，包括存储结构、存取方法、输入/输出方式等完全由程序设计人员负责。人工管理阶段有两个特点：第一，应用程序之间的依赖性太强，不独立；第二，数据组和数据组之间可能有许多重复数据，造成数据冗余。计算机上没有专门管理数据的软件，也没有诸如磁盘之类的设备来存储数据，那时应用程序和数据之间的关系如图 7-2 所示。

2）文件系统阶段

20 世纪 50 年代中期以后，计算机的硬件和软件飞速发展，计算机不再只用于科学计算的单一任务，而可以做一些非数值数据的处理。此外，这时也有了大容量的磁盘等存储设备，并且已经有了专门管理数据的软件，即文件系统。在文件系统中，按一定的规则将数据组织成为一个文件，应用程序通过文件系统对文件中的数据进行存取和加工。文件系统对数据的管理，实际上是通过应用程序和数据之间的一种接口实现的，如图 7-3 所示。

文件系统的最大特点是解决了应用程序和数据之间的一个公共接口问题，使得应用程序采用统一的存取方法来操作数据。在文件系统阶段中数据管理的特点如下：

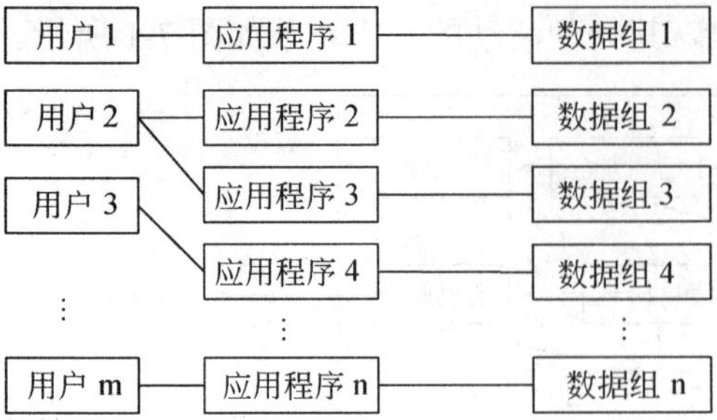

图7-2　应用程序和数据的关系

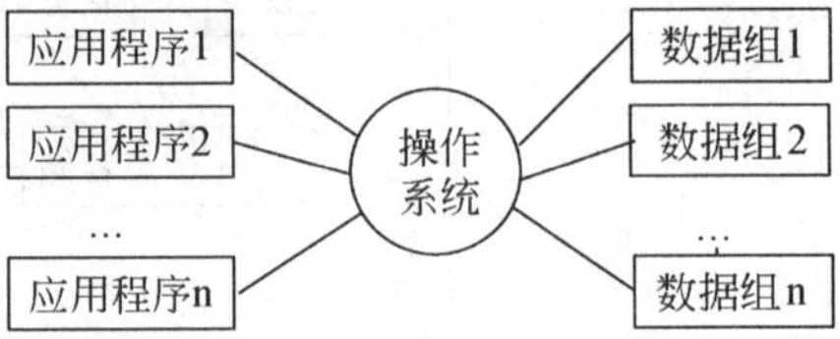

图7-3　应用程序与文件的关系

（1）数据可以长期保留，数据的逻辑结构和物理结构有了区别，程序可以按名访问，不必关心数据的物理位置，由文件系统提供存取方法。

（2）数据不属于某个特定的应用，即应用程序和数据之间不再是直接的对应关系，可以重复使用。但是文件系统只是简单地存取数据，相互之间并没有有机的联系，即数据存取依赖于应用程序的使用方法，不同的应用程序仍然很难共享同一数据文件。

（3）文件组织形式的多样化，有索引文件、链接文件和Hash文件等。但文件之间没有联系，相互独立，数据间的联系要通过程序去构造。

文件系统主要有如下缺点：

（1）数据冗余度大。文件与应用程序密切相关。相同的数据集合在不同的应用程序中使用时，经常需要重复定义、重复存储。例如：学校中学生学籍管理系统中的学生情况，学生成绩管理系统的学生选课，教师教学管理的任课情况，所用到的数据很多都是重复的。这样相同的数据不能被共享，必然导致数据的冗余。

（2）数据不一致性。由于相同数据的重复存储，单独管理，给数据的修改和维护带来难度，容易造成数据的不一致。例如学校中学生学籍管理系统中的修改了某学生的情况，但在学生成绩管理系统中该学生相应的信息没有修改，造成同一个学生的信息在不同的管理部门结果不一样。

（3）数据联系弱。文件系统中数据组织成记录，记录由字段组成，记录内部有了一定的结构。但是文件之间是孤立的，从整体上看没有反映现实世界事物之间的内在联系，因此很难对数据进行合理的组织以适应不同应用的需要。

3）数据库管理系统阶段

数据库管理系统（Database management system，DBMS）是一种操纵和管理数据库的大型软件，其主要用途是建立、使用和维护数据库，对数据库进行统一的管理和控制，以保证数据库的安全性和完整性。用户通过DBMS访问数据库中的数据，数据库管理员（DBA）也通过DBMS进行数据库的维护工作。它提供多种功能，可使多个应用程序和用户用不同的方法在同时或不同时刻去建立、修改和询问数据库。

数据库也是以文件方式存储数据的，但是它是数据的一种高级组织形式，DBMS是应用程序和数据库之间的管理软件。DBMS 对数据的处理方式和文件系统不同，它把所有应用程序中使用的数据汇集在一起，并以记录为单位存储起来，以便用户通过应用程序查询和使用数据库中的数据。在数据库管理系统阶段用户、程序和数据的关系如图 7-4 所示。

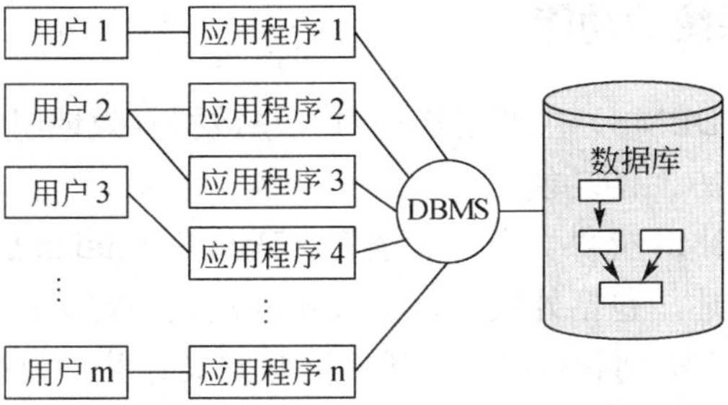

图 7-4　应用程序与数据库的关系

数据库系统与文件系统的区别是：数据库中数据的存储是按一定的结构进行的，不同的应用程序可直接操作使用这些数据，应用程序与数据间保持高度的独立性；数据库系统提供一套有效的管理手段，保持数据的完整性、一致性和安全性，使数据具有充分的共享性；数据库系统还为用户管理和控制提供了功能强大的操作命令，使用户可直接使用命令或将命令嵌入应用程序中，简单方便地实现数据库的管理、控制和操作。

2. 数据库管理系统分类

DBMS 常见的分类方式有多种：基于数据模型分类、根据支持的用户数分类和根据分布的站点数分类，下面分别说明。

1）基于数据模型 DBMS

基于数据模型 DBMS 分为：关系 DBMS、面向对象 DBMS、对象-关系 DBMS、层次 DBMS、网状 DBMS 以及其他 DBMS。其中面向对象数据库系统是数据库技术与面向对象程序设计技术结合产生了面向对象数据库系统。面向对象数据库系统采用了面向对象的观点来描述现实世界实体的逻辑组织、对象之间的限制和联系等。能够自然的存储复杂的数据对象以及这些对象之间的复杂关系，提高了数据库管理效率，降低了用户使用复杂性。

2）根据支持的用户数

根据支持的用户数分为：单用户系统（single-user system）一次只支持一个用户，大多数情况下，这种系统都用在个人计算机上；多用户系统（multi-user system）可同时支持多个用户。

3）根据分布的站点数

根据分布的站点数分为：集中式的 DBMS 和分布式 DBMS。集中式 DBMS 可以支持多个用户，但 DBMS 和数据库本身集中在一台计算机上。分布式 DBMS（简记 DDBMS）可以使实际的数据库和 DBMS 软件分布在多个站点上，并通过计算机网络相连接。同构（homogeneous）DDBMS 在多个站点上使用同样的 DBMS 软件；异构（heterogeneous）DDBMS 下存储的多个原有自治数据库。多数 DDBMS 都使用客户/服务器体系结构。

7.1.3 数据库管理系统的功能

数据库管理系统（DBMS）主要是实现对共享数据有效地组织、管理和存取，因此 DBMS 应具有如下 6 个方面的功能。

（1）数据定义。DBMS 提供数据定义语言（Data Definition Language，DDL），用户可以对数据库的结构描述，包括外模式、模式和内模式的定义；数据库的完整性定义；安全保密定义，如口令、级别和存取权限等。这些定义存储在数据字典中，是 DBMS 运行的基本依据。

（2）数据库操作。DBMS 向用户提供数据操纵语言（Data Manipulation Language，DML），实现对数据库中数据的基本操作，如检索、插入、修改和删除。DML 分为两类：宿主型和自含型。所谓宿主型，是指将 DML 语句嵌入某种主语言（如 C、COBOL 等）中使用；自含型是指可以单独使用 DML 语句，供用户交互使用。

（3）数据库运行管理。数据库在运行期间多用户环境下的并发控制、安全性检查和存取控制、完整性检查和执行、运行日志的组织管理、事务管理和自动恢复等是 DBMS 的重要组成部分。这些功能可以保证数据库系统的正常运行。

（4）数据组织、存储和管理。DBMS 分类组织、存储和管理各种数据，包括数据字典、用户数据和存取路径等。要确定以何种文件结构和存取方式在存储级上组织这些数据，以提高存取效率。实现数据间的联系、数据组织和存储的基本目标是提高存储空间的利用率。

（5）数据库的建立和维护。数据库的建立和维护包括数据库的初始建立、数据的转换、数据库的转储和恢复、数据库的重组和重构、性能监测和分析等。

（6）其他功能如 DBMS 与网络中其他软件系统的通信功能，一个 DBMS 与另一个 DBMAS 或文件系统的数据转换功能等。

7.1.4 数据库系统的基本概念

1. 数据模型

模型就是对现实世界特征的模拟和抽象，数据模型是对现实世界数据特征的抽象。对于具体的模型人们并不陌生，如航模飞机、地图、建筑设计沙盘都是具体的模型。从事物的客观特性到计算机里的具体表示经历了 3 个数据领域：现实世界、信息世界和机器世界。

（1）现实世界的数据就是客观存在的各种报表、图表和查询格式等原始数据。计算机只能处理数据，所以首先要解决的问题是按用户的观点对数据和信息建模，即抽取数据库技术所研究的数据，分门别类，综合出系统所需要的数据。

（2）信息世界是现实世界在人们头脑中的反映，人们用符号、文字记录下来。在信息世界中，数据库常用的术语是实体、实体集、属性和码。

（3）机器世界是按计算机系统的观点对数据建模。换句话说，对于现实世界的问题如何表达为信息世界的问题，而信息世界的问题如何在具体的机器世界表达。机器世界中数据描述的术语有字段、记录、文件和记录码。

信息世界与机器世界相关术语的对应关系如下：

（1）属性与字段：属性是描述实体某方面的特性，字段标记实体属性的命名单位。例如用“书号、书名、作者名、出版社、日期”5 个属性描述书的特性，对应有 5 个字段。

（2）实体与记录：实体表示客观存在，并能区别的事物（如一个学生、一本书）；记录是字段的有序集合，一般一条记录描述一个实体。例如：某学生的学号、姓名、性别、所在院系、家庭住址为“15001,张晓明,男,计算机通信,西安市雁塔区太白小区 58 楼”，描述的是一个学生实体，对应一条记录。

（3）码与记录码：码是能唯一区分实体的属性或属性集，记录码是唯一标识文件中的每条记录的字段或字段集。

（4）实体集与文件：实体集是具有共同特性的实体的集合，文件是同一类记录的汇集。例如所有学生构成了学生实体集，而所有学生记录组成了学生文件。

（5）实体型与记录型：实体型是属性的集合，如表示学生学习情况的属性的集合为实体型（学号，姓名，年龄，成绩，系名，课程号……）。记录型是记录的结构定义。

2. 数据模型

数据库是某个企业、组织或部门所涉及的数据的一个综合，它不仅要反映数据本身的内容，而且要反映数据之间的联系。由于计算机不可能直接处理现实世界中的具体事物，所以人们必须事先把具体事物转换成计算机能够处理的数据。在数据库中用数据模型这个工具来抽象、表示和处理现实世界中的数据和信息。因此数据模型是数据库系统的数学形式框架，是用来描述数据的一组概念和定义，包括描述数据、数据联系、数据操作、数据语义以及数据一致性概念的工具。

1）数据模型的三要素

数据模型的三要素是数据结构、数据操作、数据的约束条件。例如用大家熟悉的文件系统为例，它所包含的概念有文件、记录、字段。数据结构和约束条件为对每个字段定义数据类型和长度。数据操作有打开、关闭、读、写等文件操作。这是一个简单的数据模型，没有描述数据间的联系。

（1）数据结构是所研究的对象类型的集合，是对系统静态特性的描述。

（2）数据操作对数据库中各种对象（型）的实例（值）允许执行的操作的集合，包括操作及操作规则。如操作有检索、插入、删除、修改，操作规则有优先级别等。数据操作是对系统动态特性的描述。

（3）数据的约束条件是一组完整性规则的集合。即对于具体的应用数据必须遵循特定的语义约束条件，以保证数据的正确、有效和相容。例如某单位人事管理中，要求在职的“男”职工的年龄必须大于18岁小于60岁，工程师的基本工资不能低于2600元，每个职工可担任一个工种，这些要求可以通过建立数据的约束条件来实现。

2）常用的数据模型

最常用的数据模型主要有概念数据模型、基本数据模型和面向对象模型（Object Oriented Model）。

（1）概念数据模型：也称信息模型，是按用户的观点对数据和信息建模，是现实世界到信息世界的第一层抽象，强调其语义表达功能，易于用户理解，是用户和数据库设计人员交流的语言，主要用于数据库设计。这类模型中最著名的是实体联系模型，简称E-R模型。

（2）基本数据模型：它是按计算机系统的观点对数据建模，是对现实世界数据特征的抽象，用于DBMS的实现。基本的数据模型有层次模型、网状模型、关系模型。

（3）面向对象模型：它采用面向对象的方法来设计数据库。面向对象的数据库存储对象是以对象为单位，每个对象包含对象的属性和方法，具有类和继承等特点。Computer Associates的Jasmine就是面向对象模型的数据库系统。

3. E-R模型

E-R模型是一种描述信息世界的重要手段。E-R模型独立于具体的计算机系统。E-R模型的主要成分是实体、联系和属性，通常可用E-R图来表示：矩形表示实体型，矩形框内为实体名；椭圆表示属性，椭圆框内为属性名；菱形表示联系，菱形框内为联系名。

（1）实体：客观存在并可相互区分的事物。同一类型实体的集合构成实体集。例如企业中的每个人都是一个实体。每个实体有一组特性（属性）来表示，其中的某一部分属性可以唯一标识实体，如职工号。实体集是具有相同属性的实体集合，例如学校所有教师具有相同的属性，因此教师的集合可以定义为一个实体集；学生具有相同的属性，因此学生的集合可以定义为另一个实体集。在E-R模型中，若实体用矩形表示，则通常在矩形框内写明实体名。

（2）属性：实体所具有的某一特性。一个实体可以由若干个属性来刻画。实体名和各个属性名的集合构成实体型。属性是实体某方面的特性。例如职工实体集具有职工号、姓名、年龄、参加工作时间、通信地址等属性。每个属性都有其取值范围，如职工号为0001～9999的4位整型数，姓名为10位的字符串，年龄的取值范围为18～60等。在同一实体集中，每个实体的属性及其域是相同的，但可能取不同的值。

（3）联系：现实世界的事物之间存在的联系，包括实体内部的联系和实体之间的联系。在E-R模型中，若联系用菱形表示，则通常在菱形框内写明联系名，并用无向边分别与有关实体连接起来，同时在无向边旁标注上联系的类型（1:1，1:n 或 m:n）。实体的联系分为实体内部的联系和实体与实体之间的联系。实体内部的联系反映数据在同一记录内部各字段间的联系。本书主要讨论实体集之间联系。

4. 联系的类型

1）两个实体之间的联系

两个实体之间的联系可分为 3 类：一对一联系记为 1:1，一对多联系记为 1:n 或 1:*，多对多联系记为 m:n 或*:*。

（1）1:1：如果对于实体集 A 中的每一个实体，实体集 B 中至多有一个实体与之对应；反之亦然，则称 A 与 B 具有一对一联系。

（2）1:n：如果对于实体集 A 中的每一个实体，实体集 B 中有 n 个实体（$n \geqslant 0$）与之对应；反之，对于实体集 B 中的每一个实体，实体集 A 中至多只有一个实体与之对应，则称 A 与 B 具有一对多联系。

（3）m:n：如果对于实体集 A 中的每一个实体，实体集 B 中有 n 个实体（$n \geqslant 0$）与之对应；反之，对于实体集 B 中的每一个实体,实体集 A 中也有 m 个实体（$m \geqslant 0$）与之对应，则称 A 与 B 具有多对多联系。

例如：图 7-5 表示两个不同实体集之间的联系，其含义如下。

（1）图 7-5（a）所示的 E-R 图表示：电影院里一个座位只能坐一个观众，因此观众与座位之间是一个 1:1 的联系，联系名为“V-S”。

（2）图 7-5（b）所示的 E-R 图表示：部门 DEPT 和职工 EMP 实体集，若一个职工只能属于一个部门，那么，这两个实体集之间应是一个 1:n 的联系，联系名为“D-E”，用 E-R 图表示如图 7-5（b）所示。

（3）图 7-5（c）所示的 E-R 图表示：工程项目 PROJ 和职工 EMP 实体集，若一个职工可以参加多个项目，一个项目可以由多个职工参加，那么，这两个实体集之间应是一个 m:n 的联系，联系名为“PR-E”。

2）两个以上不同实体集之间的联系

两个以上不同实体集之间存在 1:1:1、1:1:n、1:m:n 和 r:m:n 的联系。例如图 7-6 表示了三个不同实体集之间的联系。其中：

（1）图 7-6（a）表示供应商 Supp、项目 Proj 和零件 Part 之间的多对多（r:n:m）的联系，联系名为“SP-P”。表示供应商为多个项目供应多种零件，每个项目可用多个供应商供应的零件，每种零件可由不同的供应商供应的语义。

（2）图 7-6（b）表示病房、病人和医生之间的一对多（1:n:m）的联系，联系名为“SP-P”。表示一个特护病房有多个病人和多个医生，一个医生只负责一个病房，一个病人只属于一个病房的语义。

注意：三个实体集之间的多对多的联系和三个实体集两两之间的多对多的联系的语义是不同的。例如供应商和项目实体集之间的“合同”联系，表示供应商为哪几个工程签了合同。供应商与零件两个实体集之间的“库存”联系，表示供应商库存零件的数量。项目与零件两个实体集之间的“组成”联系，表示一个项目有哪几种零件组成。

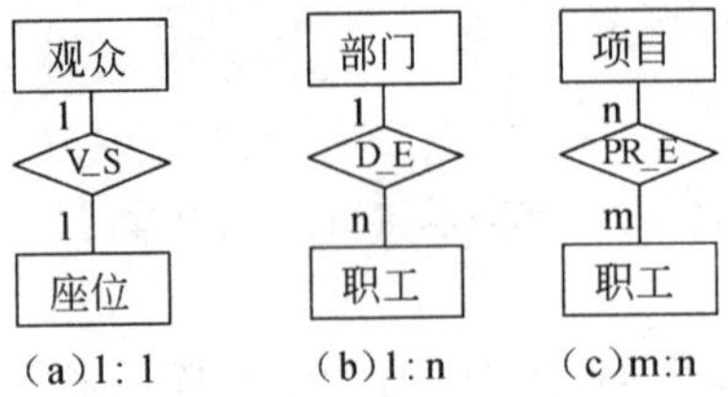

图 7-5　两个不同实体集之间的联系

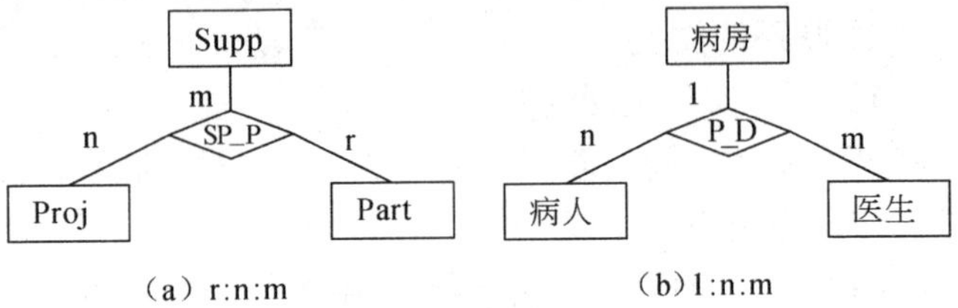

图 7-6　三个不同实体集之间的联系

3）同一实体集内的二元联系

同一实体集内的各实体之间也存在 1:1、1:n 和 m:n 的联系，如图 7-7 所示。

从图 7-7 中可见，职工实体集中的领导与被领导联系是 1:n 的，如图 7-7（a）所示。但是，职工实体集中的婚姻联系是 1:1 的，如图 7-7（b）所示。

例 7.1 某高校的教学组织管理情况：学校有若干个系部，属性包括系号，系名，主任名；学生的属性包括学号，姓名，性别；课程的属性包括课程号，课程名，学分。每个系有若干学生，每个学生可选修多门课程。请设计该校的教学管理的 E-R 图。

根据题意该高校 E-R 图有系、学生和课程三个实体，其中实体系与学生之间的隶属联系类型为“1:n”；学生与课程之间的选课联系类型为“n:m”。设计的 E-R 图如图 7-8 所示。

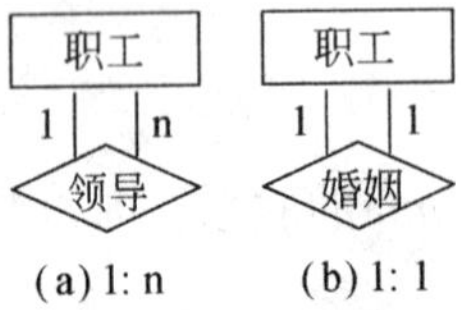

图 7-7　同一实体集之间的 1:n 和 1:1 联系

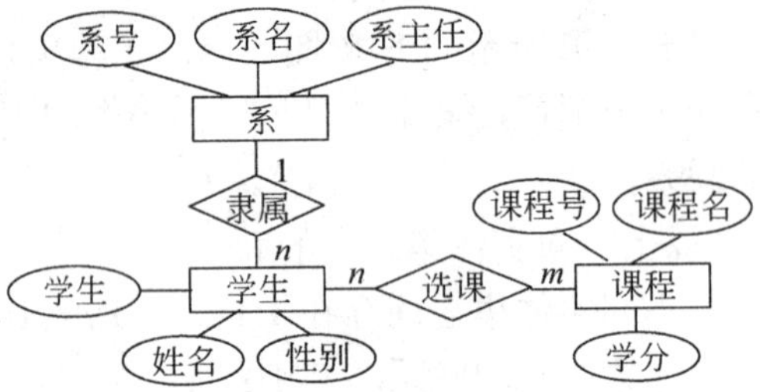

图 7-8　某高校 E-R 图

5. 数据模型

数据模型是用来描述现实世界中的事物及其联系的，它将数据库中的数据按照一定的结构组织起来，并能反映事物本身及事物之间的各种联系。

1）常用数据模型

不同的数据模型具有不同的数据结构形式。目前最常用的数据结构模型有如下四种。

（1）层次模型（hierarchical model）：用树型结构表示实体及其之间的联系。

（2）网络模型（network model）：用网状结构表示实体及其之间的联系。

（3）关系模型（relational Model）：用二维表结构来表示实体及其之间的联系。

（4）面向对象数据模型（object oriented model）：用对象、类型、继承和方法等基本面向对象技术构造的实体及其之间的联系。

其中层次模型和网状模型统称为非关系模型。非关系模型的数据库系统在 20 世纪 70 年代非常流行，在数据库系统产品中占据了主导地位。关系数据模型以关系数学理论为基础，一个二维表就是一个关系，不仅能描述实体本身，而且还能反映实体之间的联系，模型简单、使用方便，应用也最广泛。

2）关系模型常用术语

关系模型中常用的术语有关系、元组、属性、域、关系模式、主关键字和外部关键字。其中学生关系与术语的对应关系如图 7-9 所示。

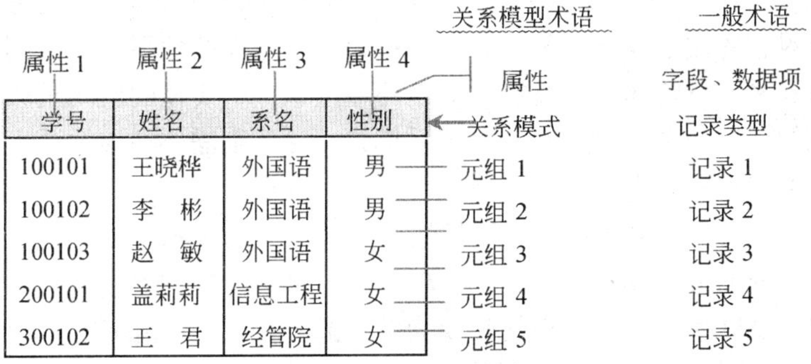

图 7-9　学生关系与术语的对应情况

（1）关系：一个关系就是一张二维表，每个关系有一个关系名。

（2）元组：表中的一行即为一个元组，也称为一个记录。

（3）属性：表中的一列即为一个属性，也称为一个字段或者数据项。

（4）域：属性的取值范围，例如性别的取值范围为“男”或“女”。

（5）关系模式：对关系的描述，它对应一个关系的结构。可表示为：

关系名（属性 1，属性 2…属性 n）

（6）主关键字：在表中能够唯一标识一个记录的属性或属性组合，称为候选关键字。一个表中可能有多个候选关键字，从中选择一个作为主关键字，简称主键。

（7）外部关键字：如果表 A 和表 B 中有公共字段，且该字段在表 B 中是主键，则该字段在表 A 中就称为外部关键字，简称外键。

关系数据库的主要特点：

（1）关系中的每个属性必须是不可分割的数据项（表中不能再包含表）。

（2）关系中每一列元素必须是同一类型的数据，来自同一个域。

（3）关系中不能出现相同的字段。

（4）关系中不能出现相同的记录。

（5）关系中的行、列次序可以任意交换，不影响其信息内容。

3）E-R模型转换为关系模型

E-R方法所得到的概念模型是对信息世界的描述，并不适用于计算机处理，为适合关系数据库系统的处理，必须将E-R图转换成关系模式。通常采用以下方法加以转换。

（1）实体向关系模式的转换

将E-R图中的实体逐一转换成为一个关系模式，实体名对应关系模式的名称，实体的属性转换成关系模式的属性，实体标识符就是关系的主键。

（2）联系向关系模式的转换

E-R图中的联系有三种：一对一联系（1:1）、一对多联系（1:*n*）和多对多联系（*m*:*n*），针对这三种不同的联系，有不同的转换方法。

① 一对一（1:1）联系的转换：可以转换为一个独立的关系模式，也可以与联系的任意一端实体所对应的关系模式合并。如果转换为一个独立的关系模式，则与该联系的各实体的码以及联系本身的属性均转换为关系的属性，每个实体的码均是该关系的候选码。如果与联系的任意一端实体所对应的关系模式合并，则需要在该关系模式的属性中加入另一个实体的码和联系本身的属性。

② 一对多（1:*n*）联系的转换：可以转换为一个独立的关系模式，也可以与联系的任意*n*端实体所对应的关系模式合并。如果转换为一个独立的关系模式，则与该联系相连的各实体的码以及联系本身的属性均转换为关系的属性，而联系的码为*n*端实体的码。如果与联系的*n*端实体的所对应的关系模式合并，则需要在该关系模式的属性中加入1端实体的码和联系本身的属性。

③ 多对多（*m*:*n*）联系的转换：多对多联系只能转换成一个独立的关系模式，与该联系相连的各实体的码以及联系本身的属性均转换为关系的属性，而关系的码为各实体码的组合。

通过以上方法，就可以将E-R图中的实体、属性和联系全部转换为关系模式，建立初始的关系模式。

例7.2 将图7-8某高校E-R图的E-R图转换为关系模式。转换过程如下：

（1）实体转换为系部、学生和课程三个独立的关系模式，如下所示：

系部（系号，系名，主任名） ；系号为主键

学生（学号，姓名，性别） ；学号为主键

课程（课程号，课程名，学分） ；课程号为主键

（2）联系的转换：学生与系之间的1:*n*“隶属”联系，不需要转换为一个独立的关系模式，可将系部（1端）实体的码“系号”并入学生（*n*端）关系；学生选修课程的*n*:*m*“选课”联系，有一个成绩属性，在向关系模型转换时需要转换为一个独立的关系

模式，其主键为（学号，课程号），学号、课程号也为外键。通过上述分析转换的最终的关系模式如下：

系部（系号，系名，主任名）　　　；系号为主键
学生（学号，姓名，系号，性别）　；学号为主键，系号为外键
课程（课程号，课程名，学分）　　；课程号为主键
选课（学号，课程号，成绩）　　　；（学号，课程号）为主键，但同时也是外键

例 7.3　Access 数据库属于＿（1）＿数据库。若某学校一个学生可以选多门课程，一门课程可以由多个学生选择，则学生与课程之间的联系类型是＿（2）＿。假设学校有多个班，每个班有多名学生但只能有一个班长，那么班长与学生之间的联系类型是＿（3）＿。

（1）A．层次模型　　B．网状模型　　C．关系模型　　D．面向对象模型
（2）A.1:1　　B．1:n　　C．n:1　　D．m:n
（3）A.1:1　　B．1:n　　C．n:1　　D．m:n

分析：空（1）的正确选项是 C。在 Access 数据库中是用二维表结构来表示实体及其之间的联系，所以 Access 数据库属于关系模型数据库。空（2）的正确选项是 D。一个学生可以选择多门课程，同一门课程可以由多个学生选择，所以学生与课程之间的关系是多对多 m:n。空（3）的正确选项是 B。因为班长与学生的关系是一对多 1:n 关系，一个班长对应多个学生，而本班每个学生只对应一个班长。

6. 关系运算

关系代数运算符有四类：集合运算符，专门的关系运算符，算术比较符和逻辑运算符。根据运算符的不同，关系代数运算可分为传统的集合运算和专门的关系运算。如表 7-1 所示。

传统的集合运算是从关系的水平方向进行的，包括并、交、差及广义笛卡儿积。专门的关系运算既可以从关系的水平方向进行运算，又可以向关系的垂直方向运算，包括选择、投影、连接以及除法。

表 7-1 中，并、差、笛卡儿积、投影、选择是五种基本的运算，其他运算（如交、连接、除法）可以通过基本的运算导出。

1）五种基本的关系运算

（1）并（Union）运算

关系 R 与 S 具有相同的关系模式，即 R 与 S 的结构相同。关系 R 与 S 并由属于 R 或属于 S 的元组构成的集合组成，记作 $R \cup S$ 。

（2）差（Difference）运算

关系 R 与 S 具有相同的关系模式，关系 R 与 S 的差由属于 R 但不属于 S 的元组构成的集合，记作 $R-S$ 。

表 7-1　关系代数运算符

运算符		含义	运算符		含义
集合运算符	∪	并	比较运算符	>	大于
	—	差		≥	大于等于
	∩	交		<	小于
	×	笛卡儿积		≤	小于等于
专门的关系运算符	σ	选择		=	等于
	π	投影		≠	不等于
	⋈	连接	逻辑运算符	¬	非
	÷	除		∧	与
	–	–		∨	或

（3）笛卡儿积（Extended Cartesian Product）

假设关系 R 有属性 $A1$、$A2$……An，关系 S 有属性 $B1$、$B2$……Bm，则关系 R 和 S 的笛卡儿积是一个（n+m）列的元组的集合。元组的前 n 列是关系 R 的一个元组，后 m 列是关系 S 的一个元组，记作 $R \times S$。如果 R 和 S 中有相同的属性名，可在属性名前加关系名作为限定，以示区别。

例 7.4　假设学生关系 S（学号，姓名，性别，所在院系，联系方式）如图 7-10（a）所示，和学生选课关系 SC（学号，课程号，成绩）如图 7-10（b）所示，则 $S \times SC$ 后的结果如图 7-10（c）所示。从图中可以看出 $S \times SC$ 后有相同的属性名“学号”，所以需要分别在属性名“学号”前加关系名 S 和 SC 以示区别，即加关系名后为 S.学号和 SC.学号。

学号	姓名	性别	系名	联系方式
3001	王晓丽	女	计算机	801812
3002	张勇军	男	计算机	801019
1041	林　远	男	通　信	801320
1042	范小华	男	通　信	801520

(a) S

学号	课程号	成绩
3001	C001	86
3001	C052	78
1042	C001	91

(b) SC

S.学号	姓名	性别	系名	联系方式	SC.学号	课程号	成绩
3001	王晓丽	女	计算机	801812	3001	C001	86
3001	王晓丽	女	计算机	801812	3001	C052	78
3001	王晓丽	女	计算机	801812	1042	C001	91
3002	张勇军	男	计算机	801019	3001	C001	86
3002	张勇军	男	计算机	801019	3001	C052	78
3002	张勇军	男	计算机	801019	1042	C001	91
1041	林　远	男	通　信	801320	3001	C001	86
1041	林　远	男	通　信	801320	3001	C052	78
1041	林　远	男	通　信	801320	1042	C001	91
1042	范小华	男	通　信	801520	3001	C001	86
1042	范小华	男	通　信	801520	3001	C052	78
1042	范小华	男	通　信	801520	1042	C001	91

(c) S×SC

图7-10　学生关系S和选课关系SC

（4）投影（Projection）

投影运算是从关系的垂直方向进行运算，在关系 R 中选择出若干属性列 A 组成新的关系，记作 $\pi_A(R)$。

例如：如图 7-10（a）所示的学生关系 S，若要查询学生的学号、姓名和系名，则可以通过 $\pi_{学号,姓名,系名}(S)$ 投影运算实现，投影运算结果如图 7-11 所示。从图中不难看出投影运算是向关系的垂直方向进行运算。

学号	姓名	系名
3001	王晓丽	计算机
3002	张勇军	计算机
1041	林　远	通　信
1042	范小华	通　信

图 7-11　$\pi_{学号,姓名,系名}(S)$

（5）选择（Selection）

选择运算是从关系的水平方向进行运算，是从关系 R 中选择满足给定条件的诸元组，记作 $\sigma_F(R)$。其中 F 中的运算对象是属性名（或列的序号）或常数，算术比较符 $(<,\leqslant,>,\geqslant,=,\neq)$ 和逻辑运算符 $(\wedge,\vee,\neg)$。例如 $\sigma_{1\geqslant 6}(R)$ 表示选取 R 关系中第一个属性值大于等于第六个属性值的元组；$\sigma_{1>'6'}(R)$ 表示选取 R 关系中第一个属性值大于等于 6 的元组。

例如：如图 7-10（a）所示的学生关系 S，若要查询“通信”系学生的信息，则可以通过 $\sigma_{系名='通信'}(S)$ 选择运算实现，选择运算结果如图 7-12 所示。从图中不难看出投影运算是向关系的水平方向进行运算。

学号	姓名	性别	系名	联系方式
1041	林　远	男	通　信	801320
1042	范小华	男	通　信	801520

图 7-12　$\sigma_{系名='通信'}(S)$

2）扩展的关系运算

扩展的关系运算可以从基本的关系运算中倒出。主要包括交、连接、除法和外联接。本教材主要介绍交、连接。

（1）交（Intersection）

关系 R 与 S 具有相同的关系模式，关系 R 与 S 的交由属于 R 同时又属于 S 的元组构成的集合，关系 R 与 S 的交记作 $R\cap S$。显然 $R\cap S=R-(R-S)$，或者 $R\cap S=S-(S-R)$。

例如：如图 7-13（a）和（b）所示的关系 R 与 S，求 $R\cap S$。

A	B	C
a	c	d
b	a	d
c	d	e
d	f	g

（a）R

A	B	C
a	c	d
d	f	g
b	d	g

（b）S

A	B	C
a	c	d
d	f	g

（c）$R\cap S$

图 7-13　$R\cap S$ 举例

（2）连接（Join）

连接运算分为：θ 连接、等值连接及自然连接三种。其中 θ 连接是从两个关系 R 与 S 的笛卡儿积中选取属性间满足一定条件的元组；当 θ 为“=”时，称之为等值连接；连接运算是从两个关系 R 和 S 的笛卡儿积中选取满足条件的元组。因此可以认为笛卡儿积是无条件连接，其他的连接操作认为是有条件连接。

① θ 连接。从 R 与 S 的笛卡儿积中选取属性间满足一定条件的元组。记作：$R \underset{X\theta Y}{\bowtie} S$。其中：'$X\theta Y$'为连接的条件，θ 是比较运算符，$X$ 和 Y 分别为 R 和 S 上可比的属性组。

② 等值连接。当 θ 为“=”时，称之为等值连接，记为 $R \underset{X=Y}{\bowtie} S$。

例 7.5 关系 R 和关系 S 分别如图 7-14(a)和(b)所示。①求 $R \underset{R.A<S.B}{\bowtie} S$，② $R \underset{R.A=S.B}{\bowtie} S$。

A	B	C
1	3	4
2	1	4
3	4	5
4	6	7

（a）R

B	C	D
1	3	4
3	6	7
2	4	7

（b）S

图7-14 关系 R 和关系 S

分析：由于 θ 连接是从两个关系 R 与 S 的笛卡儿积中选取属性间满足一定条件的元组，所以先求解 $R\times S$，结果如图 7-15（a）所示。

R.A	R.B	R.C	S.B	S.C	S.D
1	3	4	1	3	4
1	3	4	3	6	7
1	3	4	2	4	7
2	1	4	1	3	4
2	1	4	3	6	7
2	1	4	2	4	7
3	4	5	1	3	4
3	4	5	3	6	7
3	4	5	2	4	7
4	6	7	1	3	4
4	6	7	3	6	7
4	6	7	2	4	7

（a）$R\times S$

R.A	R.B	R.C	S.B	S.C	S.D
1	3	4	3	6	7
1	3	4	2	4	7
2	1	4	3	6	7

（b）$R \underset{R.A<S.B}{\bowtie} S$

R.A	R.B	R.C	S.B	S.C	S.D
1	3	4	1	3	4
2	1	4	2	4	7
3	4	5	3	6	7

（c）$R \underset{R.A=S.B}{\bowtie} S$

图 7-15 θ连接举例

求 $R \underset{R.A<S.B}{\bowtie} S$。由于第 2 个元组中 $R.A$=1、$S.B$=3，满足 $R.A<S.B$ 条件，故该元组在结果集中；第 3 个元组中 $R.A$=1、$S.B$=2，满足 $R.A<S.B$ 条件，故该元组在结果集中；第 5 个元组中 $R.A$=2、$S.B$=3，满足 $R.A<S.B$ 条件，故该元组在结果集中；其余元组均不满足条件，所以不在结果集中。$R \underset{R.A<S.B}{\bowtie} S$ 的结果如图 7-15（b）所示。

求 $R \underset{R.A=S.B}{\bowtie} S$。由于第 1 个元组中 $R.A=1$、$S.B=1$，满足 $R.A=S.B$ 条件，故该元组在结果集中；第 6 个元组中 $R.A=2$、$S.B=2$，满足 $R.A=S.B$ 条件，故该元组在结果集中；第 8 个元组中 $R.A=3$、$S.B=3$，满足 $R.A<S.B$ 条件，故该元组在结果集中；其余元组均不满足条件，所以不在结果集中。$R \underset{R.A=S.B}{\bowtie} S$ 的结果如图 7-15（c）所示。

③ 自然连接。一种特殊的等值连接，它要求两个关系中进行比较的分量必须是相同的属性组，并且在结果集中将重复属性列去掉。自然连接可以记为 $R \bowtie S$。

例 7.6　对于例 7.4 中图 7-10（a）所示的学生关系 S、图 7-10（b）所示的学生选课关系 *SC*，求解 $S \bowtie SC$。

分析：因为 *S* 和 *SC* 关系中可进行比较的分量为“学号”，所以求 $S \bowtie SC$ 等价于求 $\pi_{S.学号,姓名,性别,系名,联系方式,课程号,成绩}(S \underset{S.学号=SC.学号}{\bowtie} SC)$ 的结果，即在等值连接的基础上将重复属性列“*SC*.学号”去掉。

又因为 $S \underset{S.学号=SC.学号}{\bowtie} SC = \sigma_{S.学号=SC.学号}(S \times SC)$，故在图 7-10（c）的 $S \times SC$ 中的第 1 个元组和第 2 个元组中 *S*.学号=*SC*.学号=3001，故这两个元组在结果集中；第 12 个元组中 *S*.学号=*SC*.学号=1042，故该元组在结果集中；其余元组均不满足条件，所以不在结果集中。去掉重复属性列“*SC*.学号”的结果如图 7-16 所示。注意：图中“*S*.学号”中的“*S*.”可以省略。

.学号	姓名	性别	系名	联系方式	课程号	成绩
3001	王晓丽	女	计算机	801812	C001	86
3001	王晓丽	女	计算机	801812	C052	78
1042	范小华	男	通　信	801520	C001	91

图 7-16　$S \bowtie SC$

特别需要说明的是一般连接是从关系的水平方向运算，而自然连接不仅要从关系的水平方向，而且要从关系的垂直方向进行运算。因为自然连接要去掉重复属性，如果没有重复属性，那么自然连接就转化为笛卡儿积。

例 7.7　关系代数运算是以集合操作为基础的运算，其五种基本运算是并、差、<u>（1）</u>、投影和选择，其他运算可由这些运算导出。假设有如下表所示的关系 *R*、*S*、*T*，下列关系式正确的是 *T*=<u>　（2）　</u>；*S*=<u>　（3）　</u>。

R

学号	姓名	所在系
1001	吴铭	计算机
1002	刘刚	计算机

S

学号	姓名	所在系
2005	马林立	外语

T

学号	姓名	所在系
1001	吴铭	计算机
1002	刘刚	计算机
2005	马林立	外语

图 7-17　关系 *R*、*S*、*T*

（1）A．交　B．连接　C．笛卡儿积　D．自然连接

（2）A．$R \cap S$　B．$R \cup S$　C．$R \times S$　D．R/S

（3）A．$T \cap R$　B．$T \cup R$　C．$T \times R$　D．$T-R$

分析：空（1）的正确选项是C。五种基本运算是并、差、笛卡儿积、投影和选择，其他的运算（如交、连接、除法）可以通过基本的运算导出。空（2）的正确选项是B。∪是并运算符，$R \cup S$的含意为R关系的记录（元组）与S关系的记录（元组）进行合并运算，所以T=$R \cup S$。空（3）的正确选项是D。因为-是差运算符，$T-R$的含意为T关系的记录（元组）与R关系的记录（元组）进行差运算，即去掉T和R关系中的重复记录，所以$S=T-R$。

8. 数据库设计

数据库设计（Database Design）是指根据用户的需求，在某一具体的数据库管理系统上，设计数据库的结构和建立数据库的过程。通常数据库的设计可分为6个阶段。

（1）需求分析阶段。调查和分析用户的业务活动和数据的使用情况，掌握所用数据的种类、范围、数量以及它们在业务活动中交流的情况，确定用户对数据库系统的使用要求和各种约束条件等，形成用户需求分析报告。

（2）概念设计阶段。对用户要求描述的现实世界（可能是一个公司、一个商场或者一个学校等），通过分类、聚集和概括，建立抽象的概念数据模型（例如E-R模型）。这个概念模型应反映现实世界各部门的信息结构、信息流动情况、信息间的互相制约关系以及各部门对信息储存、查询和加工的要求等。

（3）逻辑设计阶段。主要工作是将现实世界的概念数据模型设计成数据库的一种逻辑模式，即适应于某种特定数据库管理系统所支持的逻辑数据模式（例如关系模式）。与此同时可能还需为各种数据处理应用领域产生相应的逻辑子模式。这一步设计的结果就是所谓“逻辑数据库”。

（4）物理设计阶段。根据特定数据库管理系统所提供的多种存储结构和存取方法等依赖于具体计算机结构的各项物理设计措施，对具体的应用任务选定最合适的物理存储结构（包括文件类型、索引结构和数据的存放次序与位逻辑等）、存取方法和存取路径等。这一步设计的结果就是所谓“物理数据库”。

（5）测试阶段。在数据系统投入使用之前，通过精心制定的测试计划和测试数据来测试系统的性能是否满足设计要求，发现问题。

（6）运行维护阶段。数据库应用系统经过测试、试运行后即可正式投入运行。运行维护是系统投入使用后，必须不断地对其进行评价、调整与修改，直至系统消亡。

在数据库设计的任一阶段，一旦发现不能满足用户数据需求时，均需返回到前面的适当阶段，进行必要的修正。经过如此的迭代求精过程，直到能满足用户需求为止。事实上数据库设计中，对每一个阶段设计成果都应该通过评审。评审的目的是确认某一阶段的任务是否全部完成，从而避免出现重大的错误或疏漏，保证设计质量。

7.2　Access 数据库基础

Access 是 Microsoft 公司推出的 Office 办公自动化软件中的一个组件，是专门用于中、小型数据库管理的工具，是目前应用广泛的数据库管理系统之一。利用它可以方便地实现对信息的保存、管理、查询、统计、打印和发布，还可以方便地与 Office 中的其他组件交换数据，是数据库管理工作的好帮手。

7.2.1　Access 用户界面

Access 2007 中的全新的用户界面由多个元素构成，最突出的新界面元素称为“功能区”。功能区中有多个选项卡，各选项卡以直观的方式将命令组合在一起。在 Access 2007 中，主要的功能区选项卡（简称功能选项卡）包括起始页、创建、外部数据和数据库工具。每个功能选项卡都包含多组相关命令，这些命令组展现了其他一些新的用户界面元素（例如样式库，它是一种新的控件类型，能够以可视方式表示选择）。

1. 启动 Access 2007

操作方法：依次单击 Windows“开始”按钮→“所有程序”→“Microsoft Office”→“Microsoft Office Access 2007”命令，系统显示“开始使用 Microsoft Office Access”页，如图 7-18 所示。

图 7-18　开始使用 Microsoft Office Access 页

在“开始使用 Microsoft Office Access”页中，可以创建新的数据库、打开现有数据库或者查看来自 Microsoft Office Online 的特色内容。

需要说明的是用户可以通过双击具体的 Access 数据库文件来启动 Access，这种情况下将直接打开数据库。

2. 数据库模板

Access 提供了各种各样的模板，使用这些模板可以加快数据库创建过程。模板是预设的数据库，其中包含执行特定任务时所需的所有表、查询、窗体和报表。例如有些模板可用于跟踪问题、管理联系人或记录费用；有些模板则包含一些可以帮助演示其用法的示例记录。可以按原样使用模板数据库，也可以对这些数据库进行自定义以更好地满足用户的需求。

假如在“开始使用 Microsoft Office Access”页中找不到适合的模板，用户可以浏览 Office Online 网站选择适合的模板。

如果不想使用模板，可以通过生成自己的表、窗体、报表和其他数据库对象来创建数据库。通常会涉及以下一项或两项操作。

（1）将数据输入、粘贴或导入到在创建新数据库时创建的表中，然后使用“创建”功能选项卡上的“表”组中的“表”命令创建的新表。

（2）从其他源中导入数据并在该过程中创建新表。

7.2.2 Access 数据库对象

Access 数据库中的对象包括表、查询、窗体、报表、宏和模块。其中表（TABLE）是 Access 数据库的基本对象，存放着数据库中的各种数据，是创建其他 5 种对象的基础。

1. 表（TABLE）

Access 2007 数据库是属于关系型数据库，其默认的文件扩展名为.accdb。在关系数据库中，数据以二维表的形式存放信息，如图 7-19（a）所示。

一个数据库对应多个表，每个表需要定义一个主关键字，主关键字是由一个字段或多个字段组成的，用来唯一区分表中的每一条记录。表中的每一行为一个“记录”，对应着一个真实的实体，如本例的学生信息；每一列为一个“字段”，对应实体的一个属性信息，如学生的学号、姓名、性别、专业和家庭住址等。通常，将表中的“字段名称”及“数据类型”的总体称之为表的结构。

在 Access 2007 中，可以通过“创建”功能选项卡上的“表”组中的表设计器来设置每个表的字段类型和数据类型等，如图 7-19（b）所示。

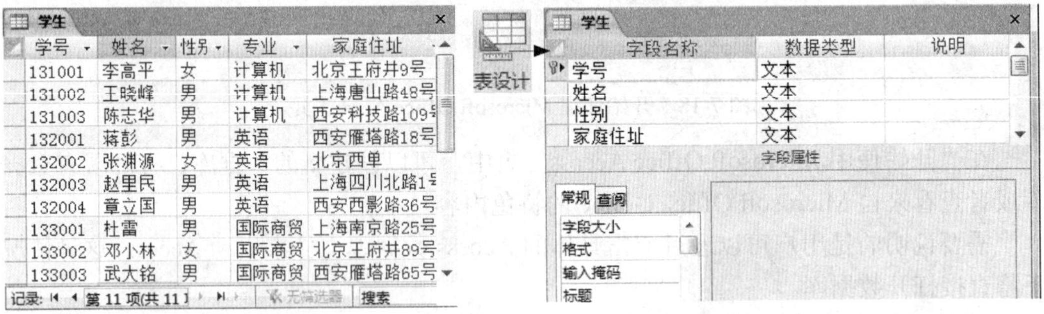

（a）学生表 （b）表设计器

图 7-19 表与表设计器

例 7.8　在 Access 数据库中，表和数据库之间的关系是___(1)___，其中表是由___(2)___组成的。Access 2003 和 Access 2007 数据库文件默认的扩展名分别是___(3)___。

（1）A．一个数据库可以包含多个表　　B．一个表只能包含一个数据库
　　C．一个表可以包含多个数据库　　D．一个数据库只能包含一个表
（2）A．查询和字段　B．字段和记录　C．记录和窗体　D．报表和字段
（3）A．db 和 mdb　B．adb 和 mdb　C．mdb 和 accdb　D．db 和 accdb

分析：空（1）的正确选项是 A。在 Access 数据库中，一个数据库可以包含多个表，而不是表包含数据库。空（2）的正确选项是 B。在 Access 数据库中，表是由字段和记录组成的。空（3）的正确选项是 C。Access 2003 的数据库文件默认的扩展名是.mdb，Access 2007 的数据库文件默认的扩展名是.accdb。

2. 查询（QUERY）

查询用于在一个或多个表内查找某些特定的数据，形成一个查询结果集，结果集也以二维表的形式显示出来，供用户查看。为了加快数据查找的速度，在表中可以定义一个或多个索引。例如可以按“姓名”或按“专业”分别定义索引，以加快数据查找的速度。

在设计一个数据库时，为了减少数据冗余、数据的不一致性等问题，通常根据需求的不同要设计多个基本表。数据库查询实际上就是从这些基本表中查询用户关心的数据。例如查询“国际商务”专业学生的选修“知识产权”课程的情况。在 Access 2007 中使用多种查询方式查找、插入和删除数据，如简单查询、动作查询、参数查询和交叉表查询等。另外用户还可以从一个或多个表中选择数据记录来创建一个表。

3. 窗体（FORM）

窗体向用户提供一个可交互的图形界面，用于进行数据的输入、显示及应用程序的执行控制，以及打印输出。窗体通过各种控件（如文本框、按钮等）来显示字段信息，控件的外观形式、大小等都可以在窗体设计器中设置，详见 7.3.5 窗体的设计与应用。

4. 报表（REPORT）

报表用来将选定的数据信息进行格式化显示和打印。报表可以基于一个表，也可以基于某一查询结果。报表在打印之前可以进行打印预览。另外报表也可以进行函数运算，如求和、求平均值等。在 Access 中，报表是一个非常有用的工具，利用报表设计器可以制作各种精美的报表。制作出的报表适于打印，以形成书面材料。

5. 宏（MACRO）

可将 Access 中的宏看作是一种简化的编程语言，可用于向数据库中添加功能。例如可将一个宏附加到窗体上的某一命令按钮，这样每次单击该按钮时，所附加的宏就会运行。宏相当于 DOS 中的批处理，是由若干个操作组合而成的。采用宏可以简化用户的一组操作，宏可以打开并执行查询、打开表、打开新窗体、打印、显示报表、修改数据及统计信息，也可以运行另一个宏以及模块。

例如：设计一个宏，其功能：打开“教学”数据库、查询“有 3 门以上课程不及格的学生信息”并将结果打印。一旦设计好，当执行宏时，会按该宏的定义依次执行相应的操作。

6. 模块（MODULE）

与宏一样，模块是可用于向数据库中添加功能的对象。尽管用户可以通过从宏操作列表中进行选择以在 Access 中创建宏，但是用户还可以用 VBA（Visual Basic for Applications）编程语言编写模块。模块有两种基本类型：类模块和标准模块。模块中的每一个过程都可以是一个函数过程或一个子程序。模块可以与报表、窗体等对象结合使用，以建立完整的应用程序。VBA 语言与 Microsoft Visual Basic 语言十分相似。在一般情况下，不需要创建模块，除非是要建立应用程序来完成宏无法实现的复杂功能。

例 7.9 下列选项中，_______不属于 Access 数据库对象。

A．表　　B．查询　　C．窗体　　D．文件夹

分析：本题的正确选项是 D。在 Access 数据库对象包括表、查询和窗体，但不包括文件夹。

7.2.3 Access 数据库创建

在使用 Access 2007 创建表、窗体、报表和其他对象之前，需要创建一个数据库。Access 2007 数据库在通常情况下被保存为*.accdb 文件，创建数据库一般有自行设计和利用模板两种方法。为了便于理解，下面通过实例说明使用“新建”命令创建数据库的方法。

1. 新建空白数据库

操作方法如下：

（1）在“开始使用 Microsoft Office Access”页上的“新建空白数据库”下，单击“空白数据库”。

（2）在“空白数据库”窗格的“文件名”框中，输入文件名或使用所提供的文件名。

（3）如果希望保存数据库的文件夹不同于文件名框下显示的文件夹，请单击，通过浏览找到要保存数据库的文件夹，或者新建一个文件夹。

（4）单击“创建”。系统创建一个新的数据库，然后在数据表视图中打开一个空表（名为表 1）。

注意：若要更改文件位置，请单击“文件名”框旁边的浏览按钮，通过浏览查找并选择新的位置，然后单击“确定”。

2. 应用举例

例 7.10 在 D 盘“教学管理”文件夹下创建一个“教学管理”数据库。

操作步骤如下：

步骤 1：在图 7-18 所示的“开始使用 Microsoft Office Access”页上的“新建空白数

据库”下，单击“空白数据库”。

步骤 2：在“空白数据库”窗格的“文件名”框中输入“教学管理”，如图 7-20 所示。

步骤 3：单击右侧按钮，系统弹出“文件新建数据库”对话框中选择 D 盘，并在该对话框中单击“新建文件夹”按钮，然后在如图 7-21（a）所示的输入数据库名字的位置上输入“教学管理”，单击“打开”按钮。

步骤 3：单击 “创建”按钮，系统在 D 盘教学管理子目录下创建了“教学管理”数据库并在数据表视图中打开一个名为表 1 的空表，输入数据来开始定义字段，如图 7-21（b）所示。

图 7-20 创建空白数据库

（a）创建空白数据库　　　　（b）新建的“教学管理”数据库

图 7-21 例 7.10

7.3 Access 2007 数据库的使用方法

7.3.1 创建表

Access 2007 有三种方式创建表：创建新的数据库、将表插入现有数据库中，或者从其他数据源（如 Microsoft Office Excel 2007 工作簿、Microsoft Office Word 2007 文档、文本文件或其他数据库）导入或链接到表。创建新的空白数据库时，系统将自动插入名为“表 1”的空表，之后便可以输入数据来开始定义字段。

1. 通过输入数据创建表

为了便于理解，下面通过例 7.11 来介绍创建方法。

例 7.11 在例 7.10 创建的教学管理数据库基础上创建学生表（学号，姓名，性别，专业，家庭住址）为例进行介绍。

操作步骤如下：

步骤 1：输入表的字段名创建表结构。双击图 7-21（b）“ID”，输入“学号”，如图

7-22（a）所示；双击“添加新字段”，输入“姓名”；双击“添加新字段”，输入“性别”；同样的方法输入第四个字段名“专业”和第五个字段名“家庭住址”。

步骤 2：将“表 1”更名为“学生”。选择“数据表”功能选项卡，单击“视图”组上的“设计视图”下拉按钮，在下拉菜单中选择执行“设计视图”命令，系统会弹出“另存为”对话框。在“另存为”对话框的“表名称”文本框内输入表名“学生”，单击“确定”按钮。创建好的学生表结构如图 7-22（b）所示。

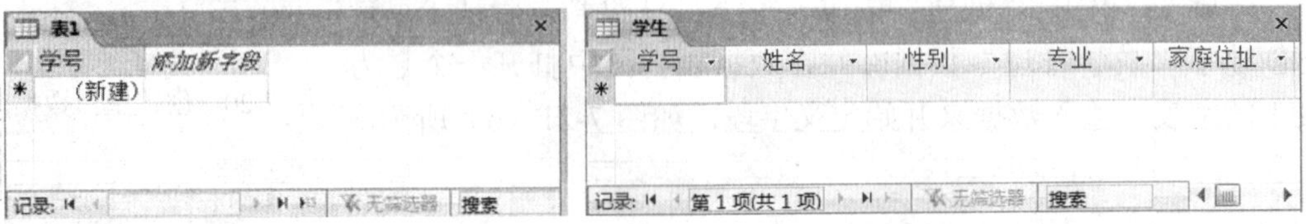

（a）“新建表”对话框　　（b）“学生”表

图 7-22　创建“学生”表

2. 使用“表设计”命令创建表

如果使用“表设计”命令建立表结构，需要详细说明每个字段的字段名和所使用的数据类型。为了便于理解，下面通过一个例题加以说明。

例题：创建一个课程表（课程号，课程名，学分），其中课程号为主键。

操作步骤如下：

步骤 1：在“数据库”窗口中，选择“创建”功能选项卡上的“表”组→单击“表设计”命令按钮，系统创建一个新表（表 1 或表 2……），并显示如图 7-23（a）所示的表设计视图。

步骤 2：单击表设计器第一行“字段名称”，输入“课程”表的第一个字段名称“课程号”，单击其右侧的下拉按钮，在下拉列表中选择所需的数据类型。如图 7-23（b）所示。

步骤 3：单击“表设计”视图的其他行的“字段名称”，输入其他字段名称，如课程名和学等，分别选择各个字段的数据类型完成表结构设计。

步骤 4：定义主关键字（简称主键）。单击第一个字段的字段选定器，然后选择“设计”功能选项卡上的“工具”组→单击“主键”按钮（或单击右键，在快捷菜单中选择“主键”命令）。在说明列中输入字段的说明信息，如主键，其目的是增加数据的可读性。例如图 7-23（c）所示的“课程”表中的“学号”字段前有“ ”标识，表示“学号”已被定义为主键。

步骤 5：单击 Office 菜单上的“保存”命令（按下组合键 Ctrl+S 或快捷工具栏上的“保存”按钮），弹出“另存为”对话框，在“另存为”对话框中的“表名称”文本框内输入表名“课程”，单击“确定”按钮。

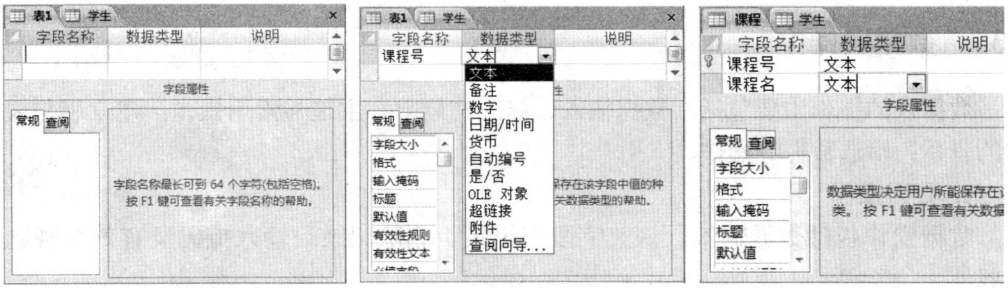

（a）表设计视图　（b）创建表举例　（c）定义主键

图 7-23　使用设计器创建表

注意：表设计视图分为上下两部分。上半部分是字段输入区，从左至右分别为字段选定器、字段名称列、数据类型列和说明列。字段选定器用来选择某一字段，字段名称列用来说明字段的名称，数据类型列用来说明该字段的数据类型，可以在说明列中对字段进行必要的说明。

3. 向现有数据库添加模板化的数据表

除了空白表外，Access 2007 还提供一组模板化的表。每个模板化的表都与 Office Access 2007 提供的数据库模板相对应。例如添加一个“联系人”、“资产”或“问题”数据的表。模板化的表只能添加到现有数据库中。具体操作步骤如下。

步骤 1：打开需要添加数据表的数据库。选择“创建”功能选项卡上的“表”组中，如图 7-24（a）所示。

步骤 2：单击“表模板”下拉按钮，在图 7-24（b）所示的列表中选择一个可用的模板。例如，选择“资产”表模板，Access 将在数据表视图中打开新表，如图 7-24（c）所示。新表中的每个字段都包含名称和数据类型，用户无需做其他工作即可输入数据。

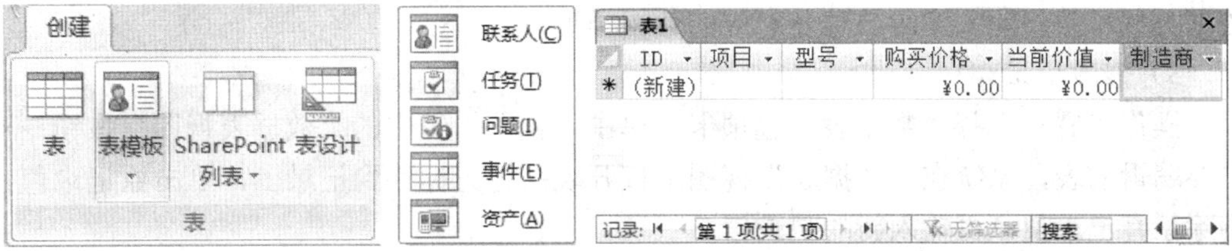

（a）“表”组　（b）下拉列表　（c）“资产”表模板

图 7-24　“新建表”对话框

步骤 3：输入数据（此步骤可以跳过）。

步骤 4：单击 Office 菜单上的“保存”命令（按下组合键 Ctrl+S 或快捷工具栏上的“保存”按钮），弹出“另存为”对话框，在“另存为”对话框中的“表名称”文本框内输入新的表名，单击“确定”按钮。

7.3.2 数据表操作

数据表的操作主要包括：数据输入、修改与删除；主键与索引操作；建立表与表之间的联系；筛选数据等操作。

1. 数据操作

数据操作包括数据输入、修改字段和记录、删除记录、输入掩码及有效性规则等内容。

1）输入数据

输入数据有使用“数据表”直接输入数据和从外部导入数据两种方法。外部导入数据是获取已存在数据的方法。

（1）直接输入数据的操作步骤：选择数据库窗口中“表”对象，双击“学生”表，打开“数据表”视图；依次输入字段的值，按 Enter 键或按 Tab 键转至下一个字段；若要在“照片”字段列输入图片信息，则单击鼠标右键，在弹出的快捷菜单上选择“插入对象”命令，打开“插入对象”对话框，根据提示信息进行操作；单击工具栏上的“保存”按钮，保存表中的数据。

（2）导入外部数据的操作步骤：选择“文件”菜单中的“获取外部数据源”子菜单中的“导入”命令，系统显示“导入”对话框，在“文件类型”框中选择导入文件类型，如选择导入“Microsoft Excel（*.xls）”文件类型，在列表框中选择待导入的 Excel 文件；单击“导入”按钮，系统显示“导入数据表向导”对话框，依据提示进行数据导入；单击“完成”按钮。

2）修改字段

操作步骤：选中数据库中的表，在“数据表”选项卡中，单击“视图”组中的“设计视图”按钮，屏幕上显示“设计”视图；在“设计”视图中选择要修改的字段名称和数据类型；重新输入字段名称及对应的数据类型。

3）修改记录

操作步骤：选择“数据表”选项卡→单击“视图”组中的“数据表视图”按钮→双击要编辑的表，系统在“数据表”视图中打开表；将光标移到记录上，单击原记录值，删除原有记录值，再输入新的记录值。

4）删除记录

操作步骤：选择“数据表”选项卡→单击“视图”组中的“数据表视图”按钮→双击要编辑的表，单击要删除记录的记录选定器；单击工具栏上的“删除记录按钮”，屏幕上显示删除记录的提示框；若单击提示框中的“是”按钮，则删除选定的记录；若单击“否”按钮，则可以取消删除操作。

记录选定器位于记录的最左侧，记录选择器符号的含义如表 7-2 所示。

表 7-2　记录选择器符号含义表

符　　号	含　　义
■	当前记录，由记录选择器中颜色的更改来指示。
	正在编辑此记录；对该记录的更改尚未保存。
⊘	此记录已被其他用户锁定；您无法进行编辑。
✳	可以在其中输入信息的新记录。
	主键字段，其中包含可唯一标识记录的值。

注意：删除操作是不可恢复的操作，因此在删除记录之前要确定该记录是否要删除。

5）输入掩码

输入数据时，用户希望输入的数据格式一致，如日期格式一致；或希望检查输入数据的正确性，如学号必须是数字字符等问题，可以利用输入掩码解决。例如，出生日期字段指定的输入掩码格式为：0000/99/99。“0”意味只能输入一个数，而且必须要输入；“9”意味只能输入一个数，但不是必须要输入的；“/”符号作为分隔符直接跳过。输入掩码属性所使用的字符及含义如表 7-3 所示。

表 7-3　输入掩码属性所使用字符及含义

字符	说　　明	字符	说　　明
0	必须输入数字（0-9）	&	必须输入任何的字符或一个空格
9	可以选择输入数据或空格	C	可以选择输入任何的字符或一个空格
#	可以选择输入数据或空格（允许输入加号和减号）	. : ; -/	小数点占位符及千位、日期与时间的分隔符
L	必须输入字母（A-Z）	<	将所有字符转换成小写
?	可以选择输入字母（A-Z）	>	将所有字符转换成大写
A	必须输入字母或数字	!	使输入的掩码从右到左显示。输入掩码中的字符是从左到右。
a	可以选择输入字母或数字	\	使接下来的字符以原义字符显示，例如：\A 显示为 A。

6）必填字段

必填字段用来规定该字段是否必须填入数据。该属性只有两个值：是、否。默认选择的是“否”，表示该字段可以填入数据也可以不填入数据。若在必填字段选择“是”列表项，则该字段必须填入数据，否则将产生错误提示，要求用户输入数据。

7）有效性规则

使用有效性规则用来定义字段中输入数据的范围，若输入的数据超出此范围，则将产生错误提示。可见有效性规则可以防止非法的数据输入。

例 7.11　Access 提供多种视图模式，其中在__（1）__模式下，可以删除数据表中的记录；若一个数据表中含有图片，那么图片所在的字段通常被定义为__（2）__数据类型。

（1）A．设计视图　　B．数据表视图　　C．数据透视表视图　　D．索引视图

（2）A．备注　　B．超级链接　　C．OLE对象　　D．文本

分析：空（1）的正确选项为B。在Access的数据表视图下可以对数据表进行常规处理操作，例如插入、删除、保存等。

空（2）的正确选项为C。Access提供了多种用于存储图像的方式，例如：将图像直接嵌入数据库表的“OLE对象”字段；将图像存储在硬盘或网络上，并从数据库表中链接这些图像；使用VBA代码以显示图像。根据题干的意思，数据表中含有图片，而不是说含有图片的地址，所以“文本”、“超级链接”、“备注”都不合适，选“OLE对象”。

2. 设置主键

主键是唯一区分表中的每一条记录，且每一条记录的主键值是不允许重复、不能为空。当某个字段被设置为主键后，该字段的“索引”属性将自动变为“有（无重复）”，而且不能通过下拉菜单更改这种属性。在Access中，主键分为：自动编号、单字段和多字段主键。

（1）自动编号主键

自动编号是指系统自动设置值，由于自动编号值是不重复的，所以也称之为自动编号主键。自动编号主键的设置方法：打开表的“设计”视图，将光标移到待设置为主键字段的左边，单击右键，在弹出菜单里选择“主键”命令。

（2）单字段主键

单字段主键是指主键只有一个字段。设置方法：选择并打开数据库，在导航窗格中，右键单击要设置主键的表，然后在快捷菜单上，单击“设计视图”→单击需设定为主键字段的选定器→选择“设计”功能选项卡上的“工具”组→单击“主键”按钮。一旦设定，字段前有一个标识表示该字段已被设置为主键。

（3）多字段主键

多个字段主键也称为组合主键，即主键有多个字段组成。设置方法选择并打开数据库，在导航窗格中，右键单击要设置主键的表，然后在快捷菜单上，单击“设计视图”→将光标移到待设置为主键的多个字段里的某一个，按下Ctrl键的同时，再依次单击要设置成主键的字段，再单击鼠标右键，在弹出的菜单中选择“主键”命令，或者单击功能区中的“ ”按钮将多个字段设置为主键。

例7.12　在Access中可以定义三种主键，其中________不属于主键的设置方法。

A．自动编号主键　　B．手动编号主键　　C．单字段主键　　D．多字段主键

分析：本题的正确选项为B。Access允许定义三种类型的主键：自动编号主键、单字段主键及多字段主键。手动编号主键不是Access允许定义的主键的设置方法。

3. 索引操作

建立索引的主要目的有两个：第一，加快数据库表中检索数据的速度。例如：若在查询时由某个字段或字段组合作为条件，则可以为它们建立索引，提高查询效率。第二，

建立不同数据表之间的联系。例如某高校有系和学生表结构为：系（系号，系名，主任名），学生（学号，姓名，系号，性别）。此时若要查询某个学生所属系的系主任名，则需要同时察看系和学生表中的相关信息，因此为了建立表与表之间的关联需要依赖主索引。

在 Access 中，可以基于单个字段或多个字段创建索引。索引是有助于提高查询速度，但是每当用户进行数据表的添加、删除、修改等操作时，系统都必须更新索引。索引是有代价的，建立的索引越多，数据库更新索引的代价越大。特别是当数据库中的数据量非常大时，可能会因更新索引导致查询速度降低。可见，如何根据用户具体的应用需求，建立合理的索引是需要认真进行需求分析的。

例 7.13　为了加快数据库的访问速度，可以对数据库建立并使用______，它在数据库的整个生命周期都存在。

A．数据表　　B．主键　　C．记录　　D．索引

分析：本题的正确选项为 D。关系数据库的各个组成元素有数据表、字段、记录、索引、关键字、主键、数据库等。类似于图书馆帮助读者快速检索书目所用的各种图书索引一样，为了加快数据库的访问速度，数据库也使用索引，索引是一个独立的文件或表格，在数据库的整个生命周期中，它一直存在，并得到相应的维护。

4. 筛选操作

筛选操作的作用是从表中筛选出需要的数据。筛选有三种方法：按窗体筛选、内容排除筛选和高级筛选，三种方式比较情况如表 7-4 所示。

表 7-4　三种筛选方法的比较

筛 选 目 的	按窗体筛选	内容排除筛选	高级筛选
可以查找符合多个准则的记录	是	是	是
可以查找符合一个准则或另一个准则的记录	是	是	是
允许输入表达式作为准则	是	否	是
可以按升序或降序排序记录	否	否	是

1）按窗体筛选

窗体筛选用于按窗体或数据表中的若干个字段进行筛选或要查找特定记录。Access 将创建与原始窗体或数据表相似的空白窗体或数据表，然后用户可根据需要填写任意数量的字段。完成后，Access 自动查找包含指定值的记录，并将符合筛选的记录全部显示出来。

例 7.14　从图 7-19（a）所示的“学生”表中（1）查找计算机专业的女生；（2）查找女生或计算机专业的学生。

（1）的操作步骤如下：

步骤 1：打开“学生”表→选择“开始”功能选项卡上的“排序和筛选”组→单击

“高级”下拉命令按钮，在如图 7-25（a）所示的快捷菜单上单击“按窗体筛选”，打开窗体筛选窗口。

步骤 2：选择“查找”选项卡→在“性别”字段值处输入“女”，或单击字段值右侧的▼箭头按钮，从下拉列表中选择“女”；在“专业”字段值处输入“计算机”，或单击右侧的▼箭头按钮，从下拉列表中选择“计算机”，如图 7-25（b）所示。

步骤 3：单击“高级”快捷菜单上的“应用筛选/排序”命令，即可完成筛选。筛选结果如图 7-25（c）所示。

（2）的操作步骤如下：

步骤 1：同（1）的操作步骤。

步骤 2：选择“查找”选项卡→在“性别”字段值处输入“女”，或单击字段值右侧的▼箭头按钮，从下拉列表中选择“女”。

步骤 3：选择“或”选项卡→在“专业”字段值处输入“计算机”，或单击字段值右侧的▼箭头按钮，从下拉列表中选择“计算机”。

步骤 4：单击“高级”快捷菜单上的“应用筛选/排序”命令，即可完成筛选。筛选结果如图 7-25（d）所示。

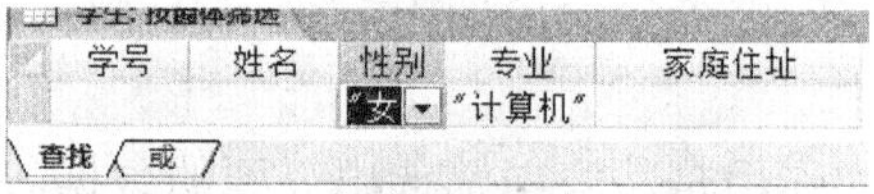

（b）按窗体筛选

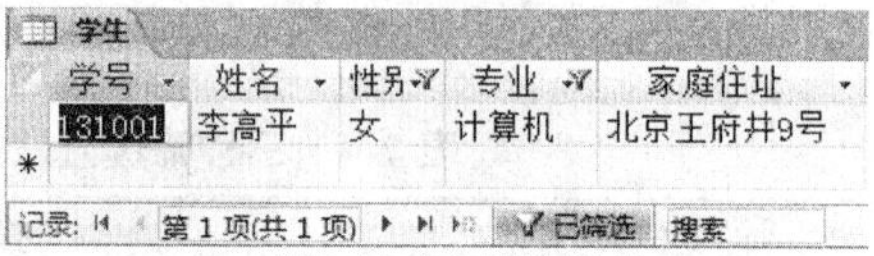

（c）例7-14（1）筛选结果

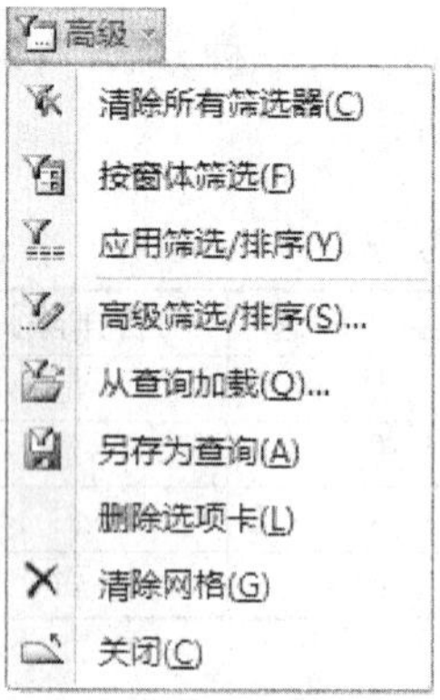

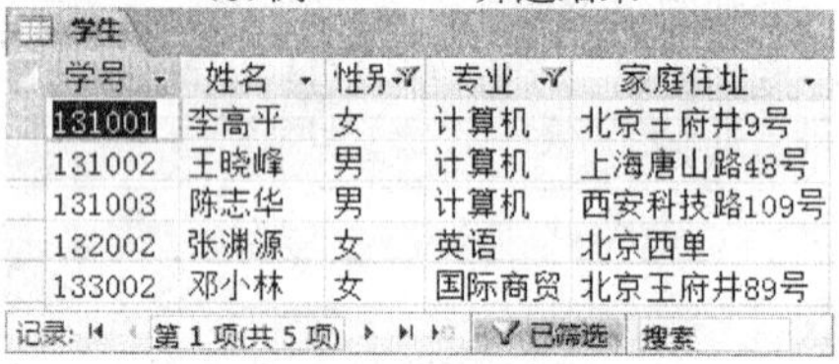

（a）“高级”下拉列表　（d）例 7-14（2）筛选结果

图 7-25　例 7.14

注意：如果希望将某个字段值作为独立于其他字段值的筛选使用，则必须在“查找”选项卡和每个“或”选项卡上输入该值。每个“或”选项卡代表一组或筛选值。

2）内容排除筛选

内容排除筛选方法可以直接将某字段为某个值的所有记录筛选出来；也可通过自定义字段中的某一值，将表中字段值与定义的值相符合的记录全部筛选出来。若字段数据类型为数字或日期/时间时，则可通过定义一个期间，将该字段中所有在此期间内的记录全筛选出来。

例 7.15　从图 7-19（a）所示的“学生”表中筛选出非“计算机”专业的学生记录。

操作步骤如下：

步骤 1：打开“学生”表的数据表视图，单击“专业”字段列的任一行。

步骤 2：选择“开始”功能选项卡上的“排序和筛选”组→单击“选择”下拉命令按钮，在如图 7-26（a）所示的下拉列表中单击不等于“计算机”，筛选的结果如图 7-26（b）所示。

（a）下拉列表　（b）非“计算机”专业的学生记录

图 7-26　例 7.15

3）高级筛选

高级筛选可用来设置筛选的字段、条件等，并可设置记录的排序方式，其设置的内容相对上面两种方法要广得多。

高级筛选可在任一视图中打开表、查询、窗体或报表；数据表、窗体、报表或布局。但是要确保视图尚未经过筛选。在记录导航器栏上，确认“不筛选”灰显（不可用）。如果未显示记录导航器栏，请单击“开始”选项卡上“排序和筛选”组中的“高级”，然后单击“清除所有筛选器”（如果“清除所有筛选器”灰显，则说明没有生效的筛选）。为了便于理解，下面通过例题加以介绍。

例 7.16　从图 7-19（a）所示的“学生”表中采用高级筛选方式筛选出性别为女生，或家庭住址在北京或西安的学生记录。

操作步骤如下：

步骤 1：打开学生表，选择“开始”选项卡上的“排序和筛选”组→单击“高级”下拉命令按钮→单击快捷菜单上的“高级筛选/排序”→将要作为筛选依据的字段添加到网格中。

步骤 2：首先选择“性别”字段，在“条件”行中输入“女”；然后选择“家庭住址”字段，在“条件”行中输入第一个条件：北京*，在“或”行中输入第二个条件：西安*（注：系统自动会添加 Link“条件”）。添加后的“学生筛选”文档选项卡如图 7-27（a）所示。

步骤 3：单击“排序和筛选”组上的“切换筛选”命令按钮，系统即可显示筛选出的结果，如图 7-27（b）所示。

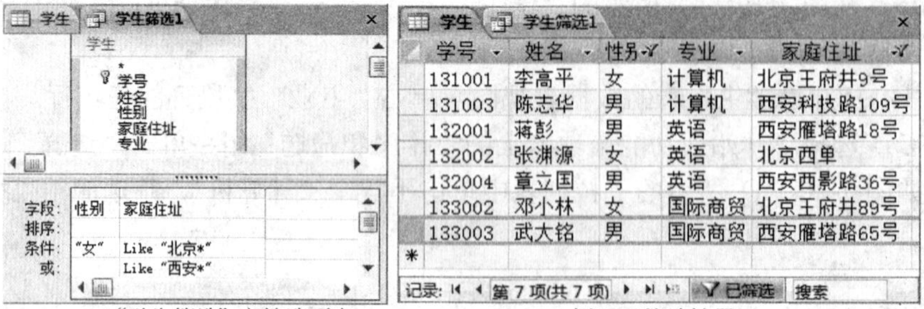

（a）"学生筛选" 文档选项卡　　（b）例7-16筛选结果

图 7-27　例 7-16

5. 表间关系操作

在 Access 中通过表间关系操作建立表与表之间的关系（联系）。这样通过将不同表中的相关数据建立的联系，为进一步建立查询、创建窗体或报表奠定基础。

创建表关系

以建立学生表和课程表之间的"选课"关系为例进行介绍。具体的操作步骤如下。

步骤 1：选择并打开数据库，选择如图 7-28（a）所示的"数据库工具"选项卡上的"显示/隐藏"组中单击关系按钮。

步骤 2：如果尚未定义过任何关系，则会自动显示"显示表"对话框，如图 7-28（b）所示。选择"学生"表，单击"添加"按钮；选择"课程"表，单击"添加"按钮。

步骤 3：单击关闭按钮，这时屏幕显示如图 7-28（c）所示。

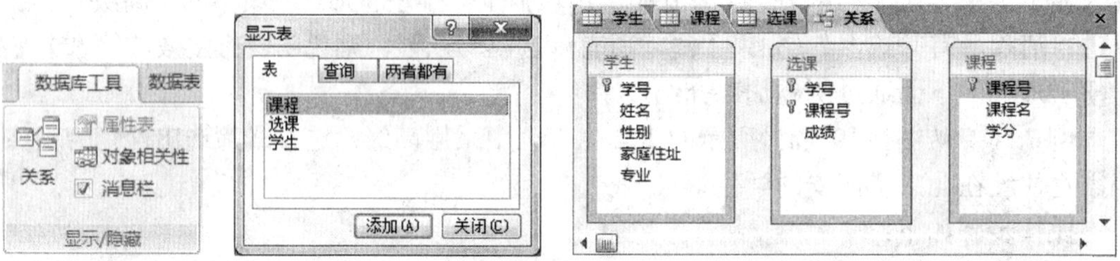

（a）"显示/隐藏" 组　　（b）"显示表" 对话框　　（c）"显示表" 对话框

图 7-28　"关系" 窗口

步骤 4：选定"学生和选课"表中的"学号"字段，然后按下鼠标左键并拖动到"学生"表中的"学号"字段上，松开鼠标。系统显示"编辑关系"对话框。在"编辑关系"对话框中，选中"实施参照完整性"复选框，可以设置两个表之间的参照引用规则。以后在删除或更新表中数据时，系统会通过参照引用相关联的另一个表中的数据约束对当前表的操作，以确保相关表中记录的有效性和相容性，防止意外删除或更改相关的数据。

步骤 5：选定“选课”表中的“课程号”字段，然后按下鼠标左键并拖动到“课程”表中的“课程号”字段上，在松开鼠标。系统显示“编辑关系”对话框。单击“实施参照完整性”复选框，然后单击“创建”按钮。建立表间关系如图 7-29 所示。

步骤 6：单击关闭按钮，这时 Access 询问是否保存布局的更改，单击“是”按钮。

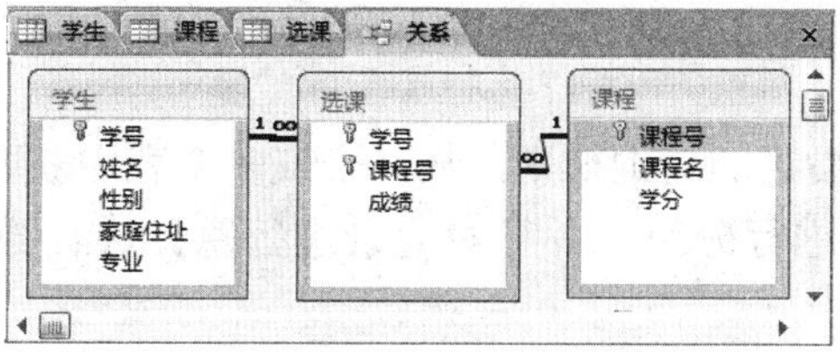

图 7-29　建立表间关系

说明：主表中的联接字段必须是主索引或唯一索引，且两个联接字段必须具有相同的数据类型，否则就不能设置参照完整性。在“编辑关系”对话框中，选中“实施参照完整性”选项，可以设置两个表之间的参照引用规则。以后在删除或更新表中数据时，系统会通过参照引用相关联的另一个表中的数据约束对当前表的操作，以确保相关表中记录的有效性和相容性，防止意外删除或更改相关的数据。

另外，在“编辑关系”对话框中，下方有三个复选框，如果选择了“实施参照完整性”复选框，然后选择“级联更新相关字段”或选择“级联删除相关记录”复选框的含义是在主表的主关键字值更改或删除主表中的记录时，系统自动更新相关表中的对应数值或自动删除相关表中的相关信息。

如果要重新编辑已有的关系，以便进一步优化数据库性能。方法是：首先关闭所有打开的表，然后单击工具栏上的“关系”按钮，这时屏幕上显示“关系”窗口，如果要删除两个表之间的关系，单击要删除关系的连线，然后按 DeL 键；如果要更改两个表间的关系，双击要更改关系的连线，这时出现“编辑关系”对话框，在该对话框中，可以重新选择复选框，然后单击创建按钮；如果要清除“关系”窗口，则应选择“设计”功能选项卡→单击 “工具”组上的“清除布局”按钮，系统弹出确认删除布局的对话框，单击“是”按钮即可删除。

例 7.17　删除 Access 数据表中的某一条记录，被删除的记录______。

A．不能恢复　　B．可以恢复到删除前的位置

C．存放在回收站中　　D．另存为一个新的数据表

分析：本题的正确选项是 A。在 Access 数据表中，一旦删除了某一条记录，被删除的记录不能恢复。

7.3.3　查询设计与应用

查询的目的是让用户根据指定条件对表或者查询进行检索，筛选出符合条件的记

录，构成一个新的查询结果数据集。查询的结果也是一个数据表，可作为其他数据库操作的数据源。

根据对数据源操作方式和结果的不同，查询可以分为 5 大类：选择查询、交叉表查询、操作查询、参数查询和 SQL 查询。为了便于理解下面以教学数据库为例进行介绍。

1. 用向导创建查询

1）创建选择查询

选择查询可以根据指定的查询准则，从一个或多个表中获取数据并显示结果；也可以使用选择查询对记录进行分组，并且对记录进行总计、计数、平均以及其他类型的计算。

例 7.18　假设某高校“教学管理”数据库的学生表结构为学生（学号，姓名，性别，家庭住址，专业），课程（课程号，课程名，学分）；选课（学号，课程号，成绩）。查询信息：学号、姓名、课程号、课程名和成绩。

分析：本题涉及三个表信息，因为只有学生表包含姓名，课程表包含课程名，选课表包含成绩，所以本题是一个多表查询问题。操作步骤如下。

步骤 1：在“教学管理”数据库窗口中，选择“创建”选项卡中的“其他”工作组→单击“查询向导”按钮→在“新建查询”对话框右侧的列表框中选择“简单查询向导”，屏幕上会显示“简单查询向导”对话框，如图 7-30（a）所示。

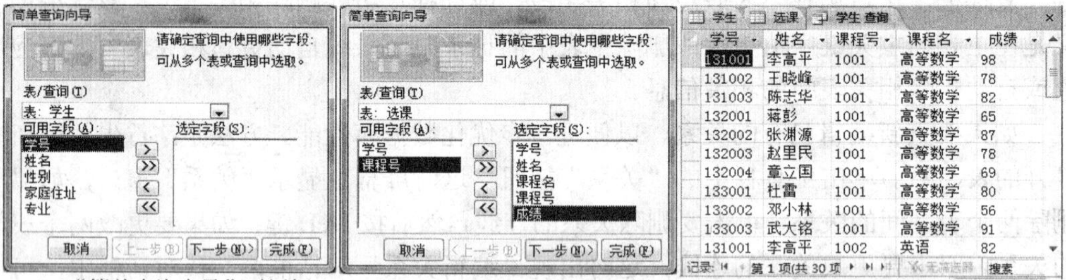

（a）“简单查询向导”对话框　（b）从学生、课程和选课表选择字段　（c）查询结果

图 7-30　简单查询举例

步骤 2：在“表/查询”下拉列表中选择“学生”表，此时在“可用字段”框中显示“学生”表中包含的所有字段；分别双击学号和姓名和专业，这些字段被添加到“选定的字段”框中。同理在“表/查询”下拉列表中选择“课程”表，添加课程号和课程名字段；在“表/查询”下拉列表中选择“选课”表，添加成绩字段。添加字段的情况如图 7-30（b）所示。

步骤 3：单击下一步按钮，系统显示“简单查询向导”第二个对话框，在“请为查询制定标题”文本框中输入查询名称（默认标题为“学生 查询”）。

步骤 4：如果要修改查询设计，则单击“修改查询设计”选项按钮；如果要打开查询看结果，则单击“打开查询查看信息”选项按钮。单击“打开查询查看信息”选项按钮，并单击“完成”按钮。查询结果如图 7-30（c）所示。

2）创建交叉表查询

交叉表查询可以计算并重新组织数据结构，这样可以更加方便地进行数据分析。交叉表查询计算数据的总计、平均值、计数或其他类型的总和，这种数据可分为两组信息：一类在数据表左侧排列，另一类在数据表的上部。数据表行和列的交叉处显示该字段的计算结果。在创建交叉表查询时，用户需要指定行标题、列标题和交叉位置三种字段。

（1）行标题字段：放在数据表最左端，它把某一字段或相关的数据放入指定的一行中。

（2）列标题字段：放在数据表最上面，它对每一列指定的字段或表进行进行统计，并将统计结果放入该列中。

（3）交叉位置字段：放在数据表行与列交叉位置上，用户需要为该字段指定一个总计项，对于交叉表查询，用户只能指定一个总计类型的字段。

例 7.19　在“教学管理”数据库中学生、课程和选课表结构为：学生（学号，姓名，性别，家庭住址，专业）；课程（课程号，课程名，学分）；选课（学号，课程号，成绩）。查询信息：姓名、课程名和成绩。查询的结果格式要求行标题字段为学生“姓名”，列标题字段为“课程名”，交叉字段为“成绩”。

分析：题目要求查询的结果包含学生、课程和选课三个表的信息，所以首先要构造一个包含学号、姓名、课程号、课程名和成绩的学生成绩查询（创建过程见例 7.18，故不再赘述），然后再使用“查询向导”创建交叉表查询。

创建学生成绩交叉表查询的具体操作步骤如下。

步骤 1：在“教学管理”数据库窗口中，选择“创建”选项卡中的“其他”工作组→单击“查询向导”按钮→在“新建查询”对话框右侧的列表框中选择“交叉查询向导”，屏幕上会显示“交叉查询向导”第一个对话框，在如图 7-31（a）所示的对话框中选择“学生 查询”表。单击“下一步”按钮，系统显示“交叉表查询向导”第二个对话框。

步骤 2：在该对话框中，确定交叉表的行标题。行标题最多可以选择 3 个字段，为了在交叉表的每一行第一列显示学生的“姓名”，应双击“可用字段”框中的“姓名”字段，如图 7-31（b）所示。单击“下一步”按钮，系统显示“交叉表查询向导”第三个对话框。

步骤 3：在该对话框中，确定交叉表的列标题“课程号”，如图 7-31（c）所示。单击“下一步”按钮，系统显示“交叉表查询向导”第四个对话框。

步骤 4：在该对话框中，确定每个行和列的交叉处计算什么数据，如图 7-31（d）所示。单击“下一步”按钮，这时屏幕上显示“交叉表查询向导”最后一个对话框。

步骤 5：在该对话框中，给出了一个默认的查询名称“课程成绩—交叉表”，用户也可在“请指定查询的名称”文本框中输入其他名字。单击“查看查询”选项按钮，然后单击“完成”按钮，系统显示如图 7-31（e）所示的查询结果。

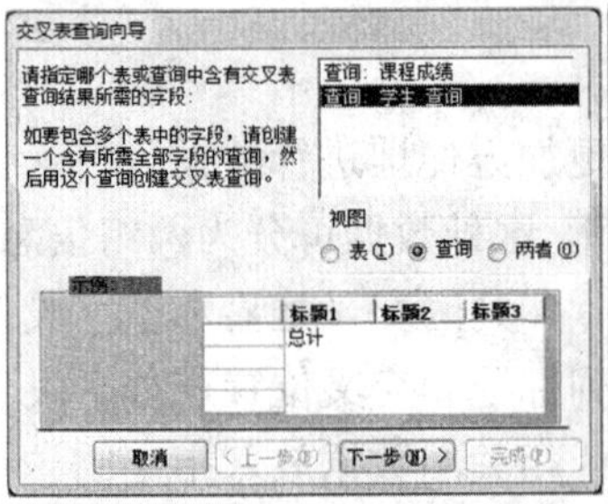

(a)“交叉表查询向导”对话框

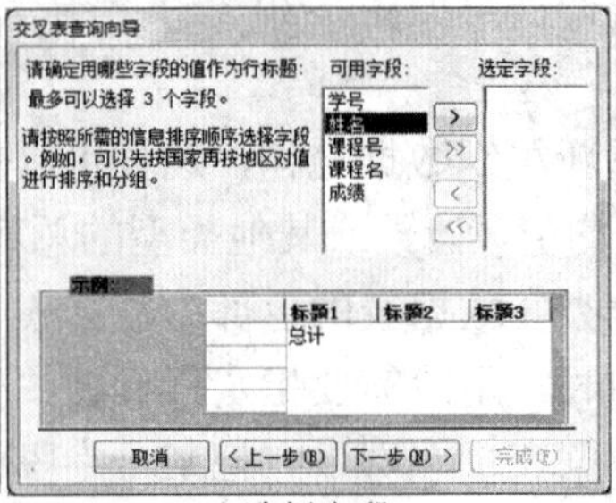

(b)选行字段

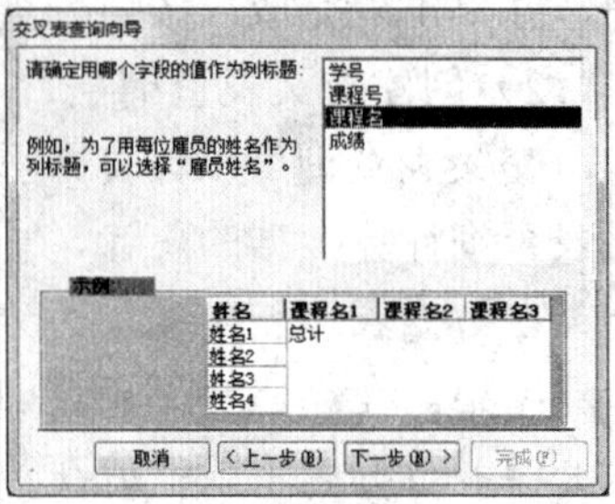

(c)选列字段

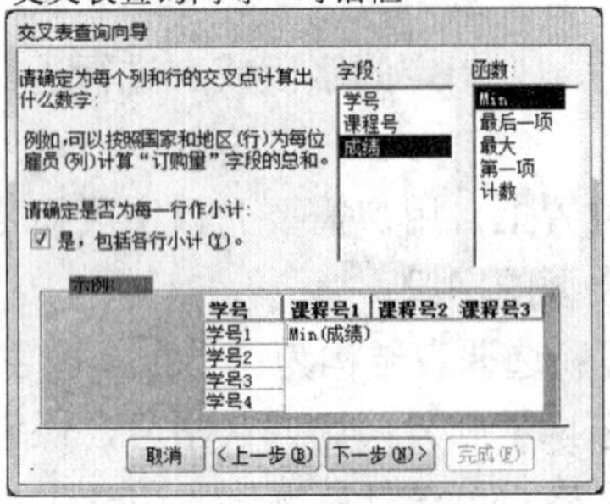

(d)选计算函数

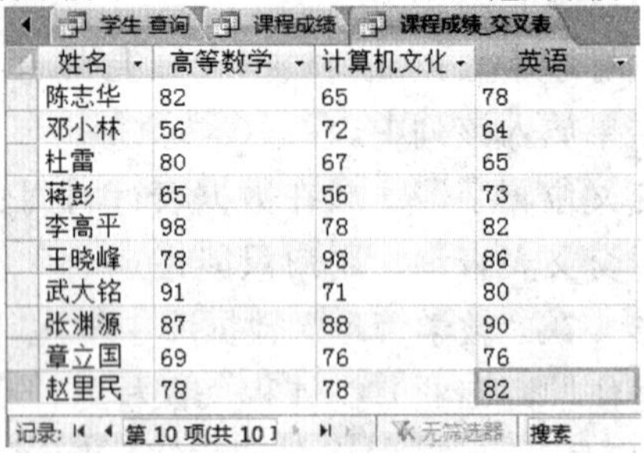

姓名	高等数学	计算机文化	英语
陈志华	82	65	78
邓小林	56	72	64
杜雷	80	67	65
蒋彭	65	56	73
李高平	98	78	82
王晓峰	78	98	86
武大铭	91	71	80
张渊源	87	88	90
章立国	69	76	76
赵里民	78	78	82

(e)查询结果

图 7-31　交叉表查询示例

3）使用“查找重复查询向导”

在 Access 中，可能需要对数据表中某些具有相同的值的记录进行检索、分类。利用系统提供的“查找重复查询向导”可以快速地完成一个“查找重复项”查询，即查询出一个或多个字段值相同的记录。具体操作过程与“简单查询向导”类似，故不再赘述。

4）使用“查找不匹配查询向导”

使用“查找不匹配查询向导”，是将一个表中的某个字段的数据和另一表中的某个字段的相同的记录删除，并存储在另一张表里。

例 7.20　查询“教学管理”数据库中的学生和选课表结构同例 7.19。查询没有选课的学生的学号、姓名、性别和专业。

具体操作步骤如下。

步骤 1：在“教学管理”数据库窗口中，选择“创建”选项卡中的“其他”工作组→单击“查询向导”按钮→在“新建查询”对话框右侧的列表框中选择“不匹配查询向导”，屏幕上会显示“交叉查询向导”第一个对话框，该对话框是要选择包含没有选课的学生的信息的表，显然是在如图 7-32（a）所示的对话框中选择“学生”表。

步骤 2：单击“下一步”按钮，系统显示“交叉表查询向导”第二个对话框，该对话框是要确定没有选课的学生，显然是要在如图 7-32（b）所示的对话框中选择“选课”表。

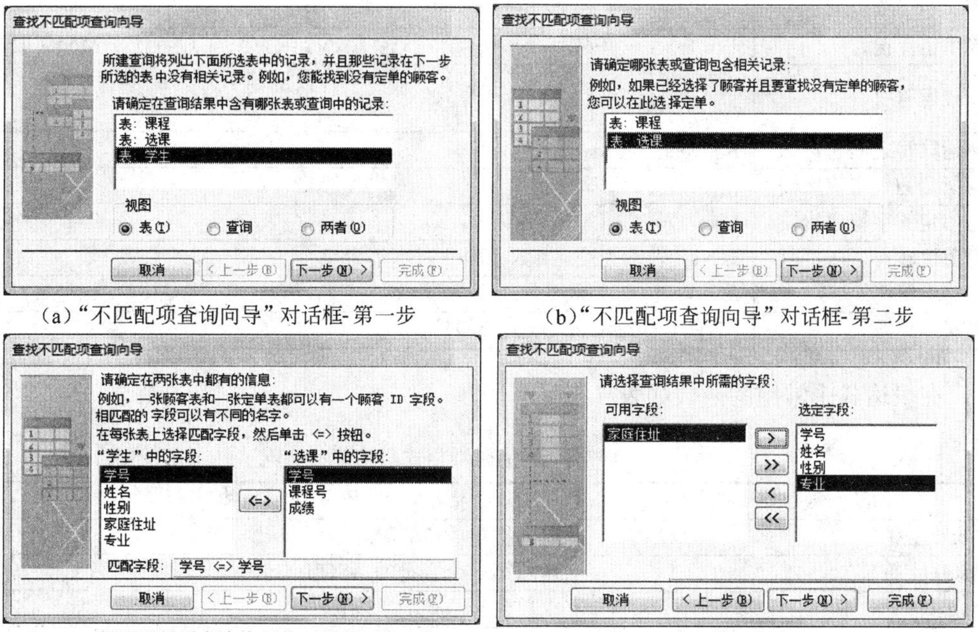

（a）“不匹配项查询向导”对话框-第一步　（b）“不匹配项查询向导”对话框-第二步

（c）“不匹配项查询向导”对话框-第三步　（d）“不匹配项查询向导”对话框-第四步

图 7-32　选择匹配字段

步骤 3：单击“下一步”按钮，系统显示“交叉表查询向导”第三个对话框，该对话框是要确定两张表中都有的信息，在表中字段窗口里，选择某个字段，然后在另一个表中选择某个字段。完成后，单击<=>按钮，在匹配字段里，将显示匹配的字段。本题是选择二张表都有的字段“学号”，如图 7-32（c）所示。

步骤 5：单击“下一步”按钮，系统显示“交叉表查询向导”第四个对话框，在该对话框中选择查询结果所需的字段：学号、姓名、性别和专业，如图 7-32（d）所示。

步骤 6：单击“完成”按钮，系统将在“教学”数据库窗口中显示没有选课学生的查询结果，如图 7-33 所示。

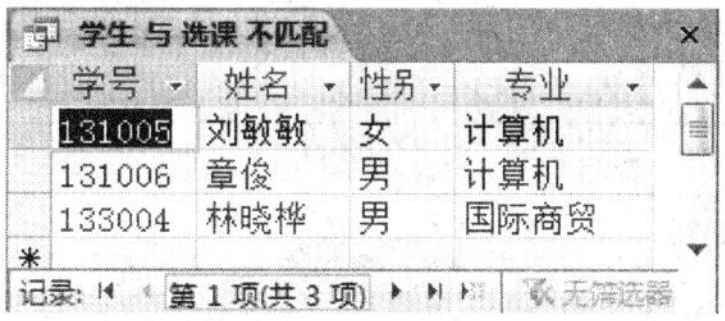

图 7-33　“学生与选课不匹配”查询结果

2. 添加查询条件

1）条件表达式

查询条件是查询设计中的一个重要选项，反映了用户对查询的要求，用来标识要包含在查询结果中的记录。在查询设计中，查询条件对应一个逻辑表达式，若表达式的值为真，则满足该条件的数据就包含在查询结果中；否则这些数据就不包含在查询结果中。

在表达式中运用的符号有数学符号和逻辑符号，如表 7-5 所示。

表 7-5　表达式中使用的符号

运　算　符	符　　号
算术运算符	+（加）、－（减）、*（乘）、/（除）、^（乘方）、\（整除）、Mod（取模）
比较运算符	=（等于）、>（大于）、<（小于）、>=（大于等于）、<=（小于等于）、<>（不等于）
两运算符之间	Between…And
与指定的一组值比较	In
与指定的字符串比较	Like
空值比较	Is Null 表示为空，Is Not Null 表示不为空
连接运算符	&
逻辑运算符	AND（与）、OR（或）、NOT（非）

在表达式中常用的函数如表 7-6 所示。

表 7-6　常用函数格式与功能

函　数　格　式	功　　能
Abs（数值）	返回指定数值的绝对值
Asc（字符串）	返回第一个字符的 ASCII 码值
Avg（表达式）	求数值表达式的平均值
Date()	取得系统当前的日期
Iif（条件，值 1，值 2）	条件为真时，返回值 1，否则返回值 2
InStr（[位置,]字符串 1,字符串 2）	求字符串 2 在字符串 1 中最先出现的位置
InStrRev（字符串 1,字符串 2[,位置]）	从后往前求符串 2 在符串 1 中最先出现的位置
Int（数值）	返回小于等于指定数值的最大整数
Left（字符串，字符数）	从字符串的左边开始截取指定字符个数的子字符串
Len（字符串）	计算字符串中包含的字符个数，返回值是 Long 型
Max（表达式）	求一组中的最大值
Mid（字符串）	从字符串指定位置开始截取指定字符个数的子字符串
Min（表达式）	求一组中的最小值
MsgBox（提示[,类型][,标题]）	显示一个消息对话框，并等待用户单击按钮
Now()	取得系统当前的日期和时间
Replace（字符串 1，字符串 2，字符串 3[,位置[,次数]]）	从指定位置开始，在字符串 1 中查找所有的字符串 2，并用字符串 3 替换，然后返回替换后的字符串
Right（字符串，字符数）	从字符串右边开始截取指定字符个数的子字符串
Round（数值[,小数位数]）	按照指定的小数位数进行四舍五入运算
Rtrim（字符串）	删除字符串右边的空格
Space（数值）	返回由指定个数的空格组成的字符串
Sqr（数值）	求正数的算术平方根
Str（数值）	将数值型数据转换成字符型数据
Trim（字符串）	删除字符串左右两边的空格
Val（字符串）	将字符串转换为 Double 型的数值

例 7.21　在一个含有教师系别、性别等字段的数据库中，若要统计每个系男女教师的人数，应使用＿（1）＿查询。在 Access 中，为查询成绩为 60 至 80 分之间（包括 60 分，不包括 80 分）的学生，应在成绩字段的查询准则中输入＿（2）＿；筛选图书编号是“01”或“02”的记录，可以在准则中输入＿（3）＿；在 Access 中使用带参数查询时，表达式中的关键字 Like 表明是一种模糊查询，其后可带有两种通配符，＿（4）＿就是其中的一种。

（1）A．选择查询　　B．操作查询　　C．参数查询　　D．交叉表查询

（2）A．>=60 or <80　　B．>=60 and <80　　C．>60 and =<80　　D．>60 or =<80

（3）A．IN（"01", "02"）　　B．NOT IN（"01", "02"）

C．"01"OR"02"　　D．NOT（"01", "02"）

（4）A．?　　B．$　　C．#　　D．!

分析：空（1）的正确选项是 D。交叉表查询计算数据的总计、平均值、计数或其他类型的总和。所以在一个含有教师系别、性别等字段的数据库中，若要统计每个系男女教师的人数，应使用交叉表查询。

空（2）的正确选项是 A。“>=60 or <80”的含意为 60 至 80 之间，且包括 60 不包括 80，所以应在成绩字段的查询准则中输入>=60 or <80。

空（3）的正确选项是项 C。因为逻辑运算符“OR”是或的含意，所以在准则中应输入"01"OR"02"。

空（4）的正确选项是 A。关键字 Like 采用的通配符为“*”和“？”，其中“*”表示可以匹配任意长度字符的通配符，“？”表示可以匹配单个字符的通配符。例如 Like“李*”意为匹配“李”打头的字符串，如“李敏”、“李民”、“李晓红”；Like“李？”意为匹配“李”打头的后跟一个字符的字符串，如“李敏”、“李民”，但 不匹配“李晓红”。

2）添加查询条件

在查询设计视图中，写在“条件”栏同一行的条件之间是“与”的关系；写在不同行的条件之间是“或”的关系。

例 7.22　在例 7.18 学生查询结果（图 7-30（d）所示）中增加“成绩<60”或者“成绩>90”的条件。

操作步骤如下：

步骤 1：双击打开例 7.18 的“学生 查询”→单击“开始”功能选项卡上的“视图”组中的下拉按钮，系统显示如图 7-34（a）所示的下拉列表命令。

步骤 2：单击下拉列表中的“设计视图”命令，在如图 7-34（b）所示设计视图窗口中的“成绩”字段对应的条件框中输入条件“<60 or>90”。

步骤 3：单击下拉列表中的“数据表视图”命令，即可切换到数据表视图查看结果。查询结果如图 7-34（c）所示。

（a）下拉列表命令

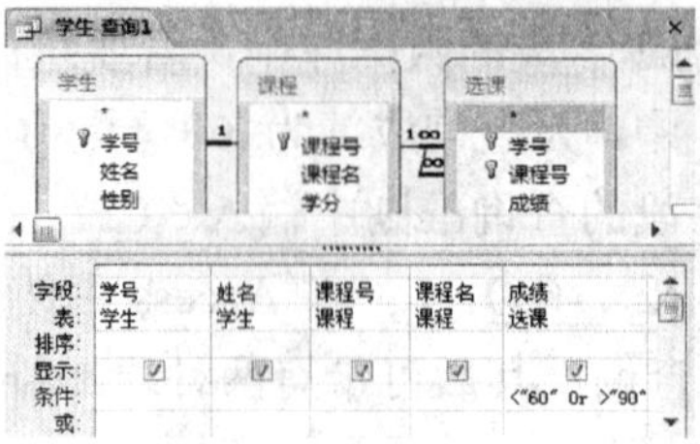

（b）添加条件

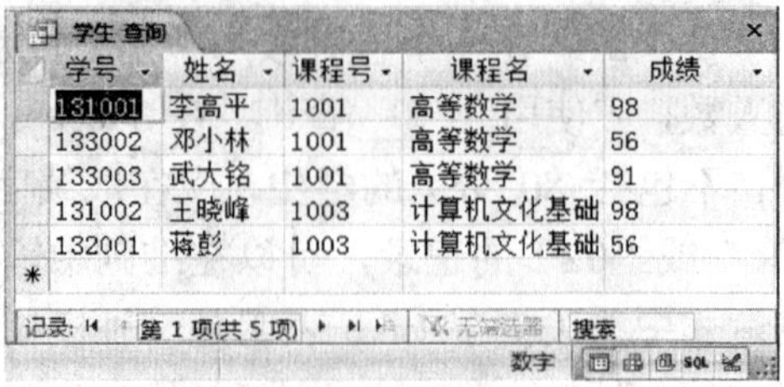

（c）查询“成绩<60 or 成绩>90”的学生

图 7-34 例 7.22 条件查询

注意：在视图窗口的状态栏右侧是更改视图的按钮区，用户单击相应的按钮可以快速进行视图切换。在更改视图的按钮区中，为数据表视图按钮，为数据透视表视图按钮，为数据透视图视图按钮，为 SQL 视图按钮，为设计视图按钮。

3）查看 SQL 查询语句

SQL（Structrued Query Language）是关系数据库标准语言，它不仅包含数据查询功能，还包括插入、删除、更新和数据定义功能。读者如果感兴趣可以选择相关教材进行学习，本书只简单介绍如何查看 SQL 查询语句。

查看 SQL 查询语句的操作方法：单击 Access 状态栏上的 SQL 视图按钮，或右键单击“查询文档”选项卡，在弹出的菜单中单击“SQL 视图”。系统即可显示 SQL 语句。

例 7.23 查看（1）例 7.18 查询的 SQL 语句，（2）例 7.22 查询的 SQL 语句。

（1）查看例 7.18 查询的 SQL 语句

操作步骤：在例 7.18 查询结果的数据视图上，单击 Access 状态栏上的 SQL 视图按钮。此时系统显示如图 7-35（b）所示的例 7.18 查询的 SQL 语句。

（a）例7.18查询的SQL语句

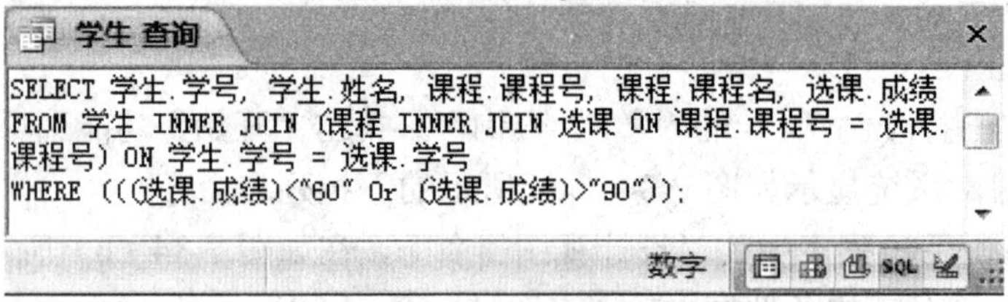

（b）例7.22查询的SQL语句

图 7-35 查看 SQL 语句举例

（2）查看例 7.22 查询的 SQL 语句

操作步骤：在例 7.22 查询结果的数据视图上，单击 Access 状态栏上的 SQL 视图按钮。此时系统显示如图 7-35（b）所示的例 7.22 查询的 SQL 语句。

从（1）和（2）的 SQL 语句比较可以发现，（2）的 SQL 语句增加了一个 WHERE 子句。在 SQL 中，查询字段指定的条件是在 WHERE 子句中。

7.3.4　窗体设计与应用

1. 窗体的作用

窗体是 Access 2007 的重要对象，窗体是一种用于在数据库中输入和显示数据的数据库对象。窗体实际上是一个数据显示窗口，它可以按用户的要求美化信息显示。因为数据一般都在数据表中显示，尽管可以通过设置字段、格式化单元格等方法来美化数据表，但还是显得单调。若利用窗体显示数据，不仅可以使文字、数字等信息显得活泼，还可以加入图片、声音等。

除此之外，用户还可以向窗体中添加各种控件，如文本框、标签、选项按钮、命令按钮等。通过这些控件可以灵活地控制数据的操作。例如通过命令按钮执行一个命令，还可以将窗体用作切换面板来打开数据库中的其他窗体和报表，或者用作自定义对话框来接受用户的输入及根据输入执行操作。

窗体一般都与数据库中的一个或多个表和查询绑定。窗体对象本身并不包含数据记录，数据仍存储在数据库表中。窗体的记录源引用基础表和查询中的字段。窗体无需包含每个基础表或查询中的所有字段。

窗体的类型有六种，分别是纵栏式窗体、表格式窗体、数据表窗体、主/子窗体、图表窗体和数据透视表窗体。

2. 创建窗体

创建窗体的主要方法：使用窗体工具创建窗体、使用分割窗体工具创建分割窗体、使用多项目工具创建窗体和使用向导创建窗体。

1）使用窗体工具创建窗体

使用窗体工具，只需单击一次鼠标便可以创建窗体。此时在窗体上显示的是来自基础数据源的所有字段。用户可以立即开始使用新窗体，也可以在布局视图或设计视图中根据自己的需要修改新创建的窗体。创建窗体的操作步骤如下。

步骤 1：在导航窗格中，如果数据源是表，则单击“表”对象；如果数据源是查询，则单击“查询”对象。例如选择“学生”表对象。

步骤 2：在如图 7-36（a）所示“创建”选项卡上的“窗体”组中，单击“窗体”。系统显示“学生”窗体如图 7-36（b）所示。

2）使用分割窗体工具创建分割窗体

分割窗体是 Access 2007 中的新功能，可以同时提供数据的两种视图：窗体视图和数据表视图。其创建方法与使用窗体工具创建窗体方法类似，故不再赘述。例如使用分割窗体工具创建“学生”窗体如图 7-36（c）所示。

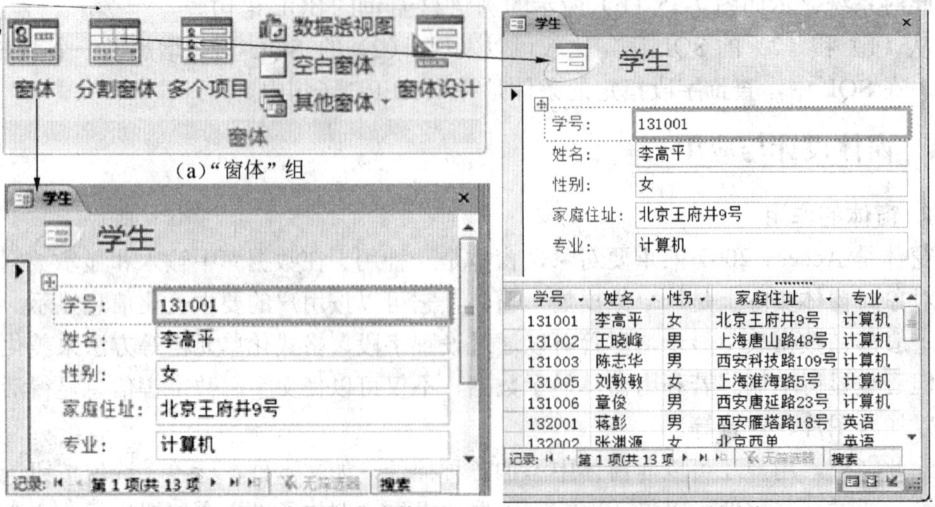

(a)“窗体”组

(b) 使用窗体工具创建“学生”窗体

(c) 使用分割窗体工具创建“学生”窗体

图 7-36　使用窗体和分割窗体工具创建窗体

注意：这两种视图连接的是同一数据源，并且保持同步。一旦选择了某窗体的一个字段，则会在另一个窗体中选择相同的字段。因此用户可以从任一部分添加、编辑或删除数据。

3）使用多项目工具创建显示多个记录的窗体

使用单窗体工具创建窗体时，Access 创建的窗体一次显示一个记录。如果需要一个可显示多个记录，又自定义性比数据表强的窗体，可以使用多项目工具。

操作步骤如下：

步骤 1：在导航窗格中，如果数据源是表，则单击“表”对象；如果数据源是查询，则单击“查询”对象。例如选择“学生”表对象。

步骤 2：在“创建”选项卡上的“窗体”组中，单击“多个项目”按钮。系统显示新创建的“学生”窗体如图 7-37 所示。

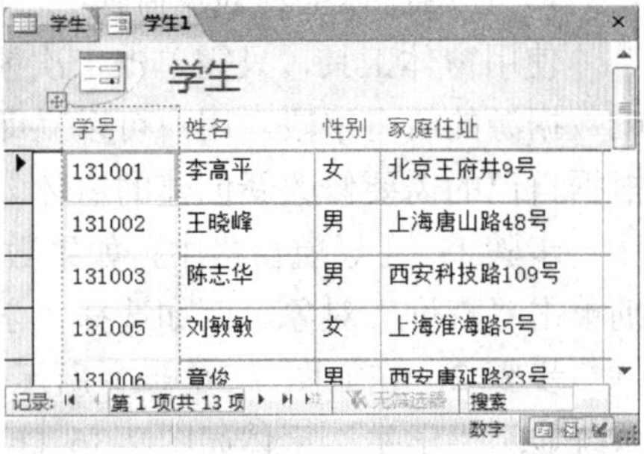

图 7-37　使用多项目工具创建窗体

Access 创建窗体，并以布局视图显示该窗体。在布局视图中，可以在窗体显示数据的同时对窗体进行设计方面的更改。例如可以根据数据调整文本框的大小。另外，多项目窗体提供了比数据表更多的自定义选项，例如添加图形元素、按钮和其他控件的功能。

4）使用向导创建窗体

若用户需要选择表中的某些字段创建窗体，则可以利用“窗体向导”。数据源可以来自一个表或查询的窗体。例如创建“学生”窗体的操作步骤如下。

步骤 1：在“创建”选项卡上的“窗体”组中，单击“其他窗体”→单击“窗体向导”。

步骤 2：单击“表/查询”下拉列表框右侧的向下箭头按钮▼，从中选择“学生”表。此时左侧“可用字段”列表框中列出了所有可用的字段，如图 7-38（a）所示。

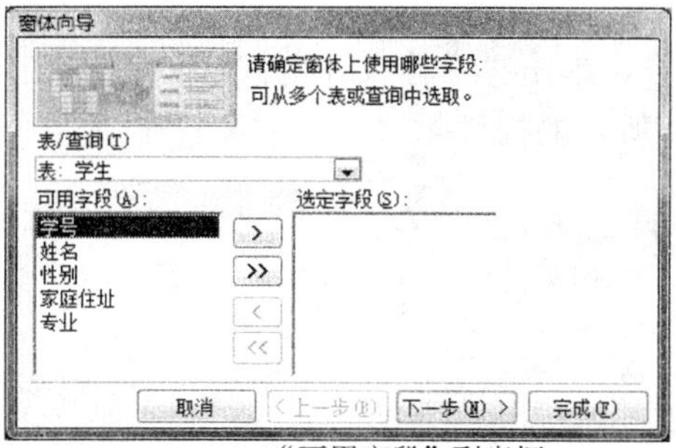

（a）“可用字段”列表框

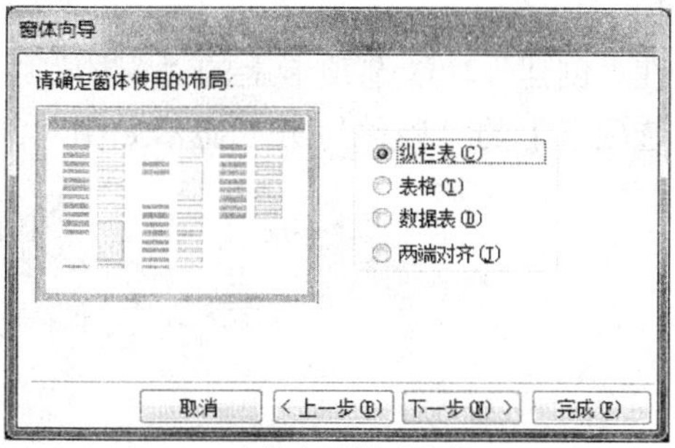

（b）窗体布局样式选择

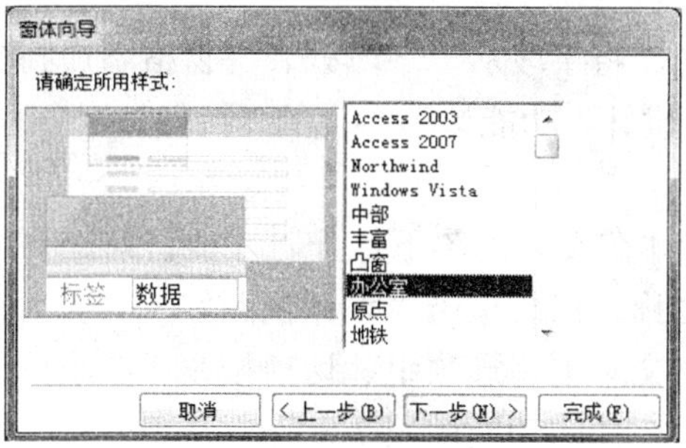

（c）样式选择

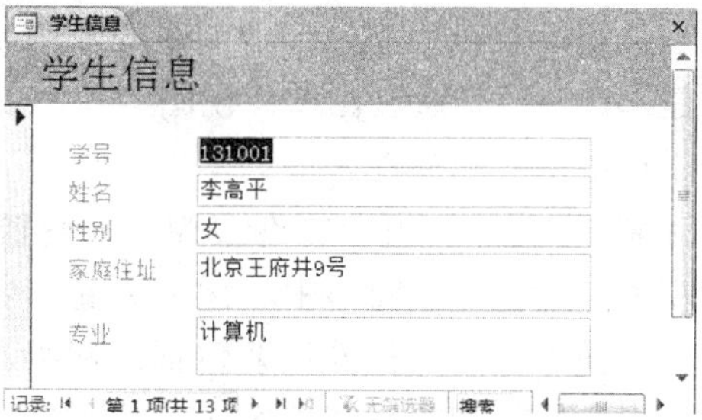

（d）创建的“学生信息”窗体

图 7-38　使用向导创建窗体

步骤 3：在“可用字段”列表框中用户选择需要在新建窗体中显示的字段，将所选定字段移到“选定的字段”列表框中。单击“下一步”按钮，屏幕显示“窗体向导”第二个对话框，如图 7-38（b）所示。

步骤 4：在此对话框中，选择“纵栏表”选项按钮，在左边可以看到所建窗体的布局。单击“下一步”按钮,屏幕显示“窗体向导”第三个对话框，如图 7-38（c）所示。

步骤 5：在对话框右侧的列表中列出了若干窗体的布局，用户可进行选择，选中的布局样式在对话框的左侧显示。单击“下一步”按钮，在“请为窗体指定标题”框中输入“学生信息”。如果想在完成窗体创建后，打开窗体并查看或输入数据，选中“打开窗体查看或输入信息”；如果要调整窗体的设计，则选中“修改窗体设计”。

步骤 6：单击“完成”按钮，创建的“学生信息”窗体显示在屏幕上，如图 7-38（d）所示。

3. 窗体设计工具

利用窗体“向导”虽然可以方便地创建窗体，但只能满足一般的显示需求，例如使用向导不能加入页码、窗体的页眉/页脚及各种控件。对于用户的一些特殊要求，需要通过 Access 2007 提供的窗体设计工具中的“控件”组中的控件来完成。下面先介绍 Access2007 “控件”组中的控件，以及如何创建一个空白窗体，如何将控件加入窗体。

1）控件组

在“创建”功能选项卡上的“窗体”组中，单击“窗体设计”按钮，此时在“设计”功能选项卡上的“控件”组上显示如图 7-39 所示的控件组。

图 7-39 “控件”组

控件组的某些控件是自动创建的，例如，将字段从“字段列表”窗格添加到窗体时会创建绑定控件。通过在设计视图中使用“设计”功能选项卡上的“控件”组中的工具，可以添加很多其他控件。

注意：“控件”组中的许多控件只有窗体在设计视图下打开时才能访问。要切换到设计视图，请在导航窗格中右键单击窗体名称，然后单击“设计视图”。

控件组中的工具控件主要包括：标签、文本框、选项组、切换按钮、选项按钮、复选框、组合框、列表框和命令按钮等，各种控件的功能如表 7-8 所示。

表 7-8 工具组中各种控件按钮的功能

按 钮	名 称	功 能
	选择对象	用于选取控件、节或窗体。单击该按钮可以释放以前锁定的工具栏按钮
	控件向导	用于打开或关闭控件“向导”。使用控件向导可以创建列表框、组合框、选项组、命令按钮、图表、子窗体或子报表
	标签	用于显示说明文本的控件
	文本框	用于显示、输入或编辑窗体的基础记录源数据，显示计算结果，或接受用户输入的数据
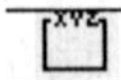	选项组	与复选框、选项按钮或切换按钮搭配使用，可以显示一组可选值
	切换按钮	作为结合到“是/否”字段的独立控件
	选项按钮	可以作为结合到“是/否”字段的独立控件，也可以用于接收用户在自定义对话框中输入数据的非结合控件，或者选项组的一部分

续表

按 钮	名　称	功　　能
	复选框	可以作为结合到“是/否”字段的独立控件，也可以用于接收用户在自定义对话框中输入数据的非结合控件，或者选项组的一部分
	组合框	该控件组合了列表框和文本框的特性，既可以在文本框中输入文字或在列表框中选择输入项，然后将值添加到基础字段中
	列表框	显示滚动的数值列表
	命令按钮	用于完成各种操作
	图像	用于窗体中显示静态图片。由于静态图片并非 OLE 对象，所以一旦将图片添加到窗体或报表中，便不能再 Access 内进行图片编辑
	非绑定对象框	用于在窗体中显示非结合 OLE 对象
	绑定对象框	用于窗体或报表上显示 OLE 对象
	分页符	用于在窗体上开始一个新的屏幕
	选项卡控件	用于创建一个多页的选项卡窗体或选项卡对话框
	子窗体/自报表	用于显示来自多个表的数据
	直线	用于突出相关的或特别重要的信息
	矩形	显示图形效果
	其他控件	单击将弹出一个列表，可以从中选择所需要的控件源加到当前窗体内
	附件	

控件是窗体上用于显示数据、执行操作、装饰窗体的对象，其类型可以分为：结合型、非结合型与计算型三类。结合型控件主要用于显示、输入、更新数据库中的字段；非结合型控件无需数据来源，可用于显示信息、线条或图像等；计算型控件用表达式作为数据源，表达式可以利用窗体或报表所引用的表或查询字段中的数据，或窗体或报表上的其他控件中的数据。

2）创建空白窗体

使用设计视图创建窗体时，用户可以在设计视图中打开已有窗体进行修改，也可以创建一个新窗体，即空白窗体，然后向窗体里加入各种元素。创建空白窗体的操作步骤如下。

步骤 1：选择“创建”功能选项卡→单击“窗体”组中的“窗体设计”按钮，系统打开窗体的设计视图，并创建一个空白窗体，如图 7-40（a）所示。

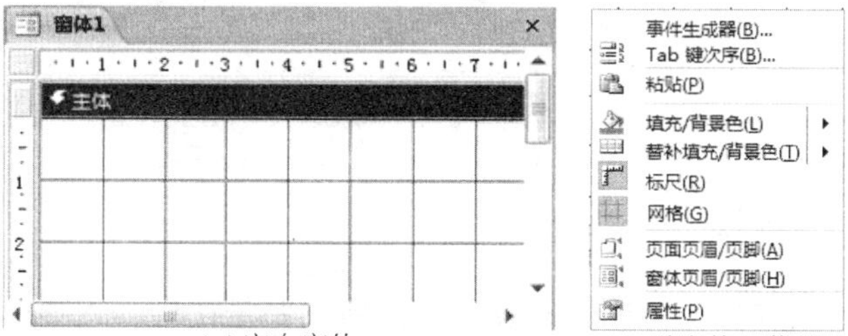

(a)空白窗体　　(b)弹出的子菜单

图 7-40　创建空白窗体

步骤 2：在空白窗体中单击鼠标右键，系统弹出如图 7-40（b）所示的子菜单，用户可以选择是否需要在窗口上显示网格、标尺、工具箱等等。

步骤 3：对主体区、页面页眉页脚区或窗体页眉页脚区进行背景色设置。

一旦创建好了空白窗体，用户可以向窗体里加入各种元素。

4. 应用举例

例 7.24 某企业人事管理系统数据库中的员工信息为员工号，姓名，部门，分公司，薪水，照片。利用 Access 设计视图创建窗体，窗体名称为员工信息查询。具体操作步骤如下：

步骤 1：打开企业人事管理系统数据库。

步骤 2：选择“创建”功能选项卡→单击“窗体”组中的“窗体设计”按钮（或者单击“窗体”组中的“空白窗体”按钮，在更改视图的按钮区单击“设计视图”按钮），系统打开窗体的设计视图，并创建一个空白窗体。

步骤 3：在窗体设计视图中添加一个“Aa”标签控件，并输入“人事管理系统信息查询”，设置字号、字体及颜色。例如设置字号 16、字体行楷、颜色蓝色，如图 7-41（a）所示。

步骤 4：在如图 7-41（a）所示窗体设计视图右侧的字段列表中拖动所需字段到新创建的窗体中。

步骤 5：单击“窗体视图”按钮，系统显示的效果如图 7-41（b）所示。

步骤 6：单击快速工具栏上的“保存”按钮，系统弹出“另存为”对话框中的窗体名称文本框中输入“员工信息查询”，单击“确定”按钮保存该窗体。

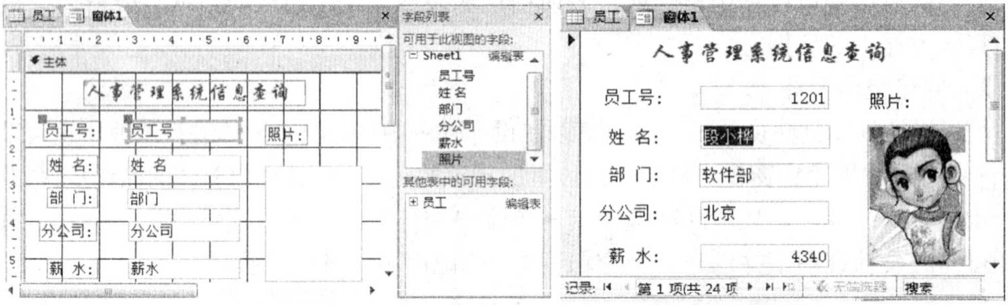

（a）窗体设计　　　　（b）效果图

图 7-41　应用举例

7.3.5 报表设计与应用

在 Access 中，报表与窗体的区别在于：窗体主要是在屏幕上显示，而报表是通过打印机输出；窗体可以与用户进行信息交互，而报表没有交互功能。

1. 基本概念

报表的作用主要包括：打印格式化的数据，其格式能够按照用户的需要定制；输出数据库中的原始数据，以及经过组合或汇总的数据，并能对输出的结果进行分组和排序；将数据库中的数据以清单、标签或图表等形式输出。

报表的类型分为：纵栏式报表、表格式报表、图表报表和标签四种。

- 纵栏式报表：一行显示一个字段，字段标题显示在字段的左侧。
- 表格式报表：以行和列的形式显示记录，每一条记录占一行，字段标题显示在每一列的上方。
- 图表报表：以图表形式输出记录。
- 标签：是一种特殊类型的报表，可以打印在标签上。

报表工作区

报表工作区由报表页眉、页面页眉、主体、页面页脚和报表页脚五部分组成。

- 报表页眉：以大的字体将该份报表的标题放在报表顶端。只有报表的第 1 页才出现报表页眉内容。报表页眉的作用是作封面或信封等。
- 页面页眉：在页面页眉中的文字或字段，通常会打印在每页的顶端。如果报表页眉和页面页眉共同存在于第 1 页，则页面页眉数据会打印在报表页眉的数据下面。
- 主体：用于处理每一条记录，其中的每个值都要被打印。主体区段是报表内容的主体区域，通常含有计算的字段。
- 页面页脚：通常包含页码或控件，其中表达式=“第”&[page]&“页”用来打印页码。
- 报表页脚：用于打印报表末端，通常使用它显示整个报表的计算汇总等信息。

除了以上通用区段外，在分组和排序时，有可能需要组页眉和组页脚区段。此时可选择“视图”菜单上的“排序与分组”命令，系统弹出“排序与分组”对话框，选定分组字段后，对话框下端会出现“组属性”选项组，将“组页眉”和“组页脚”框中的设置改为“是”，在工作区即会出现相应的组页眉和组页脚。

2. 创建报表

报表的数据源可以是数据库中的表或查询。如果报表中的字段全部包含在一个表中，那么应该使用该表作为数据源。如果报表中的字段包含在多个表中，那么需要使用一个或多个查询作为数据源。查询可能已经存在于数据库中，也可能需要专门针对报表的具体要求新建查询。创建报表可使用报表工具创建报表、向导和报表设计器三种方法。本小节介绍前两种方式，报表设计器与窗体设计器类似，故不赘述。

1）使用报表工具创建报表

使用报表工具创建报表，一种快速创建报表的方法。设计时，先选择表或查询作为报表的数据源，然后选择报表类型：纵栏式或表格式，最后会自动生成报表显示数据源所有字段记录数据。具体操作步骤如下。

步骤 1：在导航窗格中，单击要作为报表数据基础的表或查询。例如单击“课程成绩”查询。

步骤 2：选择“创建”功能选项卡上的“报表”组中，单击“报表”按钮。Access 将在布局视图中生成和显示如图 7-42（a）所示的“课程成绩”报表。

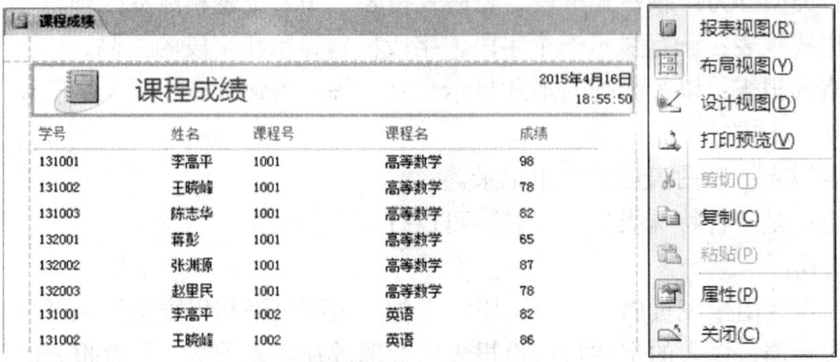

（a）课程成绩报表　　（b）弹出的菜单

图 7-42　使用报表工具创建报表举例

步骤 3：单击右键，在弹出的如图 7-42（b）所示的快捷菜单上，单击“打印预览”命令查看该报表打印后的效果。

步骤 4：如果需要进行打印页面等设置，用户可在“打印预览”功能选项卡上的“页面布局”组中，单击该组左下角或右下角的“页面布局”按钮，在弹出的对话框中根据需要设置或更改选项。

步骤 5：单击快速工具栏上的“保存”按钮，系统弹出“另存为”对话框中的报表名称文本框中输入报表文件名（例如输入课程成绩），单击“确定”按钮保存该报表。

2）　使用向导创建报表

使用报表向导创建报表可以选择在报表上显示哪些字段，也可以指定数据的分组和排序方式，还可以使用来自多个表或查询的字段。具体操作步骤如下：

步骤 1：在导航窗格中，单击要作为报表数据基础的表或查询。选择“创建”功能选项卡上的“报表”组，单击如图 7-43 所示的“报表向导”按钮。

步骤 2：按照报表向导页上的说明操作。在最后一个向导页上，单击“完成”按钮即可。

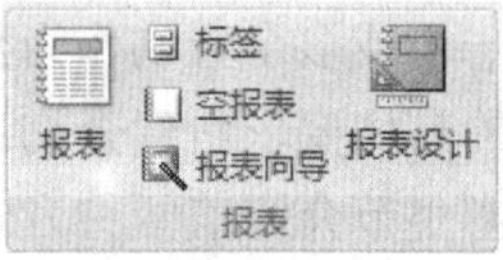

图 7-43　“报表”组

3. 报表打印

报表打印的具体操作步骤：在导航窗格中，右键单击报表，然后单击“打印”；或者在“快速访问工具栏”上，单击“快速打印”按钮；或者单击 Office 按钮 ，指向“打印”旁边的箭头，然后单击“快速打印”。

例 7.25　在 Access 中，报表的主要目的是________。

A．操作数据　　　　　　　　　B．在计算机的屏幕上查看数据

C．查看打印出的数据　　　　　D．方便数据的输入

例题分析：本题选项 C 是正确的。因为在 Access 中，报表的主要目的是查看打印出的数据。

7.4　数据库应用技术

数据库应用技术主要需要掌握数据库和表创建，查询、窗口及报表设计与应用等方面的操作技能。为了便于读者对本部分内容的掌握，下面通过综合应用案例介绍数据库应用技术。

案例 1　按照要求完成后，用 Access 的保存功能直接存盘。

要求：用 Access 创建“姓名表”（内容如表 7-9 所示），用 Access 创建“出生日期表”（内容如表 7-10 所示）；通过 Access 的查询功能生成“信息汇总表”（内容如表 7-11 所示）。

表 7-9

学　号	姓　名
103	陆君
105	匡明
107	王莉
109	曾华
111	王芬

表 7-10

学　号	出生日期
103	1998-6-14
105	1998-5-14
107	1998-7-26
109	1997-12-4
111	1998-2-17

表 7-11

学　号	姓　名	出生日期
103	陆君	1998-6-14
105	匡明	1998-5-14
107	王莉	1998-7-26
109	曾华	1997-12-4
111	王芳	1998-2-17

要点分析：

本题要求用 Access 创建“姓名表”和“出生日期表”，并利用 Access 的查询功能生成“信息汇总表”。目的：掌握如何创建表、利用主键建立多表间数据查询等操作技能。

操作的关键步骤：

（1）分别创建“姓名表”和“出生日期表”，并选择“学号”为主键。创建的“姓名表”和“出生日期表”分别如图 7-44（a）（b）所示。

（2）选择“创建”功能选项卡→单击“其他”组中的“查询设计”按钮，在弹出的“显示表”对话框中选择，分别将“姓名表”和“出生日期表”通过“添加”按钮添加到“关系”表中，单击“关闭”按钮，系统显示“选择查询”对话框。

（a） （b） （c）

图 7-44　案例 1 参考答案

（3）在“选择查询”对话框中选择“信息汇总表”的相关字段：姓名表.学号、姓名表.姓名、出生日期表.出生日期，如图 7-45 所示。

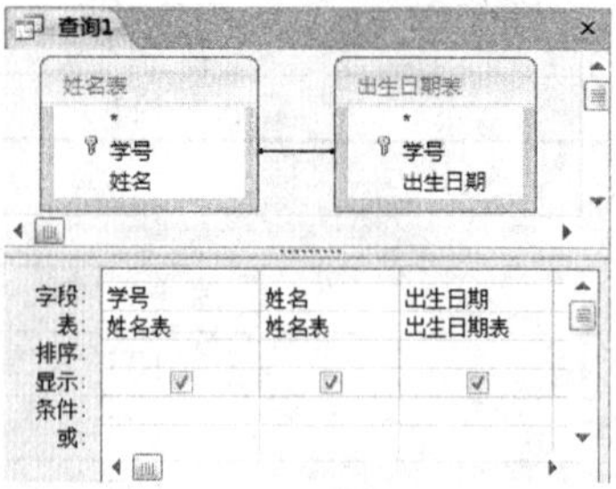

图 7-45　案例 1 选择查询字段

（4）单击快速工具栏上的“保存”按钮，系统显示“另存为”对话框，输入“信息汇总表”，单击“确定”按钮。

（5）在导航窗格中双击“信息汇总表”，系统显示图 7-44（c）所示的效果图。

参考答案如图 7-44 所示。

案例 2　按照要求完成后，用 Access 的保存功能直接存盘。

要求：

（1）用 Access 创建“姓名表”（内容如表 7-12）；用 Access 创建“基本情况表”（内容如表 7-13）；用 Access 创建“入选情况表”（内容如表 7-14）。

表 7-12

号　码	姓　名
11	张明
12	李强
13	韩东

续表

号　码	姓　名
14	李立
15	王建
16	刘度

表 7-13

号码	年龄	身高（米）	摸高成绩（米）
11	19	1.86	2.78
12	20	1.88	3.12
13	20	1.81	2.95
14	21	1.85	2.44
15	20	1.88	2.90
16	19	1.82	2.35

表 7-14

号　码	是 否 入 选
11	入选
12	入选
13	入选
14	落选
15	入选
16	落选

（2）通过 Access 的查询功能，自动生成“男子篮球队汇总表”（内容如表 7-15）。

表 7-15

号码	姓名	年龄	身高（米）	摸高成绩（米）	是否入选
11	张明	19	1.86	2.78	入选
12	李强	20	1.88	3.12	入选
13	韩东	20	1.81	2.95	入选
14	李立	21	1.85	2.44	落选
15	王建	20	1.88	2.90	入选
16	刘度	19	1.82	2.35	落选

要点分析：

本题要求用 Access 创建“姓名表”和“出生日期表”，并利用 Access 的查询功能生成“信息汇总表”。目的：掌握如何创建表、利用主键建立多表间数据查询等操作技能。

操作的关键步骤：

（1）分别创建“姓名表”、“基本情况表”和“入选情况表”，并选择“号码”为主键。

（2）选择“创建”功能选项卡→单击“其他”组中的“查询设计”按钮，在弹出的“显示表”对话框中选择，分别将“姓名表”、“基本情况表”和“入选情况表”通过“添加”按钮添加到“关系”表中，单击“关闭”按钮，系统显示“选择查询”对话框。

（3）在“选择查询”对话框中选择“男子篮球队汇总表”的相关字段：姓名表.号码、姓名表.姓名、基本情况表.年龄、基本情况表.身高（米）、基本情况表.提高成绩（米）、入选情况表. 是否入选，如图 7-46 所示。

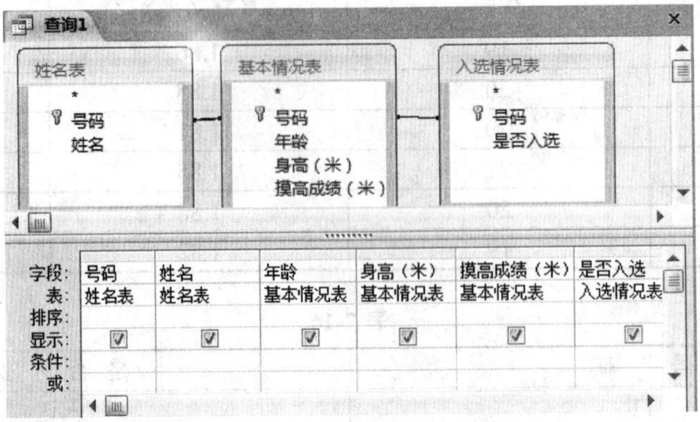

图 7-46 案例 2 选择查询字段

（4）单击“保存”按钮，系统显示“另存为”对话框，输入“男子篮球队汇总表”，单击“确定”按钮。

（5）在导航窗格中双击“男子篮球队汇总表”，系统显示图 7-47（d）所示的效果图。

参考答案如图 7-47 所示。

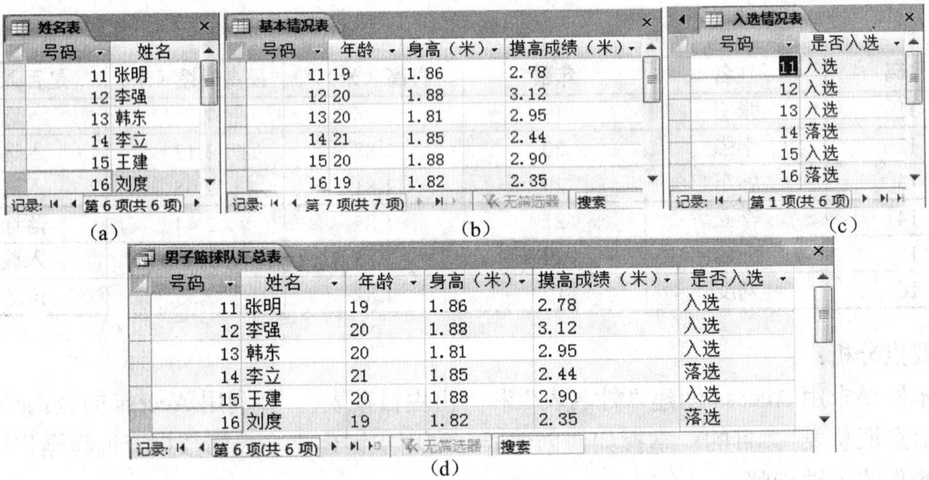

图 7-47 案例 2 参考答案

案例 3　按照要求完成后，用 Access 的保存功能直接存盘。

要求：

（1）用 Access 创建“联系人”表（内容如表 7-16 所示）。

表 7-16

联系人 ID	姓名	地址	市	邮政编码	公司名称
1	刘勤	朝阳区	北京市	100034	五环公司
2	张东	西城区	北京市	100026	产业公司
3	任辉	和平区	天津市	300025	启河公司
4	罗晓	南开区	天津市	300010	越丰公司

（2）用 Access 创建“通话记录”表（内容如表 7-17 所示）。

表 7-17

联系人 ID	通话 ID	通话日期	通话时间	通话主题

（3）为“联系人”表和“通话记录”表建立关系。

（4）向“联系人”表中输入记录有关通话信息的数据（通话信息的数据内容如表 7-18 所示，表中的“姓名”对应联系人表中的“姓名”）。

表 7-18

姓名	通话 ID	通话日期	通话时间	通话主题
刘勤	1	2014-8-12	9：00	商定会谈时间
	2	2014-8-12	15：00	确定会谈时间和地点
任辉	1	2014-9-2	早上 8：20	祝贺生日快乐

要点分析：

本题要求用 Access 创建“联系人”表和“通话记录”表，并利用 Access 建立这两个表之间的关系。目的：掌握如何创建表、如何建立表与表之间关系等操作技能。

操作的关键步骤：

（1）分别创建“联系人”表，并选择“联系人 ID”为主键；创建“通话记录”表，并选择“联系人 ID”和“通话 ID”为主键。

（2）选择“创建”功能选项卡→单击“其他”组中的“查询设计”按钮，在弹出的“显示表”对话框中选择，分别将“联系人”表和“通话记录”表通过“添加”按钮添加到“关系”表中，单击“关闭”按钮，系统显示“选择查询”对话框。

（3）在“选择查询”对话框中，选择“联系人”和“通话记录”表的相关字段：联系人.姓名、通话记录.通话 ID、通话记录. 通话日期、通话记录. 通话时间、通话记录. 通话主题，如图 7-48 所示。

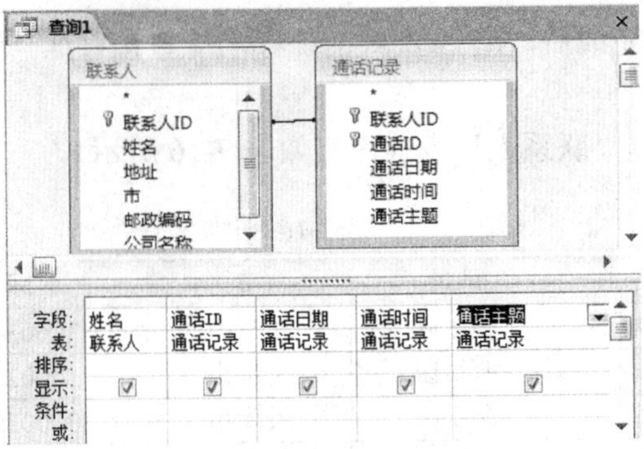

图 7-48　建立“联系人”和“通话记录”表关系

（4）单击“保存”按钮，系统显示“另存为”对话框，输入“通话记录查询”，单击“确定”按钮。在导航窗格中双击“通话记录查询”，系统显示图 7-49（c）所示的效果图。

参考答案如图 7-49 所示。

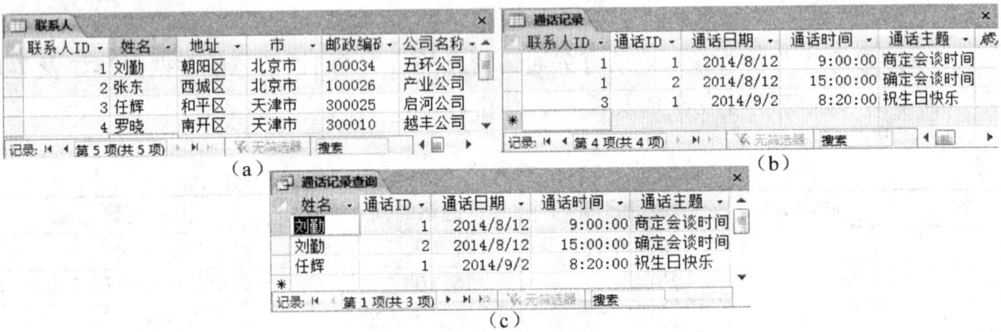

图 7-49　案例 3 参考答案

案例 4　按照要求用 Access 制作包括以下内容的“职工收支库”，用 Access 的保存功能直接存盘。

职工收支表

编号	姓名	电话号码	保险费（元）	房租（元）	奖金（元）
9621	李力	1985	164	150	2000
9801	张扬	1983	146	180	1800
9524	郝明	1987	135	100	2550
9312	陈晨	1986	132	50	1500

要求：

（1）创建职工信息表、保险费表、奖金表、并通过查询功能生成收支汇总表。

（2）职工信息表包含“编号”、“姓名”、“电话号码”信息；保险费表包含“编号”、“保险费”信息；收支汇总表包含职工全部信息。

（3）用“保险费表”创建“保险费更新查询表”，新保险费为原保险费的 2 倍。

要点分析：

本试要求用 Access 创建“职工信息”表、“保险费”表和“奖金”表，并输入相关信息。利用 Access 的查询功能生成“收支汇总”表。创建“保险费更新查询表”，并更新保险费为原保险费的 2 倍。目的：掌握如何创建表、并按用户要求查询和更新数据等操作技能。

操作的关键步骤：

（1）创建“职工信息”表，并选择“编号”为主键；关闭设计视图，在弹出的另存为对话框中输入表名：职工信息；然后双击新建的“职工信息”表，输入相关信息。创建好的“职工信息”表如图 7-50（a）所示。

（2）按照步骤（1）分别创建“保险费”表和“奖金”表，并输入相关信息。创建好的“保险费”表和“奖金”表分别如图 7-50（b）和（c）所示。

（3）选择“创建”功能选项卡→单击“其他”组中的“查询设计”按钮，在弹出的“显示表”对话框中选择“职工信息”表、“保险费”表和“奖金”表，并通过“添加”按钮添加到“关系”表中，单击“关闭”按钮，系统显示“选择查询”对话框。

（4）在“选择查询”对话框中选择“职工信息”表的“编号”、“姓名”和“电话号码”字段；选择“保险费表”表的“保险费”字段；选择“奖金”表的“房租”和“奖金”字段。

（5）单击“保存”按钮，系统显示“另存为”对话框，输入“收支汇总表”，单击“确定”按钮。系统显示的“收支汇总表”选择查询对话框如图 7-50（d）所示。

（6）单击“开始”功能选项卡上的“视图”组中的“数据表视图”按钮，或双击导航窗格上的“ 收支汇总”查询图标，系统显示的收支汇总表如图 7-50（f）所示。

（7）选择“创建”功能选项卡上的“其他”组→单击“查询设计视图”按钮，在弹出的“显示表”对话框中选择“保险费”表，通过“添加”按钮添加到“关系”表中，单击“关闭”按钮，系统显示“选择查询”对话框。

（8）在“选择查询”对话框中选择“保险费”表的“保险费（元）”字段→选择“设计”功能选项卡上的“查询类型”组→单击“更新”按钮，在“保险费（元）”字段下方的“更新到”输入栏中输入：保险费（元）*2，如图 7-50（e）所示。

（9）单击“保存”按钮，系统显示“另存为”对话框，输入“更新保险费”，单击“确定”按钮。在“导航窗格”中，可以看到系统生成的“ 更新保险费”查询更新图标。

（10）双击导航窗格中的“ 更新保险费”查询更新图标，系统将自动为每个人更新保险费为原保险费的 2 倍，如图 7-50（g）所示。

参考答案如图 7-50 所示。

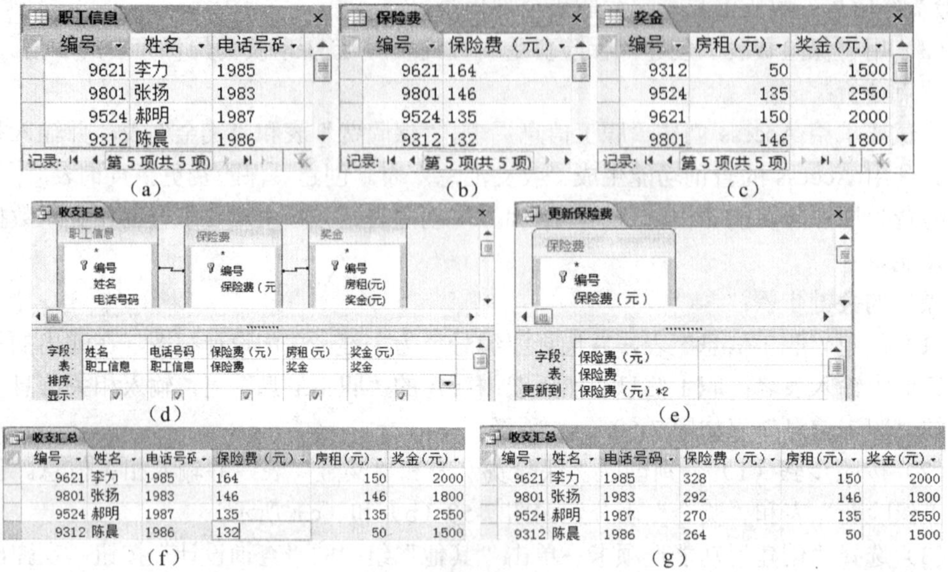

图 7-50　案例 4 参考答案

7.5　习题

1. 某关系表定义了 “姓名”、“身份证号”、“性别”、“年龄” 四个字段，其中　(1)　字段可以作为此关系表的主键。将某企业的“一月工资表”、“二月工资表”……中的字段“姓名”与“名单表”中的字段“姓名”建立关系，且各月工资表和名单表的记录均是唯一的，那么各月工资表与名单表建立的关系是　(2)　。下列关于数据库主键的叙述中，不正确的是主键　(3)　。

（1）A．姓名　　B．身份证号　　C．性别　　D．年龄

（2）A．一对一　　B．一对多　　C．多对一　　D．多对多

（3）A．只允许数字类型的值　　B．不允许出现 Null 值

C．不允许出现重复值　　D．唯一标识关系中的每一个元组

2. 在 Access 中，要对表中数据进行模糊查询，要用到的关键字是　(1)　；若针对此表选择“文件”→“另存为”命令后出现的弹出对话框里，　(2)　是不能被选择的保存类型；若在 Access 中使用参数查询时，应将条件栏中的参数提示文本写在　(3)　中。

（1）A．AS　　B．=　　C．LIKE　　D．==

（2）A．窗体　　B．报表　　C．数据访问页　　D．DBF 数据库

（3）A. （ ）　　B. { }　　C. [ ]　　D. <>

3. 在 Access 中，条件“性别=“女”AND 工资>2000”的含义是指____（1）____。查看工资表中“A 公司实发工资大于 2000 元的人员记录”的表达式为____（2）____。

（1）A. 性别为“女”，并且工资大于 2000 的记录

B. 性别为“女”，或者工资大于 2000 的记录

C. 性别为“女”，并非工资大于 2000 的记录

D. 性别为“女”或者工资大于 2000 的，且二者只选其一的记录

（2）A.“实发工资>2000”AND“部门=A 公司”

B.“实发工资>2000” OR 部门=“A 公司”

C. 部门=“A 公司”OR 实发工资>2000

D. 部门=“A 公司”AND 实发工资>2000

4. 在 Access 2003 表中输入数据时，每输完一个字段值，可以按____（1）____键转至下一个字段。在数据表中删除一条记录后，被删除的记录____（2）____。____（3）____不属于数据表的复制方式。

（1）A. Tab　　B. Alt　　C. Esc　　D. End

（2）A. 可以恢复到原来位置　　B. 能恢复，但将被恢复为最后一条记录

C. 不能恢复　　D. 能恢复，但将被恢复为第一条记录

（3）A. 表结构的复制　　B. 记录的复制

C. 结构与记录同时复制　　D. 选中字段的复制

5. DBMS 是______的简称。

A. 数据库管理系统　　B. 数据库使用系统

C. 数据处理系统　　D. 数据库操作系统

6. 关系模型是采用______结构表达实体类型及实体间联系的数据模型。

A. 树型　　B. 网状　　C. 线型　　D. 二维表格